◎ 高等院校经济与管理核心课经典系列教材 ◎
金融学专业

投资银行学

奚君羊 ◎ 主编

TOUZI YINHANGXUE

（第三版）

首都经济贸易大学出版社
Capital University of Economics and Business Press
·北 京·

图书在版编目(CIP)数据

投资银行学/奚君羊主编. --3版. --北京:首都经济贸易大学出版社,2019.1
ISBN 978-7-5638-2836-4

①投… Ⅱ.①奚… Ⅲ. ①投资银行—银行理论 Ⅳ.①F830.33

中国版本图书馆CIP数据核字(2018)第155620号

投资银行学(第三版)
奚君羊 主编

责任编辑	薛晓红
封面设计	砚祥志远·激光照排 TEL: 010-65976003
出版发行	首都经济贸易大学出版社
地　　址	北京市朝阳区红庙(邮编100026)
电　　话	(010)65976483 65065761 65071505(传真)
网　　址	http://www.sjmcb.com
E-mail	publish@cueb.edu.cn
经　　销	全国新华书店
照　　排	北京砚祥志远激光照排技术有限公司
印　　刷	唐山玺诚印务有限公司
开　　本	787毫米×1092毫米 1/16
字　　数	544千字
印　　张	21.25
版　　次	2003年10月第1版 2014年4月第2版 **2019年1月第3版** 2022年12月总第8次印刷
书　　号	ISBN 978-7-5638-2836-4
定　　价	39.00元

第三版前言

我国的投资银行业可以说是世界上最年轻的行业,因为我国的证券市场本身也仅仅只有30多年的历史。

我国的证券市场发轫于改革开放后的1981年。时年,我国恢复了自1958年已停止了长达23年的国债发行。当时,为了摆脱人们对政府的负债行为尚不能理解的心态,连国债的名称也借用了美国国库券的称谓,尽管美国的国库券是指期限在1年以内的短期国债,而我国的"国库券"期限却在10年以上。不过,这毕竟是促成后来证券市场迅速发展的"星星之火"。此后,我国还陆续发行了国家重点建设债券、财政债券、国家建设债券、特种国债、保值公债等,丰富了国债品种。"国债"这一政府长期证券的名称也终于取代了"国库券"。

1986年8月,沈阳信托投资公司率先开办国库券柜台买卖转让业务,这是我国国债二级市场的萌发。1988年,国债的转让扩大到61个城市,1991年进一步扩大到400个城市,从而确立了我国国债二级市场的全国性网络。

1984年起,我国的一些企业开始发行债券,此即所谓的企业债券。1985年,中国工商银行和中国农业银行率先在国内发行债券,称作金融债券。政策性银行成立后还发行了政策性金融债券。

1984年12月,新中国成立后的第一张股票——上海飞乐音响公司的股票,由中国工商银行上海分行静安证券业务部代理发行。随着股票发行的增多,1986年,沈阳信托投资公司和中国工商银行上海信托投资公司静安证券业务部开始办理股票转让买卖的柜台交易,这标志着我国股票二级市场的出现。1987年,我国第一家证券公司在深圳经济特区成立,其他各省市也相继成立了证券公司。我国1990年的"八五计划"提出,要"逐步扩大债券和股票的发行……在有条件的大城市建立和完善证券交易所"。同年12月,上海证券交易所开业。1991年7月,深圳证券交易所开业。由此形成了以沪深证券交易所为中心的全国证券交易市场体系。

如果以证券发行和交易为主业的专业性证券公司的诞生为标志,我国投资银行的历史也不过30多年,就连投资银行这一词汇也只是到了1993年后才开始在报刊上频频出现。

然而在这短短30多年的时间里,我国的证券市场和证券公司却以世所罕见的速度急遽发展,投资银行业也初具规模,并在国民经济中享有举足轻重的地位。相形之下,我国在投资银行的教学方面却出现了明显的滞后:一方面,具有较好投资银行理论知识和实际经验的师资极为匮乏;另一方面,能充分体现投资银行学的基本概念和基本原理,且内容精确、体系完整、有独特风格的教科书也并不多见。

笔者长期从事金融学科的教学与研究,对证券市场尤具浓厚兴趣,并曾在多家证券公司担任常务顾问、专家委员和独立董事,亲历证券市场的许多重大变故,因而能更深地感受到证券界对这样一本教科书的迫切需要。因此,在首都经济贸易大学出版社的热忱相邀之下,本人欣然命笔。无奈笔者因教学与研究任务繁重,精力有所不济,更兼学识有限,故书中若有不当之处恳请读者不吝更正与指教(联系邮箱:junyang@ sufe. edu. cn; 微博:http://weibo. com/sufexjy)。

投资银行的知识涉及金融学科的方方面面，因此，为了更深入地理解和把握本书的内容，建议读者先修读货币银行、公司金融、国际金融、金融市场和证券投资等相关课程。由于我国正处于经济转型时期，因而随着情况的不断变化，政府不得不在涉及投资银行的国家法律和行政法规之外，经常通过部门规章，如通知、办法和规定等做出补充。此外，我国的金融体系仍然处于较大的变化过程中，许多涉及投资银行的新的现象也不断涌现。因此，读者还需及时关注这方面的变化，以便在本书的基础上不断更新自己的信息。

我的多位研究生参与了本书的撰写，邹琼、李敏、林木顺和李坤参与了第一版的撰写，形成了本书的基础内容、结构和框架；施俊挺、徐振波、曾威和田一彤参与了第二版的撰写，内容有较多修订；王先文、史祥雨和蒋进参与了第三版的撰写。在此一并向他们表示感谢！

奚君羊

2018 年 11 月于上海财经大学

目　录

第一章

投资银行概述

本章学习重点和要求

◆明确投资银行的概念、性质、特征、功能及历史演变过程；

◆把握投资银行与金融机构、金融市场的关系；

◆了解我国投资银行的发展状况,存在的问题和解决办法；

◆洞悉投资银行网上证券交易以及在我国的发展。

第一节 投资银行的定义

目前世界上的投资银行依国别、金融、法律法规和传统习惯的不同而异，大体上可分为三大类：美国式、英国式和德国式。第一类是美国式的投资银行，称为投资银行（Investment Bank）或者证券公司（Security Firm），日本和我国的证券公司即属于此类。这类投资银行一个最根本的特点在于，法律规定其不得从事商业银行的存贷款业务，主要从事与证券及证券市场有关的业务活动。第二类是英国式的投资银行，称为商人银行（Merchant Bank）。这类投资银行最初都是可以从事存贷款业务的商业银行。以后，随着伦敦逐渐成为国际金融中心，大量的商业银行开始从事证券承销、交易等证券业务，但也从事中长期信贷。第三类是德国式的投资银行，称为综合银行或全能银行（Universal Bank）。投资银行与商业银行在德国并无明显界限。所以从严格意义上讲，德国没有专门的所谓投资银行。德国的综合银行既从事商业银行普通的存贷款业务，也从事中长期信贷以及证券的发行、承销等业务。

由于第一类投资银行（美国式）最有代表性和影响力，所以本书所指的投资银行主要是美国式的投资银行。但是，美国式投资银行内部还可细分。美国著名的金融投资专家罗伯特·库恩（Robert Kuhn）根据投资银行业务范围大小曾对投资银行下过如下四个定义：

（1）任何经营华尔街金融业务的银行，都可以称作投资银行。这是针对投资银行的最广义的定义，它不仅包括从事证券业务的金融机构，甚至还包括保险公司和不动产经营公司。

（2）只有经营一部分或全部资本市场业务的金融机构才是投资银行。这是针对投资银行的第二广义的定义。因此，证券承销、公司资本金筹措、兼并与收购、咨询服务、基金管理、创业资本及证券的私下发行等都应当属于投资银行业务，而不动产经纪、保险、抵押等则不应属于投资银行业务。

（3）更狭义的投资银行仅指经营资本市场某些业务的金融机构，例如证券承销业务和兼并收购等，其他的资本市场业务，例如基金管理、创业资本、风险管理和风险控制工具的创新等则应排除在外。

（4）最狭义也最传统的投资银行定义，则仅把在一级市场（Primary Market）上承销证券、筹集资本和在二级市场（Secondary Market）上交易证券的金融机构当作是投资银行。这一定义排除了各国投资银行所经营着的许多业务，显然已经不合时宜。

罗伯特·库恩认为，上述第二种定义最符合美国投资银行的现实状况，因而是目前投资银行的最佳定义。那些业务范围仅限于帮助客户在二级市场上出售或买进证券的金融机构不能称作投资银行，只能称作“证券公司”（Security Firm）或者“证券经纪公司”（Brokerage Firm）。

库恩对投资银行和证券（经纪）公司的区分具有较充分的依据。这是因为投资银行在一国经济中最根本和最关键的作用是其在资金短缺者（筹资者）和资金盈余者（投资者）之间的纽带和媒介作用。证券（经纪）公司在证券市场上仅起到了“交易润滑剂”的作用，不能称作投资银行。

不过仅从库恩的上述第二种定义考虑，我们会发现投资银行与商业银行的差别实际上很模糊，因为许多商业银行也经营基金管理、咨询服务等业务，那么它们是否可以同时称作投资银行？而且，库恩没有说明其所称的“资本市场”中是否包括中长期资金的借贷市场，如果是，那么投资银行和商业银行实际上已混为一谈。从后面有关投资银行发展历史的介绍中，读者能够看出，投资银行是在与商业银行分分合合的过程中发展起来的，因此我们认为，孤立地谈投资银行及投资银行业务的意义并不是很大，对投资银行这一概念的理解必须建立在区别投资银行和商业银行的基础之上。

商业银行至今仍是一国除中央银行之外最重要的金融机构。经过几百年的发展，商业银行已经发展成为资金金额最庞大、分支机构最多、业务范围最广泛、影响最深远的金融百货公司。概括起来，商业银行的业务基本上可以分作三类，即负债业务、资产业务和表外业务。负债业务是商业银行以自有资本为基础吸收外来资金的业务，其中最主要的是存款业务，另外还有一部分借款。资产业务是商业银行运用自有资本和负债以获取收益的业务活动，主要由贷款和投资两部分构成，其中更本源的是贷款业务。资产业务和负债业务的基本情况可以在商业银行的资产负债表上反映出来，因而这两种业务又可并称为表内业务。表外业务则是在表内业务的基础上利用商业银行资金、信息、人才、技术等金融优势发展起来的金融服务项目。由此可见，资金存贷业务是商业银行业务的本源和实质，其他各种业务都是在其基础上的衍生和发展。

投资银行则不然。虽然其业务领域极为广泛，业务活动错综复杂，但是没有一家投资银行能够不和金融市场尤其是证券市场发生联系。正如库恩对投资银行的第四种定义所显示的，投资银行最本原的业务是证券承销（以及在承销基础上的证券经纪业务），其他任何投资银行业务都是在这一基础上的衍生和发展。

尽管投资银行与商业银行之间的业务交叉与融合已经是人所共知的事实，但是通过上面的分析，我们可以清楚地认识到：投资银行与商业银行的交叉融合乃是在不同本源基础上的衍生业务的交叉与融合，这不能改变两者的实质。正是由于本源和实质的不同，投资银行与商业银行之间还存在其他诸多方面的差异。这些差异可由表 1－1 加以概括。

表 1－1　投资银行与商业银行的差异

	投资银行	商业银行
本源业务	证券承销	存贷款
功能(1)	直接融资	间接融资
功能(2)	较侧重于长期融资	较侧重于短期融资
业务概貌	无法用资产负债表反映	表内与表外业务
利润根本来源	佣金	存贷利差
经营方针与原则	在控制风险的前提下更注重开拓	追求收益性、安全性、流动性三者的结合，坚持稳健原则
宏观管理	专门的证券管理机构或财政部或中央银行与证券交易所多层次管理	中央银行
保险机制	投资银行保险机制	存款保险机制

在完成以上分析之后，我们不妨给投资银行做出这样的定义：投资银行是与商业银行相

区别的，以证券承销业务为本源业务的金融机构。

需要指出的是，与“商业银行”名称一样，“投资银行”仅是一种概念与总称，也就是说，一家典型的从事投资银行业务的金融机构并非要冠名为投资银行。反过来，名称叫作“投资银行”的金融机构并不一定是真正意义上的投资银行。例如，我国就有一家曾经专营外国对华贷款的“中国投资银行”，但从其业务活动和发展方向看，它实际上却是一家商业银行。

第二节　投资银行的性质、功能和特征

一、投资银行的性质

经过几百年的发展，投资银行已日趋成熟。在西方发达国家，投资银行已从经营单一证券承销发展成为资本市场中最有效和最具影响力的高级形态金融中介机构，其业务甚至衍生为向投资者提供全方位服务的金融工程，因此投资银行素有“现代金融工程师”的美称。概括起来，投资银行业务主要包括：

（1）证券一级市场业务。这是投资银行最重要的业务领域，即证券承销（Underwriting of Securities）业务。其包含三方面内容：一是对证券发行者和投资者提供咨询服务；二是对公开发行（又称公募发行，Public Placement）证券的承销；三是对私下发行（又称私募发行，Private Placement）证券的承销。

（2）证券二级市场业务。这是指投资银行为客户代理买卖已经上市的证券的经纪业务、融资融券业务和自身通过买卖上市证券以图获得收益的自营业务。在发达的证券市场中，投资银行一般都有一定的专业分工，只有少数几家证券公司兼具证券批发商和经纪商职能，而大多数证券经营机构则根据其财务结构和业务水平，确定专业化品种，证券批发业务与零售业务相对分开。

（3）投资基金管理业务。投资银行通过发起设立投资基金和从事基金管理业务，在为中小投资者提供专业的理财服务的同时，也为自身创造了大量的收入来源。

（4）项目融资业务。当代项目融资（Project Finance）有多种形式，如 BOT 融资、BOOT 融资、BOO 融资、TOT 融资、ABS 融资和项目债券融资等。[1] 随着 1991 年具有有限追索权的融资债券在美国的出现，投资银行与项目融资也形成了更紧密的联系。

（5）兼并收购业务。20 世纪以来，美国发生了 5 次企业兼并浪潮，其中投资银行发挥了重要的金融中介作用。投资银行介入企业并购的主要途径有：一是帮助企业设计并购方案，二是设计反并购与防卫措施，三是确定合理的并购价格，四是安排并购融资，五是并购风险套利。

（6）创业投资业务。创业投资又称风险投资，是为新兴公司在创业期和拓展期以股权的方式融通资金的行为。投资银行参与创业投资主要是通过其专门的创业资本部门来进行

---

[1] BOT 是英文 Build - Operate - Transfer 的缩写；BOOT 是 Build - Own - Operate - Transfer 的缩写；BOO 是 Build - Own - Operate 的缩写；TOT 是 Transfer - Operate - Transfer 的缩写；ABS 是 Asset Backed Securitization 的缩写。本书第七章有相关内容的介绍。

的。创业资本部门不仅作为中介者为新兴公司的股权融资牵线搭桥或管理风险基金，而且也直接对新兴公司进行股权投资。

(7)金融工程业务。投资银行的金融工程(Financial Engineering)业务主要包括以下内容:一是新型金融工具(又称金融产品,Financial Instrument)的设计与开发,如指数期货、零息债券、合成股票等都是金融工程的产物;二是为降低交易成本而进行的的新型金融手段的开发,如机构内部运作优化与交易系统创新;三是为解决某些金融问题而创造性地提出系统完备的解决办法,如现金管理策略创新与资产证券化。

(8)其他投资银行业务。这一类业务主要包括资产管理、融资租赁和咨询服务等。

投资银行业务领域十分广泛,几乎涉及所有金融市场,其业务种类繁多,经营着与证券相关的全部金融产品。20 世纪 70 年代以来,随着布雷顿森林体系崩溃和现代电子通信技术在金融系统的广泛应用,以及各国政府相继放松对本国金融的管制,金融市场和投资银行业务都出现了国际化趋势。由于采取电子网络实现了金融市场 24 小时全天候运作,各大国际金融中心连接成为一个整体,进而形成了全球金融市场。与此同时,国际资本流动的数额已成为天文数字,各种金融产品争奇斗妍、异彩纷呈,各类投资银行机构在国际资本市场中大显身手,为企业和投资者提供全方位的金融服务。进入 20 世纪 80 年代,随着以前实行计划经济的国家纷纷进行市场经济改革,投资银行在这些国家得到广泛发展,并成为新兴市场国家金融业的一个新的增长点,已经是一个名副其实的全球性金融产业。

二、投资银行的功能

投资银行作为金融领域的一支生力军,对世界经济的发展做出了重要贡献。概括起来,投资银行功能体现在连接资金供求、构造证券市场、优化资源配置和促进产业集中四个方面。

(一)连接资金供求

与商业银行一样,投资银行也是沟通资金盈余者和资金短缺者的桥梁,它一方面使资金盈余者能够充分利用多余资金来获取收益;另一方面又帮助资金短缺者获得所需资金以求发展。

但是,在发挥上述桥梁作用时,投资银行的运作方式与商业银行迥然不同。投资银行作为资金供求双方的媒介,它可以向投资者推荐和介绍筹资者,也可以为投资者寻找合适的投资机会。从根本上说,投资银行并不介入投资者和筹资者之间的权利和义务,投资者与筹资者互相接触,并且相互拥有权利和承担相应的义务,这种融资方式称作直接融资(Direct Finance)方式。在这一过程中,投资银行所起的媒介作用可以用图 1－1 表示。

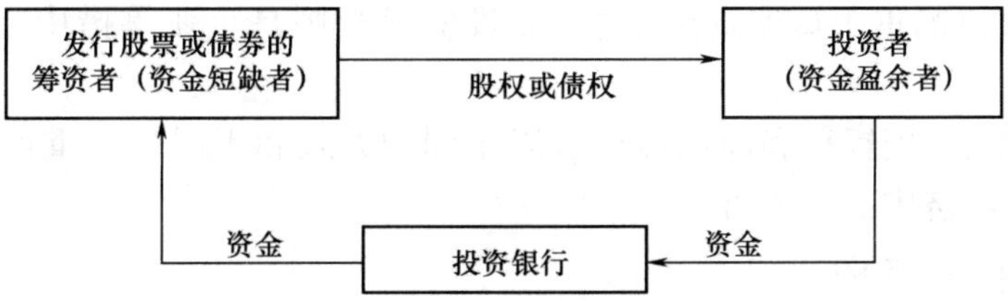

图 1－1 投资银行的金融媒介作用

商业银行则不然,它对于资金盈余者(存款人)来说是资金需求方,而对于资金短缺者(贷款人)而言又是资金供应方,因此,在这种情况下,资金盈余者与资金短缺者并不相互拥有任何权利和承担任何义务,他们都仅与商业银行发生关系,彼此不存在契约的直接约束,因而是一种间接融资(Indirect Finance)过程。这一间接融资媒介方式可以用图 1-2 表示。

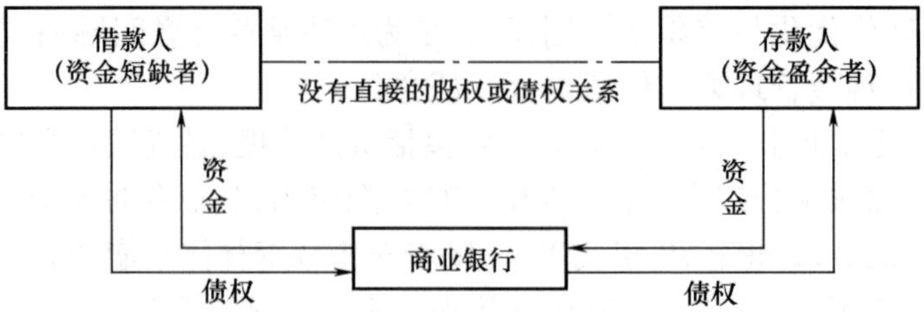

图 1-2　商业银行的金融媒介作用

在这个金融媒介过程中,投资银行收取的是手续费,商业银行则赚取存贷利差。因此,投资银行与商业银行在国民经济中所起的功能有相似之处,但其发挥作用的方式却截然不同。

除了媒介方式不同之外,投资银行和商业银行媒介资金的侧重点也不相同。

向商业银行贷款,是资金短缺者谋求外部资金支持时常用的一种方法,但是,商业银行本身必须保持资产的流动性,因而对贷款的质量和期限往往有很高的要求。尤其在 20 世纪 40 年代以前,在"真实票据论"和"转换理论"等商业银行经营管理理论的影响下,商业银行仅向客户提供短期信贷。在这种情况下,需要中、长期资金的客户无法从商业银行获得贷款,只得转向投资银行,要求其协助发行股票或债券以获得中、长期资金的支持。从历史上看,最初的投资银行业务就是在商业银行无法提供中、长期贷款,而市场对这种资金的需求又极为旺盛的基础上发展起来的。

20 世纪 40 年代末期,"预期收入理论"取代了"转换理论",商业银行开始对一些未来收入有保障的项目提供中、长期贷款;20 世纪 60 年代初期,商业银行的"负债管理理论"开始逐渐占上风,因而开始主动地创造负债以满足市场资金需求;20 世纪 70 年代末以来,商业银行普遍开始对资产和负债进行联合管理,将中、长期负债转化为长期信贷。尽管如此,商业银行在中、长期资金市场中所占的地位仍然十分有限。对于资金短缺者来说,发行债券和股票所获取的资金具有很强的长期性和稳定性,并且发行手段灵活多样,发行时间、证券种类、期限等可以方便选择,而且有时还可以将证券的收益与企业的经营状况联系起来,在经营状况不佳时可以推迟或减少债息或股息的支付。这一切都是商业银行贷款所不能比拟的。

因此,商业银行侧重于短期资金市场,而投资银行则是企业筹措中、长期资金的根本途径。

上述情况说明,投资银行和商业银行各以不同的方式和不同的侧重点起着重要的资金媒介作用,在国民经济中缺一不可。

(二)构造证券市场

证券市场是一国金融市场的基本组成部分之一。任何一个经济相对发达的国家,无一例外均拥有比较发达的证券市场体系。概括起来,证券市场由证券发行者、证券投资者、管理组织者和投资银行四个主体构成,其中,投资银行起了穿针引线、联系不同主体、构建证券市场的重要作用。

第一,从证券发行市场(Issuing Market),即一级市场来看,证券发行是一项非常繁复,且专业性很强的工作,证券发行者必须准备各种资料,进行大量的宣传活动,提供各种技术条件,办理复杂的手续。显然,证券发行者仅仅依靠自身的力量向投资者发售证券不仅成本很高,而且效果也往往很差。如果有投资银行的协助,则证券发行就能收到事半功倍的成效。具体而言,投资银行在辅助构建证券一级市场方面主要发挥了以下作用:

(1)咨询。投资银行既对证券发行者,也对投资者提供咨询服务。对于证券发行者,投资银行利用自己丰富的经验,通过调查研究,向其建议发行何种证券、按何种价格发售、在何时发售等,并为其提供有关行业、企业、市场的分析资料,作为其发行证券时的参考。同时,投资银行还向投资者提供不同证券的资料,建议其投资何种证券。

(2)承销。证券发行者在确定了发行证券的金额、种类、时间等基本要素后,往往需要投资银行对其即将发行的证券进行承销(一般是包销)。这样,证券发行者就可以将证券发售失败或必须降价方能发售成功的风险转嫁给投资银行。一旦该证券没有完全售出,投资银行就有义务买入所有剩余证券,从而使发行者的风险和成本都大大降低。

(3)分销。在承销证券之后,投资银行还利用自身的分支机构组织一定规模的分销团,向投资者出售其承销的证券。

(4)代销。若投资银行认为某些证券具有很高的发行风险,因而不愿对之提供承销保证,而仅仅是尽最大努力为之推销,就可采取代销方式,并不承诺全额买入未发售的剩余证券。

(5)私募。在证券的私募(私下)发行中一般也需要投资银行联系发行者和投资者,设计证券发行的各种条件,使发行过程得以顺利进行。

由此可见,没有投资银行,就不可能有高效率、低成本的规范的证券一级市场。

第二,就证券的交易市场即二级市场(又称流通市场)而言,投资银行以做市商、经纪商和交易商的身份参与二级市场,也起着重大的作用:

(1)做市商。在证券承销完毕后,投资银行还会在一定时期内作为做市商发挥稳定这种证券的市场价格的作用,以确保各方利益不受损失。

(2)委托。在二级市场上,如果证券交易在无数证券持有者和购买者之间直接进行,势必会造成交易活动的混乱不堪和效率低下,安全性也很难得到保障。这就需要投资银行以经纪商的身份接受客户委托,进行证券买卖,提高交易效率,维持场内秩序,保障交易活动的顺利进行。

(3)价格发现。投资银行以交易商的身份活跃于二级市场,收集市场信息,进行市场预测,吞吐大量证券,发挥了价格发现的职能。投资银行的证券交易业务还方便了客户买卖,活跃了市场交易,保障了证券价格的连续性和稳定性。

第三,投资银行是金融领域内最活跃、最积极的力量,它们推陈出新,从事金融工具的创新,开拓了一个又一个新的业务领域。通过期货、期权、互换等金融衍生工具(Financial Derivatives),投资银行不仅有效地控制了自身风险,保障了自身收益的稳定,客观上还使包括证券市场在内的各种金融市场得以在衍生工具的辅助下更加活跃,发展更为迅猛。

第四,投资银行不仅仅是一个证券中介组织,而且还是一个重要的信息机构。通过搜集资料、调查研究、提供咨询、介入交易,投资银行极好地促进了各种有关信息在证券市场中的传播,使信息更迅捷、更客观地反映在交易之中,保障了证券市场的信息效率(Informational

Efficiency)和信息公平。

第五，投资银行有助于证券市场的整体运营。投资银行通过代理发放债息、股息、红利和代理偿还本金等业务，便利了投资者获取投资收益，一定程度上成为投资者与证券发行者沟通的渠道，降低了有关成本，提高了证券市场整体的运营效率。

由此可见，没有投资银行就不可能有健康、高效的证券市场。正如美国著名金融专家罗伯特·索贝尔所言，“投资银行业是华尔街的心脏，确实也是华尔街之所以存在的最重要原因”。

（三）优化资源配置

实现有限资源的有效配置，是一国经济发展的关键。在这方面，投资银行亦起了重要作用。

第一，投资银行通过其资金媒介作用，使得盈利能力较强的企业能通过发行股票和债券等方式来获得资金，同时为资金盈余者提供了获取更高收益的渠道，从而使国家整体的经济效益和福利得到提高，促进资源的合理配置。

第二，投资银行便利了政府债券的发行，使政府可以获得足够的资金用于提供公共产品，加强基础建设，从而为经济的长远发展奠定基础。同时，政府还可以通过买卖政府债券等方式，调节货币供应量，借以保障经济的稳定发展。

第三，投资银行帮助企业发行股票和债券，不仅使企业获得了发展和壮大所需的资金，并且将企业的经营管理置于广大股东和债权人的监督之下，有益于建立科学的激励机制与约束机制以及产权明晰的企业制度，从而促进企业经济效益的提高，推动企业的发展。

第四，投资银行的兼并和收购业务促进了经营管理不善的企业被兼并或收购，经营状况良好的企业得以迅速发展壮大，实现规模经济，从而促进产业结构的调整和生产的社会化。

第五，许多尚处于新生阶段、经营风险很大的朝阳产业企业难以从商业银行获取贷款，往往只能通过投资银行发行股票或债券以筹集资金求得发展。因此从这个意义上说，投资银行促进了产业的升级换代和经济结构的进步。

（四）促进产业集中

在经济发展过程中，生产的高度社会化必然会导致产业的集中和垄断，而产业的集中和垄断又反过来促进了生产社会化向更高层次发展，从而进一步推动经济的发展。

第二次世界大战之后，大量的兼并与收购活动是通过证券二级市场进行的，其手续更加繁琐，要求更加严格，操作更为困难。没有投资银行作为顾问和代理人，兼并收购几乎不可能进行。因而，从这一意义上来说，投资银行促进了企业实力的增强、社会资本的集中和生产的社会化，成为企业并购和产业集中过程中不可替代的重要力量。

三、投资银行的特征

如果把投资银行看作一种行业，那么其行业特征除了前面介绍过的范围、功能以外，还包括其价值判断准则和职业素质要求。下面将围绕这两方面对投资银行做进一步分析。

（一）价值判断准则

一切行业都有一个价值判断准则，即为行业所认可的评判服务质量的依据。投资银行作为非银行金融机构，为广大客户提供融资理财中介服务，其价值判断准则可归纳为以下五个方面：

1. 追求财务上的最优值。这一准则意味着以最少的投入获得最高的产出。在投资银行承销业务中，这一方面是指为证券发行者实现最低的资金成本，另一方面则是为投资者取得最大的收益—风险比率。股票发行者的最低资金成本来源于最高程度的资本化，而股票投资者的最佳收益—风险比率要靠市场资金供应总量达到最低限来实现。债券发行者的最低资金成本来源于最低的利率和最宽松的契约条款，而债券投资者的最佳收益—风险比率却要靠最高的利率和最严格的契约条款来实现。追求财务上的最优值、以最低的成本筹集到资金是投资银行的使命。事实上，整个投资银行业都在围绕这一目标运作。投资银行必须通过选择和设计适合各种不同融资环境的金融工具以体现这一价值判断准则。

2. 独立判断与尽职调查。投资银行作为金融中介机构，既要为筹资者负责，也要为投资者负责。投资银行的存在价值是建立在其能做出独立判断的基础上的。以承销业务来说，投资银行要使投资者相信，投资银行向其推荐的证券都已经过投资银行的独立判断，确保了披露内容的真实性、完整性和准确性。尽职调查就是独立判断的表现形式，这是指投资银行必须对客户实施有关内容的认真调查，不管这一过程多么繁杂、费力。这是法律程序的要求，是维持投资银行客观公正地位的要求。

3. 金融创新与新产品开发。金融创新与新产品开发是投资银行获得竞争优势的重要途径。近年来，随着利率、汇率、价格波动的日益频繁，经济、税收、法律政策的进一步细化，客户的需求也日趋复杂。针对不同的细分市场，开发出满足各种需求的金融新产品，已成为投资银行的一大法宝。因此，创新性作为投资银行价值判断准则之一也就不足为奇了。目前国际性投资银行无不将维持一流的创新能力写入其经营准则中，将新产品开发工作贯彻到各业务环节中去。

4. 资金的有效供应与利用。这一准则既适用于投资银行所服务的客户，也适用于投资银行自身。对客户公司而言，资金的有效供应对于顺利地实施其经营战略有着重要的意义，资金的有效利用意味着资金应分配到能产生最高收益而又风险最低的地方。为此投资银行必须了解其从事承销所获资金将如何在公司客户中得到运用。

对投资银行本身而言，这一准则也具有相当的重要性。投资银行既要有足够的资金来支撑其承销业务、证券交易等业务活动，又要能充分利用其资金，以获得稳定的收益。近年来随着竞争的加剧，各国投资银行一直在竞相提高其资金基数，因此资金的收益率能否超过筹资成本更显重要。

5. 维护客户的利益。为客户服务、维护客户的利益是任何行业的本分，投资银行也不例外。投资银行家应像优秀的建筑师那样，能亲密无间地与客户一起发挥作用，同时应像卓越的工程师那样，协调所承担的各个方面的工作，坚持各种活动与任务的内在一致性。但是有时投资银行会面临究竟对客户眼前利益负责还是对长远利益负责的矛盾，这时投资银行家应扮演良医的角色，即严格按照实情来做诊断，并采取措施，消除后患。

（二）职业素质要求

职业素质是指投资银行从业人员所应具备的知识结构与各种能力的综合。投资银行的竞争最终是人才的竞争，良好的职业素质是人才优势的体现。正确认识和评价投资银行业的职业素质要求，对于理解投资银行的特征有着至关重要的意义。具体而言，投资银行职业素质要求可以体现在以下几个方面。

1. 财务理论。如果财务学是构成投资银行业的知识基础，那么，财务理论则提供了用于建立这一学科的原始材料。只有了解某一特殊融资手段为什么会起作用，才会知道如何使其更好地发挥作用。深刻理解各种融资工具的原理与机制也是一种竞争优势。财务理论虽然是必不可少的，但仅仅停留在知识掌握方面显然是不够的，灵活应用才是关键。

2. 融资实践。与书本上的理论知识相对应，经验是另一种财富。对投资银行而言，过去的融资实践提供了很多书本理论所不能覆盖的技能。一个优秀的投资银行家必定来自实践的磨炼。

3. 经营才干与行业知识。投资银行为了替融资活动制订与实施最佳的方案，需要将公司当前的业务需要同各种不同金融工具的技术特征结合起来考虑；履行尽职调查义务时，更要对企业的经营管理水平和行业市场发展前景有个正确的评价，因此投资银行从业人员应懂得一般的经营原理和行业的情况。

4. 市场悟性与远见。投资银行业务既是一门科学，又是一门艺术。具备市场洞察力与远见卓识同技术分析具有同等重要的意义。一个优秀的投资银行家应了解从事承销工作的恰当时机、证券发行的合适价格，并能分辨何为热门资产，下一个市场的热点在哪里，无论对产品、市场、体制都应能迅速地觉察到机会和问题。

5. 人际关系技能。从事投资银行的工作除了要具备相当的专业能力外，还须具备一定的公关技能。作为一种服务性行业，投资银行要与众多的客户、机构和管理部门打交道，因而在其业务中协调处理各方面关系的工作所占比重很大。以承销业务为例，投资银行要处理好与发行公司、投资者、证券管理部门，以及其他中介机构如律师事务所、会计师事务所等各方面的关系，起到穿针引线、全面总管的作用。因此，良好的人际关系技能是使业务顺利进行的润滑剂。

第三节　投资银行的演变

投资银行是金融业和金融资本发展到一定阶段的产物。首先，现代意义上的投资银行是伴随着证券信用或信用证券化下证券市场的发展而发展的。商业信用→银行信用→证券信用是社会信用由低级向高级发展的三种形态。作为证券承销和发行的基本中介，投资银行是伴随着证券信用和证券市场的产生而产生的。

其次，现代投资银行作为一个独立产业，是在银行业与证券业的“分离→融合→分离→融合”的过程中产生和发展起来的。在金融业发展的最初阶段，银行业与证券业、商业银行与投资银行处于分离状态。后来随着证券市场的不断扩大，商业银行在巨额利润的驱使之下，开始逐步向投资银行领域渗透，才出现了银证融合状态。[1] 结果，由于商业银行过度参与证券市场，导致证券市场迅速扩张和“泡沫”膨胀，并最终酿成 1929—1933 年的经济大萧条。这使得各国政府清楚地认识到，在金融业发展的特定阶段，银证合业经营将会带来巨大的金融风险，实行两业分离是一种必然选择。于是，1933 年的美国《格拉斯—斯蒂格尔法》(Glass－Steagall Act)便明确规定银行业与证券业、商业银行与投资银行必须分离，这便使投资银行最终脱离商业银行，成为专门从事证券市场中介业务的独立产业。

再次，20 世纪 80 年代以来，随着金融业向国际化、证券化、市场化、创新化、工程化、综合化方向发展，以及金融监管体系、监管手段的不断完善，金融业发展到了一个新的历史阶段，

[1] 参见奚君羊等．合久必分，分久必合[N]．国际金融报，2000 年 2 月 18 日。

投资银行与商业银行重新走向融合已是大势所趋。

最后,2007 年次贷危机之后,曾经叱咤风云的华尔街五大独立投行或倒闭,或被收购,或转型。此次危机标志着华尔街独立投资银行模式的终结,开始走向全能银行模式。

正如任何事物都有其波浪起伏、螺旋上升的发展趋势一样,追溯投资银行的发展历程,使我们更清晰地看到,随着经济及社会的不断发展,投资银行业是如何在适应经济的需求中建立拓展开来的;同时,经济发展到现在,国家干预也对其发展道路产生了种种影响,故法律的制约必然成为我们要考察的因素之一。

作为金融市场中最具活力和创新性的行业,投资银行被誉为金融体系的轻骑兵、市场经济中的金融工程师。投资银行以灵活多变的种种形式参与资本市场的资源配置,成为资金提供者和资金需求者之间重要的联系纽带。

现代经济发展实践表明,投资银行在推动一国经济发展中发挥着有别于其他金融主体的独特而重要的作用,而投资银行推动经济发展功能的发挥有赖于投资银行的特定运作环境。从世界各国的实践来看,投资银行在社会经济中占有举足轻重的地位。这首先表现为其在长期资本形成中的地位和作用。正是由于投资银行的中介作用,企业才能够在资本市场上筹集到发展资金,尤其是期限较长、数额较大的资本。而且投资银行本身掌握了庞大的财力和资本,与众多企业有着千丝万缕的联系,通过直接向企业参股投资,参与企业经营管理,强有力地推动了经济的发展和企业的崛起以及企业家精神的培养。总而言之,投资银行具有沟通资金供求、优化资源配置、构造证券市场、实现生产规模化、促进产业集中的功能。

一、1929 年以前的投资银行

投资银行的原始形态可以追溯到 5 000 年以前在美索不达米亚平原上出现的金匠。此后,随着商品经济的日益发展和市场意识的不断提高,一些“先知”商人开始为需要开办资金的实业和“三角债务”缠身的工商业提供“有利可图”的融资业务。15 世纪在欧洲出现的商人银行不仅活跃在货币市场上成为广受欢迎的“大红媒”,而且活跃在资本市场上从事包销企业股票、债券以及政府公债,参与投资管理和投资咨询等业务。19 世纪形成的能够影响和控制各大公司财务状况和经营战略的巴林家族、海姆布台斯家族和罗斯柴尔德家族,已在欧洲证券市场乃至整个国民经济中起着十分突出的重要作用。

美国投资银行业则是一个起步晚、发展快、起伏大的行业。1826 年由内萨尼尔·普莱姆创立的普莱姆德—金投资银行,一开始就从小小的经纪人地位转为证券领域的批发商,取得纽约证券交易委员会的成员资格,大量承销企业债券和股票,转售给广大投资者,自己从中获取价差。19 世纪中叶的杰伊·库克在美国南北战争前后,屡屡买下大量政府债券,并与公司成员及时将其推销到全美各地;在美国南北战争结束后,库克继续把业务范围扩展到铁路、桥梁等大型产业的建设中,从此,进一步敞开了投资银行业作为证券推销商的大门和途径。此后相继成长起来的纽约雷曼兄弟公司、克鲁斯公司和库思—洛布公司、费城德雷克塞尔公司、波士顿基德尔—皮博迪公司等,也大展拳脚开展了投资银行业务。其间最杰出的投资银行当数成立于 1860 年的 JP 摩根公司。1879 年,摩根利用其与英国天然的联系,在伦敦为范德比尔德家族(这个家族拥有大量美国最早的铁路股票)所控制的纽约中央铁路公司包销了 25 万股股票,此举不仅使摩根公司得到推销费,而且使摩根公司获得了在中央铁路委员会中的代表权以便照顾投资者的利益,并在金融事务上提供咨询和指导。从此,各投资银行家仿而效之,进而拉开了可以左右金融业、工商业的货币托拉斯时代的序幕。

第一次世界大战期间,投资银行业更得到长足的发展。战争之初,投资银行帮助协约国在中立的美国发行20多亿美元债券,美国参战后,投资银行积极参与和领导了“自由”债券运动、“胜利”债券运动,同时还为生产战争物资的私营公司销售证券。1929年之前,证券市场日益繁荣和膨胀,证券市场上的投资、投机、包销、经纪活动空前“亢进”,投资银行更是利用自己雄厚的资金实力,一马当先,通过贷款与股权投资参与竞争主承销地位,并在证券经纪市场上长袖善舞。这一时期成了证券市场在世界范围内“昂首挺进”的时代。商业银行直接担任证券承销商,商业银行从信贷和股权参与部门中分离出来设立的“证券附属公司”遍地林立,商业银行大力扩张投资银行业务,投资银行也在拼命地四处组织资金变本加厉地拓展自己的业务,投资银行与商业银行业务之间已经没有了什么界线,它们各自具有无限的权力,“除了结婚举行宗教仪式及举行礼拜仪式之外,能做一切事情”。

我们可以把上述情况概括如下:

(1)1929年以前的投资银行,其业务的本源特征鲜明:债券、股票承销,证券批发转售。

(2)1929年以前投资银行业务的发展过程,是在与商业银行业务的分离→融合→分离→融合中产生和发展的过程。

(3)1929年以前世界经济的发展,使企业直接融资规模不断扩大,为投资银行业务飞跃发展提供了可能性。

(4)投资银行业务发展初期的收益很高,既可获发行差价,又可获佣金。高额利润的驱动使各类金融机构,尤其是商业银行大刀阔斧地闯进了投资银行领域,商业银行与投资银行没有了业务界线,1929年之前二者已融为一体。

(5)商业银行参与投资银行业务的主要途径是,通过对企业的贷款或股权投资,参与竞争企业债券、股票发行的主承销权,并从银行的信贷和股权参与部门中划分出证券推销部门来从事投资银行业务。后来,商业银行的证券推销部门单独分离出来成为投资银行,这正是投资银行保留了“银行”称谓的缘由。

(6)为了业务的竞争和争夺高额利润,各银行机构四处罗织资金变本加厉地拓展各类业务,当时的证券金融机构成了业务万能机构。

二、经济大萧条时期的投资银行

诚然,同一金融实体中投资银行业务与商业银行业务的穿插交叉必然带来隐患,证券经济的扩张和膨胀背后必定潜伏着萧条和危机。

商业银行的主要资产业务是贷款和投资,其规模、期限、结构等受到主要负债业务——存款和借款的限制,在资本金只占总资产4% ~8%的情况下,商业银行的主要资产业务受制于以储蓄存款为主的主要负债业务。商业银行业务最禁忌的现象是将短期资金来源作为长期资金使用,此即所谓的短借长贷。然而,在竞争的压力和利益的驱动下,商业银行业务最终还是跨出了禁界,为争夺对企业发行债券或股票的主承销权,竞相参与企业贷款和股权投资;为了在二级市场上获取证券差价暴利,商业银行还不惜大量投入资金买卖股票。这样,一方面,商业银行短期资金大量涌入证券市场,造成证券市场的虚假繁荣和股票价格的空前高涨;另一方面,当由于经济波动,广大客户对货币的需求猛然增大时,商业银行往往会因资金紧张而采取抛售所持证券、收回原有贷款等办法来缓和紧张状况,从而又造成证券市场上价格暴跌、资金利率上升,信用链断裂,最终导致经济危机。

可以说,1929 年以前,世界经济的繁荣和产业的进步,资本的高度集中和流动,使得金融业,尤其是证券业保持了持续的高涨。20 世纪 20 年代,美国的银行数量空前绝后地达到近 3 万家,证券投资交易规模也达到空前水平。以纽约证券交易所为例,1921 年股票交易额为 1.7 亿股,股票平均价格为 66.24 元,到了 1929 年 9 月,股票交易额达到 21 亿股,股票平均价格涨至 569.49 元。作为虚拟资本的有价证券,其价值越来越"虚"、越来越膨胀。共同的看涨预期使得股票和债券的价格背离其价值越来越远,社会财富魔幻般地飞涨起来,善于驾驭市场的投资银行家们在奇迹般地创造和操纵着"财富",由穷光蛋到百万富翁的变化过程只需一夜的工夫即告完成。

然而,泡沫膨胀的过程无不孕育着破灭。1929—1930 年,纽约证券交易所上市股票的市价总值(简称市值)从 897 亿美元暴跌至 156 亿美元,其中美国钢铁公司的股票价格由每股 262 美元降到 21 美元,美国电报电话公司的股票价格由 310 美元降到 70 美元,通用汽车公司股票价格由 92 美元降到 7 美元。百万富翁一夜之间又变成穷光蛋,许多银行家的"板凳"被打翻。❶ 1929 年末到 1933 年末,仅美国的商业银行就由 23 695 家减少到 14 352 家,其中歇业银行 7 763 家,合并银行2 322家,4 年之内净减近万家银行,出现世界金融史上绝无仅有的局面。

沉重的代价促使人们反思,为什么投资银行业会遭受如此惨败?人们由此找出了诸多缘由:

(1)商业银行业务与投资银行业务交叉融合,使得许多短期资金盲目地运用到了证券市场这种风险较大的长期投资上。虽然银行资产经营比重向证券投资和证券买卖倾斜是由于证券市场长期"繁荣"和高额赢利所致,但它却促使银行的经营风险越来越大,这为 1929—1933 年经济大萧条的爆发奠定了基础。

(2)由于投资银行与商业银行的业务交错,为了争夺企业发行债券和股票的主承销权,它们各自通过银行的信贷、投资等部门向产业资本渗透,竞争的结果之一是资本高度集中,产生了一些大的金融寡头,从而使整个证券市场的竞争性相对减弱,证券市场的人为波动因素增大,一旦某个关键环节出了问题,必然导致整个证券市场的狂崩下跌。金融寡头的产生和对证券市场的操纵又为 1929—1933 年经济大萧条的形成创造了条件。

(3)有了金融寡头的操纵,有了商业银行和投资银行大量短期资金的涌入,有了人们对证券市场的狂热,有价证券价格被人为地抬高到远远偏离其价值的程度,这对 1929—1933 年的经济大萧条起到了推波助澜的作用。

(4)当时金融管理体系和金融管理法规的不健全,使许多投资银行和商业银行机构的业务游离于政府管辖范围之外,许多偏离正道的金融行为不受法律约束,这又使 1929—1933 年经济大萧条的爆发有了可能。

(5)与当时历史背景和社会经济相吻合而产生的全能银行,不管是投资银行还是商业银行,其业务功能及组织框架构成了 1929—1933 年证券泡沫经济产生的保障。

因此,为了防范股市危机,就应该从投资银行与商业银行的业务细分、组织体系的完善以及在法律制度上健全和规范证券市场的发展方面未雨绸缪。

---

❶ 据说,银行(bank)一词来源于意大利语——板凳(banco),因为当时的银行员工都坐在柜台后面的板凳上办理业务。

三、1933 年以后的投资银行

大萧条的沉重代价促使人们着手规范投资银行，投资银行与商业银行不能继续维持全能银行的地位。美国在 1933 年通过了《格拉斯—斯蒂格尔法》，1934 年通过了《证券交易法》（Securities Exchange Act of 1934）。这些法规不仅具有历史的意义，标志着现代商业银行与现代投资银行的分野和后者的诞生，而且还为证券业与银行业分业管理提供了借鉴样板。

1933 年 1 月，美国国会组织货币委员会的一些成员成立调查小组，由曾当过财政部部长并参与起草《联邦储备法》的经济学家、弗吉尼亚州参议员卡特·格拉斯任小组委员会主席。调查小组对纽约交易所的证券交易、商业银行经营方式和业务范围、投资银行经营方式和业务范围、联邦储备系统与会员银行的关系等诸多问题进行了深入调查。尔后，格拉斯与亚拉巴马州众议员亨利·斯蒂格尔一起，向国会提出了一系列改革和健全金融管理体系的方案。这些法案十分明确地规定：商业银行必须与投资银行分开。任何以吸收存款业务为主要资金来源的商业银行，不能同时经营证券投资等长期性资产业务；任何经营证券业务的投资银行，也不能经营吸收存款等商业银行业务。

1933 年《格拉斯—斯蒂格尔法》的颁布，标志着现代商业银行与投资银行分野格局的形成，同时也标志着纯粹意义上的商业银行和投资银行的诞生。在美国，许多间接经营投资银行业务的商业银行如花旗银行、大通银行等不得不放弃其附属的证券公司而退回到传统商业银行领域。一些直接经营投资银行和商业银行业务的公司也不得不进行分割而独立成立不同的投资银行公司和商业银行公司，如摩根公司把投资银行业务专门转由摩根·斯坦利公司经营并独立出去，而商业银行业务专门由 JP 摩根公司自身来经营。在世界各地，继美国 20 世纪 30 年代制定了一系列金融法规之后，日本在 1948 年也制定了《证券交易法》，对银行业与证券业的分业经营做了法律上的规定，促成了日本商业银行与投资银行（即证券公司）业务上的正式分离。第二次世界大战后，许多国家也开始出现商业银行与投资银行业务分野的格局。

四、1980 年以来的投资银行

投资银行与商业银行分道扬镳之后，其实力自然受到一定影响，投资银行的包销证券业务也曾一度出现萧条。但较长时间来，世界各国对各金融机构业务范围按证券法规定实行明确划分和严格限制，投资银行仍独揽证券市场并得到不断发展。然而，从 20 世纪 70 年代末开始，各国金融市场出现了“证券化”趋势，商业银行和其他金融机构在资金运用上，贷款融资的数量不断减少，而证券融资的规模却急剧上扬，商业银行又开始向投资银行业务领域渗透。出现这种现象的缘由在于：

其一，自 20 世纪 70 年代末开始，西方各国在政策和法规方面相继出现放松金融管制的状况，内容包括放宽金融机构业务、允许发行创新金融工具、放松利率最高限、放松外汇管制、充分发挥金融市场作用等，由此促进了商业银行参与证券市场的步伐。

其二，在传统的银行信贷业务中，利差日益缩小，商业银行盈利普遍下降。以美国为例，1979—1982 年，全部商业银行资产利润率由 0.8% 下降到 0.71%。这种情况迫使商业银行开辟新的业务领域，将资金转向证券市场。

其三，从 20 世纪 80 年代开始，由于国际债务危机的爆发以及证券在安全性、流动性和收益性方面的优势，世界各国的海外投资主要从国际银团贷款转为通过自己的银行和投资公司将资金投放到海外证券市场,尤其是外币债券上。各国资金需求者也多数通过在证券市场发行证券的方式融通资金。投资和融资的证券化趋势促使商业银行不断向证券市场渗透。

其四,各种金融证券创新,如票据发行融资安排、可转让贷款证券、各种抵押贷款证券等的创新发展,也使各国商业银行,特别是发达国家的商业银行得以积极跻身于证券市场。

从20世纪80年代起,由于业务的竞争、市场的压力和利益的驱动,投资银行也跳出了证券承销、证券经纪的狭窄业务之束缚,跻身于金融业务的多样化、专业化、集中化和国际化之中,努力开拓着各种综合业务,呈现出现代投资银行的鲜明特点:

(1)投资银行业务的多样化。现代投资银行不但经营着传统的代理发行证券业务、经销证券业务、经纪业务,而且还发展了项目融资、公司理财、资产管理、并购中介和投资咨询等业务。

(2)投资银行业务的专业化。由于历史和现实的多种原因,各大投资银行在业务拓展多样化、交叉化发展的同时,也各有所长地向着专业化方向演变。如美国摩根士丹利公司擅长于包销大公司证券;高盛擅长投资融资、收购兼并及股票债券研究;第一波士顿公司擅长组织证券的银团包销、安排私募债券的发行和策划公司合并;所罗门兄弟公司擅长于商业票据发行和政府债券交易;等等。业务的竞争使各家投资银行按照自身具有的独特优势向各具所长的方向发展。

(3)投资银行业务的集中化。投资银行业发展的繁荣时期,正是投资银行创立、兼并、集中的频繁时期,美国众多的投资银行原先各自为战,后来几经起伏,到20世纪80年代初,形成美林公司、第一波士顿公司等几家大的投资银行。日本在1949年有1 152家证券公司,到1977年经过兼并、集中后只有257家。野村、日兴、山一、大和这四大证券公司在日本证券公司的资本、资产、利润等指标上,均占重要比重。

(4)投资银行业务的国际化。近几年来,资本的国际化使得投资银行业务也不断国际化。美国美林公司业务不仅有组织飞机、铁路等交通工程项目融资,组织大型的工业工程及开发自然资源工程、能源工程、电信工程项目融资,而且还有进出口贸易融资业务;不仅提供商品服务,而且还为世界各大公司提供经济咨询和研究服务;不仅为世界各国政府和公司在世界各大资本市场上融资,而且还协助一些国家的中央银行管理外汇储备及各种证券交易。国际经济发展的不平衡以及国际资本供求在时间和空间上的不对称性,使得资本的国际流动日益加强,投资银行业务国际化呈现出必然趋势。

可以说,现代投资银行业务迫于竞争的压力和利益的驱动,其业务多样化发展首先促使了业务的国际化发展,而业务的国际化竞争又加速了业务的专业化、集中化发展。这是现代投资银行业务发展中值得注意的一个动向。

五、次贷危机之后的投资银行

2007年美国爆发次贷危机,此后,其负面影响不断扩大,美国投资银行逐步陷入危机。2008年3月,美国第五大投资银行贝尔斯登(Bear Stearns)因濒临破产而被摩根大通收购。9月15日,美国第四大投资银行雷曼兄弟(Lehman Brothers)宣布破产,而第三大投资银行美林证券(Merrill Lynch)则被美国银行收购。9月21日,美联储批准高盛(Golden Sachs)和摩根士丹利(Morgan Stanley)从投资银行转型为银行控股公司。至此,华尔街五大投资银行全军覆没,并由此宣告了主导世界金融业数十年之久的华尔街独立投资银行模式的终结。

美国投资银行业衰败的直接成因显然可归于次贷危机。次贷是次级贷款的简称,是金融机构向那些信用评分达不到合格标准的消费者提供的房屋抵押贷款,在低利率、高房价的情况下,这种贷款风险很小,但是在高利率、房价下降的情况下,次贷的风险就会充分显现,进而危及贷款的安全。随着2004年5月开始的美国基准利率的提高和房价的逐步下降,次贷风险开始逐渐积累。但是,如果只是次级贷款的话,这次危机尚有可能幸免,或者造成的影响较小,而由于其背后基于次贷设计的大量金融衍生品直接导致了次贷危机的发生,也导致了美国五大投资银行的覆灭。

美国的投资银行在次级贷款证券化方面发挥了重要作用。一般而言,投资银行从商业银行手中购买次级贷款,再设立特设机构(Special Purpose Vehicle, SPV),将贷款转移至SPV,再通过SPV来发售次级债券。最主要的次级债券是次贷抵押债券(Mortgage - Backed Security , MBS)和担保债务凭证(Collateralized Debt Obligation, CDO)。2004年前,在低利率、高房价的经济环境下,次级贷款质量安全,次级债券市场非常火爆,给投资银行带来了巨大的利润。但随着后来利率总水平的不断攀高,导致借款人还款压力增大,违约现象急剧蔓延,银行贷款无法收回,投资银行等金融机构持有的债券价格急跌,资产严重缩水,进而引发危机。

具体而言,华尔街五大投资银行崩溃的原因主要有以下几个方面:

(1)投资银行经营体制的改变。投资银行的主营业务有证券承销、发行等传统的投行业务,以及资产管理业务、自营业务和股权投资业务等。传统的投资银行业务以及资产管理业务不需要太多的自有资金,主要收取佣金,风险较低。但是近几年来,由于金融衍生品的不断发展膨胀,自营业务和股权投资业务所占的比例越来越高。例如,2007年高盛80%的利润来自自营和股权投资,其他投资银行同样也押宝于资产证券化以及金融衍生品的发行交易。从这个意义上讲,美国的五大投资银行的主营业务已逐渐向对冲基金演变。

当然,这种经营体制的改变也有其客观原因,主要是因为美国资本市场高度发展,传统的投行业务竞争激烈,股票发行业务日渐式微。面对僧多粥少的局面,在房地产抵押贷款债券市场巨大利润的驱动下,投资银行纷纷投入巨额资金进入市场。在房地产市场繁荣的时候,这些投资银行获得了巨大的利润,2003—2007年,仅雷曼兄弟的利润总额就高达160亿美元;但是,当房地产市场走向萧条之际,投资银行便损失惨重,美国五大投资银行甚至全军覆没。

(2)美国投资银行的高杠杆运行。2004年美国投资银行自营业务放开之后,各大投资银行不断提高杠杆比率从事高风险交易,杠杆比率由通常的15倍迅速上升到30倍、40倍。如果杠杆比率为30倍,在资产价格上涨的情况下,只要赚1%,本金的收益率就可达到30%;而一旦价格下跌导致亏损3.3%,就意味着本金清零。正是这种高杠杆的经营模式,积累了巨大的风险敞口,随着次贷危机的爆发,各大投资银行纷纷倒闭。

(3)缺乏风险控制的金融创新和监管缺失。金融创新就像一把双刃剑,使美国独立投资银行走过了繁荣的几十年,并为美国金融市场在全球的领先地位做出了贡献。然而,美国独立投资银行最终又倒在了自己不计风险和缺乏监管的金融创新中。无节制的产品创新没有与风险控制和监管制度创新相结合,结果导致金融机构非理性的逐利本能高度膨胀。

(4)过度的高管薪酬激励。华尔街五大投资银行在上市之前都是合伙制企业,在上市之后,合伙制时的薪酬制度保留了下来。2007年底,多家投行已面临巨额亏损,可是在年终奖金的计算中仍然以盈利创纪录的2006年年终奖金为标准。摩根斯士丹2007年全年薪水支出总额为165.5亿美元，高盛更高达201亿美元。美林证券、雷曼兄弟、贝尔斯登的年终奖数额也与2006年相差无几。这些巨额奖金导致各投资银行的流动资金大大减少，随着2008年次贷风暴的升级，其流动性便陷入了枯竭。此外，过度的薪酬激励还引发了道德风险，促使投资银行高管不顾公司利益，刻意从事高风险交易，以便获得高收益和利润提成，而一旦交易失败，损失由公司承担。

由于上述几方面的原因，美国的投资银行没有躲过这场次贷危机。

2008年9月21日，美联储批准高盛和摩根士丹利转型为银行控股公司。根据美联储的决定，高盛和摩根士丹利以后将实行综合经营。变身后的高盛和摩根士丹利不仅可设立商业银行分支机构，以吸收储蓄存款、拓展融资渠道，还可享受与其他商业银行同等的待遇，获得申请美联储紧急贷款的永久权利。但为符合商业银行标准，两家机构需要大幅降低杠杆比率以满足新的资本充足要求，同时要面临美联储和美国联邦存款保险公司（FDIC）更严格的金融监管。因此，转型为银行控股公司后，两大机构将更多地依赖于个人存款而不是银行贷款这一杠杆工具，从而杠杆比率会逐渐降低，这意味着风险的相应下降。

尽管五大投资银行全军覆没并不是此次危机的终局，但是，人们从中获得的教训却弥足珍贵。在金融创新频繁、经济全球化的时代，独立投资银行模式的覆灭以及两大机构经营模式转型进一步凸显出现代金融市场中风险管理和监管体制的重要性。

第四节 投资银行的外部关系

在金融机构的大家族中，除了投资银行和商业银行之外，还有储蓄机构（如美国的储贷协会）、共同基金、保险公司、养老基金等。与投资银行一样，这类金融机构在过去也有自己专门的业务领域，提供某一类独特的金融服务。但是，随着金融工具的创新与发展、新市场的开拓和金融管制的放松，各类金融机构的业务有趋同的倾向，投资银行与其他金融机构之间的竞争也日益加剧。但是，竞争之余，投资银行与其他金融机构往往还互相合作、互相支持，共同实现本身利润的最大化。此外，投资银行又是经济中最活跃的组成部分，在各类金融市场上都发挥了重要的作用，并在许多金融市场中具有举足轻重的地位。

我们分别通过表1－2和表1－3来简单地表示其他主要金融机构和投资银行的关系及投资银行在金融市场的地位。

表1－2 投资银行与其他金融机构的关系

金融机构的种类	与投资银行的关系
商业银行和其他储蓄机构	● 有些商业银行和储蓄机构通过信托业务提供经纪服务，这与投资银行存在着激烈的竞争 ● 许多商业银行从事商业票据和国债的承销，与投资银行的承销业务存在竞争 ● 商业银行从事许多咨询业务，尤其是针对兼并与收购的财务顾问服务，是投资银行强劲的竞争对手 ● 在许多金融市场上，尤其在国际金融市场上，商业银行与投资银行业务活动已看不出差别 ● 在实行全能银行制的国家中，商业银行与投资银行合为一体 ● 许多商业银行设立了从事投资银行业务的子公司，而投资银行也收购了一些陷入财务困难的储蓄机构

续表

金融机构的种类	与投资银行的关系
共同基金	•投资银行帮助共同基金进行证券买卖(即证券经纪) •投资银行可以组织和管理自己的基金 •投资银行代客户管理基金
保险公司	•投资银行作为保险公司的财务顾问,向其建议购买何种股票、保持怎样的资产组合 •投资银行帮助保险公司进行证券买卖(即证券经纪) •投资银行承销的证券,尤其是私下发行的证券有很大一部分由保险公司购买 •投资银行在自己发起组织基金时,与保险公司存在着激烈的竞争 •投资银行在兼并与收购融资中,经常依靠保险公司提供的资金 •有些投资银行已经与保险公司合并,希望借此提供更广泛的服务,例如美国培基投资银行(Prudential)就已和巴奇保险公司(Bache)联合建立了 Prudential - Bache 公司
养老基金	•投资银行作为养老基金的顾问,向其建议买卖何种证券、保持什么样的证券组合 •投资银行帮助养老基金买卖证券(即证券经纪) •投资银行作为养老基金的顾问,向其建议如何利用风险控制工具规避市场风险 •养老基金是投资银行承销的证券的购买人之一

表 1-3 投资银行在各类金融市场的地位

金融市场类别	与投资银行的关系
货币市场	•许多投资银行设立了货币市场共同基金,投资于货币市场 •投资银行购买一些短期证券,以满足其本身证券组合对流动性的需要 •投资银行是许多商业票据的承销商
债券市场	•投资银行进行债券承销、代客买卖债券,并作为客户的顾问建议其买卖何种债券 •有些投资银行已经成立了专门进行债券投资的基金,即债券基金 •投资银行为自己的投资组合购买债券 •投资银行通过为客户发行垃圾债券(Junk Bond)的方式为其从事兼并与收购提供融资,即所谓的"杠杆并购"(Leveraged Buyout,LBO)
股票市场	•投资银行进行股票承销、代客买卖股票,并作为客户的顾问,建议其买卖何种股票 •投资银行为其自身的证券组合购买股票
期货市场	•投资银行作为其客户的顾问,建议其如何利用期货市场进行套期保值以防范风险 •投资银行作为经纪人帮助客户进行期货交易
期权市场	•与期货市场一样,投资银行作为客户的顾问,建议其如何利用期权市场进行风险防范 •投资银行作为经纪人帮助客户进行期权交易
抵押市场	•投资银行通过资产证券化业务,使许多金融机构的抵押资产证券化
借贷市场	•投资银行承销某些由发行者资产作为抵押的证券 •投资银行为政府和企业提供项目融资 •投资银行已开始向商业银行的传统业务领域渗透,办理其他信贷业务

第五节 投资银行与网络交易

20 世纪 90 年代以来,随着计算机技术的飞速发展,网络化风潮席卷全球,全球金融电子交易系统的使用日益广泛,金融业务的运作模式也随之发生了革命性的转变。首先,电子金融业务作为一种便利的支付手段促进了电子商务的发展;其次,传统的金融服务将以网络作为新的渠道,从而实现具有全天候特征的 3A 式服务[1];最后,金融业将应用电子商务形式,开发新的金融服务,诸如个人理财、网上交易等。

所谓证券网上交易,通常是指投资者利用电脑网络资源,获取证券的即时报价,分析市场行情,并通过电脑网络委托下单,实现实时交易。与传统的证券经纪交易相比,网上交易打破了时空限制,降低了经营成本与经营风险,并能够提供快速而方便的信息服务。这种打破时空限制的交易方式,已成为国际证券经纪业务发展的趋势。

网上证券交易系统使得投资者可以通过互联网方便快捷地进行行情查询、在线交易和账户管理,业务涵盖开户、销户、密码修改、账户余额和行情查询、银证转账、证券买卖等方面。交易系统由几个不同的模块组成,主要任务是完成证券金融信息的收集、整理、发布以及交易等工作。

一、美国的网上交易

美国的网上交易是在折扣经纪公司的基础上发展起来的。1975 年美国废除了证券经纪机构固定费率制,佣金市场化要求证券经纪公司必须选择最经济的方式为投资者提供服务,这客观上促进了网上交易的快速发展。1995 年 8 月,Discover Grokerage Direct 公司开始提供即时行情和网上交易。嘉信理财公司(Charles Schwab)主要从事证券经纪业务和提供财经资讯,包括零售经济、共同基金和独立投资经理支持服务,于 1997 年初推出了网上经纪服务系统。Schwab 网站提供即时行情、新闻、历史财务数据,客户可以定制个人主页、查看自己的账户、编制自己的资产分配模型,寻找符合自己模型且表现最好的共同基金,并通过 Schwab 网站买卖基金。

二、我国的网上交易

1997 年 3 月,中国华融信托投资公司湛江营业部推出了视聆通多媒体公众信息网上交易系统,标志着我国证券网上交易的开始。

我国证券公司开展的网上业务,目前主要是证券委托交易。我国《证券法》规定,依法核准上市交易的证券,采用公开集中竞价的方式,在交易所挂牌交易。这意味着证券公司或信息技术公司,不能利用互联网开展证券撮合或交易业务,网上委托同电话委托或其他形式的委托一样,基本的功能是将投资者的指令传达到营业部,营业部再将指令传送到交易所进行集中交易。

我国的网上交易起步和美国相比并不太晚,美国的嘉信公司在 1996 年推出世界上第

[1] 这里的 3A 是指 Anywhere(任何地点),Anytime(任何时候),Anyhow(任何方式)。

一个网上交易服务，而我国在1996年年底也已出现尝试网上交易的营业部。但是，由于我国互联网的普及速度相对迟缓等方面的原因，一些证券公司和营业部的网上交易系统一直停留在计划、开发和试用阶段，直到1998年才开始得到真正发展。近年来，由于互联网和移动互联网的快速发展，网上交易的普及率保持了良好的上升态势。

三、网上证券交易的特点

近年来，呈现出明显的网上证券交易替代传统的通过证券营业部进行证券交易的趋势。这一方面是由于近年来互联网的快速发展及其与证券经纪业务的有机结合；另一方面是因为网上证券交易相对于传统的交易方式具有众多优势。

首先，网上证券交易以无所不在的互联网为载体，通过高速、有效的信息流动，从根本上突破了地域的限制，极大地缓解了我国券商地域分布不均的矛盾，将身处各地的投资者有机地聚集在无形的交易市场中，使得投资者能在全国甚至全球任何能上网的地方进行证券交易，并使那些有投资欲望但却无暇或不便前往证券营业部的投资者也能够完成交易。

其次，网上证券交易克服了传统交易方式信息不充分的缺点，有助于提高证券市场的资源配置效率。

最后，网上证券交易可以降低证券交易的交易成本和交易风险。网上交易使得客户彻底突破传统远程交易的制约，无须投入附加的远程信息接收硬件设备，在普通的接入互联网的计算机上就可以全面把握市场行情和交易的最新动态。另外，网上交易可以覆盖证券交易活动的方方面面，使投资者足不出户就可以办理信息传递、交易、清算、交割等事务，节约了大量的时间和金钱。对券商而言，网上交易的大规模开展，可以大幅度降低营业部的设备投入和日常的运营费用。此外，现在网上交易通常采用对称加密和不对称加密相结合的双重数据加密方式，再加上证券公司本身的数据加密系统，使得网上证券交易的安全性得到了比较充分的保障。

案　例

投资银行中的佼佼者——高盛集团

高盛(Goldman Sachs)集团成立于1869年，是全世界历史最悠久且规模最大的投资银行之一，总部设在纽约，并在东京、伦敦和香港设有分部，在23个国家及地区拥有41个办事处。其所有运作都建立于紧密一体的全球部门基础上，由优秀的专家为客户提供服务，同时拥有丰富的地区市场知识和国际运作能力。它还为三家中国企业经办了首次公开募股事宜，这三家公司是中国石油、平安保险和中国银行，它们的募股规模在中国股市均排在前几位。

高盛作为独立投行模式的杰出代表，不但具有独特的业务模式和高效的管控架构，而且具有较高的全球一体化运营水平。从业务模式看，高盛深耕投行全产业链，业务条线清晰，收入以手续费为主，机构、投行、投资和资管四大板块贡献相对均衡。高盛集团的高效管控源于合伙人精神与现代公司治理机制的完美结合、以管理委员会为核心的扁平组织架构和对中后台的大力投入。由于具有颇高的全球一体化运营水平，高盛海外业务收入占比常年保持在40%左右。

一、高盛——历史悠久的全球最优秀投资银行

(一)上市前的成长历程:合伙人机制,轻资本发展,跻身顶尖投行

家族式经营、合伙人制度和轻资本运作是上市前高盛集团经营的主要特征之一。高盛是华尔街最后一家保留合伙制的投资银行,合伙人制度在它的发展进程中起到了至关重要的作用。投资银行业是十分重视关系的行业,很多时候家族关系网是其最重要的资产,只有合伙制才能将这项无形资产留在企业内部。与现代投资银行的高杠杆特征不同,传统投资银行业务主要集中于代理人和咨询顾问等范围,基本上并不动用自有资本,主要采用轻资本运作方式。

高盛创设之初从事商业票据交易,后来增加贷款、外汇兑换及新兴的股票承销业务。1906年,在创二代亨利和萨姆的领导下,高盛开始了它的第一次承销业务,成为真正意义上的投资银行。1929年金融危机期间,由于决策失误,高盛损失了92%的原始投资,濒临倒闭。经历大萧条之后长达三十多年的韬光养晦,经过诸多精英合伙人的通力合作和传承,到20世纪七八十年代高盛逐渐从华尔街的二流投资银行成长为一流投资银行。

1932年,高盛收购了在商业票据业务领域的一家主要竞争对手;20世纪40年代高盛创建了盈利能力强劲的套利交易部门;20世纪中期,高盛承担了西尔斯以及福特等大企业的IPO主承销,获得了极高的荣誉。此外,高盛首先在销售部,其次在兼并与收购部,最后在所有的部门启动了专业化分工进程,工作效率得到大大提高,高盛逐渐在许多投资银行业务领域的竞争中取得了领头羊的地位。直至今日,高盛完善的投资银行服务系统已经成为公司重要的基础部门,为公司招揽和留住遍及全球的客户立下了汗马功劳。在销售能力方面,高盛遍布全球的营销团队在同行中也是绝无仅有的。

高盛于20世纪70年代主导了机构大宗交易,80年代主导了固定收益业务和杠杆收购。到90年代,高盛逐渐成为享誉全球并持续保持领先地位的金融企业。

在成长为顶尖投行的过程中,高盛业务经营的一个显著特点是逐渐突破传统投行的业务边界,开启多元化发展,其标志性事件是1981年通过收购J. 阿朗公司进入大宗商品交易领域,该项收购使交易业务对高盛营收和利润的贡献持续达30%以上;20世纪90年代,高盛又开设资本投资业务,成立GS资本合作投资基金,引领了投行业直接投资业务的发展。

(二)上市后的卓越业绩:引入股份制,补充资本,实现多元化均衡发展

高盛公司在以合伙人制度经营和运作逾百年后,于1999年在纽约证券交易所上市。包括高盛在内的美国投资银行的发展轨迹是从合伙制企业转到公众公司,在高盛之前,美林、雷曼兄弟、摩根士丹利和贝尔斯登这些曾经的五大投行都先后上市。

高盛的改制上市主要有以下几点具体原因:

一是扩充资本金的压力。随着经济的繁荣和金融深化程度的提高,现代投资银行的运营管理越来越依赖于资本,资本重要性显著提高,全球投行业重资本化发展特征非常明显。投资银行业的转型升级使得交易业务和资本投资业务在业务多元化和均衡化过程中发挥着越来越重要的作用。高盛迫于扩充资本金的压力,不得不选择股份制的形式,通过发行股票并上市来迅速增大资本实力。

二是承担无限责任的风险和压力。随着华尔街金融创新尤其是金融衍生工具的发展,证券市场的规模和风险也同时被杠杆效应放大了,投资银行因为一次失败的业务而导致破产的可能性大为增加,这使得合伙人不得不忧虑风险的底线。因此在经济增长放缓时,合伙

人有可能离开公司并带走大量资金。

三是激励机制的掣肘与人才竞争的压力。合伙制投资银行对优秀业务人员的最高奖励就是接纳其成为合伙人。这种奖励所建立的基础是:员工希望成为合伙人,因而不在乎短期收入。

由于金融工具的创新,一线的业务人员虽然很多并非是合伙人,但常常能为公司创造惊人的利润,然而,其成为合伙人的可能性却极小。对于这些优秀一线业务人员来说,经过漫长等待成为一名合伙人与短期获暴利相比,后者诱惑更实在。这使得上市公司在与合伙制投资银行进行人才竞争时处于优势地位。

然而,上市后高盛的合伙人制度并未消失,在公司制的治理架构下,高盛合伙人仍然发挥着作用,在高盛集团内部,二者实现了完美的结合。伴随上市带来的资本金增加,高盛多元化业务发展迈向新的台阶,除传统投行和交易业务之外,资本金投资和资产管理两大业务获得快速发展,主要业务之间变得更加均衡。适应投资银行业的转型升级,高盛集团逐渐从一家传统的投资银行演变为专注投行业务的现代金融集团,核心竞争力进一步增强,成为五大投行中具有最强盈利能力的一家。

二、金融危机后的最新战略发展框架

近年来全球经济复苏步伐放缓,全球金融市场监管趋严,使得国际投行面临的经营环境日渐恶劣,面临巨大的转型压力。自2008年金融危机以来,国际大投行纷纷调整业务部门和经营战略以适应新的环境。在此背景下,高盛集团战略发展既保持了定力又不乏灵活性,集中体现为其核心战略的稳定与业务结构的调整。

(一)核心战略稳定:专注投行业务和全球化运营

后危机时期,国际投行纷纷借助多元化发展来提升抗周期能力,应对盈利下滑的压力。很多金融机构改变了商业模式,部分机构开始从事零售业务或者从国际扩张转向国内市场。但是高盛并没有改变核心战略,仍然专注于投资银行业务,仍主张全球化运营。

2008年危机后,高盛集团获准成为银行控股公司,这带来的主要影响在于需接受更严格的监管,但并未影响高盛的商业模式和客户服务(图1-3)。高盛集团定位依然是一家世界领先的投资银行、证券和投资管理公司,其商业模式、客户战略和营收结构与金融危机之前相差无几,依然是通过投资银行、机构客户服务、投资与借贷、投资管理四大业务条线为企业、金融机构、政府、高净值个人等各领域的众多客户提供一系列金融服务。高盛集团所有运作都建立于紧密一体的全球架构基础上,由优秀的专家为客户提供服务。

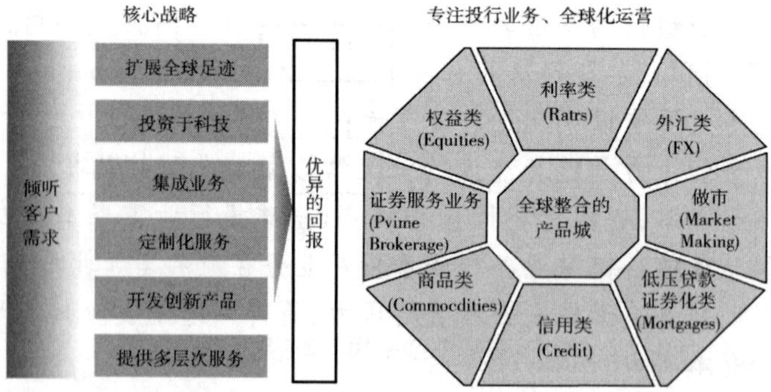

资料来源：高盛集团年报，民生银行研究院

图1-3　金融危机后高盛核心战略并未改变

由于同时拥有丰富的地区市场知识和国际运作能力，随着全球经济的发展，高盛能够做到持续不断地发展变化，以帮助客户无论在世界何地都能敏锐地发现和抓住投资机会。2016年5月，高盛推出网络银行GSBank. com，涉足零售业务，其目的仍主要是为了服务机构投资客户，获取低成本资金来源。

（二）主动去杠杆，从重资本向轻资本转型

为满足巴塞尔协议Ⅲ等外部监管的要求、控制经营风险，以美国投行为代表的金融机构都纷纷加速去杠杆，境外投行的经营杠杆都从危机前约30倍的水平下降至2015年约10倍左右的水平，其中高盛的杠杆比例从2007年高峰时期的26.2倍下降至2015年约10.3倍的水平。

全美证券经营机构的杠杆比例从2007年高峰时期的38倍下降至2015年18倍左右的水平。由于监管发生了变化，高盛需要更多资金，以实现去杠杆化。从图1-4可以看出，高盛通过内源积累和外源补充，资本金实力得以提升，"去杠杆化"成效显著。

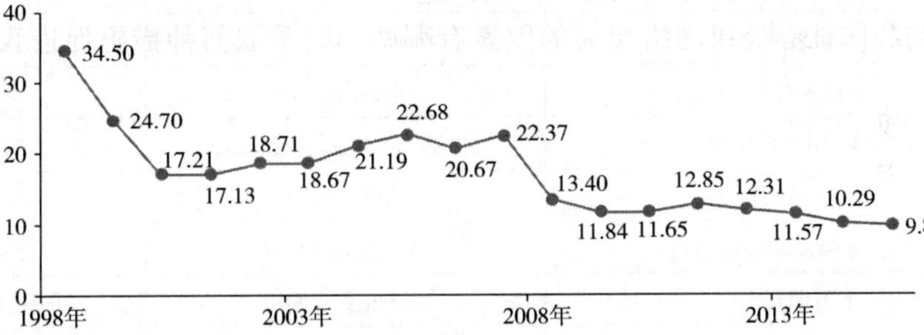

资料来源：wind，民生银行研究院。杠杆率等于总资产/净资产

图1-4 高盛集团1998—2015年杠杆率变化

为满足沃克尔规则要求，高盛逐渐剥离方向型交易的自营业务，重资本为主的自营业务规模大大缩减。业务结构从高风险的交易业务向轻资本的中介业务转型。金融危机前，高盛机构销售交易和本金投资是其支柱业务，2007年的收入贡献高达68%，传统投行服务和资产管理业务的收入占比不足30%；金融危机后，资本中介型的机构客户服务成为高盛的业务支柱，重资本的投资业务占比直线下滑，2015年底高盛机构客户服务的收入占比为45%，投资借贷业务收入占比下滑至约16%的水平。

（三）危机后经营绩效：收入与盈利增长放缓

金融危机在很大程度上改变了国际投行业的发展轨迹。高盛集团的经营数据也从侧面表明全球投行业与全球经济一样正在经历经济低迷、调整和适应期。根据财富500强榜单（以总收入规模计），高盛2009—2016年排名有所下滑，但2011年后相对平稳。

受全球经济弱复苏和监管趋严的影响，高盛近年来面临较大的增长压力，盈利能力明显下降，营业收入缓慢增长，资产负债规模停滞不前。以2015年为例，高盛实现营业收入338亿美元，同比下降2%，净利润约61亿美元，同比下降约28%，ROE更是首次跌破两位数，降至7.14%的水平，其中机构客户服务和投资借贷是业绩下滑的主要业务点。

高盛2016年上半年营收为142.7亿美元，同比下降27.51%；净利润下降24%，至29.6亿美元。受制于去杠杆和盈利能力下降，高盛股价估值出现了明显下滑，相比危机前，PE估值和PB估值均下降70%以上。

虽然遭受金融危机的重创，并且于2008年被美联储批准成为银行控股公司，但并不妨碍高盛作为近20年来五大投行中唯一一家仍然健在并且成功跑赢大市的投行类金融机构。

（资料来源：https://baijiahao.baidu.com/s?id=1594696356490752080&wfr=spider&for=pc）

思考题

1. 如何理解投资银行这一概念？
2. 投资银行的功能有哪些？
3. 请简述投资银行的产生和发展过程。
4. 请分别说明投资银行与各金融机构和金融市场的关系。
5. 我国证券公司存在哪些缺陷？如何改进？
6. 制约我国证券公司网络交易的因素有哪些？应采取何种措施促进我国证券网上交易的发展？

第二章

投资银行的组织结构

本章学习重点和要求

◆熟悉投资银行的组织形态、内部结构、组织结构理论及业务结构；

◆重点掌握投资银行的两种形态：合伙人制和股份公司制；

◆理解有关投资银行组织的理论；

◆了解美国投资银行的业务结构。

第一节　投资银行的组织形态

在现代投资银行业中，投资银行的组织形式主要有合伙制、混合公司制和现代公司制三种类型，其中尤以现代公司制最为普遍。在投资银行业中，各个投资银行均有不同的组织结构，但没有一家投资银行的模式可称为典型的组织结构。这是因为，一家投资银行采取何种组织结构，大多与其内部的组建方式及经营理念有关。

一、合伙人制

合伙人制是指由两个或两个以上的人拥有公司并分享公司利润的形式。合伙人就是公司所有人或股东。所有合伙公司至少有一个主合伙人主管企业的日常业务经营，并承担责任。一些合伙公司也有有限合伙人，其承担的义务仅限于财务方面，并不参与公司的日常经营活动，仅负有限责任。

合伙人制的特点：合伙人共享企业经营所得并对亏损承担连带的无限责任；企业可以由所有合伙人共同参与经营，也可以由部分合伙人经营，其他合伙人仅出资并自负盈亏；合伙人数量不定，企业规模可大可小；合伙人对亏损负无限责任，所以企业信誉较高。

合伙人制投资银行的制度特征如表 2－1 所示。

表 2－1　合伙制投资银行的制度特征

含义	合伙人制度是指由两个或两个以上合伙人拥有公司并分享公司利润，合伙人即为公司所有人或股东的组织形式
基本特征	合伙人共同出资、共享经营成果，并对亏损承担无限连带责任，一般重大经营事项要经所有合伙人同意。具有内在、有效的激励约束对等机制
与公司制区别	● 企业设立难易程度不同：合伙制企业设立难度低，手续相对简便和费用相对较低，公司制企业反之 ● 合伙人（股东）管理权不同：合伙人直接参与公司企业管理，公司股东不能直接参与公司企业管理 ● 合伙人（股东）债务风险不同：合伙人一般对企业承担无限责任，风险极大，公司制企业股东对企业承担有限责任，仅以其出资额为限 ● 企业稳定性不同：合伙企业合伙人死亡、退出等对企业存续和运行存在较大影响，公司企业股东死亡、退出等不会影响公司企业存续和运转 ● 企业规模不同：一般来说大多数合伙制企业在资金、效益和竞争力等方面均弱于大多数的公司制企业 ● 政府监管力度不同：多数国家的政府对公司制企业立法均严格于合伙制企业立法
优缺点	优点：设立简单、赋税较轻、政府监管较松、合伙人直接参与管理 缺点：企业资本较少，规模较小、合伙人风险大、企业管理分散、企业稳定性低

资料来源：民生银行研究院

正因为合伙人制存在的弱点，随着时代的发展，一些原来采用合伙人制的投资银行纷纷改为股份公司制。

二、混合公司制

所谓混合公司，是指各不同部门在职能上没有什么联系的资本组织或企业合并而成的规模很大的资本组织或企业。

大公司为实行多样化经营而掀起了早期的企业兼并浪潮，在此过程中兴起的混合兼并，实际上就是大公司生产和经营日益多样化的过程。投资银行一旦经营出现问题，往往也会成为兼并收购的对象。最近几十年来，这种现象较为普遍，表明投资银行开始出现分化。被收购的投资银行成为别的企业的全资附属子公司或者一个业务部门，或通过分解、整合而融合到收购企业中去。

事实上，混合公司就是现代公司，不过又具备自己的一些特点，其中最突出的特点就是规模庞大，同时涉足多个没有什么联系的业务领域。因此，这种混合公司可采取事业部制或超事业部制的组织结构，投资银行作为其一个事业部而存在。若采取母子公司结构，投资银行则作为其全资附属子公司而存在。

三、股份公司制

股份公司是指由法律规定人数以上的股东组成，全部资本划分成等额股份，股东仅就其认购的股份对公司债务负清偿责任的公司形式。

投资银行转化为股份公司制是现代投资银行与传统投资银行的根本区别之一。19世纪50年代，欧美各国的公司立法开始兴起，经过整整一个世纪而日臻完善，使公司的形态在法律上得到明确的体现，也使这一时期的公司始终在公司法的规范下发展，受到法律的保护与约束。正是在这一历史背景之下，投资银行的股份公司化得到了发展和完善。

由于股份公司制的建立和发展受到了法律的保护，较传统的合伙人制而言，其在集资功能、企业法人化功能和管理现代化功能等方面都具有许多优越之处。

（1）集资功能。股份公司是资本集中的有效杠杆，当股份公司与股票市场联系在一起时，短时间内可以大量积累资本，满足现代投资银行对资本的需要；股份公司内部有一套完整的积累机制，包括提留利润作为公积金、公积金转增股本、股利发放政策、职工内部持股安排、债权转股权等。这套机制以内部章程或外部法律条文的形式固定下来。此外，股份公司的兼并收购、战略联合为资本积聚和资本积累提供了另一条重要途径。

（2）法人功能。公司法人制度赋予公司以独立法人地位，其确立是以企业法人财产权为核心和重要标志的。法人财产权是指企业法人对包括投资和投资增值在内的全部企业财产所享有的权利。法人财产权的客观存在，显示了法人团体的权利不再表现为个人的权利。公司法人把包括动产、不动产在内的全部企业财产视为一个不可分割的整体来行使权利。它不仅拥有对这些财产的占有权、使用权、收益权，而且还拥有处置权。公司行使法人财产权是通过其组织机构和代表来进行的，这就可以用法人财产权来对抗和排除包括股东在内的其他个人和机构对生产经营的直接干预。公司法人对财产权利的行使具有永续性。法人财产权的转化还与公司有限责任制相联系。

（3）管理现代化功能。股份公司的管理现代化功能表现在两个方面：一是管理劳动专业化，由此带来管理职员化、知识化，以及经理人员地位的独立化；二是利益制衡规范化，公司内部各利益主体的相互制约和内部激励机制的建立与规范化都促进了公司营运效率的提高。

(4)吸引公众投资。股份公司制的组织形态更容易吸引广大公众的小额投资并集腋成裘,这是因为作为股东,其享有以下的便利和保护:第一,风险有限。股东仅以投入公司的资本为限,对公司债务负有有限责任。第二,所持股权流动性高。无论是有限责任公司还是股份有限公司,都较少地对股东出售股权予以限制,上市公司的股东更是可以随意在股票市场上方便地抛售股份套取现金。第三,股份公司制的财务状况比较透明,时刻置于社会监督和监管之下,有助于保护中小股东的利益。

由于股份公司制具有上述优点,现代投资银行多数采用股份公司的组织形式。投资银行采用股份公司形式也须付出一定的代价。股份公司在财务报表和经营活动,如公布年度报表、季度报表、召开股东年会等方面须承担比合伙企业更多的信息披露责任,因而在自主决策方面受到更多的限制。当然,这样的组织形态也对投资银行追求盈利和风险控制形成了更大的压力,由此促使其提高经营成效。

在投资银行的组织形态上,各国规定不一。目前,世界上只有比利时、丹麦等少数国家的投资银行仍限于合伙人制。在德国和荷兰,虽然法律允许有不同的组织形态,但事实上只有合伙人制。中国香港、马来西亚、新西兰、南非等大多数国家和地区则允许投资银行采取合伙人制或股份公司制。新加坡、巴西等国则只允许采取股份公司制。

第二节　投资银行的内部结构

一、投资银行的管理结构

鉴于股份公司是投资银行典型的组织形式,因此本节主要讨论这种组织形式下的投资银行的管理结构。股份公司通常由(全体出资者构成的)股东大会、董事会(法人机构)和总经理(日常业务管理者)组成三个层次的领导结构。在总经理之下设立多个业务主管部门。

(一)股东大会

股东大会是投资银行的最高权力机构,由投资银行的股东组成。一切重大人事任免和重大决策,都必须经过股东大会的投票认可和批准才有效。

(二)董事会

董事会的董事由主要股东的代表所组成,也有些董事可能来自股东或管理人员之外的社会阶层。董事会代表全体股东利益,对投资银行的经营和财务状况负有最终责任,是投资银行的决策机构。董事会一般每月或每季度开会讨论和决定公司的总体战略、经营方针和策略,检查由公司管理部门提交的财务报告。董事会任命总经理,并在雇用主要工作人员方面发挥着重要作用。董事会的首要任务之一是表决通过政策声明和内部方针,并根据需要定期对其进行修改。

(三)执行董事

在投资银行成立初期,往往组成一个由董事会主要董事、总经理以及几位主要工作人员组成的执行委员会。待到投资银行运行成熟之时,执行委员会往往被由总经理及高层管理人员组成的班子所取代,这时在董事会中保留选出的原若干执行委员会的董事,起联结管理部门和董事会的桥梁作用,他们即为执行董事。

（四）总经理

总经理是投资银行中最重要的管理人员，由董事会任命，对董事会负责，从事日常业务管理和决策制定。其职责包括：

1. 雇用和鼓励工作人员，解雇不符合要求的人员；
2. 执行董事会决定的决策；
3. 定期向董事会提出关于公司财务状况和盈利状况的报告；
4. 提出年度预算和长期战略；
5. 就重要的交易、承销等活动向管理委员会提出建议；
6. 进行日常管理和控制，特别对具有较高风险和营私舞弊可能性的业务领域进行管理和控制；
7. 处理与外部监管机构的关系，并负责按时提交符合要求的报告；
8. 处理公共关系，创造和保持专业形象；
9. 对公司内的各部门和直接对总经理负责的人员进行指导。

二、投资银行业务部门

投资银行根据业务活动的性质一般设立以下部门。

（一）投资银行部

投资银行部（Investment Banking Division）的任务主要是承销企业所发行的股票、债券和票据。有些大投资银行在承销业务量很大的情况下，按企业种类在企业融资部下又设立不同的组，例如基础工业组、高科技工业组、服务性行业组、轻工业组等。也有的按地区划分。该部门的专业人员需要进行企业金融分析、证券上市定价，起草发行说明书和相关文件等。有的投资银行会专门设立固定收益部，办理债券和票据承销的相关业务，而投资银行部只负责股票承销，但是，大部分投行还是把股票和固定收益合并为投资银行部，只是在投资银行部下面设置股权、固定收益和货币市场等部门。

（二）资本市场部

资本市场部（Capital Market Division）的主要职责是在投资银行部完成前期准备之后，负责调查买方客户（主要是机构投资者）的需求，确定究竟应该发行多少股票或债券，并确定大致的价格区间。有的投资银行把销售与交易也放在资本市场部之内；在一般的投资银行里，资本市场部的业务与投资银行部和销售交易部有密切关联，夹在这两个部门之间，其独立发展的空间相对较小。

（三）销售与交易部

销售与交易部（Sales and Trading Division）的主要职责是在投资银行部和资本市场部完成一切准备工作之后，负责直接与买方客户打交道，顺利圆满地完成股票或债券的销售任务。当股票或债券上市之后，销售与交易部还要负责稳定股价，协商决定是否增发等事项。

（四）兼并收购部

兼并收购部（Merge and Acquisition Division）的主要职责是为公司客户的兼并与收购业务提供咨询，包括确定并购战略和策略、选择并购对象、确定并购方式和并购价格、提供并购融资，例如过桥贷款（Bridge Loan），以及帮助目标公司进行反收购等。有的投资银行把兼并收购部放在投资银行部之中。兼并收购部是近年来发展最快的投行部门。

（五）研究部

研究部（Research Division）的主要职责是为其他部门乃至其他公司提供研究服务，包括股票研究、固定收益研究、并购研究以及宏观经济研究等。研究部是投行其他部门立足的基础，如果没有研究人员提供的大量资料和研究结果，许多投资银行业务的决策就难以得到可靠保证。

（六）资产管理部

资产管理部（Asset Management Division）的主要职责是为客户管理资产，主要是管理基金或独立账户，类似于传统的基金公司的工作。20 世纪 90 年代，大部分投行都没有资产管理部，但现在投行业务和基金业务日益融合，有的基金也开始做投行业务。因此，资产管理部是大部分投行目前集中精力发展的部门。

（七）大宗经纪部

大宗经纪部（Prime Brokerage Division），又称批发经纪部，主要职责是为机构投资者尤其是共同基金或对冲基金提供经纪服务，主要涉及金额很大的二级市场交易，与零售经纪有本质的区别。有的投行把大宗经纪部和销售与交易部放在一起，因为两者的工作性质有很大的相似之处。

（八）私募股权部

私募股权部（Private Equity Group）的主要职责是用投行的自有资金或另外筹集的资金进行私募股权（Private Equity，PE）投资，即非上市股票的投资，或者对已经上市的公司进行买断，使之退市而成为非上市公司，即私有化。[1] 私募股权投资业务是近年来投行业务的另一个主要增长点。

（九）自营投资部

自营投资部（Principal Investment Group）主要利用自有资金从事各种市场交易活动，以便从中获利。由于这种业务不是代理客户办理的经纪业务，因此称作自营业务。投资银行进行自营投资是很受争议的话题，因为这样很难顾全客户的利益。有的投资银行把自营投资、私人股权乃至资产管理等业务混合在一起，导致了更大的利益冲突。

除了上述部门外，一些投资银行还根据自身的需要专门设立经纪业务部、项目融资部、国际业务部等。见图 2－1。

三、投资银行的分支机构

投资银行的分支机构实际就是投资银行部门划分的延续，是划分部门的一种方式。在投资银行拓展业务的过程中，采用设立分支机构的方式往往会收到较好的效果。这是因为：第一，分支机构可以顺应当地具体情况而设计符合当地习惯的金融产品或提供差异化服务，这种差异化服务对于市场竞争来说往往是关键的因素；第二，按地区设立分支机构，从经济的观点来看，这主要是出于业务经营的成本和收益方面的考虑，因为分支机构可以直接面对市场并有针对性地满足其需求，从而提高整体的效益。

---

[1] 股份公司通过向社会公开（公募）发行（Public Offering）股票和上市，就成为所谓的公众公司（Public Company），因为其股东已经是社会公众；相反，如果公司的股票持有人转变为某些特定人群而非社会公众，该公司就成为私有公司（Private Company），这种转变过程就是所谓的私有化。

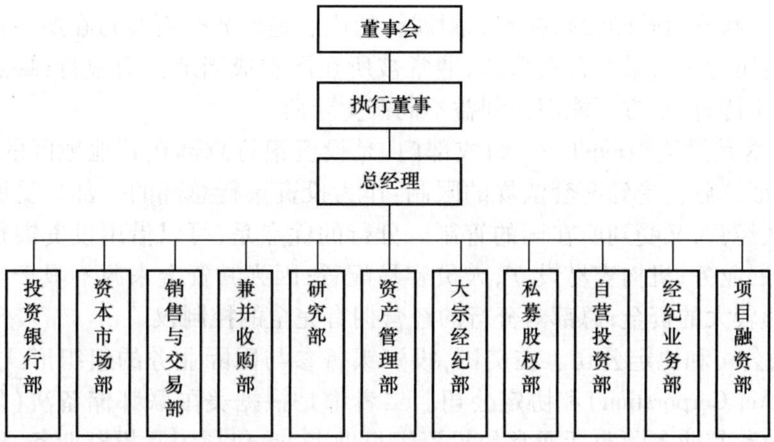

图2-1　投资银行的机构设置

(一)设立分支机构的影响因素

投资银行在做出设立分支机构的决策时需要考虑以下三种因素:

1. 所在国环境。所在国的法律、管理和决策是决定投资银行海外分支机构组织形式的最主要因素。一些国家不允许外国在本国设立分行;另一些国家则禁止外国银行在本国拥有附属行。另一个极端是,一些国家只允许外国银行在本国设立办事处。

2. 母国环境。所谓母国环境就是指投资银行总部所在国的环境。在某些情况下,母国的环境、政策和管制决定或影响着分支机构所采取的组织形式的选择。某些国家根本不允许本国投资银行在国外设立分支机构。

3. 业务类型。投资银行的海外业务主要是批发业务。这里的批发业务是指投资银行与公司、大银行和其他金融机构以及政府之间的巨额融资业务。批发业务通常需要由附属行、分行来提供。至于服务性银行业务,包括提供信息、咨询等,通常由办事处和代理行提供。

(二)投资银行分支机构的形式

投资银行的各种业务活动主要通过分支机构来实现。分支机构组织形式主要有以下几种:

1. 代理行。一些大的投资银行经常委托其他地区(或国家)的投资银行代理本行的业务,形成代理行的关系。代理行不是投资银行的派出机构,而是通过该地区的某家投资银行为本行代办各种业务。采取代理行方式通常不必向对方派驻职员,代理行相互之间的接触采取双方管理人员的互访方式。代理行的优点是经营成本低,不容易受所在国管制的影响;缺点是投资银行对代理行没有控制权。

2. 办事处。这是投资银行在其他地区设立的最低层次分支机构。办事处是一个比较小的机构,人员通常由一个经理和两三个助手组成。设立办事处的目的是帮助投资银行的客户在所在地区从事投资和经营活动。因此,办事处的主要业务是为投资银行总部的客户提供信息咨询,以及监督投资银行总部与所在地投资银行的代理行关系。其优点是经营成本低,容易开设或关闭;与代理行相比较,办事处更能了解客户的需要,为其提供所需的信息;可以为投资银行在该地区建立更高层次的分支机构奠定基础。

3. 附属行。这是根据所在国家或地区法律设立的享有独立实体地位的股份银行,其股份可以全部或大部分由外国银行拥有。附属行的优点是比分行更容易在所在国开展投资银行业务,因为附属行一般采取合资形式,通常被所在国看成当地投资银行;缺点是由于部分股权由当地股东持有,双方可能因为利益不同产生矛盾。

4. 分行。这是投资银行的一个组成部门,是投资银行总部在其他地区的延伸,并由总部提供财力保证。分行受到两套法规的限制:作为投资银行总部的一部分受原所在地的管制;在所在地区经营,又受到所在国的管制。分行的优点是:可以借用投资银行总部的名称和法律义务开展业务;机构容易设立,人员容易配置;因为其资金来源不限于当地的金融市场,可提供数额较大的资金;总部对分行的经营拥有完全的控制权。

5. 埃奇法公司和协定公司。在美国,投资银行参与国际业务的组织形式有两种:埃奇法公司(Edge Act Corporation)和协定公司。二者都是根据美国联邦储备法(埃奇法)第25条设立的附属行,其业务既包括通常的投资银行业务,也包括国际投资业务,如以长期贷款和购买股权两种形式参与对外国工商企业和金融项目的融资,其主要收入来源于利息、股息和资本收益。二者的区别在于前者受联邦法律的限制,后者受各州法律的限制。

尽管投资银行的海外分支机构可采取以上各种组织形式,但主要的组织形式是分行和附属行,而且越来越多的投资银行选择附属行的形式。这种间接股权的方式反映了一些大的投资银行的高度集中指挥与分散经营相结合的经营战略。

第三节　投资银行的组织结构理论

所谓组织结构就是人们为了达到共同目的而使全体参加者通力协作的一种有效组合形式。由于其规定了各组成人员的职务及其相互关系,所以组织结构是以职务与职务之间的分工和联系为主要内容的。根据现代管理科学关于组织结构的原理,不同企业应按照经营规模和特点,采取不同的内部组织结构,投资银行也不例外。

一、投资银行组织结构的一般原理

关于组织结构原理和原则的理论,说法种类很多,其目的都在于如何使设计、建立的管理体制和组织机构在实现基本目标中发挥充分作用。管理组织结构最基本的原理主要有以下方面。

(一)统一指挥的原理

根据这个原理,每个职务都应有人负责,每人都应知道向谁负责,有哪些人要对他负责。在指挥和命令上,严格地实行"一元化",即每个人只接受一个上级的命令和指挥,并对其负责。上下级之间的上报下达,都要按层次,不得越级。这就形成了一个"指挥链"。

(二)以工作为中心的原理

组织设置是以工作为中心,还是以人为中心,这是简单而易于回答的问题,但实行起来往往会颠倒过来。所有经典的组织家,包括管理上的"职能主义者",都主张应先有工作的分工专业化,然后为了完成各种工作任务分别安排适当的人员,合理地分配任务,亦即"因事而择人",决不"因人而设事"。

（三）管理幅度原理

管理幅度的要点在于一个管理人员要达到最佳的管理效率，其所领导的下属人数要有一定的限度。下属人数究竟以多少为宜，应视不同的人和不同的环境条件而异。在确定管理幅度时可以考虑下列因素：

1. 组织机构中的层次。一般地讲，职务越高的领导人员，向他汇报的人数越少。例如，投资银行的总经理所直接领导的人数要比基层部门的一名经理人员或项目经理所领导的人数少得多，以免忙于繁杂事务。

2. 处理问题的难易程度。这实际也与管理中的层次高低有关。因为最困难的、最复杂的决策性和方向性问题往往由上层领导来承担，所以直接领导的人数不宜过多；反之，处理日常事务，则多属基层主管的事，基层领导就可能要有较多的下属。

3. 管理人员的才能高低。能力较强的领导人员能在不降低组织效率的前提下，比相同层次、相同工作的领导阶层的其他经理人员领导更多的下属而不感到紧张。同样道理，高度熟练和胜任的工作人员所需要的指挥和监督者就可少一点。在这种情况下，管理的幅度可适当加宽。

4. 领导人是否愿意授权。有的管理人员很不放心把权力交给下级，因而对每个下属的每种活动都要核对检查一下，这样的领导人自然就不可能领导过多的人员。其实，通过训练安排，把一部分权力适当交给下属去处理，就可放宽管理幅度。

（四）管理层次的原理

管理幅度的原理应用到组织上的设计，必然会发现要建立许多层次，但在完成同样数量工作的条件下，管理的幅度越狭窄，所需的管理层次会越多。一般来说，在企业最高领导人员和基层的职员之间，如果组织层次过多，从上报与下达相互沟通的观点来看是不利的。各种信息经过许多层次辗转到达接收信息人员时，也往往七折八扣或传闻失真，产生误差，或者过时。因此，组织中的层次应越少越好。但是，如果把管理幅度中管辖人数和管理层次中的管理级数都做出硬性规定，又将使组织设计受到束缚，影响效率。一般讲，应该在通盘考虑决定管理幅度的因素后，在实际运用中再根据具体情况确定管理层次。

（五）专业化原理

在实现总目标中按专业化原理必然需要划分许多活动和职能，为使管理工作有成效并取得协调，除了将这些活动和职能进行划分以外，还要归类。对于同一性质的活动或职能应分部、分区建立组织，指派相应的领导人员去建立组织，并负责执行，以实现分工专业化。专业化划分是指可按职能、按地区、按业务手段、按产品、按客户等进行划分。

（六）权责对等原理

一个经理人员必须通过其所率领的下属人员去完成某项工作，因此，他必须拥有包括指挥、命令等在内的各种必须具备的权力。与此同时，领导人也可以将其一部分权力授予下属，即“授权”。

责任不像权力，它是不能授予别人的。下属的责任来自其本分的范围以内。一方面是上级要下级担负的责任，另一方面是下属为完成工作接受了某些责任。即使有下属负有一部分的责任，但该领导自己并不能卸除对该工作的最后责任。下属分担一部分责任实际上不能减免领导的最后责任。

在实际工作中，要以具体数量说明权力的大小然后确定责任多大是困难的。但在任何工作中，权和责必须大致相等。换句话说，如果要求一个经理履行某些责任，那就必须要授给他相应的权力，使他能符合其履行责任的需要。

（七）才职相称原理

每种工作，不论是管理工作还是体力劳动，都可以分析并加以区分所需要的知识和技能情况。同样，也可以对每个职员通过考查其学历与经历，进行测验及面谈等，了解其知识、经验、才能和兴趣，再进行评审比较。职务设计和职员评审都可以采用科学的方法，使每一个职员能够做到其现有或可能有的才能与其职务上的要求相适应。

如果遇到缺乏某种业务需要的职员，而一时又找不到合适的人来代替其工作，也可以考虑对工作重新修改、设计、安排，直到可以找到适当的人员来担当为止。换言之，职务本身不得已时也是可以调整的。理想的组织结构设计本身就应该具有进行修改和调整的可能性，亦即具有一定的灵活性。总而言之，必须保证才职相称，人尽其才，才得其用，用得其所。

二、现代组织理论与组织结构设计

（一）权变组织理论

现代组织理论大约有五六种主要学术流派，这里重点讨论权变的组织理论。从理论上讲，随着投资银行不断成长、规模扩大和各项业务日趋繁杂，领导的能力就不应继续体现在应付各种具体事务上，而是有必要进行“授权”，即上级将一定的组织管理权力授予下属。当授权扩大到企业组织的整个管理部门或管理阶层时，被称为“分权”或“分权化”。如果授权程度非常有限，仅限于一般任务，甚至不授权时，则称为“集权”或“集权化”。集权与分权是现代管理体制与组织机构的重大课题。

权变组织理论是西方国家在 20 世纪 70 年代形成的一种企业管理理论。权变理论在企业组织结构方面的观点是：把企业看作一个开放的系统，并把企业分成不同的结构模式。

投资银行作为金融企业势必要为客户提供相关服务。尽管在这方面不存在工艺、设备的问题，但不同的投资银行鉴于自身特点，其服务方式也是不一样的。所以，组织理论对投资银行来说，也是普遍适用的。按照现代组织理论，不同的组织结构有以下几种：

1. 高度集权式。这种形式就是指将管理权集中在上层机构。如果企业面临的外部环境十分稳定，而产品又非常单一，这时管理工作就十分简单，其组织设计可采用此种形式。

2. 直线式。所谓直线式，也叫条条组织或军队式组织。正像军队里从团长到营长，再到连长、排长决定指挥命令系统那样，从上级职员到下级职员是直线联系的组织。在组织结构中，直线式是一种最简单、最基本的组织形式。这种组织的特征，就是在最高层经理人员和最下级人员之间（虽然有一些中间管理人员），都由一种单一的指挥命令系统联系。直线式是一种典型的集权化内部管理模式，决策权集中于上层机构，适宜于和许多人在同一种命令下一齐行动，但在组织活动内容复杂时，不能充分控制下级职员的活动。所以，这种形式的组织体制一般在规模较小的投资银行中采用较多。

3. 职能式。这种组织体制是使各个部门分担经营各种职能，各部门按照各自的专门职能，指挥其他部门并发布命令的组织。职能组织比直线组织能更好地发挥专门技能；相反，由于指挥命令从各个部门发出，“政出多门”，所以，具有难以协调统一和监督能力差的缺点。但是，显然它具有直线式所缺乏的灵活性的特点。

4. 直线职能式。直线式和职能式各有长处，同时又各有短处。为了分别有效地利用二者的长处，可以采取直线与职能结合式，即按投资银行经营的特点、对象和区域，划分出层次，建立指挥系统。这种方式把管理机构的人员划分为两类：一类是行政（直线）管理人员，对下级实行指挥和发布命令，对企业的工作负全部的责任；另一类是职能（专业）管理人员，他们是各级管理者的参谋和助手，在各项专业管理方面为管理者提供情况、意见和办法，对下级机构进行业务指导，但不能对下级机构直接指挥和发布命令。如果投资银行的外部环境比较稳定，产品品种较少，业务技术也较稳定，其组织设计可采取此种形式。

5. 矩阵式。矩阵组织是一种现代组织结构，它否定了许多传统的管理原则，如否定了一个职员只能有一个上司的原则。在该种类型的组织中，每一成员实际有两个甚至更多的上司，既有功能单位的领导，又有目标导向单位的领导。如果投资银行的外部环境变化较快，内部生产的品种较多，业务技术差别不大，其组织设计可采取这种形式。

6. 事业部制。这是按业务范围（或按地区）组成一个组织单位（把这个组织单位称为事业部），并给予那个组织单位一整套完成某事业的责任的公司内体制。在这种情况下，各事业部原则上采取独立核算制，在经营上，各事业部具有一个与企业基本相同的性质。所以，大型的投资银行如果采取事业部制，分权制就被确定下来了，事业活动也就能顺利地进行。

事业部制的最主要特点是，实行以责、权、利相结合的全面分权化决策。在特定的历史时期，对长期处于发展状态和采取多种经营的企业来说，采取事业部制的分权管理是有效的。一般而言，如果企业外部环境变化较快，内部产品及业务技术差别较大，宜采用此种组织设计形式。

（二）组织结构设计

1. 组织结构设计的内容。

（1）职能的分析和职位的设计。首先要明确保证整个经营活动的有序进行，组织应该具备哪些职能，然后根据职能设计职位。

（2）部门设计。根据一定的标志与原则划分部门，从而形成合理的部门结构。

（3）管理层次与管理幅度设计。在对影响管理层次和幅度的各种因素分析的基础上，划分出不同的管理层次并确定适当的幅度，以保证整个组织结构安排的精干与高效。

（4）经营决策系统的设计。这包括领导体制的设计、高层组织权力机构的设计、高层决策机制的设计，以及各种咨询性、顾问性组织的设计。

（5）横向联系的设计、控制系统的设计、组织行为规范的设计、组织变革与发展规划的设计。

2. 组织结构设计的原则。任何组织的建立都有一定的目标，这一目标必须为全体员工理解和接受，另外，组织的建立还必须是高效的。这就要求在组织的设计上坚持以下原则：

（1）按预期成果分权的原则。分权的目的是给主管提供工具，以确保企业的目标能够达成。因此，职权应该分给那些有能力完成预期成果的主管们。有些上司对下属应有的预期成果多少会有些概念，可是却不愿意去考虑下属要达成这些预期的成果该授予他多少职权；有时勉强给下属指出应该达到什么样的预期成果，但是却不授予其足够的职权来实现这一预期成果。这种情况应该尽量避免。

（2）功能分明的原则。部门的划分应该有利于组合各项业务，从而完成企业的目标。各部门的主管有权将本部门的业务与整个机构的业务密切配合起来。于是就得出了如下功能分明的原则：一个职位或一个部门的预期成果越明确，业务职能越具体，授权越清楚，各职位间的沟通越好，个人就越能为完成企业目标而承担责任。否则，什么人该干什么都不清楚，互相推诿和扯皮等低效率现象势必在所难免。功能分明的原则是授权的原则，也是部门划分的原则。要明确工作职能并授予必要的权力，通常需要耐心、智慧，以及明确的目标和计划。

（3）职权阶层原则。组织中的每一阶层都具有某些该企业所允许的决策权。也就是说，每一阶层的每个主管只能在其职责范围内做出决策，对那些超出自己职权范围以外的事，才向上级请示。

从这个职权阶层原则来看，很显然，如果主管们希望有效地通过分权来减少自身决策上的负担，在授权时就应向下属交代清楚，并确实知道下属已明白自己的意思。此外，要尽量避免替下属作决策，不要包办代替，否则不利于调动下属的积极性。

（4）指挥统一原则。指挥统一原则是管理上的一条基本原则，可是常有人借口情况不允许而不予遵守。指挥统一原则是：如果一个下属只向一个上司负责，就不会产生指挥上的冲突，就会有更确切的责任感。在职权分离的过程中，下属的决策权最好来自同一个主管，因为多头分权容易造成权责冲突而使人无所适从。

（5）责任绝对性原则。责任是所分组的义务，它不可分授，没有一个上司能够因为已授权给下属，就可以对下属不负责任。同样，下属一旦接受了上级所授给的权责，就必须对上级绝对地负责。当然，上级对下属的行为也负有责任。

（6）权责相称原则。由于职权是执行任务的权力，而责任则是完成任务的义务，因此职权和责任必须相称。根据这样的逻辑关系可以导出相对应的原则：任何人所承担的责任不能超出或少于其所拥有的职权。有的主管经常要求部属负责，却不授予必要的职权，这当然是不公平的；有时虽然已授予了充分的职权，但对于职权运用是否得当却不过问，显然，这是属于指挥无方和控制不良的问题，而与权责相称原则无关。

（7）管理幅度与管理层次原则。管理幅度指一名上级领导可直接有效地领导下属的可能人数。管理层次指企业总经理不可能对每一员工直接进行指挥管理时，在管理体系中设置的具有不同责任与权限的层次。管理幅度受领导者的时间、经验、能力的限制。一名领导者能有效、直接管理的下级人数是有限的，超过一定限度就会降低管理效率。管理幅度是组织设计中的一个重要问题，幅度过大或过小都是不适当的。管理层次在可能的情况下应尽可能少，这样可以减少管理人员，节约管理费用；可以加快信息沟通，减少信息传递中的遗漏和失真；可以克服机构庞大、人浮于事、官僚主义等弊端。管理层次也不能随意减少，否则也会影响管理的有效性、授权原则、执行机构与监督机构分设的岗位制衡原则。这些原则对投资银行来说具有重要意义。

3. 组织结构设计的策略。

（1）功能性组织结构。这是指将同一部门或单位中从事相同或相似工作的人集中在一起而构成的组织结构。结合投资银行的具体情况，功能性组织结构可用图 2－2 表示。

这种组织结构主要是从功能的角度来设计组织的。在功能性组织中，一个部门的员工从事相同或类似的工作，将自身的专业能力与组织结为一体，具有专业分工细、组织效率高、强调专业技能和工作程序等特点，其成员均为某一方面的专家，因而对功能性部门的管理也应该由功能性部门的专家负责，否则就难以有效行使指挥权。

（2）目标导向的组织结构。这是指将为实现同一目标的各方面成员集中在一起而构成的组织结构（见图 2－2）。

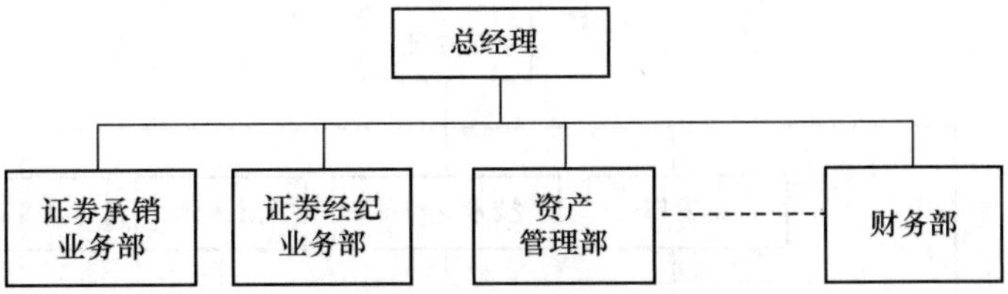

图 2－2　功能性组织结构

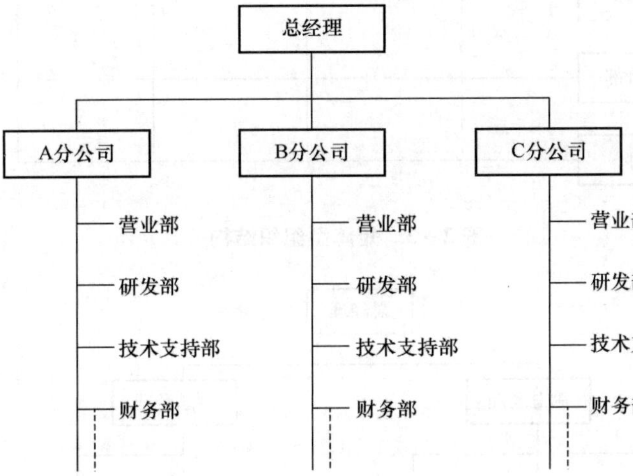

图 2－2　目标导向的组织结构

目标导向组织的注意力集中在特定的产品或服务上，特定的产品或服务就是组织的目标。在目标导向组织里，需要有不同专业技能的专家来管理，而对其管理可由通才或专业管理人员来负责。这种目标导向组织有利于培养高级管理人员，其组织设计的重点在于强调工作的成果、工作的目标，而非工作的处理程序和处理方式。这种组织结构看似不太正规和严格，但却颇具适应力和创造性。

(3)矩阵型组织结构。这是一种包含两种组织策略的混合型组织结构。此种结构将生产、销售、技术、财务等部门置于功能性单位，集合了各方面的专家，部门经理对具体部门负责，承担协调、整合有关部门的责任（见图 2－3）。

矩阵型组织在功能部门主管与目标导向部门主管之间容易产生冲突，应尽可能让两方面的权力保持平衡。

4. 组织结构设计的类型。

(1)直线组织结构与扁平组织结构。这两者的差别主要在管理跨度和管理层次上。

直线组织结构的特征表现在高级经理人员和最下级人员之间的关系是通过某种单一的指挥命令系统联系的（见图 2－4）。

这种组织结构的优点主要表现在：结构严谨，便于上级对下属实施控制；组织成员职责分明，分工明确；等级森严，领导威信高；稳定性好，纪律严明。其缺点是：管理层次和人员过多，协调困难；信息交流不畅，易失真；下属参与度低，不易发挥其主动性；效率低，决策迟缓；影响上下级之间的非正式沟通等。

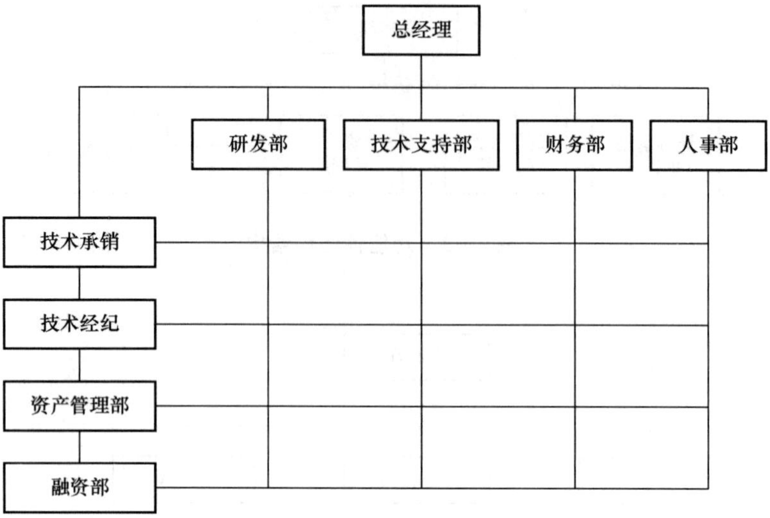

图 2-3　矩阵型组织结构

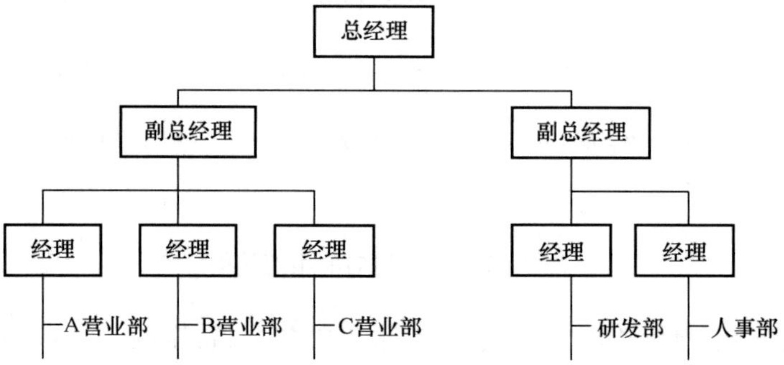

图 2-4　直线组织结构

扁平组织结构与直线组织结构相比则有以下优点:管理幅度大,管理人员少,费用下降;密切了上下级关系,改善了纵向沟通;有利于促进基层管理人员的成长;有利于提高决策的民主化程度。其缺点主要表现在:上级对下级的控制监督不那么严密;上级权威易受挑战;管理幅度加大使同级间的沟通产生困难。这种组织结构如图 2-6 所示。

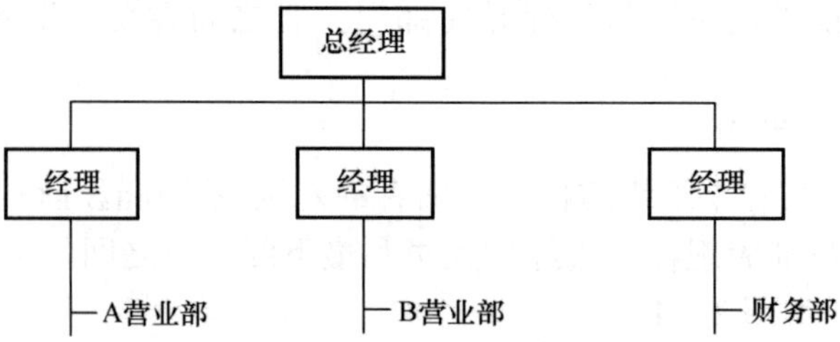

图 2-5　扁平组织结构

(2)机械式组织结构和有机式组织结构。前者的特点是刚性的组织结构及正式的职位说明,组织系统内强调理性和逻辑关系,强调组织机构的健全,强调程序规则、规章制度及职责划分。后者的特点是强调非理性因素、非逻辑关系、感情因素和弹性,不必过于程序化,也不必分工过细。在沟通方面则改变了过去以垂直沟通为主的做法而以横向沟通为主。对此可通过表2-2加以比较。

表2-2 机械式组织结构与有机式组织结构比较

	项目	两类组织系统的特征	
		优点	缺点
组织的外部环境	一般特点	平稳性	动荡性
	可预见性	确定性高	不确定性高
	市场	变化缓慢	变化迅速
	环境对组织的影响力	小	大
组织的内部环境	整体价值观	效率、可预知、有保障、风险厌恶	效果、适应性、探索性
	管理层次	较多	较少
	职责	由职位而定	由各人自认
	沟通方式	正式渠道,垂直沟通为主	多种渠道并用,横向沟通
	沟通内容	决策与指示	建议与咨询
	职权来源	来自组织的职位	来自个人知识、经验与影响力
技术知识系统	对知识的要求	高度专业化分工	强调通才
	科技发展	慢	快
	技术关联度	低	高
	专业人员数	少	多

由表2-2可见,近年来,投资银行,尤其是西方一些大的投资银行,其机械式组织结构有所变化,从而开始具有有机式组织结构的一些特点。

(3)权变的组织结构。某些组织设计专家认为,并不存在所谓最好的组织结构,传统的组织结构并非一无是处,而现代的组织结构也并非绝对完美,比较理想的是所谓次佳的组织结构。权变的组织结构着眼于任务、组织及人员的相互配合,研究组织的职能如何满足成员的需要以及怎样面对外来压力。如果降低成本,提高效率是关键,则宜采用职能式部门划分;如果环境复杂,必须密切配合以保证按时完成任务,则宜采取矩阵式;如果组织规模庞大但科技与市场环境较稳定,则正式组织较适宜;如果同业间竞争激烈,可以考虑分权化模式;如果组织环境多变,则应采取更大的分权化和弹性的组织结构形态。

5. 组织结构的选择。

(1)传统的组织结构。这主要包括直线制、职能制、直线参谋制、直线职能参谋制等。直线制只适用于早期小规模企业,与前面所述的“直线与扁平组织结构”一致。很少有企业真正采用职能制。在直线参谋制下,高层管理人员事无巨细亲自过问,常淹没于日常事务中,有明显缺陷,不适于规模日益扩大、业务日益广泛、组织日益国际化的投资银行。直线职能参谋制到近代也逐渐被现代组织结构所取代,因此本书中不予详述。

(2)事业部制和超事业部制。事业部制组织结构如图2-6所示。如前所述,事业部可以业务为标准划分,亦可以地区为标准划分。

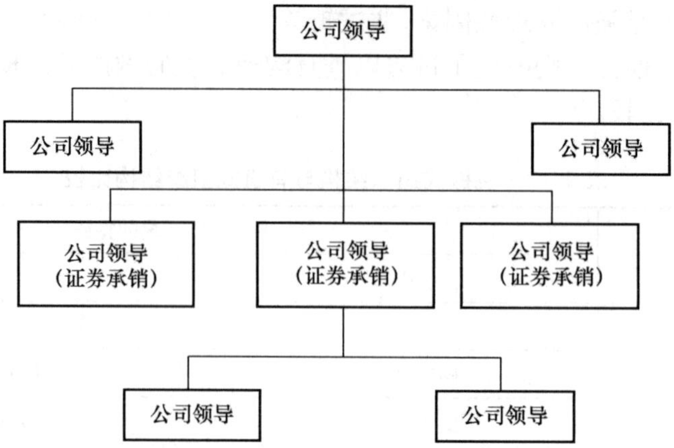

图2－6　事业部制组织结构

事业部制最早在1920年9月由斯隆在通用汽车公司推行。其优点是:第一,由于事业部可以确定收益目标,所以向多数高级经理人员灌输利润动机就会有成效;第二,由于各事业部包括了特定产品的生产和销售、技术改革以及财务等有关的活动,决策过程也就更加单纯;第三,事业部制比直线职能制更易于达到企业经营的总体目标。在直线职能制的组织体制下,按职能实现专业化,就要建立生产、经营、人事等部门,若部门之间的依赖性很大,职责不易划分清楚。如果实行事业部制,各事业部负责特定的金融产品或业务、特定范围的经营,所有的经营和管理都集中在事业部内,在事业部之间很少需要相互调整,都有相对的独立性,各事业部不仅承担经营方面的责任,而且承担相应的成本责任和收益责任,各事业部的收益总和就是整个投资银行的收益,因而比较容易实现责、权、利的统一和经营的总目标。

但事业部制也有一些问题需要解决,一是各事业部往往容易追求短期收益目标而忽视长远目标;二是事业部往往注意利润目标,忽视投资银行的社会责任,难以实现非经济性的其他方面的目标,如人才培养、研究开发、注重企业信誉等,这就需要投资银行总部对事业部进行必要的控制。

这种组织结构比较适用于规模庞大、产品品种不多、市场分布广的大型企业。

超事业部制是极权化倾向的产物。它在最高层领导与各事业部之间增设了一级管理机构,负责统辖各事业部的活动,在分散的基础上适当地集权(见图2－7)。

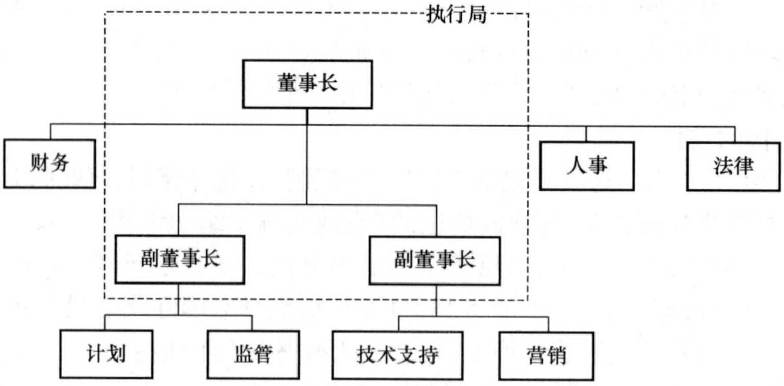

图2－7　超事业部制

6. 国际企业组织结构的选择。

(1)母子公司结构。这种组织结构的优点是:各国子公司经营的自由度大,自主性强,能灵活调整经营战略,以迅速对市场做出反应;子公司具有所在国法人地位,其正当权益受到所在国法律保护;有利于吸收当地资本和人力资源,以降低成本;母子公司关系规范、稳定。其缺点在于,各子公司容易只考虑自身利益而忽视公司整体利益。随着各子公司自主权的扩大和业务复杂化,容易产生失控危险。若国外子公司管理人员能力太差,事事汇报请示,则容易影响公司总部的工作效率。因此,这一结构比较适合规模较小的公司(见图2-8)。

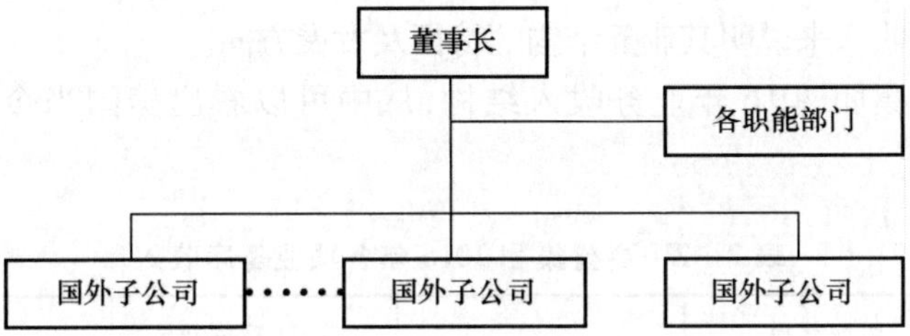

图2-8 母子公司结构

(2)国际部结构。这种组织结构的优点是:通过国际部,可以加强子公司之间的信息联系与沟通,可以沟通情报,联手行动;可按国际部来划分各子公司市场,避免内部盲目竞争;由国际部统筹资金,可比各子公司各自筹资减轻利息负担;在子公司之间存在内部交易时,可制定内部转移价格以合法避税;通过国际部的协调可以更好地开拓国际业务,实现公司整体利益最大化。

其缺点是:由国际部统一制定政策,会降低各子公司的经营灵活性;信息传递路线长、效率低,易造成决策迟缓,降低管理效能;国际部没有自己专门的研发人员,不得不依靠国内各业务部,容易产生利益冲突和矛盾。这种组织结构也可采取按地区划分的事业部制来安排(见图2-9)。

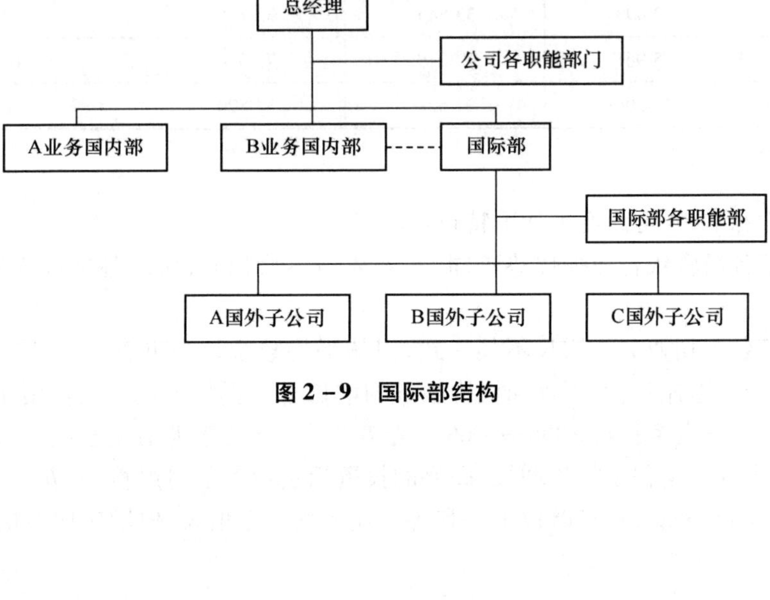

图2-9 国际部结构

第四节　投资银行的业务结构和风险收益结构

一、投资银行的业务结构

投资银行的业务结构是动态发展的，投资银行的业务发展和战略重心的转移，是随着世界经济环境的变化和新市场机会的开拓及证券业竞争形势的变化而变化的。下面通过分析美国三大投资银行的各项业务收入来说明其业务结构的特征及发展方向。

表2－2是高盛集团2016年业务收入结构，从中可以看出美国当今大型投资银行的业务结构特征。

表2－2　高盛集团2016年各项业务净收入

业务类别	机构客户服务	财务顾问	资产管理及投资组合管理	股票及债券承销
净收入(亿美元)	144.67	29.32	57.88	33.41
所占比重(%)	47.27	9.58	18.91	10.92

资料来源：高盛集团年报。

美国各大投资银行业务结构也是不断变化的，2016年按总收入排名的美国三大证券商分别是花旗、摩根士丹利和高盛(见表2－3)。

表2－3　美国三大投资银行2013—2016年总收入　　单位：百万美元

	2013年	2014年	2015年	2016年
摩根士丹利	32 493	33 845	35 155	34 631
花旗	75 961	77 219	76 354	69 875
高盛	34 206	34 528	33 820	30 608

资料来源：彭博。

从表2－3和2－4可以看出如下特点：

首先，由于各投资银行业务优势不同，发展战略不尽相同，所以各项收入增长表现不尽一致。

其次，尽管各公司业务的增长不甚一致，但从平均数统计中可看出，三家公司的投资银行业务增长都十分迅速；资产管理和机构服务的增长率和贡献率比较大。由于受到2008年金融危机的冲击，投资银行在2008—2009年艰难度日，近几年来增速缓慢，高盛和花旗的机构服务业务均出现一定程度的负增长，高盛的投资租赁业务下滑严重，而花旗的投资银行业务亦轻微负增，相对来看，只有摩根士丹利各项业务均是正增长，但增速均不快。

表 2－4 2013—2016 年美国三大投资银行各项业务年均增长率 单位:%

业务类别	高盛	摩根士丹利	花旗
资产管理	1.94	0.50	5.99
投资银行	1.47	0.75	-0.51
投资租赁	-16.54	-	-
机构服务	-2.73	4.00	-1.64

资料来源:相关公司年报。

美国投资银行近年来经营业务的最主要增长点为企业并购业务和个人资产管理业务。这主要是因为全球并购热潮促进了投资银行并购收入的大幅增长。表2－5 说明了美国三大投资银行并购咨询费的增长情况。

表 2－5 2014—2016 年三大投资银行并购咨询收入 单位:百万美元

	2014 年	2015 年	2016 年	平均增长率(%)
高盛	2 474	3 470	2 932	8.86
花旗	949	1 102	1 000	2.65
摩根士丹利	1 634	1 967	2 220	16.56
平均				10.30

资料来源:相关公司年报。

国际投资银行对兼并收购业务非常重视。首先,兼并市场的快速发展为投资银行提供了巨大的市场机会。其次,兼并收购业务利润率远高于其他业务。例如在高盛,并购部门利润率超过 50%,是高盛公司利润率最高的部门;而发行业务利润率约为 20%;股票佣金利润率更低,只有 15%。最后,兼并收购不会使公司资本承担风险。而且,兼并收购顾问反映了投资银行的专业特性,大机构客户在采纳顾问建议的同时,也会将与之相联系的债券发行等融资业务交给同一投资银行,因此,投资银行纷纷加大对并购业务的重视和投入,此项收入增长十分迅速。

另外,美国个人投资者市场的迅速增长支撑了美国投资银行业务中资产管理业务的高速增长。个人投资者市场的迅速增长主要有以下几个原因:

(1)美国及其他发达国家在战后人口集中出生的一代近年出现老龄化,他们为保持原有的生活水平,寻找退休金的合适的投资渠道;

(2)发展中国家的中等收入阶层人数增加;

(3)越来越多的人将资金从存款和债券转移到股票上来,以满足长期财务目标的需要;

(4)为弥补政府提供的养老金计划的不足,补充性资金不断增加;

(5)私人管理下的退休资产持续上升。

以上这些因素使私人掌握的金融资产越来越多。新的金融品种不断涌现,各种服务或产品间的界限越来越模糊,金融信息量极其巨大,这些使个人投资者对金融服务的需求十分迫切,构成了投资银行一个巨大而迅速增长的市场——资产管理市场。表 2－6 列示了美国两大投资银行资产管理业务总量及增长情况。

表2-6 2015—2016年美国两大投资银行资产管理业务 单位:百万美元

		2015年	2016年	增长率(%)
高盛	公司管理收入	6 206	5 788	-6.74
	公司管理的资产	1 252 000	1 379 000	10.14
摩根士丹利	公司管理收入	2 315	2 112	-8.77
	公司管理的资产	414 000	425 000	2.66

资料来源:相关公司年报。

二、投资银行的风险收益结构

投资银行不同于商业银行,其业务没有明显的资产、负债管理特征,但其损益表中各项目都有清楚的风险收益对称特征,故其业务管理重点在于风险和收益的对应安排上。投资银行若不能处理好这一对应关系,则其遭受损失甚至破产的可能性就会增大。

从美国三家投资银行(高盛、花旗、摩根士丹利)2016年的资产负债表和损益表的分析中可以看出,投资银行利润来源主要包括四个方面:一是机构服务,包括为机构投资者提供投融资、并购、战略设计等服务。三家证券公司的此项收益均为最大,占总收益的33%～43%。二是投资租赁,即以实物或无形资产租赁的形式对其他企业进行投资。三家投资银行的此项收益占总收益的14%～24%。三是传统的投资银行业务,即承销各类证券获得的收入。这部分约占总收益的16%～36%。四是资产管理业务,即用自身的资产从事衍生金融交易、买卖外汇和证券等。这部分收益占到总收益的11%左右。这四大类业务的风险与收益不同,投资银行运用的资产比例也不同。如风险很低的机构服务约占总收益的33%～43%,投资银行分配在这方面的资产(如证券余额、证券抵押贷款等)却占到总资产的55%～65%,而风险较高的传统投资银行业务,尽管其收益占总收益的16%～36%,但三家投资银行分配的资产仅占其总资产的25%左右。从这里我们可以看出西方一些经验丰富的投资银行在资产安排上的谨慎原则。

总之,在成熟的资本市场中,低风险或无风险的业务应作为投资银行创造收益的基础;较低风险的承销业务应作为创造收益的重要来源之一;自营投资可能带来高收益,但也伴随着高风险,因此投入的资产规模必须予以严格控制。

三、美国投资银行业务结构的借鉴

美国投资银行的业务结构为我们提供了如下借鉴:

(1)调整市场定位。从美国投资银行的发展来看,业务多元化已成为现代投资银行的主要特征之一。有数据表明,从20世纪70年代到2010年的40年间,美国前10名投资银行的传统业务量从50%下降至17%左右,投入传统业务的资本也由45%下降至6%左右。投资银行业务范围已由传统型(证券承销、经纪和自营)发展到创新型(企业并购、重组等策略性服务)以及引申型(资产管理、金融衍生工具交易),从而实现收入来源多元化和稳定增长。我国的证券公司要发展成现代投资银行,就必须突破传统业务局限,积极发现市场需求,加快金融创新,以特色业务为主走多元化发展的道路。

(2)扩大资本金规模。通过增资扩股、改造和兼并重组,优化结构,壮大规模,形成规范的公司治理结构,是我国证券公司规模化发展的必由之路,也是我国发展投资银行业的最佳途径。“强者恒强,弱者恒弱”的市场竞争法则,将使我国的证券公司加速走向兼并收购、资产重组的道路,通过市场的优胜劣汰最终形成合理的行业结构与布局。

(3)改善竞争环境。我国投资银行业务发展不够充分的主要原因,除了证券公司资金实力有限外,还有就是投资银行高级人才的匮乏。人才不足是我国投资银行与美国同行最大的差距。

目前我国行业竞争环境不利于投资银行人才的培养。我国目前的股票发行和上市速度受到严格限制,上市公司对投资银行的专业水平要求不高。在大多数的企业重组中,投资银行依赖于被重组的公司或者地方政府提供最初步的设想,投资银行人员只负责方案的细化和材料的制作,处于被动地位。在这种情况下,我国证券公司的专业人员大部分时间忙于项目的争取,认为行业研究、金融产品研究、地区经济研究等工作是研究部门的任务。投资银行专业人才因此得不到良好发展。所以,改善外部竞争环境也是投资银行人力资源开发的推进剂。

案 例

高盛集团的组织结构

适用于投资银行的产权组织形式主要有两种:公司制与合伙人制。公司制作为当今市场经济中最主要的产权组织形式,被大多数大中型企业所采用。公司制的一个最大特点是企业由股东、董事会、高级经理人员以及其他利益相关者组成的治理结构所控制和管理。

合伙人制是与公司制相对应的另一种产权组织形式。在20世纪80年代以前,华尔街大部分投资银行都保持着合伙人制的组织形式,直至近年来,才逐渐地从合伙人制转变成了公司制。合伙人制对投资银行的发展壮大也起到了不可磨灭的作用。

一、合伙人制度在高盛上市后依然发挥着独特的作用

高盛是华尔街最后一家保留合伙人制的投资银行。尽管1998年的合伙人会议决议将高盛公司改组成股份有限公司,但是合伙人制度在高盛的运转过程中依然发挥着至关重要的作用。传统投行的合伙人精神与文化和现代公司制治理结构在高盛集团实现了完美结合,较为妥善地解决了股份制伴随所有权与经营权的分离而产生的公司治理问题。

合伙人制度的存在不但没有造成因为引入股份制而带来的业内精英的流失,而且还形成一种独特、稳定而有效的管理架构,从而使得上市后的高盛依然保持着强大的竞争力。长期以来高盛的管理结构中没有严格的分层,一个合伙人经常身兼数职。高盛公司内部简洁的人员结构可以保证高管充分竞争,保证了好主意能够被最高层听取。

每个人都可以充分地表达自己的观点及担忧。虽然高盛已经结束了合伙制经营,但它却将合伙文化中敏感的风险防范意识很好地继承了下来。问责制、风险评估管理等相互监督、相互制衡的决策流程确保了对于潜在风险有全面客观的认识。

高盛合伙人制度所具有的优势对股份制管理形成了有效补充:一是吸引优秀人才长期稳定地为之工作;二是高级管理人员具有高风险意识与强责任意识;三是避免薪酬攀比以及带来的内耗。

高盛上市之后,它仍保留着合伙制的一些特点,例如合伙人仍然持有公司大量股份,并依据自己积累的客户资源继续为公司服务等。上市后高盛的合伙人数量一直保持在员工总数的1.5%左右(2014年底的合伙人数量为467名),每两年更新1/4到1/3。

高盛每两年会进行一次“合伙人才库”的选拔。选拔将以员工的商业贡献与文化适应性作为主要评选标准。成为合伙人才库的会员不但享有优越的红利,而且还能把获得的报酬投资于公司私营交易,并以低于市价的折扣买进高盛股票。合伙人头衔并不附带任何明确的责任,但是通常可以得到加薪,并参加一个特别的合伙人奖金池的分配。

表2－7　高盛集团治理结构特征

治理结构	特　征
股权结构	股权高度分数,集中度低,具有较强的流动性
董事会结构	一般不设监事会,由董事会来执行监事会的职能,董事会一般由内部董事和比例较高的外部董事组成
激励结构	奖励手段多样化:以工资、奖金作为短期激励手段的同时,普遍使用股票期权等多种金融工具来强化中长期激励
约束机制	主要通过审计委员会、信息披露制度和市场的监督来实施对管理层的监督

资料来源:高盛集团年报,民生银行研究院

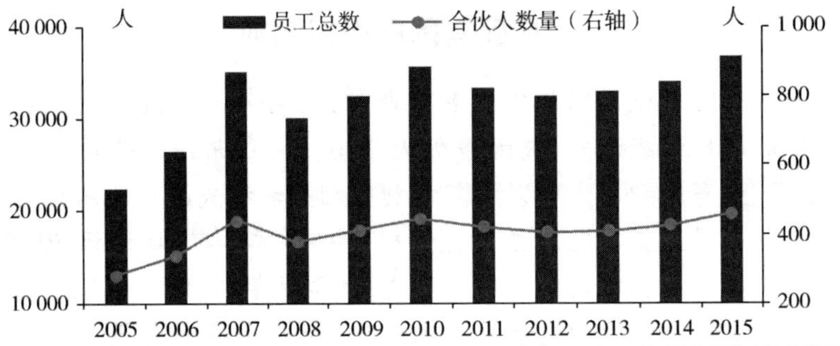

资料来源：高盛集团年报，民生银行研究院

图2－10　合伙人在员工总数中占据较少的比例

二、顶层委员会制带来决策高效

高盛集团内部实行董事会统一领导,决策权高度集中于董事会。公司决策权高度集中是高盛集团治理模式的显著特点,其中,顶层委员会在其中发挥着核心和枢纽作用,扁平化的委员会决策机制具有灵活高效的特点,能够很好地适应现代投资银行的业务规律。

下设管理委员会、公司风险委员会、部门风险委员会、资本承诺委员会、信用政策委员会、创新产品评审委员会、操作风险委员会、财务委员会等各种委员会,这些委员会起到了“核查和平衡”的重要作用。在管理程序上,最高层是以董事长(兼CEO)和首席运营官为首的由6人组成的执行委员会,从全局上进行统筹管理,不代表任何特定部门的利益。

在执行委员会之下,包括经营和合伙人委员会。新成立的执行委员会的成员来自每一个部门,他们将介入整个公司的运营。同时,更多的合伙人将会清楚地了解公司的运营和长期战略。由于有更多的合伙人能够接触到上层的管理,公司的文化能够从领导者那里轻易地传递给更多的人。

高盛集团管理架构继承发扬了合伙制下扁平的组织结构和协作精神,最低级到最高级之间级别数量较少；高级管理人员可能同时担任某一个部门的主管，业务人员可以通过主管将意见建议提交到公司的管理委员会审议。如图 2－11 所示。

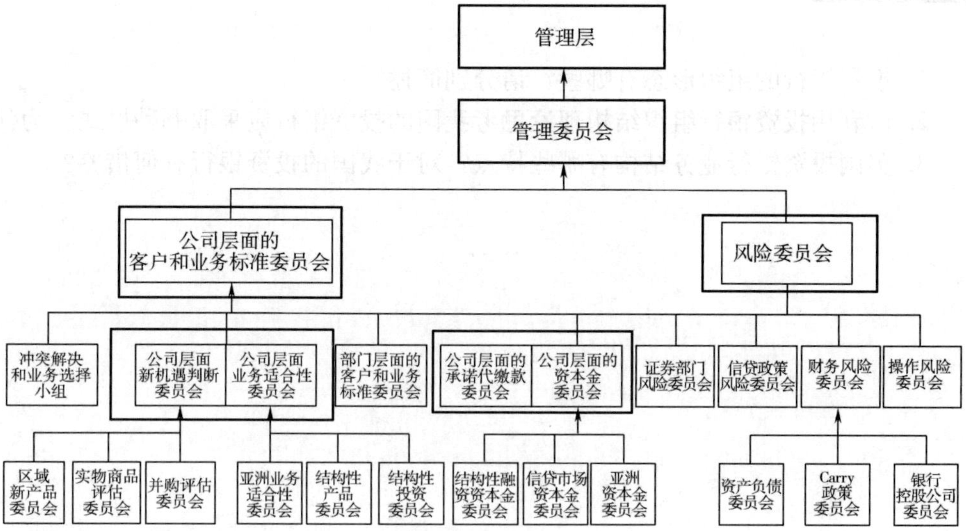

资料来源：高盛集团年报，民生银行研究院

图 2－11 委员会在高盛管理架构中处于核心地位

三、重视中后台的资源投入，保证高效运转

截至 2015 年底，高盛集团员工人数约为 3.68 万名，其中 2/3 以上的员工属于中后台员工。参见表 2－8。高盛集团深知，只有中后台的强大才算真正强大。为此，高盛集团在中后台进行大量投入，以 IT 为例，高盛的后台仅 IT 支持人员就占到员工总人数的约 1/3，除此之外，还有大量的中台人员，以及身处前台的支持人员；高盛的 IT 部门甚至开发自己的算法和语言。

强大的中后台为前台的高效运转提供了有效保证。高盛迄今已经存在了近 150 年，之所以能够在大风大浪中屹立不倒，不仅是因为高盛的业务优秀，而且是因为高盛的中后台同样优秀，后台与前台一样强，甚至比前台更强。

表 2－8 高盛集团的十个中后台部门（Mid Back Office）

• 行政办公室（Executive Office）：高管的文秘部门
• 金融部（Finance）：管理公司本身资产状况
• 合规部（Compliance）：负责保证一切经营活动和员工行为合法合规
• 人力资源部（Human Capital Management）：管理员工绩效、招聘以及其他琐碎事宜
• 内部审计部（Internal Audit）：负责高盛内部的财务审计
• 法务部（Legal）：负责公司内外一切有关法律的事宜
• 运营部（Operations）：辅助前台部门落实交易，转账，推出新产品，进入新市场
• 实业管理部（Reality Management）：主要负责管理高盛在全球的办公物业
• 服务部（Services）：负责提供衣食住行之类的服务（食堂、旅行、医疗、文档管理）
• 技术部（Technology）：负责开发公司使用的技术平台，提供技术支持和维护

资料来源：高盛集团年报，民生银行研究院

思考题

1. 投资银行的组织形态有哪些？请分别简述。
2. 试利用投资银行组织结构理论思考我国的投资银行应采取哪种模式？为什么？
3. 美国投资银行业务结构有哪些特点？对于我国的投资银行有何借鉴？

第三章

一级市场业务：股票

本章学习重点和要求

◆了解股票发行、股票承销和股票上市等过程和内容；

◆明确股票的公开（公募）发行和私下（私募）发行的区别；

◆熟悉平价发行、溢价发行、折价发行和市价（时价）发行等发行方式；

◆完整把握决定和影响股票发行价格的因素；

◆熟悉包销和代销两种承销方式；

◆理解股票发行的法律问题。

第一节 股票发行

一、股票发行的条件

（一）股票发行的一般条件

股份公司在发行股票前必须先向证券主管机关呈交有关的各项材料，具体如下。

1. 股份公司章程。股份公司章程的主要内容包括：公司名称、地址、法定代表人、业务经营范围、资本总额、单位股金额、股权结构、公司管理体制和体系、公司经营效益、收益分配以及其他需要说明的问题等。

2. 发行股票申请书。除上述股份公司章程的基本内容以外，发行股票申请书还应包括：拟发行股票的名称、种类、数量、总额、单位股金额、发行对象及其范围、工商注册登记情况，及发行股票的目的和所筹资金的用途、经济效益、分配方式及预计分配比例、上级主管部门和有关金融机构的初审意见等。

3. 招股说明书。为了保护投资者利益，便于投资者分析、选择，发行公司必须公开发布招股说明书，详尽披露包括可行性报告在内的重要信息。招股说明书必须具体说明：公司名称、地址、法定代表人、经营范围、资本构成、近 3 年来资产和负债情况，发行股票的目的、用途及经济效益预测，公司的发展前景，发行股票的种类、数量、面额及发行价，公司的董事会构成及其成员情况、大股东（拥有 10% 以上股份）的基本情况、股东的权利与义务、股票发售日期以及其他需要说明的问题等。

4. 股票承销合同。若公司向社会公开发行股票，需要提供发行公司与负责承销的投资银行或其他有权承销证券业务的金融机构签订的承销合同，以明确发行风险，保证承销行为的合法性、有效性。承销合同的内容包括：股票承销当事人的名称、地址、法定代表人、承销金额、承销机构及组织系统、承销方式及当事人的权利和义务、承销费用、承销起止日期、承销剩余部分的处理、承销款项的划付日期及方式、违约的责任及赔偿、其他约定内容等。

5. 涉及中介机构的有关文件。发行公司还须递交会计师事务所或审计事务所及律师事务所、公证处审核的资产报表、财务报表、经营状况的有关文件。

发行股票的公司及有关当事人提供的上述文件，必须内容齐全完整、真实可靠，禁止有虚假、欺诈等误导他人的内容。这有利于公司合法经营，提高社会信誉，有利于保护投资者的利益，使投资者能进行正确的分析和选择。

（二）首次发行股票的特殊条件

1. 首次公开发行股票在主板上市的条件。我国相关法规对股份公司首次公开发行股票（Initial Public Offering，IPO）的发行条件做了如下的特殊要求：

（1）主体资格。发行人应当是依法设立且合法存续的股份有限公司；发行人自股份有限公司成立后，持续经营时间应当在 3 年以上，但经国务院批准的除外；发行人的注册资本已足额缴纳，发起人或者股东用作出资的资产的财产权转移手续已办理完毕，发行人的主要资产不存在重大权属纠纷；发行人的生产经营符合法律、行政法规和公司章程的规定，符合国家产业政策；发行人最近 3 年内主营业务和董事、高级管理人员没有发生重大变化，实际控制人没有发生变更;发行人的股权清晰,控股股东和受控股股东、实际控制人支配的股东持有的发行人股份不存在重大权属纠纷。

(2)独立性。发行人应当具有完整的业务体系和直接面向市场独立经营的能力;发行人的资产完整;发行人的人员、财务、机构和业务独立;发行人在独立性方面不得有其他严重缺陷。

(3)规范运作。发行人已经依法建立健全股东大会、董事会、监事会、独立董事、董事会秘书制度,相关机构和人员能够依法履行职责。发行人的董事、监事和高级管理人员已经了解与股票发行上市有关的法律法规,知悉上市公司及其董事、监事和高级管理人员的法定义务和责任。发行人的董事、监事和高级管理人员符合法律、行政法规和规章规定的任职资格。发行人的内部控制制度健全且被有效执行,能够合理保证财务报告的可靠性、生产经营的合法性、营运的效率与效果。发行人不得有下列情形:

① 最近36个月内未经法定机关核准,擅自公开或者变相公开发行过证券;或者有关违法行为虽然发生在36个月前,但目前仍处于持续状态。

② 最近36个月内违反工商、税收、土地、环保、海关以及其他法律、行政法规,受到行政处罚,且情节严重。

③ 最近36个月内曾向中国证监会提出发行申请,但报送的发行申请文件有虚假记载、误导性陈述或重大遗漏;或者不符合发行条件却以欺骗手段骗取发行核准;或者以不正当手段干扰中国证监会及其发行审核委员会审核工作;或者伪造、变造发行人或其董事、监事、高级管理人员的签字、盖章。

④ 本次报送的发行申请文件有虚假记载、误导性陈述或者重大遗漏。

⑤ 涉嫌犯罪被司法机关立案侦查,尚未有明确结论意见。

⑥ 严重损害投资者合法权益和社会公共利益的其他情形。

发行人的公司章程中已明确对外担保的审批权限和审议程序,不存在为控股股东、实际控制人及其控制的其他企业进行违规担保的情形。发行人有严格的资金管理制度,不得有资金被控股股东、实际控制人及其控制的其他企业以借款、代偿债务、代垫款项或者其他方式占用的情形。

(4)财务与会计。发行人资产质量良好,资产负债结构合理,盈利能力较强,现金流量正常。发行人的内部控制在所有重大方面是有效的,并由注册会计师出具了无保留结论的内部控制签证报告。发行人会计基础工作规范,财务报表的编制符合企业会计准则和相关会计制度的规定,在所有重大方面公允地反映了发行人的财务状况、经营成果和现金流量,并由注册会计师出具了无保留意见的审计报告。发行人编制财务报表应以实际发生的交易或者事项为依据;在进行会计确认、计量和报告时应当保持应有的谨慎;对相同或者相似的经济业务,应选用一致的会计政策,不得随意变更。发行人应完整披露关联方关系并按重要性原则恰当披露关联交易。关联交易价格公允,不存在通过关联交易操纵利润的情形。

发行人应当符合下列条件:

① 最近3个会计年度净利润均为正数且累计超过人民币3 000万元,净利润以扣除非经常性损益前后较低者为计算依据。

② 最近3个会计年度经营活动产生的现金流量净额累计超过人民币5 000万元;或者最近3个会计年度营业收入累计超过人民币3亿元。

③ 发行前股本总额不少于人民币3 000万元。

④ 最近一期末无形资产(扣除土地使用权、水面养殖权和采矿权等后)占净资产的比例不高于20%。

⑤ 最近一期末不存在未弥补亏损。发行人依法纳税,各项税收优惠符合相关法律法规的规定。发行人的经营成果对税收优惠不存在严重依赖。发行人不存在重大偿债风险,不存在影响持续经营的担保、诉讼以及仲裁等重大或有事项。

发行人申报文件中不得有下列情形:① 故意遗漏或虚构交易、事项或者其他重要信息;② 滥用会计政策或者会计估计;③ 操纵、伪造或篡改编制财务报表所依据的会计记录或者相关凭证。

发行人不得有下列影响持续盈利能力的情形:

① 发行人的经营模式、产品或服务的品种结构已经或者将发生重大变化,并对发行人的持续盈利能力构成重大不利影响;

② 发行人的行业地位或发行人所处行业的经营环境已经或者将发生重大变化,并对发行人的持续盈利能力构成重大不利影响;

③ 发行人最近1个会计年度的营业收入或净利润对关联方或者存在重大不确定性的客户存在重大依赖;

④ 发行人最近1个会计年度的净利润主要来自合并财务报表范围以外的投资收益;

⑤ 发行人在用的商标、专利、专有技术以及特许经营权等重要资产或技术的取得或者使用存在重大不利变化的风险;

⑥ 其他可能对发行人持续盈利能力构成重大不利影响的情形。

(5)募集资金运用。募集资金应当有明确的使用方向,原则上应当用于主营业务;除金融类企业外,募集资金使用项目不得为持有交易性金融资产和可供出售的金融资产、借予他人、委托理财等财务性投资,不得直接或者间接投资于以买卖有价证券为主要业务的公司;募集资金数额和投资项目应当与发行人现有生产经营规模、财务状况、技术水平和管理能力等相适应;募集资金投资项目应当符合国家产业政策、投资管理、环境保护、土地管理以及其他法律、法规和规章的规定;发行人董事会应当对募集资金投资项目的可行性进行认真分析,确信投资项目具有较好的市场前景和盈利能力,有效防范投资风险,提高募集资金使用效益;募集资金投资项目实施后,不会产生同业竞争或者对发行人的独立性产生不利影响;发行人应当建立募集资金专项存储制度,募集资金应当存放于董事会决定的专项账户。

2. 首次公开发行股票在创业板上市的条件。

(1)发行人应当具备一定的盈利能力。为适应不同类型企业的融资需要,对在创业板上市的发行人设置了两项定量业绩指标,以便发行申请人选择:第一项指标要求发行人最近两年连续盈利,最近两年净利润累积不少于1 000万元,且持续增长;第二项指标要求发行人最近1年盈利,且净利润不少于500万元,最近1年营业收入不少于5 000万元,最近两年营业收入增长率均不低于30%。

(2)发行人应当具有一定的规模和存续时间。根据《证券法》第五十条关于申请股票上市的公司股本总额应不少于3 000万元的规定,《管理办法》要求发行人具备一定的资产规模,具体规定最近1期末净资产不少于2 000万元,发行后股本不少于3 000万元。规定发行人具备一定的净资产和股本规模,有利于控制市场风险。《管理办法》规定发行人应具有一定的持续经营记录,具体要求发行人应当是依法设立且持续经营3年以上的股份有限公司。有限责任公司按原账面净资产值折股整体变更为股份有限公司的,持续经营时间可以从有限责任公司成立之日起计算。

(3)发行人应当主营业务突出。创业板企业规模小,且处于成长发展阶段,如果业务范围分散,缺乏核心业务,既不利于有效控制风险,也不利于形成核心竞争力。因此,《管理办法》要求发行人集中有限的资源主要经营一种业务,并强调符合国家产业政策和环境保护政策。同时,要求募集资金只能用于发展主营业务。

(4)对发行人公司治理提出从严要求。根据创业板公司特点,在公司治理方面参照主板上市公司从严要求,要求董事会下设审计委员会,强化独立董事职责,并明确控股股东职责。

(三)配股和增发股票的条件

1. 我国的相关法规对配股和增发股票的行为做了如下规定:

(1)上市公司的组织机构健全、运行良好;

(2)上市公司的盈利能力具有可持续性;

(3)上市公司的财务状况良好;

(4)投资项目实施后,不会与控股股东或实际控制人产生同业竞争或影响公司生产经营;

(5)上市公司36个月内财务会计文件无虚假记载,且不存在重大违法行为。

2. 上市公司募集资金的数额和使用应当符合下列规定:

(1)募集资金数额不超过项目需要量;

(2)募集资金用途符合国家产业政策和有关环境保护、土地管理等法律和行政法规的规定;

(3)除金融类企业外,本次募集资金使用项目不得为持有交易性金融资产和可供出售的金融资产、借予他人、委托理财等财务性投资,不得直接或间接投资于以买卖有价证券为主要业务的公司。

(4)投资项目实施后,不会与控股股东或实际控制人产生同业竞争或影响公司生产经营的独立性;

(5)建立募集资金专项存储制度,募集资金必须存放于公司董事会决定的专项账户。

3. 上市公司有下列情形之一的,中国证监会不予核准其发行申请:

(1)本次发行申请文件有虚假记载、误导性陈述或重大遗漏;

(2)擅自改变前次公开发行证券募集资金的用途而未做纠正;

(3)上市公司12个月内受到过证券交易所的公开谴责;

(4)上市公司及其控股股东或实际控制人在12个月内存在未履行向投资者做出的公开承诺的行为;

(5)上市公司或其现任董事、高级管理人员因涉嫌犯罪被司法机关立案侦查或涉嫌违法违规被中国证监会立案调查;

(6)严重损害投资者的合法权益和社会公共利益的其他情形。

4. 向原股东配售股份应当符合下列规定:

(1)拟配售股份数量不超过本次配售股份前股本总额的30%;

(2)控股股东应当在股东大会召开前公开承诺认配股份的数量;

(3)采用证券法规定的代销方式发行。

5. 向不特定对象公开募集股份应当符合下列规定:

(1)三个会计年度加权平均净资产收益率平均不低于6%。扣除非经常性损益后的净利润与扣除前的净利润相比，以低者作为加权平均净资产收益率的计算依据；

（2）除金融类企业外，最近一期末不存在持有金额较大的交易性金融资产和可供出售的金融资产、借予他人款项、委托理财等财务性投资的情形；

（3）发行价格应不低于公告招股意向书前20个交易日公司股票均价或前一个交易日的均价。

二、股票发行的目的

股份公司发行股票的原因和目的较为复杂，总的来说主要有两种情况，一是为成立新的股份有限公司筹集自有资金；二是现有的股份有限公司为改善经营而增发股份。

（一）为成立新的股份有限公司而发行新股

股份有限公司成立时，通常以发行股票来筹措经营资本，获取具有长期性、稳定性的经营资本。股权融资与银行贷款和发行债券等债权融资不同，它不必归还，不必支付利息，融资成本较低，可供公司长期周转使用。最重要的是，股本作为公司的资本基础，实际上是公司实力的主要标志，对公司的声誉和业务发展有着重大影响。各国《公司法》对股份公司的筹设都规定了最低自有资本量。

股份有限公司的设立有发起设立和募集设立两种方式。公司的发起设立即公司股份由发起人认购，不向发起人之外任何人募集股资。募集方式包括定向募集和社会募集两种。若采取定向募集方式，公司发行的股份除由发起人认购外，其余股份不能向社会公众公开发行，但可以向其他法人发行部分股份，经批准也可以向本公司内部职工发行部分股份。这种资金募集和股份发行的方式又称私募发行。采取社会募集方式设立，公司的发起人认购的股份不得少于公司应发行的总数的35%，其余部分应向社会公众公开发行，又称公募发行。

（二）现有的股份有限公司为改善经营而增发股份

1. 追加投资，扩大经营。现有股份有限公司为了扩大经营范围、规模，提高公司的竞争能力而新建项目或增加新设备或筹措流动资金，也可以通过发行股票筹措所需资金。通常，人们称此类发行为增资发行。如果发行股票在授权资本数范围内，则由董事会批准；当发行的股票超过授权资本的限度时，就由股东大会决定新的授权资本数，并在这一范围内增资。董事会决策之后，应报行政管理部门批准，并通过其他手续才算完成了增资。在得不到银行贷款或不符合发行债券条件时，股份有限公司可以通过发行股票来满足资金需要。如果增资发行的对象仅限于公司的原有股东，则称为配股。因此，配股是一种特殊的增发方式。

2. 无偿送股，股东分益。经营状况良好的股份有限公司可以通过无偿发行股票（送股）向股东提供溢价收益。公司按照资金重估法对公司资产进行重新评估时，增值部分作为全体股东的资产重估公积金，经股东大会或董事会批准，可全部或部分转为资本金。一般按原有股东所占原股份的比例向原股东分派非现金红利，即送股，原股东不用增交股金，股东可因此得到溢价收益。股票派息方法可使现金派息所流出的资金得以保留在公司内部，以扩大资金运用量。通过股票派息，使股息转化为股票，对股东来说，收益潜力巨大。股份公司一般是在公积金显著增加、与资本金数额产生不平衡时，为纠正资本结构而采用这种方法。

3. 提高自有资本率，改善资本结构。股份有限公司自有资本比率的高低是衡量该公司财务结构和实力的重要标志。尤其是在经济低速发展时期，由于经营利润下降，利息负担加重，如果自有资本比率低，就会削弱企业竞争能力，从而降低抗御经济危机和经营危机的能力，丧失财务上的弹性，导致危机连环的结局。因此，为了保持公司自有资金与负债的合理比率,稳定并提高企业的信誉和经营安全程度,提高经济效益,增发股票以提高自有资本比率是极其必要的。同时,由于股份有限公司发行债券的额度是根据自有资本和准备金的多少确立的,因此,提高自有资本比率还可以扩大公司债券的发行额度,能够为公司筹措到更多的资金用以拓展业务。

4. 实现证券的转换。当公司发行债券和优先股缺乏良好的投资信誉,而且预期普通股的前景较为乐观的时候,有两种改善其发行条件的方法可供选择,以提高债券和优先股的吸引力,这就是发行可转换证券和认股权证。这两种方法都有可能使债券和优先股的持有人通过增加收益和股息获得收入。前者的特点是允许可转换证券的持有者根据自己的愿望在公司债券或优先股与普通股之间做出选择。若持有人喜欢持有普通股,那么他就必须放弃其原先持有的公司债券或优先股。换句话说,可转换公司债券或可转换优先股的持有人可根据需要将手中的公司债券或优先股转换为普通股,对股份公司来说就增发了新的普通股,减少利息或股息成本。在债券换股以后,公司无须支出资金就可以收回债务。另外,通过出售可转换证券的方式增发股份可打开机构投资者市场,因为机构投资者一般不允许或不愿意直接购买普通股。

5. 分割股份和合并股份。股份公司可以根据需要进行股份的分割,即将原来的 1 股分为若干股,再按股东的持股比例加以分配。这种做法也称拆股,它并没有改变资本总额,只是增加了股份总量和股票的总数。一般是当公司的利润增多或股票价格上涨后,投资者的单位购入金额增大,变得难以销售。这时可采取分割股份的方式来降低单位股票价格,以争取更多的投资者,扩大市场销售量。此举也迎合一些投资者因持有的股票数量明显增加而得到满足的心理。

合并股份是分割股份的相反做法,即将若干股股份合并成较少的几股或 1 股,再按股东的持股比例进行分配。合并股份一般是在公司需要减资或合并时进行,以提高股票价格,避免股票面额过低造成股票数量相对过多的弊端,便于二级市场交易。此外,证券交易所一般对交易的股价有最低的规定,一旦股价低于其规定的标准,就必须停止交易。公司为了避免这种情况,也往往会采取合并股份的做法,借以提高股价。

6. 兼并公司。随着经济的发展和企业间竞争的不断加剧,公司兼并的现象也屡见不鲜。如 A 公司认为兼并 B 公司对本公司有利时,就可以筹集资金购买 B 公司的股票,从而控制进而达到吞并 B 公司的目的。在具体做法上,可以用公司资本购买,也可用发行股票换取 B 公司股东手中持有的 B 公司股票的方式。

7. 满足证券交易所的上市标准。证券交易所通常规定公司的股票发行必须达到一定规模,否则不予上市。股份公司为了满足交易所的上市标准就需要发行股份,增加资本额。

三、股票发行的上报与审批

公司申请公开发行股票,需要向中国证监会报送下列文件:

(1)申请报告。

(2)发起人会议或者股东大会同意公开发行股票的决议。

(3)批准设立股份有限公司的文件。

(4)工商行政管理部门颁发的股份有限公司营业执照或者股份有限公司筹建登记证明。

(5)公司章程或者公司章程草案。

(6)招股说明书。

(7)资金运用的可行性报告。需要国家提供资金或者其他条件的固定资产投资项目,还应当提供国家有关部门同意固定资产投资立项的批准文件。

(8)经会计师事务所审计的公司近三年或者成立以来的财务报告和由二名以上注册会计师及其所在事务所签字、盖章的审计报告。

(9)经2名以上律师及其所在事务所就有关事项签字、盖章的法律意见书。

(10)经2名以上专业评估人员及其所在机构签字、盖章的资产评估报告;经2名以上注册会计师及其所在事务所签字、盖章的验资报告;涉及国有资产的,还应当提供国有资产管理部门出具的确认文件。

(11)股票发行承销方案和承销协议。

根据我国的有关法规:

(1)中国证监会收到申请文件后,在5个工作日内做出是否受理的决定。

(2)中国证监会受理申请文件后,由相关职能部门对发行人的申请文件进行初审,并由发行审核委员会审核。

(3)中国证监会在初审过程中,将征求发行人注册地省级人民政府是否同意发行人发行股票的意见,并就发行人的募集资金投资项目是否符合国家产业政策和投资管理的规定征求国家发展和改革委员会的意见。

(4)中国证监会依照法定条件对发行人的发行申请做出予以核准或者不予核准的决定,并出具相关文件。

自中国证监会核准发行之日起,发行人应在6个月内发行股票;超过6个月未发行的,核准文件失效,须重新经中国证监会核准后方可发行。

(5)发行申请核准后、股票发行结束前,发行人发生重大事项的,应当暂缓或者暂停发行,并及时报告中国证监会,同时履行信息披露义务。影响发行条件的,应当重新履行核准程序。

(6)股票发行申请未获核准的,自中国证监会做出不予核准决定之日起6个月后,发行人可再次提出股票发行申请。

四、保荐人的尽职调查

为了保证上市公司的质量,维护股票投资者的利益,我国还对股票发行实行了保荐人制度和相应的尽职调查制度。

尽职调查是保荐人(又称保荐机构,即主承销商)透彻了解发行人各方面情况、设计发行方案、成功销售股票以及明确保荐人责任范围的基础和前提,对保荐人和发行人均具有非常重要的意义。在上市公司发行新股的整个过程中,保荐人对上市公司的尽职调查贯穿始终,其主要职责包括以下方面。

(一)提交发行申请文件前的尽职调查

尽职调查的绝大部分工作集中于这一阶段,保荐人通过该阶段的尽职调查,必须至少达到三个目的:① 充分了解发行人的经营情况及面临的风险和问题;② 有充分理由确信发行人符合《证券法》等法律法规及中国证监会规定的发行条件;③ 确信发行人申请文件和公开募集文件的真实、准确、完整。在尽职调查完成后,保荐人应根据尽职调查结果撰写尽职调查报告。

(二)持续尽职调查责任的履行

上市公司提交发行新股申请文件并经受理后,新股发行申请随即进入核准阶段,但此时

保荐人的尽职调查责任并未终止,应继续履行尽职调查的义务,包括:

1. 发审会前重大事项的调查。

2. 发审会后重大事项的调查。公开发行证券的再融资公司在发审会后发生有关事项,保荐人应及时向中国证监会报送相关材料,如定期报告、重大事项临时报告、盈利预测等;非公开发行股票的再融资公司在发审会后发生有关事项,保荐人以及中介机构应出具相应专业意见,并报送中国证监会,由证监会决定是否需要重新提交发审委审核。

3. 招股说明书的核查验证。保荐人须在招股说明书刊登前一工作日核查其封卷与刊登的内容是否一致,保荐人及相关专业中介机构须出具声明和承诺。

4. 上市前重大事项的调查。公司在上市前若发生重大事项,保荐人应在其后第1个工作日提交书面说明。

5. 持续督导。主板及中小板上市公司发行新股的,保荐人持续督导的期间为证券上市当年剩余时间及其后1个完整会计年度。创业板上市公司发行新股的,持续督导的期间为证券上市当年剩余时间及其后2个完整会计年度。持续督导期届满,如有尚未完结的保荐工作,保荐人应当继续完成。完成证券业协会后10个工作日内向证监会、交易所报送"保荐总结报告书"。

五、股票的发行方式

股票发行方式是指股票经销出售的方式,即发行公司采用什么方法,通过何种渠道或途径将自己的股票投入市场,并为广大投资者所接受。因此,对股票发行方式的分析可从各种不同的角度加以考虑和认识。在各国不同的政治、经济、社会条件下,特别是金融体制和金融市场管理的差异,股票发行方式也存在着较大差异,但一般说来大体可做如下分类。

(一)直接发行与间接发行

这是按有无中介机构参与发行进行的划分。

股票的直接发行又称直接招股,是指股份公司自己承担发行股票的风险和责任,直接向认购者推销出售股票,而股票发行的代办商或中介机构只是做协助性工作并收取一定的手续费,而不承担股票发行的风险和责任。因此,直接发行也称为自营发行。这种方式只适用于有既定发行对象或发行风险少、手续简单的股票。在一般情况下,私下(私募)发行的股票或公开(公募)发行有困难的股票,或是实力雄厚,有把握实现巨额私募发行以节省发行费用的大股份公司的股票,才会采用直接发行的方式。

股票的间接发行又称间接招股,是指股份有限公司或发起人不直接办理发行手续,把股票发行委托给一家或几家股票发行中介机构,如投资银行、信托投资公司等代理发行,并由这些中介机构包干收取差价收益,承担发行风险。因此,间接发行也可称为委托发行。

直接发行使发行公司直接控制发行过程,实现发行意图,发行成本较低,可节约发行手续费,而且在内部发行时无须向社会公众提供有关资料。但直接发行社会影响面小,比较适合公司的内部集资,因为这样除了可以节约发行费用外,还可避免公司因在社会上知名度低,而引起社会公众对公司经营能力和赢利水平的怀疑。特别是一些经济状况较差,且资金来源困难的公司,如果向社会公开发行,很可能因认购不足而导致发行失败。采取自营方式内部发行,既可及时取得资金,又可使本企业员工出于自身利益而关心公司的经营管理。

间接发行的好处在于能在较短的时间内筹集所需资金,并及时投入生产经营,而且对发行公司来说比较方便,风险也较小,还能借此提高企业信誉,扩大社会影响,但缺陷是需要支付较高的手续费，增加发行成本。而且按照有关规定，发行公司还需提供股票发行所需的有关各种资料。因此，间接发行方式比较适合那些已有一定社会知名度、筹资额大而急的公司。通过这种发行方式既可以在较短时间内筹足所需资本，同时还可借助于发行中介机构进一步提高发行公司的知名度，扩大社会影响。

（二）公开（公募）发行与私下（私募）发行

这是根据发行的对象不同所进行的划分。

股票的公开（公募）发行（Public Offering 或 Public Issuing），是指股份公司事先没有特定的发行对象，依照公司法等有关规定，办理有关发行审核程序，公开向社会公众发行股票。公开发行可以采用股份有限公司自己直接发售的办法，也可以支付一定的发行费用通过金融中介机构代理。就股票发行而言，公开发行只是股票上市前必须经过的一种发行审核程序。股票发行后也并不意味着必然上市交易，发行公司可以申请上市，也可以不申请上市。

股票私下（私募）发行（Private Offering 或 Private Issuing），是指股份公司不办理公开发行的审核程序，股票不公开对外销售，只是向公司内部或少数特定的对象出售。股份公司通常在以下两种情况下采用私下（私募）发行：①股东配股；②私人配股，又称第三者分摊，即股份有限公司将新股票分售给股东以外的本公司职工、往来客户等与公司有特殊关系的第三者。

相比之下，股票公开发行方式的好处比较明显，它有利于扩大股东范围，实现股权分散化；有利于克服垄断；有利于提高股票的适销性。由于公开发行有严格的发行审核制度，发行面广，所以发行的质量信誉也较高，因而有条件的发行公司大多采用公开发行方式发行股票。

六、股票的发行价格

股票的发行价格是指股份有限公司在募集公司股份资本或增资发行新股时，公开将股票出售给特定或非特定投资者所采用的价格，通常由发行人依据股市行情及其他有关因素决定，受发行人的收益状况、社会声誉、地理位置、股市供求状况、二级市场股价状况、政府政策等因素影响。各种不同收益水平的股票存在着各种不同的买卖价格，且与股票面值不完全一致。

（一）发行价格的种类

根据发行价格与股票面值的关系，股票发行价格可分为以下种类：

1. 面额发行。面额发行也称为等价发行或平价发行，是指股份有限公司以股票的面额作为发行价格的发行方式，即股票发行价格与股票面额相等。由于不少国家的公司法都规定，股票发行价格不得低于面额，而且事实上股票的市场价格也往往高于股票面额，因此，以面额发行可以使认购者获得差价收益，绝大多数投资者都乐于认购，保证了股份公司顺利地实现筹资的目的。这种方式一般在新公司成立及向老股东配股时采用。

这种发行方式的优点是较为简便易行，可以准确确定每一股份在公司所占有的比例，且发行价格不受市场行情变动的影响；不足之处在于发行价格与流通价格不能联系在一起，即不能针对市场上股票价格波动水平及时、合理地确定适宜的股票发行价格，不能反映股票的市场情况。如果公司经营业绩好，信誉高，其股票自然容易推销，甚至可以按高于面额的价格发行股票，而采取面额发行，发行公司就得不到这种溢价的好处，融资成本相对较高。

目前，面额发行在发达国家的股票市场用得很少，而在股票市场不甚发达的国家，面额发行是确保资金筹措的有效方法。

2. 溢价发行。溢价发行又称高价发行或增价发行,是指发行价格高于股票的票面金额的发行方式。溢价发行股票的公司,往往是经营绩效较好,其股票价格在股票市场呈看涨趋势的公司。采用溢价发行方式发行的股票,其股东权益仍按面额计算。

对股份公司而言,溢价发行的优点在于发行公司可以通过较高的发行价格获得较低成本的资金。不足之处在于若溢价过高,很有可能出现发行销售困难,导致发行失败。

3. 折价发行。所谓折价发行是根据发行公司与承销商之间的协议,将股票按面额打折扣后发行,其折扣的大小主要取决于发行公司的业绩和承销商的能力。如某种股票的面额为 100 元,如果发行公司与其承销商之间达成的协议折扣率为 5%,则该种股票发行时的折扣价格为每股 95 元。折价发行一般出现在采用包销方式推销股票发行过程中,证券承销商的报酬来自折扣价格与他们再售给投资公众的价格之间的差额。折扣数的大小依发行公司的经营状况而定,如发行公司经营良好,折扣数则小;如发行公司经营欠佳,折扣数则大,这是因为承销商承担了较大的发行风险,一旦发行失败,承销商将面临严重的亏损局面。

西方国家的股份公司很少有按折价发行股票的。在美国,有很多州甚至规定按折价发行股票为非法。英国公司法则规定在特殊情况下,公司可以折价发行股票,股份的折价发行必须经全体股东会议通过,并经法院批准,而且决议必须规定所发行股票折价的最大限度,从时间上看,必须自公司开业至少超过 1 年以后,才能折价发行股票。

4. 市价发行。市价发行也称为时价发行,是指股份有限公司发行新股时,以已发行的流通中的股票现行价格为基准来确定股票发行价格的一种发行方式。市价往往高于股票面额,二者的差价成为溢价,溢价带来的收益归发行公司所有。市价发行能使发行者以相对少的股份筹集到相对多的资本,从而降低融资成本,同时还可以稳定流通市场的股票市价,促进资金的合理配置。

表面上看,大量的市价发行,对于投资者而言,购股金支出较多,对投资者不利,有可能导致供求关系破坏,股价下跌,但对股东来说未必不利,因为采用市价发行形成的一部分溢价收入将转入股份公司的法定资本公积金,有助于改善股份公司的经营状况,促使股票价格上涨,使投资者获得资本增值(Capital Gain)。公司还可能因此增加股息和红利,提高股东的收益。

市价发行方式通常在股票实行公开招股和第三者分摊时予以采用。特别需要指出的是,市价发行的价格虽以流通中同种已发行股票的现行价格为基准,但并非和这种市价完全一致,一般定在较股票市场流通价格低 5% ~10% 水平上,以保证发行的成功。

5. 中间价发行。中间价发行是指取股票面额和股票市场价格的中间值作为新股票的发行价格的一种发行方式。假设某种股票的股票面额为 100 元,现行市场价格为 120 元,如果发行公司按这种股票价格和面额的中间值,即每股 110 元的价格增发新股,则这种方式即为中间价发行。中间价发行通常是在市场价格高于面额,公司需要增资配股,但又需要照顾原有股东的情况下采用。采用中间价发行不改变原有的股东的构成,而且因为是对原有股东分摊,不需要支付承销手续费。用中间价向股东分摊股票,实际上是将差价收益部分一分为二,一部分归股东所有,一部分归公司所有,用于扩大资本经营规模。

在上述发行价格中,究竟选择哪一种价格,主要看各国证券市场惯例。一般而言,股票公开发行时,宜采用市价发行;向公司老股东分摊时,宜采用中间价发行。市价发行是股票发行市场的主要形式,面额发行、折价发行和中间价发行是次要及辅助形式。

（二）股票发行价格的确定方法

股票发行价格的确定，关系到发行人与承销人的基本利益和股票上市后的表现。发行价格过低，将难以最大限度地满足发行人的资金需求，甚至会损害原有股东的利益；而发行价格太高，又将增大承销人的发行责任和风险，抑制投资人的投资欲望，影响股票上市后的流动性。因此，如何恰当地确定发行价格，对公司筹资工作顺利进行，股票按预定数量出售，以及该股票未来在市场上的表现有重要意义。

从各国股票发行市场的经验来看，具体确定股票发行价格的方法大致有以下几种。

1. 议价法。所谓议价法，是指股票发行公司直接与主承销商协商确定承销价格（发行公司希望的公开发行价格）与公开发行售价。承销价格与公开发行售价之间的差额即为承销商的报酬。发行公司和主承销商在议定发行价格时，主要考虑二级市场股票价格的高低（通常用平均市盈率等指标来衡量）、市场利率水平、发行公司未来的发展前景、发行公司的风险水平、市场对新股的需求状况等因素。

议价法一般有两种方式：

（1）固定价格方式。基本做法是由发行人和主承销商在新股公开发行前商定一个固定价格，然后根据这个价格进行公开发售。在美国，当采用尽力承销方式销售时，新股发行价格的确定往往采用固定价格方式。

（2）市场询价方式。当新股销售采用包销方式时，一般采用市场询价方式。这种方式确定新股发行价格一般包括两个步骤：第一，根据新股的价值、股票发行时的大盘走势、流通盘大小、公司所处行业股票的市场表现等因素确定新股发行的价格区间；第二，主承销商协同上市公司的管理层进行路演（Road Show），向投资者介绍和推介该股票，并向投资者发送预订邀请文件，征集在各个价位上的需求量，通过对反馈回来的投资者的预定股份单进行统计，主承销商和发行人对最初的发行价格进行修正，最后确定新股发行价格。

在美国，大多数股份公司发行新股时，都采用议价法来确定发行价格。对那些历史较为悠久，经营业绩良好的股份公司来说，由于已与某些股票承销商建立了长期良好的合作关系，并保持经常的业务联系，所以，发行新股时就不难找到合作伙伴，而且较容易通过双方相互协商的方式议定并达成承销合同。一旦各自的利益得到双方的认可，彼此满意，便通过书面形式签订详细承销合同，并参照合同执行。

2. 竞价法。所谓竞价法是指股票发行公司将其股票发行计划和招标文件向一定范围的所有股票承销商公告，股票承销商或承销团根据各自情况拟订各自的标书，以投标方式相互竞争股票承销业务，中标的价格就是股票承销价格。

在采用竞价法确定发行价格时，发行公司要事先通知股票承销商，告知其公司将要发行股票，欢迎有条件的承销商前来投标。发行公司在说明书上要注明新股票的内容、推销的价格条件。各投标承销商在其投标书上应填注新股票的投标价格、支付日期等，然后由招标的发行公司在规定日期，当众开标，出价最高者就可获得新股票总经销的权利。

与其他经济事务活动的招投标一样，股票发行的招投标也要坚持公开原则，即公开招标、投标、议标和决标，一般不允许私下议标和决标。各国对发行公司的招标条件和投标单位的投标资格分别有详细规定和审查制度。只有获得管理机构的核准，发行公司才能着手招标准备工作，实施招标计划，有意参加投标的投资银行或其他金融机构才能拟定标书，参与对某发行公司的投标。

竞价法对发行公司较为有利，因为发行公司既能自行决定发行条件，也能得到较高的承销价格。不过,发行公司的书面工作较多,而且在股票发行市场不利于新股票推销,所能得到的好处也很有限。

3. 拟价法。所谓拟价法,就是在股票出售之前,由股票发行公司与股票承销商共同拟订一个承销价格并加以推销的方法。

4. 定价法。所谓定价法,就是指股票发行未经与股票承销商协商而自行制定发行价格并公开出售。这种方法极少用于股票发行,多用于公债的发行。因为自行定价就意味着发行公司承担股票的推销业务,这对绝大多数股份公司都是无益的。

在上述4种股票发行价格确定方法中,最常用的是议价法和竞价法。以股票发行的核准制下新股定价的原则来衡量,议价法和竞价法都试图使新股的发行价格反映股票本身的价值和市场的供求关系。采用议价法定价时,新股发行价格是在按股票投资价值确定的基础价格之上进行反复修正后确定的,修正的主要依据是行业平均市盈率或者3~5家相似公司的平均市盈率以及路演时投资者对新股价格的反馈信息。在一个有效的股票市场上,平均市盈率水平基本上反映了市场对该类股票的需求状况,而路演推介则是直接面向市场以调查市场需求量,从这个角度看,议价法可以看成是以股票价值为基础,通过"模拟"市场需求状况来确定新股发行价格的一种方法,定价的准确性很大程度上取决于主承销商的专业知识和经验。竞价法虽然有各种不同的方式,但都是以股票价值作为发行底价,以此为基础由承销商或者投资者进行竞价,是一种"直接"的市场化定价方式,只是参加定价的市场主体及其范围存在差异。因此,这两种方式都反映了核准制对新股定价的要求,可以作为核准制下新股定价方式的现实选择。

这两种方法普遍流行于欧美各国,因为这两种方法不仅规范成熟,而且对发行公司、承销商以及股票市场都较为有利。如果我们将这两种方法加以比较,就不难发现,这两种方法也各有所长,各有所短。议价法通常有利于承销商,因为承销价格可能较低,而且,承销商对发行公司情况较为了解,对发行公司各方面都进行了审查,因此,承销股票的风险也较小。当然,如果发行人是理财高手,对股票发行市场了解较深较透,也可能具有一定的讨价还价能力,股票承销商在压低发行价方面就会面临困难。竞价法一般对发行公司较为有利,因为此时发行公司有较大的选择余地,在各投标人之间的对比分析上也较为容易,从而可以得到较高的发行价,并且在发行条件上,发行公司也有较大的自决权和主动权。但发行公司必须准备较多的招标准备和相应的书面工作,而且在股票发行市场不很活跃的时候,发行公司所能获得的好处也是有限的。

(三)决定发行价格的因素

如何恰当地确定发行价格,对公司筹建工作顺利进行、股票按预定数量出售、资金尽快到位有着重要意义。在实际过程中,确定恰当的、合理的发行价格要考虑的因素很多,主要有以下几个方面:

1. 公司盈利水平。公司盈利增加,股息才可能增加,股价才会上升。如果企业不能达到预期的利润目标,甚至发生亏损,股票的发行价格就会下降。所以,一般来说公司盈利水平与股票的发行价格是向同一方向发展的。

在总股本和市盈率已定的前提下,税后利润越高,发行价格也越高;税后利润低,发行价格也低。税后利润反映了一个公司的经营能力,税后利润的高低直接关系到股票发行的价格。因此测定税后利润是决定股票发行价格的重要方面。合理预测税后利润一般应考虑以下几个因素:

(1)从企业销售产品的订货单的多少,预测企业的营业销售利润;

(2)产品价格的上升给企业增加的利润;

(3)股份公司成立后,所得税税率的调整对公司利润的影响;

(4)利润的自然增长率;

(5)股本金到位后,归还贷款,还贷利息支出减少,从而增加的利润;

(6)股本金到位后,项目投资当年可能产生的利润;

(7)政策性亏损;

(8)股本金到位后,分批投入项目的资金在未投入前进行融资可能得到的利息收入。

通过以上这些因素的预测,如果利润状况较好,那么,发行价格相对来讲就可定得高些,反之只能定得低些。

2. 公司潜力。发行公司的发展前景好坏,在一定程度上决定着股票发行价格水平的高低。如果发行公司所经营的产品项目有着广阔的发展前景,则会大大吸引投资者,因为其盈利水平可能上升,从而使得其股票的发行价格保持在一个较高的水平。

3. 行业因素。分析行业因素对股票发行价格的影响主要须着重以下几方面:

首先看发行公司所处行业的发展前景,从而确定发行公司的发展前景。

其次可参照同行业已上市公司的股票价格水平,将这些公司与发行公司进行对比,剔除不可比因素,客观地判断发行公司与这些公司孰优孰劣。如果发行公司的实力及发展前景较好,各方面都优于已上市公司,其发行价格可适当提高;反之,则应调低。

最后还要考虑行业特点。一般来说,商业公司的股票具有资金周转快,项目开发风险小,建设周期短等特点,与此对应,商业企业的股票发行价格可定得稍高;工业公司的股票投资期长,产品的生命周期较短,产品转换难度大,发行价格应适当低一些;高科技、新产品开发行业风险大,但有可能盈利能力很强,发行价格应慎重考虑;公用事业行业具有相当的垄断性,产品周期长,市场稳定,风险小,可根据公司的经营状况确定其发行价格。

4. 地区因素。地区因素对股票发行价格的影响须从以下方面考虑:

(1)经济较发达地区(沿海地区)的股票发行价可高些,内陆地区可低些;

(2)发行地居民金融意识强、投资热情较高的地区,发行价可高些,反之则低些;

(3)参照该发行公司的地区板块在二级市场上的表现来确定价格。

5. 发行数量。在股票需求量既定的情况下,若发行数量很大,为了能保证承销期内顺利地将股票全部售出,取得预定数额的资金,价格应适当定得低些;若发行数量小,考虑到供求关系,则价格可定得高些。

6. 股市状态。股票二级市场的状态直接关系到一级市场的发行价格。在制定发行价格时,要考虑二级市场股票价格水平在发行期内的变动情况。如股市处在牛市,发行价格定得太低,会使发行公司的融资数额减少,融资成本相对上升;如股市处在熊市,发行价格过高,股票的销售就会发生困难。因此,无论股市状态如何,股票发行价格的确定都要给二级市场的运作留下适当的余地。否则,股票上市后在二级市场上的定位会发生困难,同时也将影响公司的声誉。

七、股票发行审核制度

股票发行审核制度主要有审批制、核准制和注册制三种,每一种制度都对应不同的市场状况。三种制度的差异如表 3－1 所示。

表3-1　不同股票发行审核制度比较

项目	注册制	核准制	审批制
审核原则	信息公开原则,对信息披露情况进行事后监管	实质性管理原则,强调监管审核	完全行政审批原则
审查内容	仅进行形式审查,不进行实质判断	须进行实质审查,判断是否核准申请	二级审核制
审核方式	形式审查	实质审查	形式及实质的全面审查
审核主体	中介机构	中介机构	主管部门
审核效率	较高	相对较低	较低
透明度	相对较高,审核机构难以人为干预	相对较低,审核机构有较大裁量权	较低,完全行政审批
推荐主体	中介机构	中介机构	主管部门
代表市场	美国、日本、中国台湾地区	英国、德国、中国香港地区、中国(1999年以后)	中国(1999年以前)

审批制是一国在股票市场的发展初期,为维护上市公司稳定,平衡社会经济关系,主管部门根据指标推荐企业发行股票的制度。公司发行股票的首要条件是取得指标,取得了指标和额度,就等于获得了保荐,股票发行仅仅是走个过场,重点是获得股票发行指标。

核准制是介于注册制和审批制间的中间形式,一方面取消了指标和额度管理,引进证券中介机构,判断企业是否达到股票发行条件;另一方面证券监管机构对股票发行的合规性和适销性条件进行实质性审查,并有权否决股票发行申请。核准制下发行股票,不仅要充分公开企业真实情况,而且必须符合有关法律和证券监管机构规定的条件。证券监管机构对申报文件的真实性、准确性、完整性和及时性进行审查,并对发行人的营业性质、财力、素质、发展前景、发行数量和价格等进行实质性审查,据此做出发行人是否符合发行条件的价值判断,以及是否核准申请的决定。

核准制吸收了注册制公开原则的合理内核,投资者可以依据发行人披露的信息做出判断。政府通过实质审核,对发行人披露文件的真实性和公司质量做出判断,使投资者受到双重保障。此外,核准制可以发现一些弄虚作假的发行人,并对其股票发行申请拥有否决权。但政府行为有其能力边界,虽然在股票发行审核中投入大量人力、物力,但要做到件件审查准确存在一定困难,且易导致权力寻租,降低审核效果。此外,公开发行股票是经过政府审查才予以核准,投资者容易产生依赖心理,较少对发行人质量进行独立判断,所以投资者若遭受损失,往往也会归咎政府。

注册制是成熟市场普遍采用的发行审核制度。证券监管部门发布股票发行的条件,满足条件要求的企业均可发行股票。申请时,发行人须依法将各种资料完全准确地向证券监管机构申报。证券监管机构的职责是对申报文件的真实性、准确性、完整性和及时性做出形式审查,将发行公司的质量留给证券中介机构判断,对发行人、证券中介机构和投资者的要求较高。

注册制和核准制的根本差异在于立法理念。主张核准制者认为,证券发行上市是一项特权，须经证券监管机构同意后方可取得。而主张注册制者认为，证券发行上市是一般权利，除非可能损害公众利益，否则政府就不应加以限制。两者的根本区别在于公开发行权利是政府授予还是法律赋予，而不在于公开信息披露的程度、发行审核标准等。此外，其区别还体现在审核机构是否对发行人进行实质性审查。注册制条件下监管部门不对企业作价值判断，不要求必须是优质企业，企业优劣由市场主体自行判断。而核准制则对企业进行实质性审查，过滤掉资质不好的企业，以降低市场风险。

上市审查分为实质审查与形式审查两类。实质审查除要求上市申请人及时、充分、真实披露信息外，还须符合其他条件，采取书面审查与实地查核相结合的方式，对上市申请材料进行审查。形式审查只审查申请文件的规范性、完整性与合法性，不考虑发行人及证券价值等实质性问题，也不对证券发行做出实质性判断。美国、英国、德国、新加坡等市场应用的是形式审查。

从发行审核制度分析，成熟市场已形成多层次的市场体系，可针对上市申请人不同情形，制定不同上市标准，提供多元化上市形式，对公司首次上市申请仅进行合规性审核，通过制定相应的持续上市标准，不断加强投资者权益的保护，加强股东、独立董事、审计委员会的权利，强化信息披露和行为准则的透明度。

第二节　股票承销

证券承销是投资银行最本源、最基础的业务，许多投资银行在这方面投入很大精力，包括资金、技术、人才等。投资银行承销证券的范围很广，包括本国的国债、地方政府债券、市政债券、公司债券和股票、外国政府与公司发行的证券，甚至有跨国公司或国际金融机构发行的证券。一般来说，证券承销业务收入是投资银行的主要利润来源之一，而且承销业务的能力也是判断投资银行整体实力的重要标志。

一、证券承销

为规范证券经营机构股票承销业务活动，贯彻稳健经营原则，保护投资者合法权益，中国证监会对证券承销进行了严格规定，具体内容如下：

（1）证券公司实施证券承销前，应当向中国证监会报送发行与承销方案。

（2）证券公司承销证券，应当依照《中华人民共和国证券法》第二十八条的规定采用包销或者代销方式。上市公司非公开发行股票未采用自行销售方式或者上市公司配股的，应当采用代销方式。

（3）股票发行采用代销方式的，应当在发行公告中披露发行失败后的处理措施。股票发行失败后，主承销商应当协助发行人按照发行价并加算银行同期存款利息返还股票认购人。

（4）证券发行依照法律、行政法规的规定应当由承销团承销的，组成承销团的承销商应当签订承销团协议，由主承销商负责组织承销工作。证券发行由两家以上证券公司联合主承销的，所有担任主承销商的证券公司应当共同承担主承销责任，履行相关义务。承销团由三家以上承销商组成的，可以设副主承销商，协助主承销商组织承销活动。

（5）承销团成员应当按照承销团协议及承销协议的规定进行承销活动，不得进行虚假承销。

(6)承销协议和承销团协议可以在发行价格确定后签订。

(7)证券公司在承销过程中,不得以提供透支、回扣或者中国证监会认定的其他不正当手段诱使他人申购股票。

(8)上市公司发行证券期间相关证券的停复牌安排,应当遵守证券交易所的相关规则。主承销商应当按有关规定及时划付申购资金冻结利息。

(9)投资者申购缴款结束后,主承销商应当聘请具有证券相关业务资格的会计师事务所(以下简称会计师事务所)对申购资金进行验证,并出具验资报告;首次公开发行股票的,还应当聘请律师事务所对向战略投资者、询价对象的询价和配售行为是否符合法律、行政法规及本办法的规定等进行见证,并出具专项法律意见书。

(10) 首次公开发行股票数量在4亿股以上的,发行人及其主承销商可以在发行方案中采用超额配售选择权。超额配售选择权的实施应当遵守中国证监会、证券交易所和证券登记结算机构的规定。

(11) 公开发行证券的,主承销商应当在证券上市后10日内向中国证监会报备承销总结报告,总结说明发行期间的基本情况及新股上市后的表现,并提供下列文件:①募集说明书单行本;②承销协议及承销团协议;③律师见证意见(限于首次公开发行);④会计师事务所验资报告;⑤中国证监会要求的其他文件。

(12) 上市公司非公开发行股票的,发行人及其主承销商应当在发行完成后向中国证监会报送下列文件:①发行情况报告书;②主承销商关于本次发行过程和认购对象合规性的报告;③发行人律师关于本次发行过程和认购对象合规性的鉴证意见;④会计师事务所验资报告;⑤中国证监会要求的其他文件。

二、承销方式

根据我国证券法规,股票承销方式主要包括承销人包销和代销两类。

(一)包销

包销又分为全额包销和余额包销。

1. 全额包销。全额包销又称承购包销,是指由承销人(承销团)以低于股票发行价格的较低价一次性买下所有将发行的股票,然后再按事先约定的发行价格出售给投资者。在投资者认购不足时,承销商则以自有资金买下未售出的股票,而在投资者认购数量超过股票发行数量时,承销商仍须按确定的发行价格出售给投资者。对发行公司来说,采用承购包销方式既能保证如期得到所需要的全额资金,又无须承担证券发行过程中价格变动的风险,但是发行费用高于其他方式。对证券承销机构来说,要预先垫付自有资金买入所有证券,还要承担证券不能如期全部销售和发行价格下降的风险,因此,收取的费用较高。证券承销机构的费用收入来自向证券发行公司买入证券和向社会公众出售证券之间的差价。

承购包销发行方式是最常见、使用最广泛的方式,比较适合于那些筹资金额不大、知名度不高的企业。对那些发行金额较大、资金需求急切的公司来说,虽然发行费用较高,但能无风险地及时筹集到全额资金,这种方法也是可行的。但发行流动性差,不能为公众所接受的证券不宜采用这一方法,因为证券承销机构会压低购买价格,使发行者承受较高的筹资成本。

2. 余额包销。余额包销又称助销,是指承销人(承销团)预先承诺首先向投资者发售股票，仅在投资者的实际认购总额低于预定发行总额的情况下，方承购全部剩余股票的承销方式。采用这种发行方式，发行风险也由证券承销机构承担。由于证券承销机构承担了证券无法全额售出的风险，因而其收取的发行手续费虽比全额包销低，但比代销发售高。对筹资企业来说，筹资计划完成有保证，在协议规定的期限，证券承销机构要将规定资金全数划给筹资企业。余额包销发售比较适合于那些有筹资计划，但用款又不是很急迫的企业。

一般在股票的大宗发行中，常由主承销人牵头，由若干其他投资银行参与组成承销团共同承担承销责任，这样既能降低成本，又能减少风险，也可加快股票的发行。

股票包销可产生以下作用：① 使发行人的股票得以顺利出售；② 保证所发行股票的价格达到承销协议确定的水平；③ 通过承销人的努力，使所发行的股票很快形成买卖交易的市场。

我国《证券法》规定，在主承销期内，承销机构应当尽力向认购人出售所承销的股票，不得为本机构保留所承销的股票。承销期满后未能售出的股票按承销协议规定的方式处理。

股票包销的特点是：

(1)股票发行风险转移。承销协议签订后，股票发行的风险和责任由承销商负担；而在代销条件下，该股票发行风险由发行人自己负担，这是包销与代销两种方式的实质区别。

(2)包销的费用高于代销。由于股票发行风险由发行人转向了承销商，所以发行人要向承销商支付较高的承销费用。

(3)发行人可以迅速可靠地获得资金。发行人将证券交付给承销商后，不管将来销售情况如何，承销商都要向发行人支付约定的款项，而且根据情况甚至可以在交付证券的同时就交付款项。

(二)代销

代销是指发行人委托承销商(承销团)代理发行其股票的承销方式。在代销条件下，如投资人实际认购总额低于发行人的预定发行总额时，承销商(承销团)不承担购买股票余额的责任，可将剩余股票退还发行人。

在代销形式下，承销商只是作为发行公司的代理机构。这时，承销商同意尽可能地推销股票，但并不将全部股票购买后转手出售。股票发行的全部风险由发行公司承担。如果发行公司因信誉不佳或知名度不高而导致发行不畅，就可能无法及时获得所需资金，此时证券承销机构不承担任何责任和风险。证券承销机构从代销发行中赚取的发行手续费比其他方式都低，相当于承购包销的30% ~50%。

代销方式比较适合于那些信誉好、知名度高的大众型企业，因其证券易被社会公众所接受，用代销方式可以降低发行成本。但是当那些尚未被广大投资者了解的新建企业或是业绩和信誉都不太理想的企业要发行数额较大的证券时，证券承销机构也许因不愿承担包销方式可能会带来的发行风险，而只愿接受代销方式。

三、承销协议书

发行人在其公开发行股票的申请获得必要批准之后，即可着手完成发行准备工作，按照预定的方案发行股票。

在实践中，不附条件的承销协议(特别是其具体发行价格条款)的最终确定，通常是在股票发行的行政审批完成之后至招股说明书正式披露之前完成的，这是因为：① 承销商过早地签署完整而无条件的承销协议将意味着其片面地负担市场变动风险；② 当事人均追求承销协议的确定的效力,而不希望该协议价格条款的确定仍须取得来自政府方面的批准或许可;③ 承销协议的发行价格内容的确定,通常以招股说明书将披露的内容为准。

(一)承销协议书的性质

承销协议书是股票发行人与证券承销商签署的具有法律效力的文件。签署承销协议书是证券经营机构的法定权利。《中华人民共和国公司法》规定,股份有限公司向社会公开发行新股,应当由依法设立的证券经营机构承销,签订承销协议书。承销协议书与承销意向书有所不同,承销意向书不具有严格的法律效力,通常对发行人和承销商之间的行为起道义约束作用;而承销协议书则对双方行为起法律约束作用。因此,承销商应对承销协议书的内容及签署持谨慎的态度。

(二)承销协议书的基本内容

根据我国的证券法规和境内外股票发行实践,股票承销协议通常应包括以下基本内容和条款:

1. 主体条款,包括各方当事人(发行人和承销商)的名称、住所和法定代表人姓名;

2. 鉴于条款,多指明承销协议订立的基本前提,因这些内容的措辞均以“鉴于”开头,故称鉴于条款;

3. 定义条款,通常对承销协议所使用的概念加以明确的概括;

4. 前提条件条款,通常对承销人承担合同义务加以事实条件限制;

5. 标的条款,须指明承销股票的种类和数量;

6. 承销日期条款,须指名生效期限和起止日期(承销期不得少于 10 日,不得多于 90 日);

7. 发行价格条款,可明确确定具体的每股发行价格及其计算方法;

8. 承销条款,须对承销商的承销方式和承销条款责任加以明确;

9. 分销条款,通常指明主承销商负责的承销分派的方式和原则;

10. 承销费用条款,包括承销费用的标准、计算和支付方式;

11. 承销付款条款,可以指明股票款的支付方式和日期;

12. 推介和发售限制条款,可以对发行地区和投资人范围加以限制;

13. 保证条款,通常为发行人就一系列事实对承销人做出担保性承诺;

14. 不可抗力与协议终止条款,可以对能够引起协议解除或承销人免责的不可抗力和免责范围做出约定;

15. 违约责任条款,通常可对违约责任和争议解决事项做出约定,若承销商是一承销团的成员,还可约定其成员间的连带责任;

16. 其他需要约定的事项,包括协议的有效期限及协议正本的数量等。承销协议书原则上由协议双方代表人签字并由双方单位加盖公章后生效;但当事人双方可以协议确定生效条件。

按照我国的规定,向社会公开发行的证券票面总值超过人民币 5 000 万元的,应当由承销团承销(《证券法》第二十五条)。承销团由两个以上承销机构组成的,主承销商由发行人按照公平竞争的原则,通过竞标或者协商的方式确定。发行人与主承销商签订承销协议,主承销商与其他承销商签订分销协议。

承销协议书由协议双方法定代表人签字并由双方单位加盖公章后生效。

四、股票承销风险的防范

股票发行是否成功最终还须看承销商能否将所有股票全部推销出去。

为尽可能降低承销失败的风险,投资银行在正式确定同发行公司的承销关系前,应谨慎从事,进行必要的调查和分析,其主要内容包括:

(1)市场状况及经济周期。在经济和市场的萧条时期,承销难度较大;反之,在经济和市场处于上升时期,承销就较容易。

(2)发行和上市的条件。在对证券发行实行登记制管理的国家,一般由交易所对证券上市规定具体要求。在实行发行核准制管理的国家,发行股票必须符合政府关于发行条件的规定。我国《公司法》和《股票发行与交易管理暂行条例》等法律、法规及规章制度,对发行条件做了比较详细而具体的规定。

(3)发行公司情况。发行公司财务状况和经营情况,以及与发行公司同类的上市公司股票的市场表现情况等,也是确定承销价格的重要参考依据。

在实践中,主承销商为避免因认购不足而造成对其资金占压的承销风险,通常在发行准备阶段即采取一系列措施。这主要包括以下两个方面:

其一,确定合适的、市场有接受基础的股票发行价格。在股票发行价格确定以前,须对已上市的股票(特别是对同类型股票)的价格进行分析。一般新发行股票的市盈率应考虑低于交易市场的同类型股票的市盈率。

其二,对于规模较大的股票发行,主承销商可以组建承销团以分散风险。主承销商一般占有较大的承销额。参加承销团的其余各投资银行,按照承销团协议规定的数额、期限和价格,各自买下所认购的证券后,再分头向社会各种不特定投资者推销。在推销时既可批发,也可零售。如果按批发方式销售,投资银行的利润就是批发价格与买进价格(即发行价格)的差额,如果按零售方式销售,投资银行的利润就是零售价格与买进价格的差额。

五、股票承销中的禁止行为

我国的有关法规规定,证券经营机构以包销方式承销股票,不得为取得股票而通过下列行为故意使股票在承销期结束时有剩余:

(1)故意囤积或截留;

(2)缩短承销期;

(3)减少销售网点;

(4)限制认购申请表发放数量;

(5)证监会认定的其他行为。

证券经营机构以包销方式承销股票,在承销期结束后,所认购的未售出的股票,除按国家关于金融机构投资有关的规定可以持有的以外,自该股票上市之日起,应当将该股票逐步卖出,并不得买入,直到符合政府关于公司对外投资比例及证券经营机构证券自营业务管理规定的要求。

证券经营机构在承销过程中,不得以提供透支、回扣或证监会认定的其他不正当手段诱使他人认购股票。

证券经营机构不得进行虚假承销。所谓虚假承销,是指证券经营机构名义上是承销团成员,实际上并没有从事承销股票的活动和承担承销股票应尽的责任。

证券经营机构从事股票承销业务不得透露未依法披露的招股说明书、公告前的发行方案以及承销过程中有关认购数量、预计中签率等非公开信息。

证券经营机构不得以下列不正当手段招揽承销业务：

(1)不当许诺；

(2)诋毁同行；

(3)借助行政干预；

(4)证监会认定的其他不正当竞争手段。

证券经营机构在承销过程中和在承销结束后股票上市前，不得以任何身份参与所承销股票及其认购的私下交易，并不得为这些交易提供任何便利。

六、招股说明书

(一)概述

招股说明书，即股票发行说明书，是股份有限公司公开发行股票时，向社会发出的关于募集股份事宜的书面通知。招股说明书要详细介绍本公司过去一切的背景和资料，另外公司的财务状况营业记录以及管理者的资历经验都要一应俱全。同时，招股说明书内的一切资料，须由会计师审核，要绝对可靠和值得信赖。

(二)内容

一般说来，招股说明书的主要内容有：

1. 原企业的名称地址、经济性质、主管单位、注册资本、生产经营范围、生产经营方针、清户核资后的资产负债表、会计师报告；
2. 拟设立的股份有限公司的名称、地址、生产经营范围、生产经营方式；
3. 发行股份的总额、每股的金额和发行的起止日期；
4. 股票种类及比例；
5. 对各类股东参股数额的限制；
6. 股息分配办法；
7. 购买股份的申请手续，公司的公告办法；
8. 其他事项。

招股说明书由股份有限公司发起人或筹备机构起草，报政府有关部门批准后公布。

第三节　股票上市

股份公司在发行股票之后，如果要在股票交易所进行买卖交易，首先必须办理有关股票上市的手续，以取得在交易所挂牌买卖的资格。

股票上市是指证券交易所根据一定的条件与标准，承认股票发行公司的股票在本交易所市场上作为买卖对象，可以自由公开地买卖。凡经批准在证券交易所内登记买卖的股票，称为上市股票。

股份上市公司是指在证券交易所上市交易股票的公司。而股份不上市公司是指公开向社会发行股票的股份有限公司，但未达到证券交易所上市条件，而是在证券交易柜台转让、交易股票的公司。

一、股票上市的条件

为了保证投资者的利益，各股票交易所对申请上市的公司都有一定的要求，通常只有符合下列要求才准许上市。

（一）基本条件

1. 公司的股份上市时，以当时上市价格计算的市价总值，不低于上市面额总值；
2. 申请上市的公司，须有较长的业绩发展记录（一般在五年以上），而且盈利状况良好；
3. 公众持有该公司的股份，一般不能少于公司已发行股本的25%；
4. 申请上市股份配售给该公司或其附属公司的雇员的百分比，一般不超过10%。

（二）我国股票的上市条件

我国申请股票上市的公司，须同时具备下列条件，其发行的股票方可上市：

1. 公司经工商行政管理部门注册登记；
2. 公司最近两年连续盈利；
3. 至少获得一位交易所会员的提名推荐；
4. 实收股本额不少于一定数额；
5. 记名股东达一定数量，社会公众股东人数不低于1 000人；
6. 公司向社会公开发行的股票额占实收股本额的比例不低于一定百分比；
7. 至少在一份证监会指定的公开发行的报刊上定期公告经营情况。

以上4、5、6三款的具体数额，依各公司所在地的证券交易所规定为准。

（三）纽约股票交易所的上市条件

根据纽约股票交易所1986年的规定，公司的股票在该交易所上市的具体条件是：

1. 拥有100股以上的股东人数至少为2 000名以上，或股东总人数在2 200名以上；
2. 前6个月平均每月的股票交易量超过10万股；
3. 公众拥有的股数在110万股以上，这些股数不包括公司的董事、高级雇员及其直系亲属和持股超过10%以上的股东所拥有的股数；
4. 公众拥有股票的市价总值在1 800万美元以上；
5. 公司的有形资产净值在1 800万美元以上；
6. 公司上年度的税前利润超过250万美元，过去两年内每年至少盈利200万美元以上，或前三年的利润总和超过650万美元。

公司达到上述标准，申请上市被批准后，需向交易所缴纳上市费用。具体包括两部分，一部分是上市时付的费用，另一部分是以后每年付的费用。

二、股票上市的程序

经过公开发行股票而设立的股份有限公司申请股票上市并成为上市公司，必须符合有关上市公司的法定基本条件，主要包括：股票经证券监督管理机构核准已向社会公开发行；公司股本总额不少于人民币5 000万元；持有股票面值达人民币1 000元以上的股东人数不少于1 000人；向社会公开发行的股份占公司股份的25%以上，公司股本总额超过人民币4亿元的，向社会公开发行股份的比例为15%以上；公司在最近3年内无重大违法行为，财务会计报告无虚假记载；开业时间需在3年以上，并且最近3年需连续盈利。为了有利于国有企业融资上市,法律还特别规定,原国有企业依法改建而设立的股份有限公司,或者《公司法》实施后新组建成立的,主要发起人为国有大中型企业的股份有限公司,经营业绩可依原企业连续计算,而不必等待 3 年时间。股份有限公司向证券监督管理机构提出股票上市交易申请时,还应当提交:公司章程、公司营业执照、申请上市的股东大会决议、上市报告书、经法定验证机构验证的公司最近 3 年的或者公司成立以来的财务会计报告和最近一次招股说明书等文件。

股份有限公司成为上市公司,除必须满足上述法定的基本条件外,还必须依法经过证券监督管理机构的股票上市核准程序。其基本环节为:股份有限公司依法提交股票上市交易的申请文件;证监会或经授权的证券交易所根据国家产业政策和法定上市条件,依法核准股票上市申请;证券交易所自接到股票上市交易申请和核准文件之日起的 6 个月内,安排该股票上市交易。

第四节 退市制度

退市制度是股票市场一项基础性制度,是指证券交易所制定的关于上市公司暂停、终止上市等相关机制以及风险警示板、退市公司股份转让服务、退市公司重新上市等退市配套机制的制度性安排。

吸收符合条件的公司上市和终止不符合条件的上市公司的上市资格,是一个成熟股票市场的基本标志之一。从国外百年来股票市场发展的历程看,从某种意义上说,终止不符合条件公司的上市资格更是保证证券市场平稳发展的重要条件之一。

中国证监会于 2001 年 2 月 23 日发布了《亏损公司暂停上市和终止上市实施办法》,之后又于 2001 年 11 月 30 日在原有办法基础上加以修订,规定连续三年亏损的上市公司将暂停上市。我国上市公司退市制度正式开始推行。

一、退市指标

2012 年 6 月 28 日,上海证券交易所(下文简写为“上交所”)发布了《关于完善上海证券交易所上市公司退市制度的方案》,新增 5 项退市指标。该方案重点从两个方面对现行退市制度进行了调整:一是为提高退市制度的完备性和可操作性,增加相关暂停上市、终止上市指标,细化相关标准,提高恢复上市要求,完善退市程序;二是为进一步保护投资者权益,提出风险警示板、退市公司股份转让服务、退市公司重新上市等退市配套机制的安排。主要的退市标准如下:

(1)净资产为负。上市公司最近一个会计年度经审计的期末净资产为负数或者被追溯重述后为负数的,对其股票实施退市风险警示;上市公司的股票因前述事项被实施退市风险警示后,公司最近一个会计年度经审计的期末净资产为负数的,其股票应暂停上市;上市公司的股票因前述事项被暂停上市后,公司最近一个会计年度经审计的期末净资产为负数的,其股票应终止上市。

(2)营业收入低于 1 000 万元。上市公司最近一个会计年度经审计的营业收入低于 1 000万元或者被追溯重述后低于 1 000 万元的,对其股票实施退市风险警示;上市公司的股票因前述事项被实施退市风险警示后，公司最近一个会计年度经审计的营业收入低于1 000万元的，其股票应暂停上市；上市公司的股票因前述事项被暂停上市后，公司最近一个会计年度经审计的营业收入低于1 000万元的，其股票应终止上市。

(3)年报被出具否定意见或者无法表示意见。上市公司最近一个会计年度的财务会计报告被会计师事务所出具否定意见或者无法表示意见的，对其股票实施退市风险警示；上市公司的股票因前述事项被实施退市风险警示后，公司最近一个会计年度的财务会计报告被会计师事务所出具否定意见或者无法表示意见的，其股票应暂停上市；上市公司的股票因前述事项被暂停上市后，公司最近一个会计年度的财务会计报告被会计师事务所出具否定意见、无法表示意见或者保留意见的，其股票应终止上市。

(4)成交量低于500万股或收盘价低于股票面值。在上交所仅发行A股的上市公司，连续120个交易日通过上交所交易系统实现的累计股票成交量低于500万股或者连续20个交易日的每日股票收盘价均低于股票面值的，其股票应终止上市；在上交所仅发行B股的上市公司，连续120个交易日通过上交所交易系统实现的累计股票成交量低于100万股或者连续20个交易日的每日股票收盘价均低于股票面值的，其股票应终止上市；既发行A股又发行B股的上市公司，如A、B股股票的成交量或者收盘价同时触及前述仅发行A股的上市公司和仅发行B股的上市公司的标准，公司股票应终止上市。

(5)未在法定期限内披露年报。上市公司的股票因净利润、净资产、营业收入或者审计意见类型触及规定的标准被暂停上市后，不能在法定期限内披露最近一个会计年度经审计的年度报告的，其股票应终止上市。

二、恢复上市要求

上市公司退市后，若同时满足以下条件可以申请恢复上市：

(1)最近一个会计年度经审计的扣除非经常性损益前、后的净利润均为正数；

(2)最近一个会计年度经审计的营业收入不低于1 000万元；

(3)最近一个会计年度经审计的期末净资产为正数；

(4)最近一个会计年度的财务会计报告未被会计师事务所出具否定意见、无法表示意见或者保留意见；

(5)保荐机构经核查后发表明确意见，认为公司具备持续经营能力；

(6)保荐机构经核查后发表明确意见，认为公司具备健全的公司治理结构、运作规范、无重大内控缺陷；

(7)不存在《股票上市规则》规定的暂停上市和终止上市情形。

上市公司的股票被暂停上市后，公司不符合前述条件的，不受理其恢复上市申请，其股票应终止上市。上市公司的股票被暂停上市后，公司未在规定的期限内提出恢复上市申请的，其股票应终止上市。上市公司的股票恢复上市后，应在交易所风险警示板交易一定期间。

三、完善退市程序

为了完善退市程序，提高退市效率，减少恢复上市程序中的主观判断，上交所还做出了以下规定。

(一)简化终止上市和恢复上市程序

上市公司出现终止上市情形的，上交所在该情形出现后15个交易日内对其股票做出终止上市决定。

暂停上市公司向本所提出恢复上市申请且被受理的,上交所上市委员会根据《股票上市规则》等规定对其申请进行审核;上交所根据上市委员会的审核意见对其股票做出恢复上市或者终止上市的决定。

上市公司对前述决定有异议的,可以根据上交所相关规定向本所复核委员会申请复议。

（二）明确审核期限

对暂停上市公司提出的恢复上市申请或者终止上市复核申请,上交所均自受理申请之日起的30个交易日内做出决定。上市公司补充材料的期限不计入审核期限。

前述申请人补充材料的期限累计均不得超过30个交易日。申请人未按上交所要求在前述期限内补充材料的,上交所在该期限届满后继续对其所提申请进行审核,并根据上交所《股票上市规则》对其做出相应决定。

四、设立风险警示板

为了完善现行的特别处理风险警示制度,上交所还设立了风险警示板,将被退市风险警示的公司股票及其他重大风险公司的股票安排在风险警示板中集中交易,并相应作了如下规定:

"根据风险警示的需要,本所对风险警示板采取必要的交易限制措施、市场监控措施和投资者适当性管理措施,对板块内公司实施严格的信息披露监管,其股票行情信息独立显示。

上市公司的股票被本所做出终止上市的决定后,本所给予其30个交易日的退市整理期,公司股票进入风险警示板交易。公司股票在退市整理期届满后的次日终止上市,本所对其予以摘牌。"

五、建立重新上市制度

上交所规定,上市公司的股票被终止上市后,公司的终止上市情形已消除,且同时符合下列条件的,可以向上交所申请重新上市:

(1)股本总额不少于5 000万元;

(2)社会公众持有的股份占公司股份总数的比例为25%以上;公司股本总额超过4亿元的,社会公众持有的股份占公司股份总数的比例为10%以上;

(3)最近3年无重大违法行为,财务会计报告无虚假记载;

(4)最近两个会计年度经审计的净利润均为正数且累计超过2 000万元(净利润以扣除非经常性损益前后孰低者为计算依据);

(5)在申请重新上市前进行重大资产重组且实际控制人发生变更的,须符合中国证监会规定的借壳上市条件;

(6)最近一个会计年度经审计的期末净资产为正数;

(7)最近两个会计年度的财务会计报告被会计师事务所出具标准无保留意见的审计报告;

(8)保荐机构经核查后发表明确意见,认为公司具备持续经营能力;

(9)保荐机构经核查后发表明确意见,认为公司具备健全的公司治理结构、运作规范、无重大内控缺陷;

(10)上交所规定的其他条件。

公司不配合退市相关工作的,本所自其股票终止上市后3年内不受理其重新上市的申请。重新上市的申请由上交所上市委员会审核,上交所根据上市委员会的审核意见做出决定。公司股票重新上市后,应在上交所风险警示板交易一定期间。

第五节　创业板市场

创业板市场,有时也称为二板市场,即一国主板市场之外的证券交易场所,一般明确定位于为具有高成长性的中小企业和高科技企业提供股票上市和交易的场所。大家所熟悉的纳斯达克(Nasdaq)市场就是美国的创业板市场,也是目前世界上运作最为成功的创业板市场。与主板市场相比,在创业市场上市的标准和条件相对较低,更有利于中小企业上市募集发展所需的资金。

一、创业板市场概述

创业板市场(Growth Enterprises Market,GEM)是地位次于主板市场的二板证券市场,以纳斯达克市场为代表,在中国特指深圳创业板。其在上市门槛、监管制度、信息披露、交易者条件、投资风险等方面和主板市场有较大区别。其目的主要是扶持中小企业,尤其是高成长性企业,为创业投资和创投企业建立正常的退出机制,为自主创新国家战略提供融资平台,促进多层次的资本市场体系建设。广义来说,凡是与大型成熟公司的主板市场相对应的,面向中小公司的股票市场都是创业板市场。就狭义来说,则仅指针对中小型公司和新兴企业,尤其是高成长公司及科技公司的股票市场。

2009年3月31日,中国证监会发布《首次公开发行股票并在创业板上市管理暂行办法》,办法自2009年5月1日实施,标志着创业板正式启动。2009年10月30日首批28家创业企业在深交所专设的创业板上市,中国创业板成功起航。

创业板有三个重要目标:第一,培育代表中国经济未来与新经济增长点的新兴产业;第二,培育一批引领行业发展趋势、具有较强自主创新能力、达到国际先进水平的创新型企业;第三,培育一批在推动资源节约型、环境友好型建设方面起到领头羊作用的骨干企业。

深交所于2009年6月发布了《深圳证券交易所创业板股票上市规则》,并于2012年4月20日做了修订,将创业板退市制度方案内容落实到上市规则之中。

二、创业板市场的特点

(一)主要目的在于为中小企业特别是高科技企业提供融资渠道

主板市场,即证券交易所,为了保护投资者的利益,往往对上市公司的经营规模和财务状况有着严格的要求。创业企业虽然有良好的发展前景,但在初创阶段很难达到主板市场的上市要求。而创业板市场作为主板市场的补充,对上市公司的资本规模、营业期限和前期盈利的要求相对较为宽松,能够满足那些发展良好但尚不具备在主板上市的创业企业发行股票筹集资金。

（二）上市企业的整体风险较大

尽管在创业板市场实现IPO的创业企业已经发展较为成熟,经营也较为稳定。但与在主板市场上市的企业相比,仍然存在着规模小、基础弱、不确定因素多等不足,这也造成了创业板市场上市公司的整体风险远高于主板市场。而这一关键区别决定了创业板市场和主板市场在市场主体、信息披露、交易制度以及监管取向上的诸多差异。

（三）以机构投资者为市场主体

需要强调的是,创业板市场并非散户投资者“淘金”的理想场所。创业板市场主要以具有信息处理比较优势的机构投资者为投资主体,因此在交易制度设计上,往往通过提高最低交易数额和投资者准入等措施,限制那些不了解市场运作的投资者盲目地投资于创业板市场,造成不必要的损失。而各国的投资银行作为专业投资机构一般也都会积极参与创业板市场的投资。

（四）严格的信息披露制度

由于创业板上市企业的不确定性因素较多,风险较大,因此,各国往往要求创业板市场的上市公司的信息披露比主板市场更为详尽、充分和及时。比如香港创业板市场规定,发行人在上市之初除了要按主板市场上市要求进行信息披露,还要另外进行“活跃业务活动陈述”与“业务目标陈述”两项信息披露。

（五）特殊的保荐人制度

保荐人制度是确保创业板市场顺利运行和建立投资者信心的关键。因此,创业板市场对保荐人的要求往往要高于主板市场。创业板市场保荐人的主要职责在于以独立专业机构的身份,确保申请上市的公司符合创业板市场的上市要求,所有的上市文件均完全符合创业板市场的上市规定,并且公司已对所有重大事项和必要信息做了充分披露。投资银行可以作为拟上市创业企业的保荐人积极参与创业板市场的证券发行与承销。

三、设立方式与运行模式

（一）设立方式

从国际上成熟的证券市场的实践经验来看,创业板市场的设立主要有两种方式:第一种,由证券交易所直接开设,如马来西亚、日本、韩国、新加坡和中国台湾地区等地设立的创业板市场。证券交易所设立创业板市场,将创业板上市公司的经营业绩、营业期限、股本规模、盈利能力、股权分散程度等要求与主板市场相区分,并明确规定了创业板公司的上市条件和标准。一般来说,主板上市公司的股本规模要大于创业板,交易活跃程度要强于创业板。第二种,由非证券交易所的机构设立,典型代表如美国纳斯达克市场。美国纳斯达克隶属于全美证券交易商协会,纳斯达克依靠协会的自动报价系统来运作。纳斯达克市场分为两个层次的市场,即全国市场和小型资本市场。规模较大的公司在全国市场挂牌交易,规模较小的新兴公司则在小型资本市场挂牌交易,相比之下,后者的上市条件要比前者宽松得多。近年来,纳斯达克发展极为迅速。在美国,纳斯达克已成为独立于纽约证交所这一主板市场,并能与之相抗衡的、强有力的竞争对手。

（二）国外创业板市场的模式

创业板市场的运行模式与其设立的方式有关,国际上创业板市场的运作通常采用三种典型的模式。

1. 非独立的附属市场模式(即一所两板平行制)。在该种模式下,创业板市场作为主板市场的补充,是由证交所设立,与主板市场组合在一起共同运作,拥有共同的组织管理系统和交易系统,甚至采用相同的监管系统,所不同的主要是上市标准的差别。我国采用的是该模式。

2. 英国 AIM 市场采取的独立市场模式,创业板市场的上市公司发展成熟后可升级到主板市场。换言之,就是充当主板市场的“第二梯队”。在现有的证券交易所内设立一个独立的为中小企业融资服务的市场,上市标准低,上市公司除须有健全的会计制度及会计、法律、券商顾问和保荐人外,并无其他限制性标准。显然,创业板市场和主板市场之间是一种从低级到高级的提升关系。

3. 独立市场模式,即创业板市场与主板市场分别独立运作,拥有独立的组织管理系统、交易系统和监管系统。上市门槛低,能最大限度地为新型高科技企业提供融资服务。

四、创业板市场的监管

创业板市场是一个高风险市场,世界各国和地区的创业板市场都采取了一系列的措施,以防范风险,保护投资者利益,促进市场发展。创业板市场从发行、交易到退出按照一整套市场化制度运行,是一个真正市场化、法制化的市场,具体体现在:严格有效的信息披露制度、保荐人制度和做市商制度,从而形成市场的有序竞争和优胜劣汰机制。

(一)信息披露制度

信息披露是创业板市场的“立业之本”,在市场化条件下,几乎所有的海外创业板市场都十分强调上市公司的信息披露。规范上市公司信息披露制度包括:

1. 增加信息披露的频次和数量。发达国家和地区的二板市场要求申请上市的公司和已上市公司披露所有必要的相关信息。香港二板市场规定,除了年度报告和中期报告外,上市公司还需要定期披露季度报告,以方便投资者及时了解公司情况。

2. 进展比较。香港二板市场规定,在招股说明书中,申请上市的公司应披露过往的活跃业务情况,公司的业务目标等。在上市后的一段时间内,上市公司在年度报告和中期报告中必须将实际业务进展与上市文件内所载业务目标相比较。

3. 强化中介机构在信息披露方面的责任。美国等海外二板市场在信息披露方面,强化了保荐人、律师事务所、会计师事务所等中介机构的责任,以充分发挥中介机构的作用。

4. 制裁。如果发现有关方面没有披露充分的信息或者保荐人没有履行其职责,监管机构会对有关公司的管理层或保荐人施加充分的制裁。

(二)保荐人制度

保荐人实质上类似于上市推荐人,就是将符合条件的企业推荐上市,并对申请人适合上市、上市文件的准确完整以及董事知悉自身责任义务等负有保证责任。保荐人制度对创业板市场的必要性表现如下:

1. 防范风险的重要举措。二板市场是一个高风险的市场,它的高风险源自二板市场本身有别于主板的功能定位、融资主体和投资主体。二板市场主要支持创业投资和有发展潜力的中小企业,其中包括大量的高科技企业。由于上市门槛较主板低,企业规模较小,技术开发创新风险大,盈利前景的不确定性强,投资者为了可能获得的高收益将承担更大的风险,二板市场本身的行情波动也会比较大。因此,各国二板市场的监管者都从上市公司、中介机构、市场本身的制度安排等各个方面制定规范,加强对风险的控制,而保荐人制度正是通过赋予中介机构更多的权利和责任来防范风险的一个重要措施。

2. 强化中介机构职责的手段。保荐人是企业上市的桥梁,是上市公司与交易所沟通的主要渠道,其推荐上市的行为是建立在对被推荐企业有充分了解并使其符合上市所要求的一切条件为基础的。作为证券市场重要的中介机构,同时也是上市公司信息披露的责任主体之一,有义务履行专业职责,保护投资者利益,降低整体的市场风险,为建立一个"公开、公平、公正、有效"的市场环境尽自己应尽的责任。

3. 保护投资者之利器。保荐人制度能有效保护投资者利益。与主板上市推荐人相比,创业板的保荐人制度加大了保荐人的责任认定,在公司上市以后的一段时期内,投资者仍可获得经过审查的披露信息,客观上得到了充分真实的信息,减小了信息披露带来的风险。同时,保荐人有责任协助公司健全法人治理结构,尽快过渡成为一个规范运作的上市公司,这在一定程度上起到稳定市场、降低投资者投资风险的作用。

(三)做市商制度

做市商制度是指每只股票同时由做市商报出买价和卖价,与投资者成交,而不是主板市场实行的由买卖双方竞价交易的制度。做市商制度的具体作用是:

1. 有利于提高市场运作效率。在竞价模式的证券市场中,由于买卖指令不可能同时、同量地投入市场,某一投资者发出指令必须"等待"一段时间才能成交。这无疑意味着投资者必须面临相当大的风险和时间成本,尤其在信息不充分或市场清淡的情况下,这一问题更严重;但在报价模式下,做市商通过自己的中介性买卖消除了"等待"的问题,投资者可按做市商报价立即进行交易,使市场易于成交,从而提高了市场的运作效率。

2. 有利于创业板市场的稳定。做市商制度本身通过竞争机制加以实现,可减少股票价格大幅波动,通常可将买卖差价的幅度控制在5%之内,从而确保了市场运行的稳定。

3. 有利于提高市场的流动性。由于做市商本身必须维持双向交易,所以在任何时间内只要有做市商存在,就必须时刻为市场提供即时性服务,从而保证交易量的时时存在;同时,做市商制度还便于大宗交易,在双向报价情况下能确保交易在约定时间内迅速完成,且又不影响市场价格的稳定,从而节约了交易时间和由于价格变动引起的额外交易成本,保证了市场有较高的流动性。

4. 有利于股票价格保持连续性。做市商可通过对股票价值的发现来确定稳定的双向报价,使买卖不会随供求关系在短期内随意波动,可有效地使供求关系的不确定性在一段时间内得以明朗并缓解,从而使股票价格的连续性得以保持。

案　例

"不死鸟"*ST 博元投资被强制退市

"开异地上市先河,走前无古人之路",*ST 博元的前身——浙江凤凰股票发行 8 周年时,在公司特别印制的金属股票纪念卡上写着这样一句话。18 年后的今天,这句"前无古人"竟然又有了另一种解读:成为 A 股市场首家因重大违法被强制退市的公司。

*ST 博元原名为浙江省凤凰化工股份有限公司，系经浙江省人民政府和中国人民银行浙江省分行批准，于1988年1月21日在浙江省注册成立。公司股票于1990年12月19日在上海证券交易所上市交易，是中国股市历史上最早上市的“老八股”之一。2001年3月14日，公司更名为上海华源制药股份有限公司。自2001年3月21日起，公司在上海证券交易所使用的股票简称已由浙江凤凰改为华源制药。2008年8月5日，公司名称变更为东莞市方达再生资源产业股份有限公司，经公司申请并经上海证券交易所核准，自2008年8月13日起，公司证券简称由ST源药变更为ST方源。2011年9月14日公告，公司名称变更为珠海市博元投资股份有限公司。经上海证券交易所核准，公司股票简称于2011年9月16日起由ST方源变更为ST博元。

中国证监会对该公司的调查结果表明，*ST 博元2011年4月29日公告的控股股东华信泰已经履行及代付的股改业绩承诺资金38 452.845万元未真实履行到位。为掩盖这一事实，博元投资在2011年至2014年期间，多次伪造银行承兑汇票，虚构用股改业绩承诺资金购买银行承兑汇票、票据置换、贴现、支付预付款等重大交易，并披露财务信息严重虚假的定期报告。其中，2011年年报虚增资产34 705万元（占资产总额69%），虚增负债1 223.84万元；2012年半年报虚增资产35 500万元（占资产总额69%），虚增负债828.91万元，虚增营业收入和利润1 129.9万元（占利润总额326%）；2012年年报虚增资产36 455.83万元（占资产总额62%），虚增负债876.26万元，虚增营业收入和利润1 893.2万元（占利润总额90%）；2013年半年报虚增资产37 800万元（占资产总额59%），虚增负债1 017.29万元，虚增营业收入和利润1 347.25万元（占利润总额544%）；2013年年报虚增资产37 800万元（占资产总额62%），虚增营业收入和利润2 364.54万元（占利润总额258%）；2014年半年报虚增营业收入和利润317.4万元（占利润总额1 327%）。根据上述情况，证监会决定对该公司实行强制退市处理。

我国于2014年实行的退市制度改革，核心在于两项创新，一是增加“主动退市”情形，二是确立“重大违法公司强制退市制度”。在新的退市制度正式实施之后，2015年，首例主动退市案例让曾在上交所上市的*ST二重“摘得”，但重大违法强制退市却一直没有实践案例。

长期以来，A股市场的退市制度主要着重于财务指标，上市公司依靠财务“伎俩”频繁摘帽的“保壳”手法屡见不鲜，其间也常伴生信息披露违规等问题。而新的退市制度正是弥补了以往强制退市条件过窄的不足，将欺诈发行、重大信息披露违法等市场反应强烈、严重侵害投资者利益的行为纳入了退市范围，分别规定了暂停上市、终止上市的标准，进一步完善了退市制度，并具有惩戒违法行为、净化市场环境、塑造理性投资文化等多重意义。因此，此次*ST博元的终止上市，代表了退市改革另一大创新的真正“落地”。可以预见，以*ST博元为始，退市制度迈出的重要一步，必然会对整个市场的生态环境起到深远影响。

此外，我国的股票发行审核制度的改革目标是实行注册制，完善的、可供执行的退市制度亦是注册制实施的“土壤”之一。最新发布的“十三五”规划（纲要）明确提出“创造条件实施股票发行注册制”，而让重大违法公司依法出清，震慑重大违法行为，保持资本市场“出口”的畅通，还市场以本来面貌、重塑资本市场生态环境和投资文化，是作为资本市场“进口”的注册制改革的题中应有之义。

思考题

1. 什么是股票的面额发行、溢价发行和中间价发行？它们之间的区别表现在哪些方面？

2. 股票的承销、包销和代销分别包括哪些内容？试比较不同股票承销方式的特点和利弊。

3. 股票发行的目的和条件是什么？

4. 股票发行价格的确定方法有哪些？

5. 股票发行价格由哪些因素决定？

6. 试概述股票上市的程序。

7. 试说明股票承销中的风险因素及防范途径。

8. 投资银行应从哪些方面拓展股票承销业务？

第四章

一级市场业务：债券

本章学习重点和要求

◆明确债券的基本概念、性质以及分类；

◆了解债券发行制度和程序以及承销程序；

◆熟悉债券的价格决定和影响因素；

◆知晓债券的信用评级；

◆理解我国金融债券和公司债券的发行管理；

◆把握国债一级自营商制度，包括国债一级自营商享有的权利和应尽的义务；

◆了解有纸化和无纸化国债的承销程序和策略；

◆掌握国债承销的价格、风险和收益。

第一节 债券的发行和承销

一、债券的概念

所谓债券是指债务人为筹集资金,依照合法手续向社会发行,承诺按照约定的利率和日期支付利息,并在特定的日期偿还本金的书面债权凭证。

债券的基本特征有:

(1)期限较长。一般来说,债券的偿还期限都在1年以上,有些债券甚至长达几十年,如美国的政府债券有长达30年的。从这个意义上说,期限较短(一般在一年以内)的证券,我们习惯称其为票据。

(2)流动性较强。债券的发行对象是社会公众,或某一特定区域的社会公众,这就决定了债券具有在投资者之间进行相互流通的基础。实践中,伴随着债券的发行,债券的交易市场也相应建立起来并逐步完善,为债券的流通提供了条件。

(3)风险较小。相对股票而言,债券持有人对发行主体破产清算的索偿权排列在股权之前,而一些抵押债券,其到期还本付息的风险则更小。

(4)收益较为稳定。债券在发行时,一般都在发行说明书中载明偿还期限以及到期支付的票面利率,使投资者在购买之前就能预先知道未来的收益情况。虽然近年来在西方出现了所谓的浮动利率债券,即债券的利率可参照某种市场利率经常调整,但发行这种债券时都事先规定了利率波动的下限。我国在1990年代发行的为抵消通货膨胀而设立的保值补贴国债即属这种性质。浮动利率债券的设置主要是通过保证投资者的固定利率的同时,还有获得更高收益的机会,以增强债券的筹资吸引力,满足不同投资者的需求。

二、债券的分类

债券按是否支付利息划分,有零息债券和息票债券;按偿还期限分,有短期债券、中期债券和长期债券;按是否记名可分为记名债券和不记名债券;按有无担保,可分为抵押债券和信用债券;按利息浮动与否,可分为固定利率债券和浮动利率债券;按债券权益的不同,可分为收益公司债券、可转股公司债券和附认股权债券;等等。下面介绍目前市场上比较流行的基本分类方式,即按发行主体划分的分类。

(一)政府债券

这是政府为筹集财政资金,以政府信用为基础向社会发行,承诺到期还本付息的一种债券凭证。政府债券又分为中央政府债券和地方政府债券。中央政府债券也被称为国债。

国债发行的目的多种多样,主要包括:①弥补财政赤字、平衡财政收支;②扩大政府的公共投资;③解决临时性的资金需要;④归还到期债券的本息。

国债是以国家信用为基础发行的,正常情况下,国债的风险较小,收益稳定。因此,国债又具有“金边债券”(Gilded Bond)的称谓。

地方政府债券的发行主体是地方政府,其还本付息的保证来自地方政府的税收。由于流动性限于某一地区,相对国债而言,其风险要高一些,故利率也比同期限的国债高。地方政府发行债券的目的主要是为促进当地的公共设施建设及文教、卫生事业的发展而筹集资金。

（二）金融债券

这是金融机构凭借其信用向公众发行的、承诺到期还本付息的一种债权凭证。发行金融债券的目的主要有：①增强负债的稳定性。金融债券的偿还期限通常较长，有些甚至长达几十年。金融债券这种长期负债比金融机构吸收存款具有更高的稳定性。②扩大资产业务。金融机构可以根据需要，灵活地发行金融债券，改变其根据负债结构和负债规模确定资产结构与规模的传统业务特征。由于金融债券是凭借发行主体的信用发行的，因此，一般只有规模大、资信状况优良、信誉好的金融机构才能获准发行。

（三）公司债券

公司债券是股份有限公司为筹集资金而发行的、约定在一定期限内向债权人还本付息的债权凭证。发行公司债券是在保持原有股东或业主在公司的控制地位前提下，尽可能地运用财务杠杆，优化资本结构，降低融资成本，使公司的财务状况因更多期限较长的资金来源而趋于优化。

值得一提的是，按照国际通行规则，只有股份有限公司才能发行公司债券，因为股份有限公司财务对外公开，公司的经营情况和财务状况的透明度较高，而对于一般公司，则可以根据该公司的具体情况，如一些基础性行业及大中型国有企业因资金紧缺，国家投资资金有限，在经政府有关部门批准后，也可发行债券。为区别于国际上流行的公司债券，我们一般将未实行股份制的国有企业发行的债券称为企业债券。

三、债券发行条件

（一）债券发行市场

债券发行市场由参与债券发行的市场主体、债券工具和发行市场的组织方式构成。市场参与者、发债工具和市场组织方式是构成债券发行市场的三大要素。

1. 债券发行主体。按照债券发行主体在债券发行市场扮演的角色的不同，可以将其划分为发行者、投资者、中介机构和管理者四类。

(1)发行者，即资金的需求者，在债权债务关系中称为债务人，可以是通过发行债券筹集资金的企业、政府和金融机构。

(2)投资者，即债券的认购者，是资金的供应者，在债券债务关系中通常称为债权人，投资者可以是个人、企业、金融机构和政府机构。

(3)债券发行市场上的中介机构主要是指那些为债券发行提供服务的机构。工商企业公开发行的债券以及政府债券，绝大部分都是经由中介机构，如投资银行发行的。中介机构在债券发行时，负责从发行开始到发行完毕的所有手续和为发行后公开信息而制定有关文件。这主要是由以投资银行为主的集体完成的，一般包括承销商、受托人、担保人和律师等。

(4)管理者的一项重要职能就是对债券发行市场进行监督管理，包括资金的募集、债券的发行以及买卖等经营行为，以维护债券市场的正常秩序。

2. 债券工具。债券市场工具也就是债券本身。随着债券市场的不断扩大，筹集手段与技术水平的不断发展，债券市场工具也日趋多样化。

3. 债券发行市场的组织形式。债券发行市场的组织形式就是把市场参与者联系起来，以便把债券销售出去的一种市场组织方式。它包括有形和无形两种方式。

无形市场组织方式主要包括债券发行者自己在街头或其他公共场所直接发行债券的方式,也包括债券发行人同承销人、受托人、财务代理人和担保人联系,谈判达成某种业务协议的方式,还包括承销人在非特定场所销售债券的方式,等等。

有形市场组织方式是指承销商利用专门的设施,如销售柜台或交易所,向投资者销售债券的方式。

有形市场组织形式和无形市场组织形式相互联系和配合,共同促进了债券市场的协调运作。

(二)债券的发行条件

确定发行条件是发行工作的一项重要内容。只有正确确定发行条件,才能保障债券发行的成功。发行条件一般包括发行额、票面利率、发行价格、券面金额、偿还期限等。

1. 发行额。发行额是一次发行债券所筹集的资金总额。这是根据发行者所需资金的数量、发行者的信誉、债券的种类、一级市场的承受能力等因素决定的。从发行者的角度看,在债券总金额相等的条件下,一次发行比分次发行节省时间和费用,但一次发行债券总金额在一些国家受到法定最高限额的限制;并且发行额过高也会造成销售不畅。一般来说,发行者首次发行债券时,发行额可定得低一些,保证发行成功,以后如需要再发行债券时,就可参照首次发行的情况,确定出有把握的发行额。

2. 票面利率。票面利率又称名义利率,是债券票面所载明的利率。这反映的是债券上的固定利息和票面金额的比率,是固定不变的。例如,某种债券票面利率为10%,即表示每认购100元债券,每年可得到10元利息。一般来说,在确定债券票面利率时,既要考虑到发行人的承受能力,又要考虑到对投资者是否有吸引力。影响债券票面利率的主要因素有:

(1)银行同期存款利率水平和期限。银行存款和债券投资是资金运用的两种不同方式,投资者要对这两种方式的收益性和风险性进行比较,选择最佳的投资对象。通常来说,债券的风险略高于银行存款,票面利率也应略高于银行存款利率。同时,期限长的债券由于流动性和安全性稍差,票面利率就应高些,期限短的债券票面利率则低些。

(2)其他债券的利率水平。债券的种类很多,各种债券由于信用等级(Credit Rating)的不同,利率有一定的差别。信用等级高的债券可以相应降低票面利率,信用等级低的债券则要相应提高票面利率。发行者应在考虑自己信用程度的基础上,确定相应的票面利率。

(3)发行者的承受能力。发行者应在正确评估自己的承受能力的基础上确定票面利率。否则,盲目地将票面利率定得过高,暂时可吸引投资者,但结果会给发行者带来沉重的利息负担,甚至不能按期偿还本金,给以后的债券发行工作带来严重的不利影响。

3. 发行价格。发行价格是相对票面金额而言的,习惯上以票面金额的百分比来表示。例如,面额为100元的债券,如果以100元发行,发行价格是100%;如果以98元发行,发行价格则是98%;如果是102元发行,发行价格是102%。以高于票面金额的价格发行,称作溢价发行或超价发行。以票面金额发行,称作等价发行。以低于票面价格发行,称作折价发行或低价发行。

发行价格可以与利率相互配合来调整债券购买者的实际收益率,使之与市场利率保持一致。一般来说,市场利率水平有较大幅度浮动时,可以调整债券的票面利率,也可以微调发行价格与之相适应。

4. 票面金额。票面金额(又称面值或面额)是债券券面所表示的金额。债券票面金额的确定要考虑两个因素。一是认购者的购买能力。用公募方式向社会公众发行债券时,若票面金额定得过高,就会把小额投资者拒之门外。用私募方式向法人投资者发行债券时,则可考虑适当提高票面金额。二是成本测算。如果票面金额定得过低,就会增多债券的数量,不仅增加印刷成本,还会使发行工作复杂化。综合上述两种因素,一次债券发行一般都有多种票面金额。

5. 期限。从债券的发行日起到偿清本息止的这段时间称为债券的期限,债券的期限确定是根据发行人的资金需求的性质、未来市场利率水平的发展趋势、流通市场的发达程度、物价的变动趋势、债券市场上其他债券的期限构成以及投资者的投资偏好这些因素来确定。一般来说,如果企业发行债券是用于长期建设,未来市场利率有上升趋势,流通市场也比较发达,物价呈上升趋势,则可以发行长期债券。

6. 付息方式。债券的付息是指发行者在债券的有效期间内,一次或按一定的时间间隔分别向债券持有人支付利息的方式。发行者在选择债券付息方式时,应把降低筹资成本与增加债券对投资者的吸引力结合起来。债券的付息方式一般分为一次性付息和分期付息两类,而一次性付息方式又可分为随本付清方式或利息预扣方式两种。

四、债券发行制度和程序

(一)债券发行的审核制度

世界各国证券主管机关对债券发行都采取审核制度,审核方式主要有两种:一种是注册制,一种是核准制。

1. 注册制。注册制即所谓的"公开原则",是指发行者在发行债券之前,必须先向主管机关申请登记注册。登记注册书的主要内容有发行日、发行价格、所筹集资金的用途、资产负债表和损益表等各种财务报表,以及董事、主要管理人员的履历、资信等。登记注册书经主管机关审查,如发现有严重失实、遗漏、虚报,则发出终止命令,终止其注册生效;如属一般情节,则通知注册人加以纠正。在未予注册之前,发行者不得发行债券。对政府债券、政府批准的其他债券和私募债券则免于注册。

2. 核准制。核准制即所谓的"实质管理原则",主要是规定若干核准条件,包括发行者的经营性质、管理人员的经营资格与能力;发行者的资产负债结构是否健全合理;发行中介机构所得报酬是否合理;债券的权利、义务;项目有无合理的成功机会;公开的资料是否充分、真实等。主管机关对发行者按核准条件审查许可后,债券才能发行。

注册制与核准制分别以美国联邦证券法和西欧的公司法为代表。这两种制度并不是完全对立的,有时可以互相弥补。事实上,多数国家在债券发行管理上也是综合运用这两种原则,只是重点不同而已。

(二)债券发行的程序

债券的发行必须按照政府有关法律和规则进行。下面以公司债券为例,说明其发行程序。

1. 制定发行方案。发行方案主要包括债券发行金额、资金用途、期限、利率、发行范围、发行方式、公司配有资产、收益分配状况、筹资项目的可行性研究或经济效益预测、还本资金来源等。

2. 董事会决议。公司发行债券需事先经董事会决议通过,且要由 2/3 以上董事出席以及超过半数的出席董事通过方为有效。董事会的决议主要包括公司债券发行日期、票面金额、发行价格、票面利率、发行日、偿还期限和偿还方式等内容。

3. 政府主管部门批准。申请发行债券的公司,应向政府主管部门报送下列文件:①发行公司债券的申请书;②营业执照;③公司董事会决议文件;④准予进行公司固定资产投资的批准文件;⑤发行公司债券的章程或者办法;⑥公司财务报表;⑦政府主管部门要求提供的其他文件。政府主管部门根据上述文件对发行公司债券的申请进行审批。

4. 签订承销协议。发行者和承销商之间签订的承销协议的主要内容是:承销商所承担的责任和义务、承销商的报酬、承销商缴款日期等。

5. 订立承销团协议。承销团协议由参加承销团的所有成员协商签订并予履行。协议内容包括承销团承销债券的数量、承销报酬;承销团各成员分担的份额等。在协议中,各成员还必须承诺,不得自行降低价格出售债券;保证其推销份额的完成等。

6. 签订信托合同。在发行抵押公司债券的情况下,发行公司必须和受托公司签订信托合同。信托合同中主要规定受托人的权利和义务,根据信托合同,受托公司取得抵押权。

7. 制作认购申请书、债券和债权者名册。认购申请书的内容包括:认购金额、认购者住所、签署、盖章等栏目。认购申请书实际上是交易合同,投资者须按所填写金额承担缴款义务。

债券券面上应记载下列内容:公司的名称、地点;债券的票面金额、利率、利息支付方式、发行日期和编号、偿还期限和方式;发行公司的印章和公司法定代表签章和政府主管部门批准发行的文号、日期。

发行记名公司债券时,发行公司应备有债权者名册。债权者名册的作用是在债权转让时便于作相应的更改。

8. 发布发行公告。发行公司要以公告形式公布发行内容。公告内容主要有公司经营管理简况、公司财务状况、发行计划、发行债券目的、债券总金额、发行条件、还本付息方式、募集期限等。

9. 募集资金。在募集资金期间,由申请认购者填写认购申请书,其后在交割日缴纳价款,领取债券。

10. 呈报发行情况。债券发行完成后,董事会应在一定时间内(一般为 15 天内)向政府主管部门呈报发行情况。

五、债券的发售方式

债券发行者根据各自的不同需要采用不同方式发行债券。下面从不同的角度对这些发行方式进行分类比较。

(一)按债券募集对象分类

从债券募集对象的范围看,可以把债券的发行方式分为私募发行和公募发行两类。

1. 私募发行。私募发行是以少数与发行者有密切业务往来的投资者为对象发行债券。私募发行的对象大致有两类,一类是使用发行单位产品的用户或发行单位自己的职工组成的个人投资者;另一类是大的金融机构或是与发行人有密切业务关系的企业组成的机构投资者。采用私募方式发行的债券,一般不允许转让,较长时间持有在投资者手中,债权者比较稳定;因有确定的投资者,一般不必担心发行失败。对私募发行,许多国家法律一般不要求向政府主管部门登记注册,发行者可以节省发行时间、注册费用,且一般都采用直接销售方式,以及承销费较低。但私募方式的发行对象有限,因而发行额一般比较小。

2. 公募发行。公募发行是以广泛的、不是特定的公众投资者为对象发行债券。公募发行的债券可以在公开市场上转让,但发行者一般要有较高的社会信誉。采用公募方式可以扩大投资者的范围,筹资潜力大,但是发行手续较为复杂,发行者必须向证券管理机关办理有关发行的注册手续,在发行说明书中如实披露公司的详细情况,特别是财务方面的情况,以供投资者做出投资决策。如发行者对重要事实做了不正确的说明或有欺诈行为,则必须承担法律责任。公募发行面向众多的投资者,发售工作量大且难度也大,需要获得承销者的协助,否则难以完成发行任务。

(二)按债券发行有无中介人分类

从债券发行活动有无中介人来看,债券发行可分为直接发行和间接发行两类。

1. 直接发行。这是发行者自己办理有关发行的一切手续,并直接向投资者发行债券的方式。一般来说,私募债券和金融债券多采用这一方式。这类发行不需要中介人的介入,可以节省委托发行的手续费,其不利之处是,在业务处理上费时又费力,如不能自行募足资金,就会导致发行失败。

2. 间接发行。这是发行者通过发行市场的中介人,即承销商,办理债券的发行手续和销售事务。和股票承销的方式一样,承销商承销债券的方式也有代销方式、余额包销方式和全额包销方式三种。

六、债券价格的决定

债券是发行人承诺在一定时期后按面值偿还本金并按约定的利率向债权人支付利息的定约债券。债券的价格受多种因素的影响,但主要是由三个主要变量决定:债券的期值,即从现在开始至债券到期时的价值——可根据票面金额、票面利率和期限计算;债券的待偿期——从债券发行日或交易日至债券到期日;市场收益率或称市场利率。据此就可以计算债券的理论价格。在二级市场上,债券价格一般是围绕着理论价格上下波动的。任何金融工具的价格都是其预期收入的现金流量的现值,即为将来实现某一具体的未来价值今天必须投资的货币额。债券的价格也不例外,现值的实现就是贴现,所实现的现值就叫贴现值,其对应的利率就是贴现率。

根据债券的票面额、票面利率和期限我们就可以推算出其期值。相反,只要给定相应的条件,我们也可以计算债券的现值。

复利债券的期值计算公式:

$$FV = V \cdot (1 + r)^n$$

单利债券的期值计算公式为:

$$FV = V \cdot (1 + rn)$$

式中:FV 为债券的期值;

V 为债券票面金额;

r 为债券票面利率(年率);

n 为债券期限(年限)。

为简单起见,假定以上两种债券均为一次还本付息。对分次付息息票债券,只要对上述等式稍做变化可得出相应的公式。

在计算债券现值时,需要引入另一个条件,即市场利率。市场利率或市场收益率是指绝大多数投资者能够接受的市场平均投资收益率。在通常情况下,投资者在选购一种债券时,总是将这种债券提供的收益与其他同类债券加以比较,并要求这种债券的收益至少不要低于其他同类债券。如果这种债券的票面利率低于其他同类债券,其需求就会减少,使其价格下降,投资者的实际收益率相应上升,结果与市场上大多数其他同类债券持平;如果这种债券的票面利率高于大多数其他同类债券,其需求就会增加并促使价格上升,实际收益率就会下降,最终也将与市场上大多数债券持平。市场上绝大多数人能接受的实际收益率水平就是市场利率。债券价格就是在供求关系的作用下使某一具体债券的实际收益率不断趋近市场收益率的过程中形成的。

复利债券的现值计算公式:

$$PV = \frac{V \cdot (1 + r)^n}{(1 + i)^n}$$

单利债券的现值计算公式:

$$PV = \frac{V \cdot (1 + rn)}{1 + in}$$

式中:PV 为债券现值;

V 为债券票面金额;

r 为债券票面利率(年率);

i 为市场利率。

七、债券的信用评级

(一)债券信用评级的意义

债券的信用评级是指按一定的指标体系对准备发行债券的公司还本付息的可靠程度做出公正客观的评定。公司履行债券还本付息的可靠性是通过债券的信用等级指标来表示的。债券评级的目的是将评定的债券信用等级公之于众,以保护投资者的利益。债券信用评级的对象很广泛,除了中央政府债券外,凡需要公开发行的其他债券,如地方政府债券、公司债券、可转股债券[1]、大面额可转换存单、商业票据、国际债券等都要进行信用评级。

债券信用评级对发行人、投资者以及管理机构有着重要的作用。

虽然有关法规规定了发行人要公开发布与债券发行有关的财务信息及有关情况,但由于市场上证券品种多,公开的信息专业性强,所以除了专业性的证券商或证券分析师,一般的大众投资者往往无暇仔细查阅,也缺乏专业知识去分析这些公开的资料。证券评级机构使用简单易懂的符号,向投资者提供有关债券风险性的实质情况。有了信用评级机构对债券信用情况做出的评定,投资者即使不去查阅那些繁琐的证券发行说明书,只要参考和比较各种证券的信用等级及其变化情况,就能够根据自己的意愿来选择投资对象。可以说,证券评级是对信息公开制度的一种补充,其作用是为大众投资者正确选择证券服务,为保护投资者的利益服务。

对发行者来说,信用等级对成功发行具有特别重要的意义。如果以公募方式发行债券,该债券至少需要由一家公认的信用评级机构评定其信用等级。信用等级高的债券不仅可以得到低利率发行的优惠,从而降低筹资成本,还可以在较短的时间内发行数额较大或期限较长的债券,使发行工作顺利进行。高级别的债券在流通市场上的交易价格也高,因为人们普遍偏好级别高的债券以降低风险,所以其市场价格也高。没有公布信用等级或信用等级低

[1] 可转股债券是公司发行的可以按规定的时间和价格转换成为本公司股票的债券,又称可转换债券。

的债券，由于其风险大，不易被公众接受，不得不以较高的利率或较低的价格发行，很难公开发行并获得成功。

债券的信用评级对证券管理机构也有一定参考价值。随着证券市场的迅速发展，申请发行和上市交易的债券种类和数量也不断增加。证券管理机构和证券交易所为了加强对债券的管理，也需要一种比较客观公正的指标作为批准和管理的依据。由权威的信用评级机构公布的债券信用等级就是较为理想的参考指标。

（二）信用评级机构

目前国际上公认的最具有权威的信用评级机构主要有美国的标准普尔公司（S&P）、穆迪投资服务公司（Moody's）和欧洲的惠誉国际信用评级公司（Fitch Ratings）。其他有英国的国际银行业和信贷分析公司（IBCA）、日本的日本债券研究所（JBRI）、日本投资家服务公司（NIS）、日本评级研究所（JBC）、加拿大债券评级公司（CBRS）、多米宁债券评级公司（DBRS）等。近年来，中国的大公国际资信评估有限公司在国际上的影响也在不断增加。

这些信用评级机构大都是独立的私人企业，不受政府控制，也独立于证券交易所、证券业之外。评级机构必须对自己的信誉负责，如果评出的级别不准确、不公正，不能被大众接受，那么评级机构的声誉将受到打击，不仅无法盈利，甚至无法继续生存。

评级机构的信用评定工作是建立在详尽地占有资料并进行深入细致的分析，保持独立的决策程序并严守被评定者机密的基础上的。他们根据债券发行人报来的资料和自己的调查，对债券发行人的经营状况、财力、借款用途、期限、使用方法、借款方式、偿还方式、偿还能力以及过去清偿欠款的记录等进行分析评定，最后才在可比的基础上对债券发行人的偿还能力做出比较客观的判断。正因为这些信用评级机构采取了比较科学的分析技术，又有丰富的实践经验，做出的资信评级较有权威性，所以能得到投资者的信任并为债券发行人所接受。

信用评级机构对投资者负有道义上的义务，但并不承担任何法律上的责任，它们做出的资信评级只是一种客观公正的评价，以帮助投资者在对比分析的基础上做出投资决策，而不具有向投资者推荐这些债券的含义。对债券发行人来说，如果对信用评定结果不满意，可以要求重新评定（以一次为限）或不予公开发表，评级机构对发行人提供的资料负有绝对保密的责任。

（三）信用评级的依据和债券信用级别

1. 信用评级的依据。以标准普尔为典型代表，其信用级别划分的主要依据是：

（1）违约的可能性——债务人根据负债条件按期还本付息的能力及愿望。

（2）债务条款的性质。

（3）根据破产法及其他涉及债权人权利的法律破产、改组或进行其他安排时，如何保护债权人以及届时债权人所处的相对地位。

2. 标准普尔公司的资信等级标准。具体如下。

（1）AAA级：此级是债券评级中的最高等级，具有这种等级的债券被称为金边债券，即优等债券。此级债券投资风险最低，本息的偿付保证很强。

（2）AA级：此级债券也是高级债券，债券发行人的还本付息能力很强，它与最高级债券仅有细微的差别。不过由于风险增大，哪怕很小的一点，投资者也会要求获取较高的一些收益。因此，AA级债券利率比AAA级的利率略有提高。这一利率差额可视作级别相对低的债券为其所含的违约风险向购买人提供的补偿。

（3）A级：A级债券被称为中上等级债券，债券发行者在财力上较强，但与更高等级的债券比较,欠稳定,易受经济条件变动等不利因素影响。

(4)BBB级:此级债券被称作中级债券,在正常情况下有足够的支付能力,但如果遇到不利的经济环境,其偿债能力就可能大大削弱。

(5)BB级,B级,CCC级,CC级:就公司财务上的偿债能力而言,这些等级的债券均被认为是具有投机性的债券,属于中下等级。其中BB级投机程度最低,CC级表示投机程度最高。这些债券尽管伴随一些保护措施,但面临着大量的不确定性和风险。

(6)C级:此级表示不支付利息的债券。

(7)D级:这一等级的债券是不履行债务,即为拒绝还本付息的倒闭债券。它代表拖欠或违约,往往拖欠利息的支付,甚至拖欠到期本金或干脆不偿还。

标准普尔公司还在"AA"级到"B"级后面加上" + "或" - ",表示略高于或略低于该级别,从而形成很多小级别。

第二节 国债的发行和承销

一、我国国债发行的概况

我国首次国债发行始于1949年年底,当时称为人民胜利折实公债,至1958年,总共发行了6次。1958年,国债发行中止,直到1981年才恢复发行国债,其间足足中断了23年。1998年以来,因实施积极的财政政策,国债发行规模迅速增加;虽然自2005年开始财政政策重归稳健,但国债发行量仍然保持相当的规模。中国人民银行的统计资料显示,1981—2008年,我国累计发行国债约9.39万亿元。至2008年年底,我国国债存量为5.49万亿元,在所有债券存量中占比高达34.87%,位居第一。目前,我国国债包括记账式国债、凭证式国债和储蓄国债三类。2008年年底的国债存量中,记账式国债47 891亿元,凭证式国债6 116亿元,储蓄国债862亿元。其中,储蓄国债是财政部于2006年7月1日推出的新品种。

所谓储蓄国债,是指财政部在中华人民共和国境内发行,通过试点商业银行面向个人投资者销售的、以电子方式记录债权的不可流通的人民币债券。储蓄国债发行对象为个人投资者,企事业单位、行政机关和社会团体等机构投资者不得购买。储蓄国债以电子方式记录债权,通过投资者在试点商业银行开设的人民币结算账户进行资金清算。储蓄国债不可流通转让,但可以办理提前兑取、质押贷款、非交易过户等。储蓄国债个人债权托管账户实行实名制,具体办法比照《个人存款账户实名制规定》(中华人民共和国国务院令第285号)执行。截至2008年年末,储蓄国债共发行6期,发行量共计1 021.35亿元。目前,我国国债发行的市场化程度已经非常高,投资者结构合理,国债的利率期限结构曲线较为完整,并且具有市场基准的地位。

二、国债承销团成员资格审批

我国对国债承销团成员资格做了如下规定:

(1)在中国境内依法成立的金融机构;

(2)依法开展经营活动,近3年内在经营活动中没有重大违法记录,信誉良好;

(3)财务稳健,资本充足率、偿付能力或者净资本状况等指标达到监管标准,具有较强的风险控制能力;

(4)具有负责国债业务的专职部门和健全的国债投资和风险管理制度;

(5)信息化管理程度较高;

(6)有能力且自愿履行本办法第六章规定的各项义务。

此外,申请凭证式国债承销团成员资格的申请人还应当具备下列条件:

(1)注册资本不低于人民币 3 亿元或者总资产在人民币 100 亿元以上的存款类金融机构;

(2)营业网点在 40 个以上。

申请记账式国债承销团乙类成员资格的申请人应当具备此条件:注册资本不低于人民币 3 亿元或者总资产在人民币 100 亿元以上的存款类金融机构;或者注册资本不低于人民币 8 亿元的非存款类金融机构,上一年度记账式国债业务综合排名还应当位于前 25 名以内。

三、国债承销团成员权利

国债承销团成员具有以下权利:

(1)与财政部商定国债承销主协议的条款内容;

(2)对国债发行方式和管理办法提出意见和建议;

(3)参加国债发行活动,向财政部直接承销国债;

(4)按照国债发行文件规定,获取国债手续费收入;

(5)通过规定渠道及时获取国债发行信息;

(6)参加国债改革试点工作;

(7)优先参加国债业务考察和培训。

凭证式国债承销团成员还享有下列权利:①参加凭证式国债筹资分析会;②优先取得记账式国债承销团成员资格。

记账式国债承销团乙类成员享有下列权利:参加记账式国债发行和竞争性定价过程。记账式国债承销团甲类成员享有下列权利:①参加记账式国债季度筹资分析会;②在本机构当期国债中标额的规定比例以内进行追加认购。

四、国债承销团成员义务

国债承销团成员具有以下义务:

(1)连续参加国债发行活动,按时足额向财政部缴纳国债发行款;

(2)做好国债宣传和分销工作,维护国债信誉;

(3)定期报送国债发行和销售情况;

(4)做好国债兑付工作,保证投资者按时足额收到国债还本和付息资金;

(5)遵守国家法律法规和行业自律规范,接受国债业务监管部门的监督检查,及时报告本机构出现的重大违法行为或者财务状况恶化等情况。

凭证式国债承销团成员还应当履行下列义务:

(1)在财政部、人民银行规定的最低承销比例以上承销各期凭证式国债。各机构具体承销比例由财政部、人民银行根据凭证式国债承销团成员自愿申报情况,以及机构类别、储蓄存款余额及其增长、营业网点数量等情况研究确定。最低承销比例一经确定,原则上3年不变,特殊情况下可以在报经财政部、人民银行批准后进行调整。

(2)进行国债发行促销宣传,公示国债销售网点地址及联系电话,在销售网点设置销售国债的明显标识并配备宣传材料及现场咨询人员。

(3)建立法人统一管理的债权托管系统和统一互联的国债销售网络,实现全行或分行内的国债通买通兑和销售额度自动调剂。

(4)建立国债销售业绩内部考核奖惩制度。

记账式国债承销团乙类成员应当履行下列义务:

(1)开通与记账式国债招投标系统相连的专用通信线路;

(2)连续参加记账式国债招投标活动,在合理的价格区间内进行理性投标,维护国债发行活动的正常秩序;

(3)国债承销团成员之间不得进行国债代投标,自营国债债权应当注册在自营账户,代理国债债权应当注册在客户账户;

(4)在国债承销主协议规定的比例范围内,参加每期国债的投标和承销;

(5)积极参与国债交易,维持国债市场正常秩序。

记账式国债承销团甲类成员应当按季度报送国债市场运行分析报告,并就改进国债发行和促进国债市场发展提出建议。

五、我国国债的发行方式

我国于1981年恢复了自1958年以来停止了长达23年的国债发行。此后,我国曾采取了四种不同的发行方式:一是1981年开始实行的行政分配方式;二是1991年开始实行的承购包销方式;三是1994年开始实行的柜台销售方式;四是1996年以来实行的招标发行方式。

招标方式发行国债可以有不同的类型。按照中标价格的确定方式,可以分为多种价格招标和单一价格招标;按照招标的标的物来分,可以分为价格招标、收益率招标或还款期招标;按照招标阶段性来分,可以分为多次投标的复式招标和一次投标的单式招标;按照招标发行额来分,招标方式可以分为全额招标和差额招标两类。就我国目前的情况,主要采用以下两种方式:

(一)“基数承购,区间投标,差额招标,余额分销”方式

采取“基数承购,区间投标,差额招标,余额分销”的方式主要有以下几个原因:一是因为在开始实行招标方式发行国债时,参与投标国债的一级自营商缺少足够的动力将具有差别条件的基数分配给一级自营商。二是我国国债市场相对不够发达,基数债券少,投标人对于市场的看法差别较大,设定区间有利于将中标价格控制在合理的范围内。同时,设定区间可以防止由于投标人联手操纵市场而导致招标的失败。

(二)“自由投标,变动价位,二次加权,全额招标,余额招标”方式

经过一定时期的试验,证明“基数承购,区间投标,差额招标,余额分销”方式是成功的,主要表现为这种方式有效增加了对于新发行国债的需求。不足之处是,由于竞争过于激烈,常常使中标价确定在价格的上限或收益率的下限,使招标决定出来的收益率低于市场收益率,影响了承销人和投资人的积极性。为此,我国又开始采取“自由投标,变动价位,二次加权,全额招标,余额招标”的改进方式。这种方式有以下几个特点和优点:

1. 取消基数。由于基数承购对义务人的意义已经不复存在,因而原来的基数部分改为非竞争性招标的部分,使一级自营商获得了取得这一份额的权利。

2. 不确定区间。投标人可以自由投标,有利于完全通过供求确定中标价格,市场化的程度更强。

3. 采取变动价位。这种方式可以在自由投标的前提下,保证投标范围既可以确定在合理的范围内,又不至于过宽。变动价位的特点是在价格招标时向上的价位差大,而向下的价位差小。这样,投标人不愿意向上投得太远,而向下投标即使投很多价位也不会走得很远,就保证了投标范围适中。

4. 二次加权。所谓二次加权就是在投标过程中,第一次确定出加权平均收益率后确定一个区间,比如加权平均收益率上下 50 个基点,超过这个范围的收益率的投标在第二次计算加权平均收益率时将自动取消,不进入加权平均收益率的计算,这就排除了偶然性的投标。1996 年的 7 年期和 1997 年的 2 年期零息国债都采取这种方式,招标结果和市场完全衔接,表现在上市后价格平稳,实践证明是完全成功的。

六、国债承销程序和决策

(一)国债承销的程序

我国的国债有两个承销和交易系统,一个是在银行间债券市场,由具备全国银行间债券市场国债承购包销团资格的商业银行、证券公司、保险公司、信托投资公司等机构办理承销和交易,另一个是通过证券交易所的交易系统,由具备交易所承购包销团资格的证券公司、保险公司、信托投资公司以及其他投资者承销和交易。

自 1993 年实行国债一级自营商制度以来,国债承销即以一级自营商为主。其程序为:先由财政部同国债一级自营商或与一级自营商组织的承购包销团签订承购包销协议,承销一定数额的国债。承购包销团或一级自营商在规定的期限内将款项转入财政部国债司的账户,并到国债司或国债司在各省市设立的托管库领取实物券或办理托管凭证,国债司再将手续费划到一级自营商的账户上。

如果一级自营商是证券公司、信托投资公司和财政证券公司[1],则可利用自己的关系同其他金融机构和企事业单位签订分销和代销协议,采取让出部分手续费销出部分国债的做法。一般来说分销部分全部由分销单位承销,代销部分中未销出去部分可返还给一级自营商,分销商和代销商将承销所得款项在规定的期限内划到一级自营商指定的账户上;或者利用自己的营业网点、柜台、销售渠道直接销售,销售过程中采取“钱券两讫”的原则,直接将国债销给企事业单位和广大的社会公众。

如果是在证券交易所系统发行和承销国债,则先由财政部同证券交易所签订承销协议或部分国债承销商与证券交易所签订承销协议,然后在证券交易所挂牌销售,由投资者在各证券营业部购买,其操作程序与股票大致相同。以上海证券交易所为例说明其具体过程:

首先,取得该项国债承购包销资格的承销商向上海证券交易所申请取得交易席位,或者委托上海证券交易所的会员参与发行交易;在分销期内,承销商在该所分别挂牌卖出债券;挂牌买卖时,成交一栏实时显示该承销商的销售数量。对于投资者来说,如果已经在上海证券交易所开立账户,则可利用现有的“股票账户”来办理认购国债手续,以减少开户数量;如

[1] 目前,财政系统的证券公司都已脱离财政系统,故财政证券公司不复存在。

果没有开立账户,则可以向其会员公司申请开立账户。投资者在申报买入债券时,可免交佣金,交易所也不向证券机构收取购买国债的手续费。买入以后,客户认购的国债数量自动过入客户的账户内,由此完成债券的认购登记手续。当日闭市后,客户的认购款被划入承销商在上海证券交易所内账户或指定的银行账户,并且在规定的日期内,将款项并入上海证券交易所在中国人民银行上海市分行的专户。发行结束后,上海证券交易所提交财政部、中国人民银行“认购清册”,以供核查。财政部在发行结束后7日内,根据上海证券交易所提供的“认购清册”,如果认为其符合承销合同的一切规定,即发出承销确认的登记指令,并在承销确定指令发出后的3日内,将相应数额的承销手续费一次性汇入上海证券交易所账户,由上海证券交易所分付给承销商。

(二)国债承销的决策

承销商在确定其国债承销决策时,需要考虑其所承担的风险和收益问题,一般来说,需要考虑以下几个因素。

1. 市场状况。如果国债发行市场和流通市场状况良好,国债的分销活动就比较容易,承销商就比较倾向于承销较多国债。

2. 国债本身的发行条件。如果国债本身的发行条件良好,利率水平合适,承销机构便会多承销。

3. 承销商自身的资金实力。如果承销商自身资金实力雄厚,即使承销的国债未能完全售出,剩余国债所引起的资金占压只会占其营运资金的一小部分,不会引起承销商自身的资金周转困难。因此,多承销一部分国债虽然可能风险大但其潜在的收益可能也较大的前景会使资金雄厚的大承销商有较强的承销意愿。

第三节　国债承销的价格、风险和收益

一、国债承销的价格

国债承销商在承购包销国债时,必须确定适当的价格。如果价格过高,国债的分销就会有困难;如果价格过低,就有可能无法中标。承销商在确定其承销价格时,要考虑以下几个因素:

(1)银行利率水平。银行作为金融企业,其利率水平对于同期国债利率水平起着导示作用。在我国,由于银行存款的安全性较好,流动性更是超过国债,因此,国债利率一般都要略高于同期银行存款利率。

(2)二级市场上可比债券的收益率水平。二级市场上债券的收益率对于一级市场上国债发行价格的确立有重要影响。如果一级市场国债定价过高,即收益率过低,投资者就会倾向于在二级市场上购买已流通的国债,而不是直接购买新发行的国债,从而阻碍国债分销工作顺利进行;反之,如果一级市场国债定价过低,即收益率过高,国债分销没有问题,但承销商却丧失了更多的盈利机会。

(3)国债承销手续费收入。在国债承销中,承销商可获得其承销金额一定比例的手续费收入。此手续费,对于记账式国债来说,一般为0.3%;对于实物券式和凭证式国债来说,一般为0.65%。承销商可以在这一费率范围内确定较高的承销价格,这样,虽然从其承销收入占承销金额的百分比来看是减少了,但却增大了承销商中标的潜力和份额。反之,若确定较低的承销价格,虽然可使承销商的收益率提高,但若不能中标,或中标数量很少,则反而不利。

(4)国债分销过程中的成本。在国债的分销过程中,承销商需要支付大量的人力和物力,因而构成了其分销成本。国债承销价格必须可以弥补这部分成本,否则,承销商将无利可图。

二、国债承销的风险

在国债承购包销中,承销商有可能要承担一定的承销失败的风险,即承销风险。国债风险与国债本身发行条件、国债市场因素以及宏观经济因素相关。

(一)国债本身的条件

这主要指债券的利率水平、期限结构、还本付息情况、发行价格、发行数量、票面金额、税收效应等,这些发行条件直接决定了债券对投资者的吸引力大小,影响着投资者的投资策略。如果发行条件比较优越,债券吸引力高,潜在的投资者就多,债券的发行就容易,其承销风险也就小。

(二)国债发行市场状况

1. 发行市场的资金供应状况。在货币供应比较宽松的条件下,社会游资比较充足,这时承销风险较低;另外,在投资者手头有较多多余资金时,如企业分红、年底分配时,人们也有可能把部分结余资金用于投资证券,承销风险也较低。

2. 发行市场上证券的供应状况。从总量上看,如果各种债券总量过于膨胀,市场上发行量较大,公众的投资选择度增大,债券的发行风险也较大。但若发行者提供了一种与众不同的债券,该债券在期限和利率结构上,在投资者的权利约定上均优于其他债券,也有可能增大该债券的吸引力,减少承销风险。

3. 发行市场的平均利率水平。对于承销商来说,应考虑发行市场上各种债券的平均利率水平,做出适当的决策。否则,会导致较大的承销风险。

4. 投资者的投资偏好。这主要是指公众在有剩余资金的情况下,是偏好于银行存款,还是股票与债券。投资者是否对债券或者是某一特定种类的债券具有偏好,也直接影响其承销的风险程度。

(三)国债二级市场状况

二级市场对国债发行的影响主要是通过债券的收益与债券的变现能力实现的。

1. 债券的收益。债券的收益一般包括买卖债券的差价收益,即资本增值和利息收益。前者与二级市场行情紧密联系,如果二级市场不景气,则债券的差价收益较小甚至为负,就会影响投资者的投资收益,并影响其认购的积极性;相反,如果二级市场过于繁荣,在流通市场上买入债券的收益率要高于新发行债券的收益率,人们就会热衷于已发行债券的交易,而冷淡新发行债券,这就加大了承销的风险。

2. 债券的变现能力。债券的变现能力指债券可以不受损失或只以较少的成本便能转化为货币的能力。如果债券流动性高,变现能力强,便有助于债券的发行,减少承销风险。

(四)宏观经济因素

国债的发行风险与宏观经济因素也密切相关。这里所说的宏观经济因素包括社会经济环境的稳定性、物价状况、利率状况等。

1. 社会经济环境的稳定性。一般来说,在经济环境比较稳定的条件下,企业生产经营状况良好,发展前景也会较乐观;同时,人们对于经济发展也将有比较乐观的态度,对债券的需求量也会上升,有利于债券的发行。

2. 物价状况。在物价比较平稳时,人们的剩余资金偏向于投资,以求保值的同时获得增值,这时发行债券时机较好;如果物价上升猛烈,人们便会倾向于实物保值,从而抑制对债券的需求。

3. 利率状况。一般来说,利率状况反映了一国货币供应状况的松紧度。利率较高时,货币供应较紧,发行市场上社会游资较少,支持不了庞大的债券供应量,使发行处于困境;同时,当利率较高时,在利率将下降的预期下,人们倾向于投资于长期债券,使一些短期债券的发行面临困难。

三、国债承销的收益

在国债承购包销的过程中,国债承销的收益来源主要有两种:一是国债承销的手续费收入,一般按照承销金额的一定百分比计算;二是在国债分销过程中,其分销价格和承销价格之间的差价。由此形成四种情况:

(1)国债分销价格高于承销价格。由于国债承销手续费是承销商的有保证的可靠收入,因此,承销收益为正,包括手续费收入和差价收入。

(2)国债分销价格等于承销价格。这时承销商收益为正,但仅为其手续费收入。

(3)国债分销价格低于其承销价格,但其差价不足以全部抵消手续费收入。此时承销商收益仍为正,即手续费收入减去差价损失。

(4)国债分销价格低于其承销价格,并且价格差额大于全部手续费收入。这时承销商收益为负,即手续费收入不足以弥补价格损失。

专栏4-1　　所罗门兄弟公司国债违规投标事件

成立于1910年的所罗门兄弟公司,在其后的半个多世纪中,长期专注并主要以债券的承销和交易为主。公司的资产和业务规模庞大,资产规模居全美第二,仅次于花旗集团;其债券发行、承销和交易等业务规模,执华尔街之牛耳。

当时,所罗门兄弟公司是美国财政部发行国债的主要承销商之一。按照规定,只有主要承销商才有资格向政府直接购买国债,其他机构都必须通过主要承销商代投。主要承销商因为拥有发行、承销渠道和庞大的市场占有率而具有相当大的市场影响力。美国财政部当时还规定,单个的主要承销商每次以自己公司的名义最多只能买进当期发行量的50%。

当时的各大主要承销商为了扩大分销价格与承销价格的价差,总是通过相对垄断的优势地位,在中标买下大量公债后"捂住"一段足够长的时间,利用"锁仓"的策略大大减少市场上公债的流动性,从而导致市场上现券出现短缺,并"轧空"市场上赌公债价格将下跌的"做空者"。这也导致市场上怨声载道。美国财政部为了削弱承销商的垄断地位,将单家承销商的国债买入上限从当期发行量的50%下调到35%,这也相当于变相断掉了包括所罗门兄弟公司在内的主要承销商的财路。

而所罗门兄弟公司的交易员保尔·莫泽想到了一个策略,虽然财政部规定单个承销商只能购买当期公债发行量的35%,但是并没有限制所罗门公司客户的购买量,而且在债券投标和成交的10天以内,所罗门公司可以合法地买进在投标中代表客户购买的所有债券。所以所罗门兄弟公司在20世纪90年代初的多期国债标售中,一方面不仅将自己的投标总量顶格在35%,还伪造了一份客户名单,以客户的名义投标,再将标得的国债归入所罗门本身的账户。所罗门兄弟公司通过这样的手段操作了多期国债的发行,最高的时候所罗门可以控制到某一期国债总发行量的90%以上。

然而,这种操作手法不可能永远不被其他公司察觉到。1991年5月,所罗门兄弟公司被人指控通过提交虚假客户报价,在美国财政部债券拍卖中进行逼仓。这一事件不仅使当时所罗门兄弟公司的总裁约翰·古特弗伦特直接辞职,交易员莫泽入狱,所罗门兄弟公司对政府和私人起诉者支付了总计20亿美元的赔偿金,而且对长期雄踞美国债券市场翘楚的所罗门兄弟公司造成了致命打击,令这一华尔街畏惧和景仰的金融帝国几近崩溃,直至几年后被兼并。

第四节　金融债券、公司债券和企业债券的发行和承销

一、金融债券的发行

(一)发行人

金融债券是由各商业银行、政策性银行以及其他金融机构发行的债券。发行金融债券所筹集的资金用于发放特种贷款和政策性贷款。前者用于解决部分企业自由流动资金的不足和国家计划内的、经济效益好的项目建成后所急需的流动资金,后者用于重点建设和政策性贷款。

(二)发行审核

申请发行金融债券的各银行与非银行金融机构要按照规定的要求和程序向中国人民银行总行报送本单位发行金融债券的计划和发行金融债券、发放特种贷款的具体办法,其主要内容包括:

1. 金融债券的发行额度;
2. 金融债券的面额;
3. 金融债券的发行条件;
4. 金融债券的转让、抵押等规定;
5. 金融债券的发行时间与发售方式;
6. 特种贷款的投向;
7. 特种贷款的期限、利息;
8. 银行审批发行特种贷款的有关规定。

(三)发行条件

按照我国的有关法规,商业银行发行金融债券应具备以下条件:①具有良好的公司治理机制;②核心资本充足率不低于4%;③最近三年连续盈利;④贷款损失准备计提充足;⑤风险监管指标符合监管机构的有关规定;⑥最近三年没有重大违法、违规行为。

企业集团财务公司发行金融债券应具备以下条件：①具有良好的公司治理机制；②资本充足率不低于10%；③风险监管指标符合监管机构的有关规定；④最近三年没有重大违法、违规行为。

政策性银行发行金融债券，应按年向中国人民银行报送金融债券发行申请，经中国人民银行核准后方可发行。政策性银行金融债券发行申请应包括发行数量、期限安排、发行方式等内容，如需调整，应及时报中国人民银行核准。

（四）发行和承销的方式

金融债券的承销方式主要有包销、分销和代销三种。由于金融债券的发债主体是金融机构，其业务网络广泛，因此完全可以由金融机构自己发行，自己承销金融债券。这时，发行主体与承销主体为同一主体。金融债券的发行程序一般如下：

1. 银行或金融机构在决定拟发行的规模之后，首先应发布发行债券的通告，在其中详细说明发行的目的、发行数额和发行办法、债券期限和利率、认购对象、认购和缴款的地址等事项。

2. 发行金融债券的银行或金融机构同其分支机构或其他单位签订金融债券的分销或代销协议，分担一定数量的金融债券的发行任务。

3. 发行金融债券的银行或金融机构同其分支机构或其相关单位利用其业务关系和推销技术，将金融债券销售给企事业单位和社会公众。

4. 在规定的期限内，各分销和代销机构将款项划到发债主体的账户，发债主体再将手续费划到各承销单位的账户。

二、公司债券的发行

（一）发行人

1993年8月国务院颁布《公司债券管理条例》，其中规定债券的发行主体是一切具有法人资格的企业。

1994年7月颁布的《公司法》中规定："股份有限公司、国有独资公司和两个以上的国有企业或者其他两个以上的国有投资主体投资设立的有限责任公司"，可以发行公司债券。

（二）发行资格

2007年5月30日，证监会发布《公司债券发行试点办法》，其中规定发行公司债券，必须符合下列条件：

1. 公司的生产经营符合法律、行政法规和公司章程的规定，符合国家产业政策。

2. 公司内部控制制度健全，内部控制制度的完整性、合理性、有效性不存在重大缺陷。

3. 经资信评级机构评级，债券信用级别良好。

4. 公司最近一期末经审计的净资产额应符合法律、行政法规和中国证监会的有关规定。

5. 最近3个会计年度实现的年均可分配利润不少于公司债券1年的利息。

6. 本次发行后累计公司债券余额不超过最近一期末净资产额的40%；金融类公司的累计公司债券余额按金融企业的有关规定计算。

7. 发行公司债券，应当由保荐人保荐，并向中国证监会申报。保荐人应当按照中国证监会的有关规定编制和报送募集说明书和发行申请文件。

发行公司债券筹集的资金，必须用于审批机关批准的用途，不得用于弥补亏损和非生产性支出，不得用于股票、房地产和期货买卖等与本企业生产经营无关的风险性投资。若用于固定资产投资，还须经有关部门批准。

凡有下列情形之一的,不得再次发行公司债券:

(1)最近36个月内公司财务会计文件存在虚假记载,或公司存在其他重大违法行为;

(2)本次发行申请文件存在虚假记载、误导性陈述或者重大遗漏;

(3)对已发行的公司债券或者其他债务有违约或者迟延支付本息的事实,仍处于继续状态;

(4)公司最近一期末经审计的净资产额应符合法律、行政法规和中国证监会的有关规定;

(5)严重损害投资者合法权益和社会公共利益的其他情形。

(三)发行审核

《公司法》规定,“公司债券的发行规模由国务院确定。国务院证券管理部门审批公司债券的发行,不得超过国务院确定的规模。”

按照《公司债券发行试点办法》的规定,中国证监会依照下列程序审核发行公司债券的申请:

1. 收到申请文件后,5个工作日内决定是否受理;

2. 中国证监会受理后,对申请文件进行初审;

3. 发行审核委员会按照《中国证券监督管理委员会发行审核委员会办法》规定的特别程序审核申请文件;

4. 中国证监会做出核准或者不予核准的决定。

三、企业债券的发行和承销

(一)配额审核和发行审核

企业发行企业债券必须受到国家计划发行规模的限制,因此,企业发行企业债券时,要经过配额审核与发行审核这样的双重审核。

1. 配额审核程序。

(1)发行人在发行债券前,须向其行业主管部门提出申请,只有在行业主管部门正式批准并且推荐的条件下,才能申请发行债券;

(2)该企业主管部门向省、自治区、直辖市或计划单列城市人民银行分行、计划委员会❶申报发行配额;

(3)省、自治区、直辖市或计划单列城市人民银行分行、计划委员会共同编制当地企业的年度债券发行计划,并报中国人民银行总行和国家计划委员会审核;

(4)中国人民银行总行、国家计划委员会综合各地申报的发行计划,共同编制当地企业的年度债券发行计划,并报国务院办公会议批准;

(5)全国企业债券年度发行计划被批准后,由中国人民银行总行、国家计划委员会联合将发行配额分给省、自治区、直辖市或计划单列城市;

(6)省、自治区、直辖市或计划单列城市的人民银行分行与计划委员会共同将发行配额分给企业或企业主管部门,企业获得发行配额,需得到省、自治区、直辖市或计划单列城市人民银行分行发放的“发行企业债券申请表”;

(7)发行债券所筹集的资金如果用于固定资产的投资,还必须被列入我国的“固定资产

❶ 目前,国家计划委员会和地方的计划委员会均与同级经济体制改革委员会合并,更名为发展改革委员会。

投资规模”之中。

2. 发行审核程序。《公司法》规定,公司在得到债券发行的配额之后,应向有权审核发行申请的国务院管理部门报送相关的申请文件。《企业债券管理条例》规定,“中央企业发行企业债券,由中国人民银行会同国家计划委员会审批;地方企业发行企业债券,由中国人民银行省、自治区、计划单列市分行会同同级计划主管部门审批。”

证券管理部门在对发行申请审核时,主要考虑四个方面的问题,即发行人的资格、发行条件、禁止发行事由和债券募集办法所列的各项。在对这几个方面进行审查之后,做出批准发行或不予批准发行的决定并将理由并向企业进行说明。

(二)发行和承销方式

《企业债券管理条例》规定,“企业发行企业债券,应当由证券经营机构承销。”一般来说,承销可以有包销、助销和分销三种方式。我国企业债券的发行主要采用承购包销方式,即先由某家证券经营机构同发行债券的企业签订一个承销协议,企业拟发行的债券由该机构承销,未销完部分则由该机构购买。另外对于一些数额较大的企业债券,多采用组织区域承销团承销的方式。其具体程序如下:

1. 证券承销商在检查发行债券的企业的发行章程和其他有关文件的真实性、准确性和完整性后,与企业签订承销协议,明确双方的权责。

2. 主承销商与其他的分销商签订分销协议,协议中应对各分销商售出的部分和没有销出的部分如何解决等问题做出详细规定。

3. 主承销商与其他有关单位签订代销协议,由其他金融单位代销,没有销出的部分可退还给主承销商。

4. 开展广泛的宣传活动,动员企事业单位和个人购买。

5. 主承销商利用自己的网络,直接把企业债券销售给金融机构、企事业单位及个人投资者。

6. 在规定的时间内,承销商将所筹集款项转移到企业的账户上,发行企业则将手续费转移到承销商的账户上。

(三)企业债券的一般发行程序

一般来说,企业债券的发行总过程要按以下程序进行:

1. 发行前的咨询和准备。这主要是指向有关机构咨询发债的可行性,通过董事会或其他决策机构决议,确定债券发行条件,制作各种有关债券发行所必需的文件。

2. 在得到批准后,在公开刊物上刊登债券发行说明书或发行公告。

3. 向公众出售债券,并进行交割。

4. 提交债券发行报告。

案　例

长江电力公司的债券发行

中国长江电力股份有限公司(简称长江电力)是经原国家经贸委报请国务院同意批准,由中国长江三峡工程开发总公司(简称中国三峡总公司)作为主发起人,联合华能国际电力股份有限公司、中国核工业集团公司、中国石油天然气集团公司、中国葛洲坝水利水电工程集团有限公司、长江水利委员会长江勘测规划设计院五家发起人,以发起方式设立的股份有限公司。公司属于电力行业,经营范围包括:电力生产、经营和投资;电力生产技术咨询;水利工程检修维护。

公司成立于2002年11月4日,2003年11月18日在上海证券交易所挂牌上市,2005年8月完成股权分置改革。截至2007年6月30日,公司总资产613.74亿元,净资产356.13亿元,装机容量合计达到1 119.6万千瓦,是目前国内最大的水电上市公司。同时,公司受三峡总公司的委托,统一管理三峡工程已建成投产的其他发电机组。

公司主营业务为水力发电,经营业务单一,业务模式和销售流程相对简单。目前已投产机组生产的电能主要向国家电网和南方电网输送。其中,葛洲坝电站的电能主要由国家电网全额收购,三峡电站的电能在华东、华中和广东等省(市)之间进行分配,具体包括河南、湖北、湖南、江西、上海、江苏、浙江、安徽、广东和重庆等。

2007年9月19日,经中国证监会证监发行字〔2007〕305号文核准,长江电力获准发行不超过80亿元(含80亿元)公司债券,采取分期发行的方式,第一期发行40亿元;第二期在中国证监会核准后的24个月内择期发行,发行规模不超过40亿元(含40亿元)。第一期公司债券发行的主要事项如下:

1. 债券名称:中国长江电力股份有限公司2007年第一期公司债券。
2. 债券简称:07长电债。
3. 债券代码:122000。
4. 上市时间和地点:2007年10月12日在上海证券交易所上市交易。
5. 登记、托管、委托债券派息、兑付机构:中国证券登记结算有限责任公司上海分公司。
6. 发行规模:人民币40亿元。
7. 票面金额:每张票面金额100元。
8. 发行价格:按面值发行。
9. 债券期限:10年,到期日为2017年9月24日。
10. 债券利率:票面利率5.35%,在本期债券期限内固定不变。
11. 债券形式:实名制记账式。
12. 还本付息的期限和方式:按年付息、到期一次还本,利息每年支付一次,每年的9月24日(遇法定节假日顺延至其后的第一个工作日)为上一计息年度的付息日,最后一期利息随本金一起支付。公司债券付息的债权登记日为到期日前6个工作日。在债权登记日当日收市后登记在册的本期公司债券持有人均有权获得上一计息年度的债券利息或本金。
13. 回售条款:本期公司债券持有人有权在债券存续期间第7年付息日将其持有的债券全部或部分按面值回售给公司。在本期公司债券存续期间第7年付息日前5至10个交易日内,公司将在中国证监会指定的上市公司信息披露媒体上,连续发布回售公告至少3次。行使回售权的债券持有人应在回售申报日,即本期公司债券第7年的付息日之前的第5个交易日,通过指定的交易系统进行回售申报,债券持有人的回售申报经确认后不能撤销,相应的公司债券面值总额将被冻结交易;回售申报日不进行申报的,则不再享有回售权。本期公司债券存续期间第7年付息日即为回售支付日,公司将按照登记机构相关业务规则完成回售支付工作。第7年付息日后的3个交易日内,公司将公告本次回售结果。
14. 担保方式:中国建设银行为本期公司债券提供了全额、不可撤销的连带责任保证担保。

15. 信用级别及资信评级机构:经中诚信评估综合评定(信评委函〔2007〕001 号),公司的主体信用等级为AAA,本期公司债券信用等级为AAA。在本期公司债券的存续期内,资信评级机构每年将对公司主体信用和本期公司债券进行一次跟踪评级。

16. 债券受托管理人:本期公司债券的受托管理人为华泰证券有限责任公司。

17. 发行对象:①网上发行情况下:持有登记机构开立的首位为A、B、D、F证券账户的社会公众投资者(法律、法规禁止购买者除外)。②网下发行情况下:在登记机构开立合格证券账户的机构投资者(法律、法规禁止购买者除外)。

18. 发行方式:本期公司债券发行采取网上面向社会公众投资者公开发行和网下面向机构投资者协议发行相结合的方式。网上认购按"时间优先"的原则实时成交;网下认购采取机构投资者与主承销商签订认购协议的形式进行。本期公司债券网上、网下预设的发行数量占本期公司债券发行总量的比例分别为10%和90%。发行人和保荐人(主承销商)将根据网上发行情况决定是否启动回拨机制,如网上额度全额认购,则不进行回拨;如网上认购不足,则将剩余部分全部回拨至网下;采取单向回拨,不进行网下向网上回拨。

19. 承销方式:本期发行的公司债券由保荐人(主承销商)华泰证券有限责任公司组织承销团,采取余额包销的方式承销。

20. 发行费用:本期公司债券发行费用预计为5 600万元。

21. 上市安排:公司将在本期公司债券发行结束后尽快向上交所申请公司债券上市,办理有关上市手续。

长江电力股份有限公司本次公司债券发行规模为40亿元,其中用于偿还借款的金额为35亿元,剩余募集资金用于补充公司流动资金。本期债券已于2007年10月12日在上海证券交易所上市。

2006年公司利用部分自有资金提前偿还部分银团借款,负债总额降至164.65亿元,与2005年相比减少6.65亿元,资产负债率也由2005年的43.52%降低到40.39%。虽然公司资产负债率截至2007年6月30日上升至41.97%,但其原因主要是公司为收购三峡电站7#、8#发电机组而使得短期贷款余额从2006年末的57.66亿元上升到119.70亿元。有关财务数据显示,公司各年资产负债率明显低于55.25%的同业平均水平,公司长期负债占资产比例为13.85%,低于行业平均21.98%的水平。

从盈利能力和现金流量状况看,公司的主营业务收入和净利润持续稳定增长,主营业务利润率和净资产收益率均明显高于行业平均水平,说明公司的盈利能力较强。另外,长江电力上市以来,毛利率水平保持在70%以上。由于折旧在成本中占了相当大的比例,从而使得公司每股经营性现金明显高于每股收益。三峡机组的折旧占比明显高于葛洲坝电站,随着三峡机组比例的提高,未来经营性现金流量与净利润的差距将会拉大。水电行业高毛利和高折旧的特征,决定了公司的现金比较充裕的特征,这为公司债券到期兑付提供了保障。此外,公司融资能力较强,2006年长江电力发行两期共40亿短期融资券并最终到期兑付,2007年再次发行两期共40亿短期融资券。此外,公司作为上市公司还享有股权融资渠道。可见,公司财务弹性较大,能够在一定程度上提高公司的整体偿债能力。公司资信状况优良,与国内主要银行保持了长期战略合作伙伴关系。截至2007年6月30日,公司拥有未使用的银行授信约300亿元,而且中国建设银行股份有限公司为本次公司债券提供无条件、不可撤销的连带责任保证担保。

07长电债还含有回售权,债券持有人在第7年末可以按面值将持有的债券回售给发行方。本期公司债券发行后在上海交易所上市流通,并可以进行质押回购融资。07长电债的承销阵容也非常强大。华泰证券担任主承销商,承销团成员中也包含了申银万国等实力雄厚的券商,这些机构良好的渠道优势将保证07长电债的圆满发行。

思考题

1. 什么是债券的发行?
2. 影响债券价格的主要因素有哪些?
3. 债券评级有什么意义?
4. 我国对债券的发行是如何管理的?
5. 我国国债发行主要有哪些方式?
6. 国债一级自营商的权利和义务是什么?
7. 影响国债承销收益的主要因素是什么?

第五章

二级市场业务

本章学习重点和要求

◆掌握经纪商业务的主要内容、做市商业务的主要特征、做市商业务与自营商业务的基本区别；

◆了解自营商业务的无风险套购(套利)和风险套购(套利)等避免损失的策略；

◆熟练掌握保证金交易中实际保证金比例的计算方法；

◆明确保证金交易的积极作用和消极影响；

◆知晓我国融资融券业务的基本情况和印花税调整红利税新政的相关知识。

第一节　经纪商业务

投资银行除在一级市场承销证券外,还大量参与二级市场业务。证券经纪商业务(简称经纪业务)是投资银行二级市场业务中的重要组成部分。它是指投资银行作为证券买卖双方的经纪人,按照客户的委托指令在证券交易场所买入或卖出证券的业务。其最大特点是投资银行无须动用自有资金且不承担任何投资风险,只需按投资者的指令进行交易,并按交易金额收取一定量的手续费(佣金)。通过开展经纪业务,除可获取一定的收益外,投资银行还可以与众多的客户投资者建立起广泛的联系,从而为其他业务的开展和产品的交叉销售提供条件。

一、证券经纪业务机构

证券经纪业务之所以存在,其重要原因之一是历史传统和现实的条件都不允许绝大部分投资者直接进入证券交易场所内进行交易。目前迅速发展的场外交易市场虽然以其松散的市场结构对传统的证券市场进行了革新,但仍部分保留了传统证券市场的这一特点,且仍然不构成证券市场的主流。因此,投资者如果需要从事证券交易业务,一般要通过某家投资银行为其代理买卖证券。以美国为例,投资银行在二级市场中代理买卖证券收取佣金时,被称为经纪公司。经纪公司除经营经纪业务外,有的还兼做市商和交易商业务,近年来还开展了一些商业银行业务,如美林公司推出的现金管理账户,集信用卡、贷款、支票账户及自动投资与货币市场共同基金多功能于一身。

经纪公司有以下四种类型:

(1)电信所,或称电信经纪公司。经纪公司在各地有许多办公机构用电信系统网络连接,因此称为电信所,包括以经纪公司命名的美林公司谢尔逊·雷曼公司等。

(2)地区性公司。地区公司是较小的公司,仅在一个地区营业,如费城地区的纽勃兹父子有限公司。

(3)投资银行公司。这是兼做一级市场业务的公司,通常在世界主要金融中心设立分公司或代表处,包括高盛公司、所罗门兄弟公司和摩根·斯坦利公司等。

(4)专业经纪公司。这种公司的业务通常集中于某一种类型的证券,如美国联邦证券、地方政府证券或指数期权,其优势在于对其专业经营的某种证券的深刻了解和丰富的交易经验。

经纪公司的业务代表称作证券经纪人,近年来也有业务经理、金融顾问、投资顾问等称谓。根据提供服务的不同,经纪人分为两类:①只为客户在二级市场中交易证券的经纪人称作平价经纪人;②除代理交易外还提供更广泛服务的经纪人称为完全服务经纪人。由于完全服务经纪人除代理交易外,还提供买卖证券品种(如股票、债券、投资基金及其他金融商品)、咨询和资产管理服务(如利用资产管理账户为客户购买证券、制定金融计划避税、设计个人退休账户或养老计划等),因此能获得较高的佣金。

客户通常会直接指令经纪人为他购入或出售证券,但也有的客户缺少时间和专业经验而授权经纪人决定证券的交易,即所谓全权委托。根据法律和行业惯例,经纪人在客户授权投资时应把客户的利益置于经纪人和经纪公司之上。当然,经纪人通常也会努力为客户赚取利润,因为拥有良好的信誉和交易记录意味着更多的客户和更多的佣金。

由于经纪公司和经纪人是联系广大投资者和证券市场的桥梁,因此,各国对于其资格的获得及其行为规范都有严格的规定。投资银行经营经纪业务须具备的条件通常有:①投资银行的业务人员必须具备有关证券和商品交易的知识和经验,并通过严格的经纪人资格考试;②投资银行必须向证券管理部门和证券交易所提出申请并经审查同意;③必须拥有一定的资本额,并按规定缴纳管理保证金和资格会费等。投资银行只有在取得从事证券经纪业务资格后才能合法地开展业务,同时其经营活动必须在有关法律法规和制度的规定范围内进行。

证券经纪商的行为规范主要包括:①经营范围主要限于在交易市场上代理客户买卖证券,如要经营自营买卖、承销业务、投资咨询等其他业务,须经主管机关批准;②必须按实收资本的一定百分比缴存营业保证金;③代客买卖证券,首先必须签订买卖证券委托契约,并对委托人一切委托事宜有严守秘密的义务;④未经客户委托,不得代客户买卖;⑤代客户买卖应坚持公平交易原则,禁止任何欺诈不法行为,不得做欺诈性的推销牟利,在接受客户"全权委托"时,不得利用客户的账户做不必要的反复买卖,从中赚取佣金;⑥交易时必须经过竞价程序,不得直接用一买一卖抵销的方式来进行交易;⑦如果兼做自营商,在买卖证券时,要表明该交易是自营买卖还是代客买卖;等等。

二、代理证券买卖

狭义的经纪业务是指投资银行代理客户在二级市场上进行证券交易的活动,其基本内容是通过一系列规范的程序来代理客户进行证券交易。广义的经纪业务不仅包括代理证券交易,还包括投资咨询、资产管理、投资计划设计与创新等。这些业务与投资银行的业务有较多的交叉成分。另外,作为传统经纪业务的发展和延伸,信用经纪业务也是投资银行经纪业务的一项重要内容。本节主要介绍狭义的经纪业务,即代理客户证券买卖。

证券交易的场所可以在证券交易所的场内,也可以在柜台市场上。与此相对应,证券经纪商代理客户买卖证券的程序也有场内与场外之分。

(一)证券交易所的交易程序

大部分经纪业务是通过证券交易所来完成的。证券交易所的场内交易程序大体上包括开户、委托、成交、清算、交割、过户和结账等阶段。

1. 开户。开户是投资者在经纪商处开设账户的过程。投资者可以自主选择某家投资银行作为自己的经纪商,投资银行也可以对投资者进行综合评判。因此,开户实际上是一个双向选择的过程。

投资者在选择投资银行时,通常要考察投资银行的资本实力、业务水平及信誉状况,择优就之。这就给投资银行提出了不断提高自身素质的要求。投资银行在接受投资者开设账户时,首先要了解投资者是否具有法定资格。关于开户申请人的法定资格,各国(地区)有关法律法规均有规定,且大同小异。如中国台湾证券交易所规定,委托人有以下情形之一者,经纪商应拒绝开户:①未成年人未经法定代理人之代理或允许者。②证券主管机关以及本公司的职员、雇主。③政府机关、金融机构及公营事业的出纳人员。④受破产之宣告未经复权者。⑤法人委托开户未能提出该法人授权之证明者。⑥本委托经纪人之股东或职员。其次要了解投资者的信用状况。它与投资银行为客户提供的融资或融券的比例密切相关。因此,业界有“了解你的客户”之说。

投资者在经纪商处开设账户时,要登记写明日期、姓名、性别、身份证号码、家庭住址、职业、电话等内容,有时还要留存印鉴并提供相关证明。这一方面为经纪商了解客户提供了一个窗口,另一方面为经纪商及投资者提供账单送达、投资咨询等服务留下了一个途径。在一些国家,投资银行还可以据此便捷地获得投资者的资信信息。

开设账户时须同时开设资金账户和证券账户。资金账户可分为三类:一是现金账户,用于交易时的现金划转;二是投资计划账户,客户承诺在若干年内每月或每季投入一定余额购买某种股票;三是保证金账户,用于保证金交易(Margine Trading)时由投资者交纳一定的保证金。资金账户通常按银行活期利率计息。证券账户的开设是因为投资者须将所持证券交由经纪商托管,由经纪商为客户提供证明所持证券品种和数量的记录。在证券交易过程中,经纪商根据客户的买卖情况自动从证券账户中划入或划出证券。

2. 委托。投资者在开设账户后就可进行证券交易。所以,委托是单次证券交易过程的真正开始。委托按形式可分为书面委托、电话委托、电报委托、传真委托和信函委托。在金融电子化的浪潮中,磁卡和电脑网络自助委托已成为重要的委托形式,传统委托形式有向现代电子委托形式转变的趋势。按照委托的价格划分,委托可分为市价委托和限价委托;按委托的有效期划分,委托可分为当日有效委托、当周有效委托和撤销前有效委托等。按委托的数量分,委托可分为整数委托和零数委托。由于股票的交易通常以100股为交易单位,债券的交易通常以1 000元面值为交易单位,因此,100股的股票或1 000元面值的债券或其整数倍的委托称为整数委托,不足100股的股票或1000元面值债券的委托称为零数委托。作这样的区分主要是为了便于交易的组织。

客户在委托书上要写明证券的名称、交易的种类及数量、出价方式和价格、委托有效期等内容。在委托有效期内,如果交易尚未达成,客户有权变更或撤销委托。

3. 成交。经纪商在接受客户委托后,立即通知在交易所中的场内经纪人。场内经纪人马上按照投资者的指令买入或者卖出相应数量的证券。如果证券交易得以成交,场内经纪人就立即将交易情况告知经纪商,再由其转告客户。

证券交易的达成是通过竞价的方式来完成的。目前竞价的方式主要有口头竞价、书面竞价和电脑竞价三种形式。在交易时,场内经纪人必须公开申报价格,证券交易所则按照价格优先、时间优先的原则为买卖双方撮合成交,也就是说,在同等条件下,报价低的卖单较报价高的卖单优先成交;报价高的买单较报价低的买单优先成交;在申报价格相同时,先递报价单比后递报价单优先成交。

随着计算机应用的日益普及,目前各国的证券交易主要通过计算机网络完成,客户只需直接(或者通过经纪人间接)将委托指令输入经纪商的电子交易系统,再通过该系统传递至交易所的交易系统,最终完成交易。

4. 清算。清算是在投资银行之间相互冲抵证券和价款的过程。经纪商受多个投资者的委托,进行了多项证券交易,有买进也有卖出。由于不可能做到每笔交易即时清算,这就产生了交付净额的要求。一般证券交易所都有自己专门的清算中心[1],集中办理清算业务,通常以每一个交易日为一个清算期,对各经纪商的应收应付价款和证券进行冲抵和结算,最后算出应收应付的余额,然后进行价款和证券的划转,其目的在于减少证券和现金的实际交

[1] 我国证券交易的清算一般通过中国证券登记结算有限公司完成。

割数量，节省人力和物力。

5. 交割。交割的过程是买方交出价款给卖方，卖方交出证券给买方的过程。证券交易的清算完成后，证券交易双方就应在约定的时间内对清算的余额办理交接和转账，然后各经纪商根据投资者的委托成交情况将相应的价款和证券划入投资者的账户。买方交付价款，收到证券；卖方交出证券，收回现金。清算交割是证券交易过程的结束。

按照成交后至交割时间的长短划分，交割可分为以下几种：当日交割、次日交割、第三日交割和例行交割等。当日交割，是指成交的当日进行交割，即通常所说的 T+0。次日交割，是指成交的次日进行交割，即 T+1。第三日交割是成交后的第三天进行的交割。例行交割是西方大多数证券交易所惯用的成交后第五天进行的交割。

6. 过户。证券交易结束后，证券持有人会发生变更。对于记名证券而言，必须办理过户手续。记名证券是指券面上记载有持有人名称，并在发行人的有关名册上进行登记的证券。其权利的享有是“认人不认券”，因此证券的转让及其权利的转移必须按法定程序进行。记名证券交易完成后，必须到证券登记公司办理过户，即把受让人的姓名记载于票面上，并在发行者的相关名册上进行变更登记，否则转让无效，受让人并不能享有与该证券相关的各种权利。不记名证券可以自由转让，无须办理过户。

股票一般都是记名的，有些债券也是记名的。

7. 结账。整个交易完成后，经纪商应将账单及时送交客户。客户也应按经纪业务协议支付足额佣金。在信用交易的条件下，经纪商和客户还应就信用金及其利息进行结算。同时，经纪商还应按时向证券监管机构呈报报表，报告当日证券交易的名称、数量、价格等情况。

（二）场外市场的交易程序

场外市场，又称柜台市场或店头市场（Over the Counter，OTC），是不在证券交易所进行的证券交易市场。

美国纳斯达克（NASDAQ）系统是典型的场外交易市场。纳斯达克系统近年来发展迅速。投资者在纳斯达克系统进行交易的程序大体上与证券交易所的场内交易程序相仿。只是由于纳斯达克是由多家做市商主持的市场，经纪商在接到投资者的委托后，不是参与竞价而是在许多做市商的不同报价中择优成交。

人们习惯上把证券交易所称为第一市场，把纳斯达克称为第二市场，另外还有第三市场和第四市场。所谓第三市场是指在柜台市场上从事已在交易所挂牌上市的证券交易。这一部分交易原属于柜台市场范围，近年来由于交易量增大，其地位日益提高，以致许多人都认为它实际上已变成独立的市场。第四市场是投资者直接进行证券交易的市场。在这个市场上，证券交易由买卖双方直接协商办理，不用通过任何中介机构。这是该市场的一个重要特点。同第三市场一样，第四市场也是适应机构投资者的需要而产生的。

三、证券经纪业务的销售

如同其他企业一样，投资银行也要努力把经纪服务销售给投资者。这也是当今投资银行竞争的一个焦点。从投资银行的各项业务收入构成来看，由于提供全方位的金融服务，投资银行的业务收入已多元化，但经纪服务的佣金收入仍然占有重要地位，甚至比并购等业务的收入还要高出许多。因此，各家投资银行也就必然要大力发展经纪业务，扩大市场份额。

如果把投资者简单地划分为机构投资者和零售投资者（即通常所说的个人投资者或“散

户"),那么,投资银行进行经纪业务销售首先就面临着抉择,即以机构投资者还是以零售投资者作为主要的服务对象,抑或同等重视?近年来,投资者机构化的趋势日益加强,机构投资者逐渐占据了市场,零售投资者在证券市场中所占的比重相对减小。所以,各大投资银行常常是重点发展机构投资者客户,希望通过机构投资者巨大的交易量来获取较高的佣金收入。但是,机构投资者更关心的是证券价格和交易的效率,对投资银行所给予的其他方面的关心和帮助则不太重视。从这个意义上讲,投资银行发展机构客户的效率并不高。相反,零售投资者可能是经纪业务销售的一个盲点。一般地讲,零售投资者人数众多而且分散,信用状况难以把握,投资资金较少,因此推销零售经纪业务更需要投入大量人力,成本较高。但是,从综合性投资银行的收入来源看,零售经纪业务的贡献之大却出人意料,有时甚至比并购和承销的总和还大,特别是在市场走势疲软时。因此,许多投资银行已意识到零售投资者的优势,把它作为分散机构市场业务风险的重要措施。

投资银行在很大程度上是通过"电信"的方式来销售其经纪业务的。"电信所"这一称谓大体上反映了这一状况。随着证券市场的飞速发展,金融产品也在不断增多,但是发展经纪业务的"电信"方式仍然没有多大变化,只是由于现代信息技术的发展,传递和处理信息的速度已大大加快。零售投资者数量的增长未必是投资银行努力的结果,倒是不断出现的牛市所造成的巨大的"赚钱效应"在极大地吸引着投资者源源不断地介入股票市场。

投资银行要大力开展证券经纪业务,不能单纯依靠牛市的吸引,更要在提高服务质量、增加服务品种上下功夫,如货币市场共同基金、现金管理账户、个人退休金账户就取得了很大的成功。这些业务不但将服务切入了与经纪服务没有直接关系的传统商业银行领域,并且造成了投资银行和客户投资者双赢的局面。

投资银行发展经纪业务的另一个关键是经纪人的素质。销售经纪业务不仅要求经纪人有较好的业务素质,能够给客户投资者以高水平的投资咨询,有出色的服务记录,而且要求经纪人有坚韧不拔的品格。一般地说,业务出色而又持之以恒的经纪人总会有较好的回报。

四、经纪类证券公司和综合类证券公司

我国的证券公司分为经纪类证券公司和综合类证券公司。经纪类证券公司只允许专门从事证券代理等经纪业务,无权从事证券承销等业务。因此,这类证券公司的设立条件比较简单,主要内容是:

(1)注册资本最低限额为人民币 5 000 万元;

(2)主要管理人员和业务人员必须具有证券从业资格;

(3)有固定的经营场所和合格的交易设施;

(4)有健全的管理制度。

综合类证券公司可从事证券经纪业务、证券自营业务、证券承销业务以及经证券监督管理机构核定的其他业务。由于其经营的业务范围比较广泛,因此除了应具备经纪类证券公司的基本条件外,其设立还须符合以下条件:

(1)注册资本最低限额为人民币 5 亿元;

(2)主要管理人员和业务人员必须具有证券从业资格;

(3)有固定的经营场所和合格的交易设施;

(4)有健全的管理制度和规范的自营业务与经纪业务分业管理的体系。

证券公司必须在其名称中标明证券有限责任公司或者证券股份有限公司字样。

第二节 做市商业务

一、做市商的含义

做市商(Market Maker),顾名思义就是市场制造者,其功能在于通过不断地报出买进价格和卖出价格(包括数量),使投资者可以按照做市商的报价(和数量)随时买进或卖出证券,不会因为买卖双方的供求不平衡而导致交易中断,从而为市场提供了流动性。在一个纯粹的做市商市场,证券交易的买卖价格均由做市商给出(双向报价),证券买卖双方并不直接成交,而是从做市商手中买进或卖出证券,做市商在其所报的价位上接受投资者的买卖要求,以其自有资金或证券与投资者进行证券交易,即做市商将自己的持仓股票卖给买方,或用自有资金从卖方手中买进股票。做市商买卖价差就是做市商的收入来源。

二、投资银行充任做市商的目的

(一)赚取买卖报价的价差

价差是市场对做市商提供做市商服务,创造流动性的报酬。做市商只要定价准确,其买卖报价接近市场的出清价格,那么就可以达到买卖的基本平衡,保持头寸的相对稳定,同时又可以赚取买卖价差。

(二)积累定价技巧

担任做市商可以使投资银行获得丰富的二级市场判断经验和定价技巧。投资银行以良好的二级市场判断经验和定价技巧来支持一级市场的承销业务,能在控制风险的前提下,向发行公司提供较为有利的发行价格,争取到更多的承销业务。

(三)提供发行和做市的一体化服务

发行公司希望自己的股票在二级市场上市后具有较高的流通性和较佳的股价走向。为此,发行公司希望投资银行除了担任承销商之外,还能为其股票上市后提供做市服务。而投资银行为了维系与发行公司良好的关系,也愿意提供增值服务,在二级市场上充任这只股票的做市商,以保持股价的大致稳定。

三、做市商业务的成本

(一)直接交易成本

如处理投资者买卖订单的成本、清算成本、通信费用、场地与设备成本等。20 世纪 60 年代以来,随着计算成本和训练有素的职员费用的降低,这些成本已呈逐步下降之势。

(二)存货成本

做市商按照其报价价格买进或卖出证券,必然会产生(或需要)一定数量的证券库存,这样才能保证交易的连续性。存货成本包括两个方面:一是存货的管理成本,即做市商为保持一个最佳库存而付出的管理努力;二是存货的风险成本,即做市商保持一定数量的存货可能导致的损失。一般的,库存越大,市场价格波动越大,做市商所承担的风险也就越大。为了降低存货成本,需要做市商对市场有卓越的判断能力,否则,如果做市商的报价大幅高于市场均衡时的出清价,做市商买入的证券数量就会超过卖出数量,它所持有的股票存量就会上升;而当做市商报价大幅低于市场均衡时的出清价,其卖出数量又会大大低于买入数量,导致存货不足,难以承担做市商责任。

四、开展做市商业务的条件

美国的股市分为有形的交易所市场和无形的柜台交易市场,前者的代表是纽约证券交易所,后者的代表是纳斯达克系统。广义的做市商包括柜台交易市场的自营商和交易所的专营商;狭义上则仅指柜台交易市场的自营商。

投资银行如果想进入柜台交易市场成为自营商,必须符合非挂牌股票的管理者——全国证券公司协会所要求的条件(主要是资本金要求),同时必须在参与做市的股票上拥有一定的头寸;投资银行在经批准成为自营商之后,必须履行其为其做市的股票连续报价的义务。买卖报价是通过纳斯达克系统进行的,报价分买入价、卖出价和在各个价位上投资银行愿意买入或卖出的数量。经纪商在接到客户的委托时就可以通过电脑系统迅速查出所委托的股票的报价水平和报价数量,货比三家,择优成交。

纽约证券交易所的专营商与柜台交易市场的自营商一样,其资格的认定条件是投资银行必须符合纽约证券交易所的要求,如最低资本金要求,目前为 100 万美元,而在 1987 年"黑色星期一"之前为 10 万美元;头寸承付能力要求,目前为15 000股。在成为专营商后,投资银行必须保证其专营的股票的流动性,随时提供该股票的报价,包括买入价、卖出价和买卖的数量。交易大厅的经纪商和交易商可以相互成交,也可以与专营商交易,但如果在其他经纪商和交易商处无法获取某种股票的报价,就必须求助于该股票的专营商,按照专营商的报价与之进行交易。

但是,证券交易所的专营商和场外交易市场的自营商之间还是存在较大的不同。首先是在做市商的数量安排上。交易所的做市商可以为多只股票做市,但每只股票却只有一个做市商。因此,拥有 2 758 家上市公司、1 366 家会员的纽约证券交易所却只有大约 200 家专营商公司。场外市场对做市商的数量没有限制,其中的股票可有多个做市商,如一般的公司股票有 11 个左右的做市商,而 MCI 通信公司的股票的做市商则超过了 50 家。其次是做市商的义务不尽相同。美国纽约证券交易所的 104 条款规定专营商有义务维持市场的公平和有序,不能完成该义务就会丧失专营商的地位。1987 年 10 月"黑色星期一"股灾发生后,纽约证券交易所发现有 11 种股票的专营商没有履行维护公平和有秩序的市场这一职责,因而取消了这些会员公司的专营商资格。而场外交易市场的自营商面对大幅波动的市场,没有任何义务继续做市。如在"黑色星期一"那一天,许多自营商均停止了交易。

在某些情况下,做市商的业务与上述有所不同。典型的情况是大宗交易。大宗交易是随着机构投资者交易的增加而出现的。按照纽约股票交易所的规定,某一股票的 10 000 股或 10 000 股以上的交易,或者市值为 20 万美元或 20 万美元以上的交易称为大宗交易。近年来,美国证券市场大宗交易大约占总交易量的一半,因此有必要对大宗交易的市场和程序另作安排。目前的安排是发展主要的投资银行和机构投资者的交易网络,使它们通过电子系统和电话来进行交流,这个网络称为楼上市场。在大宗交易过程中,机构投资者委托的经纪公司并不是将委托指令拿到交易所或纳斯达克系统中执行,而是联系其他机构,希望找到一个或多个机构来作为交易的另一方,即是通过楼上市场来完成的。如果能够找到,那么委托的执行就得以完成。但是,如果找不到足够的机构来完成整个交易,那么就将大宗交易委托的指令交给经纪公司的做市商。做市商必须决定如何处理大宗交易指令的余额,或者由经纪公司承担余下的头寸,或者通过做市商之间的竞争执行来完成指令。此时,做市商并不建立自己的头寸。

五、做市商的作用

20 世纪 60 年代,经济学家乔治·斯蒂格勒和哈罗德·德姆塞茨分析了做市商在证券市场中的作用。他们认为,做市商向市场提供了即时性——迅速交易的能力。在委托单存在短期不均衡时,做市商不仅提供了即时性,而且还维持了短期价格的稳定(连续或平稳)。施瓦茨也认为,做市商还为市场参与者提供了更好的价格信息,以及在某类市场中提供拍卖师的服务,维护市场的秩序和公正。在处理大宗交易指令的余额的过程中,做市商的报价的合理性是如何得到保证的呢?按照经济学中的市场均衡理论,如果做市商不想改变手中的股票和资金的头寸,那么其给出的报价必须是当时市场的出清价。也就是说,如果报价高于出清价,其买入的股票数量就会超过其卖出股票的数量,头寸就会上升;如果其报价低于市场出清价,其卖出股票的数量就会大于买入股票的数量,头寸就会减少,甚至出现卖空(Short Sale)行为。在实际操作中,绝大部分的做市商并不希望自己手中的头寸发生剧烈波动,从而避免增加财务风险和资金成本。而做市商在掌握市价委托和限价委托信息方面的优势地位也使其进行合理的报价成为可能。

第三节　自营商业务

自营商业务是指投资银行通过自己的账户,用自有或自筹资金在二级市场上进行证券交易,并期望通过价格水平的变动来获取利益。自营交易中的投资银行被称为交易商,它不同于经纪商和做市商。交易商是通过对某种证券头寸的持仓行为谋求获利;经纪商是通过代理客户买卖证券来获取佣金收入;做市商则是通过提供做市服务来获取买卖价差收入。

就投资银行的自营交易行为来说,它与一般投资者的投资行为并没有显著的区别。如果投资银行的持仓证券价格上涨,那么投资银行的收益就增加;如果持仓证券价格下跌,则收益减少。卖空证券的情形与以上刚好相反。这就要求投资银行不断提高自身的业务水平。由于资源具有共享性,自营交易业务做得好,分析研究证券市场的能力提高,也可带动投资银行其他业务如经纪业务的发展。

投资银行可以采取多种策略,从一种或多种证券的持仓中获取收益。这些策略有:无风险套购、风险套购和投机。[1]

一、无风险套购

无风险套购是指交易商在两个或两个以上不同的市场中,以不同的价格进行同一种或

---

[1] 套购(Arbitrage)是指利用同一物品在不同地点或市场的差价,低价买进高价卖出,获取差价收益的行为,如商品套购、黄金套购和外汇套购(简称套汇)等。我国学者多将金融品种的套购译为套利,但这容易与利息套购的简称——套利相混淆。

同一组证券的交易，利用市场价格的差异获利。不同的市场包括国内不同的交易市场或国际上不同的交易市场，如美国有些公司的普通股在国内多个证券市场上都可进行交易，一些跨国公司的普通股在一个或多个国家的证券交易所挂牌交易。这些在不同的市场上交易的证券如果有价格差异，就可能在扣除交易成本的基础上通过同时在不同交易市场上的贱买贵卖来锁定收益。这种套购活动几乎是无风险的，因此，无风险套购活动的不断进行必然使不同市场上的同一证券价格趋于一致，所以，这种无风险套购的机会是非常短暂、稍纵即逝的。交易者只有具备敏锐的市场感觉，十分熟悉并随时掌握市场变化，才能抓住这种市场机会。然而，有时还会出现另一种情况，即一组证券组合起来与另一种证券的支付情况相同，但价格不同，对这种情形的发现和把握机会也可实现无风险套购。举例说明如下。

假如存在三种证券 A、B、C，其当前价格及一年后可能且只可能出现的两种情况（情况 1 和情况 2）分别为表 5－1 所列。

表 5－1　三种证券的无风险套购　　单位：元

证券	当前价格	情况 1	情况 2
A	70	50	100
B	60	30	120
C	80	38	112

为实现无风险套购，我们构造一个包含 A、B 两种证券的组合，使得不论情况 1 或情况 2 发生，组合的价值均与证券 C 相同。假设组合中 A、B 的权重分别为 W_A、W_B，则

$$50W_A + 30W_B = 38 \quad （情况 1 发生时）$$

$$100W_A + 120W_B = 112 \quad （情况 2 发生时）$$

将上述两式联立并解方程组得 $W_A = 0.4$，$W_B = 0.6$，也就是说，A、B 证券各占 40% 和 60% 的投资组合与 C 证券价值相同，而就当前价格而言，此组合的价格为 $0.4 \times 70 + 0.6 \times 60 = 64$ 元，而 C 证券的价格为 80 元。因此，可通过买入此组合，卖空证券 C，从而锁定 16 元的利润。

二、风险套购

风险套购与证券市场上的并购与重组活动有关。有两种类型：一种是对处于破产程序期间的公司证券套购；另一种是并购事件公告后的套购。

（一）对债券重整公司的风险套购

处于破产程序期间的公司通常要进行债务重整，以避免最终破产。假如某公司由于债务重整而在市场上出售短期债券，价格为 100 美元，而投资银行认为债务重整的结果会是公司以价值 150 美元的债券来换取现有债券，因此买入该债券。如果兑换行为发生，投资银行可获取 50 美元的利差收益。此种套购的风险在于兑换行为并未如期发生，或换取的债券价值低于投资银行所预期的价值。

（二）对并购公司的风险套购

公司的兼并收购通常涉及现金交换、证券交换或二者的组合。首先考察现金交换的情形。早期的兼并收购一般是通过现金交易的方式来进行的，即收购公司用现金来购买被收购公司的股权。假如 A 公司宣布计划以每股 100 美元的价格收购 B 公司的股权，此时 B 公

司的股价为60美元,消息公布后其价格可能飞涨至90美元,其中的差额10美元是市场对收购计划不被实施的可能性的预估。如果投资银行确信此项收购计划会如期实施,那么就可以在90美元的价格上买入B公司普通股,从而锁定10美元的利差。但其风险在于,如果收购计划未被实施,那么B公司股票的价格可能大幅下挫。

典型的案例是20世纪80年代末美国航空公司的并购。1989年9月,一个由飞行员和管理人员组成的集团提出以每股300美元的价格收购美国航空公司的股票,美航董事会批准了这一要求,其间美航股价劲升至296美元,但买方却拿不出足够的现金来完成交易,因此,当10月中旬消息确证后,股价数天内下跌50%。1990年美航工会又提出以每股201美元的价格收购美航股票,但又一次因资金无法到位而导致收购流产,从而再次引发股价大幅下跌。据估计,这些失败的收购使风险套购者蒙受了10亿美元以上的损失。

美国20世纪60年代以来的并购大多是通过股票交换的方式,即以股换股的方式进行的。股票的交换通常按一定比例进行。这种交换条件常常不会迅速反映到股票价格上。假如,A公司计划收购B公司,并宣布用本公司的一股股票换取两股B公司股票,当时A公司股价为100美元,B公司股价为43美元。如果并购计划实现,以43美元购入B公司股票的投资银行可以获得每股7美元的利益。这一价差包含以下风险:①收购计划因各种原因而可能无法如期实施,但又不得不出售B公司的股票,因此可能产生损失。②从购买B公司的股票到收购计划实施的过程所产生的购买股票资金的融资成本。③因交换而可能导致A公司股票价格下跌。

防范第③项风险的措施是在买入B公司股票的同时卖空A公司的股票,卖空数量依交换条件而定,如在上例中,可在每购买两股B公司股票的同时卖空1股A公司的股票。这样可把收益锁定在每股7美元(按B公司股票计)。

但是第①项风险即交易不能完成的风险依然存在。回避这一风险的关键是要研究收购和兼并成功的可能性。通过非法手段获取并购的非公开信息当然可以提高风险套购的胜算,但为各国的法律所不容,也与证券市场公开、公平、公正的原则相违背,因而不宜提倡。因此,美国的投资银行一般是在收购意向公开之后才开始进行风险套购活动,以避免受到指责和引起嫌疑,尽管其在充当收购和反收购顾问的过程中常会有各种内幕消息。

总的来看,风险套购与无风险套购相比,其基础是股价因消息而引起的变动,其风险主要在于消息的最终可兑现性。

(三)投机

投机交易是指交易商利用特定的价格变动预期而获得价差收益的活动。如果预期股价将上升,一般就会买入该股票,待股价上涨后抛出;如果预期股价将下跌,就要卖出甚至卖空股票,待价格回落后再在低位回补,以获得价差收益。在财务杠杆(Financial Leverage)比率较高的情况下,如果预期正确,收益将十分可观。

任何证券市场都不排斥适度的投机活动,相反,适度的投机活动是证券市场的润滑剂。首先,投机对证券市场发挥了价格发现的作用。事实上,由于“预期过度”的存在,证券市场对一些证券的定价经常与其价值不符。投资银行对这些证券的投机操作,不仅有助于这些证券的定价向其价值回归,而且还可在这一过程中获取相应的利益。其次,投机具有活跃市场、引导市场资源有效配置的功能。

投资银行的投机活动不能基于碰巧,也不能基于赌博。投资银行在采取投机策略之前,要进行周密的技术分析和基本分析,以尽可能降低风险。投资银行也不应去操纵市场。操纵市场是凭借资金和信息等方面的优势去控制股价的变化,以损害他人利益来获取利润。投资银行必须依靠正确的判断和预测进行其投机活动并获利。

三、开展自营业务的原则

(一)自营业务的特点

自营业务主要有以下特点:

1. 投资银行必须投入一定量的资金。无论是做市还是自营交易,投资银行都要持有一定的资金头寸,头寸的大小取决于自营业务的规模。资金的来源可以是自有资金,也可以是客户的抵押金、保证金、拆借资金或银行贷款,但必须符合法律的规定。我国的法规禁止投资银行用客户保证金和银行贷款购买股票。

2. 投资银行买卖证券的主要目的是获取价差收益。投资银行做市具有多重目的,包括承揽承销业务、吸引客户、提高定价技术等,但主要是合法地赚取买卖差价;而自营交易的目的则更直接,即通过低吸高抛获取收益。至于在持仓期间而获取股息、债息和红利收益,与买卖差价收益相比,它们只能算是“偶然”收益,因而不是主要的业务目标。

3. 自营业务不用交纳手续费。股票交易的手续费一般包括交易所手续费、交易税、经纪商手续费和印花税。在做市时,证券交易所一般无须投资银行交纳佣金。而由于绝大多数投资银行既是经纪商又是交易商,所以经纪商手续费在自营交易业务中也不用交纳。有些国家为了鼓励机构投资者,对税金和交易费用也有相应的减免规定。

4. 投资银行自行承担交易风险。按照风险与收益相匹配的原则,自营业务中的风险当然由投资银行自行承担,因此风险管理对投资银行来说十分重要。自营业务中的风险可分为系统性风险和非系统性风险。非系统性风险可通过组合投资来分散;而系统性风险不能通过投资组合的优化来分散,但可利用股指期货和期权等避险工具来抵冲。另外,还可通过一些投资方法来降低自营交易风险。

(二)自营业务的原则

投资银行在开展自营业务的过程中,应遵循以下原则:

1. 经纪业务优先原则。投资银行在同时经营自营业务和经纪业务时,应把经纪业务放在优先位置。当客户和自营部门同时递交相同的委托时,客户的委托指令应优先于自营交易的指令执行。投资银行不得以损害客户的利益来为自己牟利。

2. 公平交易原则。投资银行通常拥有资金、信息和技术等多方面的优势。投资银行不得利用这些优势来从事不公平交易,如相互勾结、操纵市场、欺诈等,而必须遵守证券市场规则,公平参与竞争。强调公平交易的原则,一方面是为了保证证券市场的公开、公平、公正,另一方面也是投资银行自身风险管理的需要。证券市场发展的历史一再证明,非法的不公平交易可以使投资银行在短期内或少数几次成功获利,但最终可能将投资银行拖入万劫不复的境地。

3. 公开交易原则。在开展自营业务的过程中,投资银行应明确标明自营业务的内容,坚持交易程序、交易价格、交易数量公开,不搞暗箱操作,不搞内幕交易,以便证券监管部门和广大投资者共同监督。

4. 维护市场秩序原则。投资银行是依托证券市场而生存的,因此,维护市场秩序是投资银行的天职。同时,投资银行是坐拥巨资的机构投资者,也有能力来维护市场的交易秩序与安全。所以,投资银行应努力履行“做市”职责,保证证券交易的连续性和稳定性;应努力研究经济发展和证券市场的规律,大力倡导理性投资,应模范遵守有关的法规、法律和规则,提倡守法经营。

5. 严格内部管理原则。投资银行所从事的是一项既有远大的发展前程又充满了风险的事业,特别是在自营业务中,风险要由投资银行自行完全承担。历次金融风潮中的各个金融机构破产倒闭的案例都告诉我们:投资银行常常一着不慎,满盘皆输。前车之鉴,后事之师,如果不想重蹈历史的覆辙,投资银行就应加强自身的内部管理,以增强抗御风险的能力,包括建立健全内部监督机制、建立风险预警系统和风险防范系统,等等。

第四节 保证金交易

一、保证金交易概述

在证券市场上,当某种证券行情看涨,投资者想购买时,可能会遇到手中没有足够资金的问题;当某种股票行情看跌,投资者想交出时,可能手中又不持有这种证券。利用保证金交易可以达到上述目的。投资者只需要按照证券价格的高低,向投资银行支付交易总量一定比例的现款或证券作为保证金,也称为“垫头”(Margine),其余部分由投资银行垫付,或由其再转向银行贷款而满足其余款项。

保证金比例大小对证券市场影响很大。如果保证金比例低,投资银行或者其他银行垫付款项就高,信用扩张就大。信用扩张到了一定程度,会产生负面影响。1929 年美国股市大崩溃的重要原因之一,就是保证金比例过低。当时保证金比例在 10% 以下,买卖股票费用的 90% 靠贷款。因此,美国国会于 1934 年授权联邦储备委员会管理保证金交易和规定法定保证金比例。这样联邦储备委员会就可以根据货币供应量、通货膨胀率以及证券市场的实际状况不断变动保证金比例。现在保证金比例一般在 50% 左右。

保证金交易在发达证券市场得到更多发展。按保证金种类可将保证金交易分为三种类型:第一,现金保证金交易,即以金额表示的保证金,以支付一定比例现金为交易前提。第二,权益保证金交易,即以权益表示的保证金,表示权益的质押品一般是证券。这种保证金反映了质押品市场价格与客户账面所占权益的关系,例如若规定质押品的贷款价值应为其市场价值的 40%,则客户应向投资银行缴纳 60% 的保证金。第三,法定保证金,指法律要求支付的保证金,又分为初始法定保证金与往来法定保证金。前者指有关法规要求客户在投资银行开户时应交纳的保证金份额,后者指法规要求客户在开始交易后应交纳的保证金份额。

二、保证金交易方式

保证金交易包括保证金“买空”交易与保证金“卖空”交易两种方式。

(一)“买空”交易

从事保证金买空交易的投资者,是在对某种证券价格运动做出分析预测,判断该证券行情将会大幅上涨,向投资银行发出“买入”指令,并依照规定存入一定比例保证金,不足的价款由投资银行运用自有资金,或再转向商业银行贷款解决,所购入证券存入该投资银行或贷款银行，以作为借款抵押。因此，这又称为融资。

以保证金交易方式购买证券，首先需要在投资银行开设保证金账户，每次购买都需要按规定的保证金比例交纳保证金，投资银行则向客户收取垫付款的利息和经纪业务的佣金。收取利息的利率主要取决于当时银行利率，一般比银行年利率高出0.5～1个百分点。同样，客户存入的保证金也视同存款处理，由经纪人支付一定比例存款利息。用保证金购入证券的动机是以较少的资本投入获得较多收益，即产生杠杆效应。例如，某客户有本金2万元，他要买的证券价格为40元，采用现货交易，可以买入500单位，当证券价格涨至60元时，该客户盈利1万元。在同样情况下，若该客户采用保证金方式买入该种证券，假设保证金比例为50%，则该客户可买入1 000单位，价格至60元时可盈利2万元，比现货交易盈利多一倍。

用保证金交易方式购入的证券如果不涨反跌，那么投资者就要蒙受加倍的损失，而且保证金比例也在发生变化。例如，在前述情况下，投资者在50%保证金比例下购进1 000单位证券后，如果价格跌至30元，这时其证券总市值为3万元，去掉投资银行代垫的2万元，还剩I万元，这时保证金比例变为33.3%。如果证券价格继续下跌，这一比例还将不断下降。一般各个投资银行都有最低的实际保证金比例标准，低于这一标准后，就会要求客户追加保证金或者强行平仓以收回欠款，客户必须在二者中选其一，要是客户无力增加保证金，则投资损失立即兑现。

投资者自己应支付的购买价格的最小比例被称为初始保证金要求（Initial Margin Requirement），美国《1934年证券交易法》中的T、U和G条例赋予联邦储备委员会制定购买股票和可转股债券初始保证金的权力，然而，在具体执行时，交易所可以把这一比例定得高于联邦储备委员会的标准，经纪公司则可以定得更高，所以，假设联邦储备的标准为50%，纽约证券交易所就可以定在55%，经纪公司则最终可以把其定在60%。1934年以来联邦储备委员会制定的初始保证金比例从40%～100%不等。

例如，如果一名投资者用保证金以每股50美元的价格购买了100股威吉特公司的股票，初始保证金率在60%的话，投资者必须付给经纪人3 000美元的现金（$0.6\times100\times50=3\,000$），其余2 000美元[$(1-0.6)\times100\times50=2\,000$]的购买价格由经纪公司以贷款的方式提供给投资者。

投资者购买股票的实际保证金（Actual Margin）比例计算如下：

$$\text{实际保证金比例}=(\text{资产的市值}-\text{贷款})/\text{资产的市值} \tag{5-1}$$

每天计算投资者账户实际保证金的做法，被称为每日清算制度，又称逐日盯市（Marked to the Market）。从等式（5－1）可以看出，在发生保证金交易时，实际保证金和初始保证金可视为相等，然而，以后实际保证金会高于或低于初始保证金，在本例中，如果威吉特公司的股票跌到了每股25美元，实际保证金比例就将降到20%[$(2\,500-2\,000)/2\,500$]。

此时威吉特公司的100股股票正在充当2 000美元贷款的抵押品，如果威吉特的股票价格进一步下跌，经纪人就会感到紧张，因为股票价格再急遽下跌的话，就会使抵押品的价格跌入贷款额之下。例如，如果价格跌到每股15美元，经纪人的抵押品就值1 500美元，而贷款为2 000美元，如果投资者甩手潜逃，经纪人还得偿还银行的2 000美元贷款，但他所能得到的用于偿付贷款的客户的财产只值1 500美元。这意味着经纪人要承担500美元的损失差额，而且还需寻找该客户以期日后能补回这部分资金。

为防止上述事件的发生，经纪人就会要求客户在账户中保留一定比例的实际保证金，这就是维持保证金(Maintenance Margin),具体标准由交易所而不是联邦储备委员会负责制定,且经纪人有权提高标准。在1994年,纽约股票交易所为购买普通股和可转股债券而设立的维持保证金比例为25%。

如果账户的实际保证金降到维持保证金标准之下,就称账户的保证金不足,此时,经纪人将签发追加保证金通知,要求投资者在下列三项中做出选择:①在账户中存入现金或证券;②偿还部分贷款;③出售部分证券以收入偿还部分贷款。这三项选择中的任一项都会加大等式(5-1)的分子或降低分母数额,从而增加实际保证金。如果投资者不能达到要求,根据账户协议,经纪人就将出售账户中的证券以使实际保证金至少达到维持保证金的要求。

如果股价不是下跌而是上涨,投资者就可以把增加的部分提现,因为,实际保证金将超过初始保证金的要求,在这种情况下,该账户就被称为无限制账户或者保证金盈余账户。

还需要考虑一种情况,即股价虽然下跌,但并没有跌到使实际保证金降到维持保证金之下,即实际保证金低于初始保证金但高于维持保证金。在这种情况下,该账户将变成一个限制使用账户(Restricted Account),即不允许做任何使实际保证金进一步减少的交易,如提现。

用保证金购买股票的投资者得以利用财务杠杆,通过举债支付部分购买股票的款项,投资者可以增加投资的预期收益,然而,在保证金的利用中有一个复杂的因素,那就是投资的风险效应。

再以威吉特为例,如果投资者相信下一年度股价将上升15美元,假设没有现金派息的话,以每股50美元现金购买100股威吉特股票的预期收益率为30%,具体计算如下:

$$(15\times100)/(50\times100)=1\ 500/5\ 000=30\%$$

对于保证金交易来说,如果保证金贷款的利率为11%,初始保证金要求为60%的话,预期收益率将为42.7%。具体计算如下:

$$[(15\times100)-(0.11\times2\ 000)]/(0.6\times50\times100)=1\ 280/3\ 000=42.7\%$$

所以,利用保证金交易使预期收益从30%上升到42.7%。

然而,如果股票每股下跌10美元,以现金购买的投资者的收益率将等于-20%,以保证金购买的收益率将为-40.7%。分别计算如下:

$$(-10\times100)/5\ 000=-1\ 000/5\ 000=-20\%$$

$$[(-10\times100)-(0.11\times2\ 000)]/3\ 000=-1\ 220/3\ 000=-40.7\%$$

所以,在股价下跌的情况下,保证金交易的损失要大于现金购买。

(二)“卖空”交易

1. 卖空过程。当投资者预测某种证券价格不久将下跌时进行“卖空”交易,投资银行按照客户要求卖出客户并不持有的股票,所需股票由投资银行从自己账户或其他投资银行处融通解决。“卖空”所得价款,必须存于投资银行。当证券价格下跌时,投资者再买入证券归还投资银行。客户在借入证券时,也需要向投资银行支付一定比例保证金。例如,某客户有本金2万元,保证金比例为50%,当某证券价格为40元时,按规定客户可借到1 000单位该种证券卖出,价款总额4万元。当证券价格下跌到30元时,客户再用3万元买入1 000单位该种证券归还投资银行,便可盈利1万元。当卖空证券价格不跌反涨时,投资者同样要蒙受加倍损失,这与买空交易情形相似。保证金交易的期限一般为6个月,此期间内,只要保证金比例没有突破投资银行规定的标准,投资者可随时将买空的证券卖出,或将卖空的证券买回,进行对冲结算。如果超过期限未能进行对冲结算,投资银行有权将客户账户强行平仓结算。

图5－1表示的是一个卖空的例子。假定在营业日开始的时候，雷恩先生有100股XYZ公司的股票，由他的经纪人——博克公司为他持有。这天，史密斯女士在博克公司向她的经纪人下达了一份卖空100股XYZ公司股票的交易指令，博克公司将把雷恩先生持有的100股XYZ公司的股票借给史密斯女士，供其卖给其他人，假设是琼斯先生。这时，XYZ将收到通知，告知其股票已从博克公司名下转入琼斯先生名下。过些时候，史密斯女士将委托她在博克的经纪人买入100股XYZ公司的股票（可能是从珀尔女士那里），以这些股票偿还她对雷恩先生的股票债务。这时，XYZ公司将收到100股的所有权从珀尔女士转入博克名下的通知，恢复博克公司的初始状态。

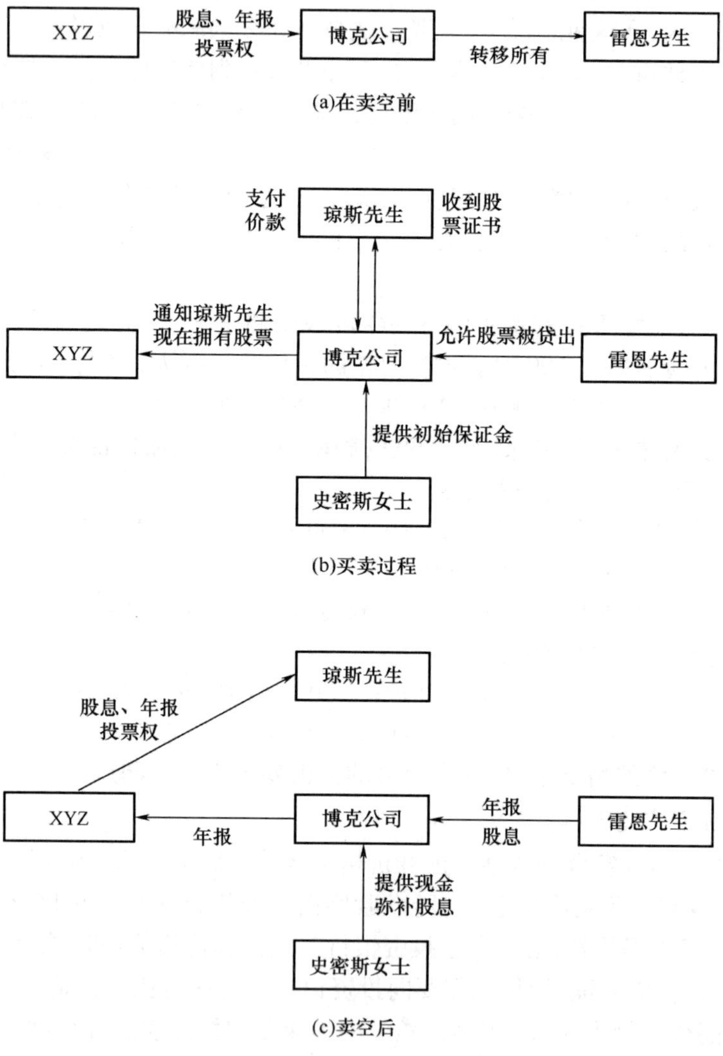

图5－1　股票卖空的过程

2. 股票原始持有人的权利。如果XYZ公司宣布并随即支付现金股息给股东，那么在卖空前，博克公司将收到100股股票应得的现金股息的支票，并将这张支票存入自己的银行账户。然后，博克公司将会向雷恩先生签发一张同等数额的支票。在卖空以后，XYZ公司就不再把博克公司视为那100股的所有者了，所有者现在是琼斯先生。因此，XYZ会把股息支票寄给琼斯先生而不是博克公司。在这种情况下，博克公司会要求卖空者——琼斯女士签发一张等额的支票。

现在我们来看一下卖空所涉及的各方：雷恩先生从经纪人那里获得了股息支票；博克公司的现金流出同卖空前一样仍为零；琼斯直接从XYZ公司收到了股息支票；史密斯女士不会为补偿博克公司付给雷恩先生的股息支票而恼火，因为XYZ公司的股票价格预期会下跌，她可从中获得足够的收益。

股票卖空以后，财务报告和投票权怎么办？经纪商一般很容易从上市公司得到免费的财务报告，所以，博克公司会从XYZ那里要几份并寄一份给雷恩先生。如果雷恩先生需要投票权，经纪商就要予以解决。如果博克公司自己有股票，或者一个资产组合的投资经理有XYZ的股票，愿意把投票权给雷恩先生，那就没有问题。否则，雷恩先生可能会因股票被借并被卖空而得不到投票权。

3. 保证金。如前所述，卖空涉及股票的贷放，即所谓融券，因此，存在融券者不还券的风险。假设史密斯女士的100股XYZ的股票以每股100美元的价格出售，卖空收入的10 000美元被存放在史密斯女士的账户中，但是，在股票没有偿还前她不得动用。现在假设卖空后的某天，XYZ的股票每股上升了20美元，在这种情况下，史密斯女士欠博克公司的100股XYZ股票的市场价值就是12 000美元（100 ×120 =12 000），但她的账上只有10 000美元。如果她潜逃了，博克公司只有10 000美元的抵押品，12 000美元的股票贷放，结果导致2 000美元的损失。博克公司如何使自己免遭卖空者无力还贷的损失呢，回答是利用保证金要求。因此，史密斯女士不仅必须把股票卖空的收入留在经纪人那里，而且，还必须按卖空的数量给经纪人一定的保证金，假设初始保证金的要求是60%，她就必须付给经纪人6 000美元现金（0.6×10 000 =6 000）。

由于XYZ股票只有上升到每股160美元才会使博克公司陷于偿付危机之中。所以，初始保证金为经纪商提供了一定水平的保护。然而，这种保护是不完全的，因为股票升值超过60%［（160 －100）/100 =60%］的情况有时也会发生。维持保证金可使经纪商在这种情况下免受损失。为考察维持保证金在卖空中的作用，卖空中的实际保证金比例将按下式计算；

$$实际保证金比例 = （资产的市值 - 贷款）/ 贷款 \qquad (5-2)$$

等式（5－2）中的分子与计算保证金购买的实际保证金比例的等式（5－1）的分子相同，然而，分母是不同的，对于卖空而言，这等于贷放的当前货币价值，对于用保证金购买而言，这等于账户中资产的当前货币价值。

如果XYZ股票上升到每股130美元，史密斯女士账上的实际保证金比例将是23%｛［（100×100）×（1 +0.6）－（130×100）］/（130×100）=3 000/13 000｝。假设维持保证金比例要求是30%，则账户保证金就会不足，史密斯女士将收到追加保证金通知。

如果股价不涨反跌，卖空者能从账户中提取的现金会比价格下跌幅度多些，因为在这种情况下，实际保证金已超过初始保证金要求，账户已成为无限制的了。

还有一种情况是股票价格虽然上升，但还没有高到突破维持保证金的水平。这意味着账户将受到限制。这里的限制一词的含义与保证金购买中的含义相似，即禁止任何能进一步降低实际保证金的交易发生。

卖空者只有在归还股票的时候，才有权使用账户中的现金，即用现金来购买还贷的股票，在还贷以前卖空者可以根据现金余额的多少获得利息。有些经纪商也接受某种证券，如国库券来替代现金，以满足保证金要求。

有时，卖空者不但不能因卖空股票所得的现金享受利息，还要为借股付费。在这种情况下，经纪公司不仅能赚取卖空者所付的佣金，还从卖空所得的现金上获取收益，如购买国库券。不过大型的机构投资者卖空股票时，通常都要与经纪商谈判分享利息，因而能通过卖空获得利息收入。

4. 卖空收益。卖空使投资者的收益率变动与保证金购买的收益率相反（假设以现金满足卖空的初始保证金要求，无卖空利息收入，保证金贷款的利息忽略不计），因此，卖空也涉及财务杠杆的使用。

再来看 XYZ 的例子：史密斯女士以每股 100 元的价格卖空 XYZ 的股票。如果在 XYZ 公司以每股 1 美元作现金派息后，她在每股价格 75 美元的时候还贷，她的收益率就等于 40% [(100 - 75 - 1)/(0.6 × 100) = 24/60 = 40%]。相反，以保证金购买 XYZ 股票的投资者的收益率为 -40% [(75 + 1 - 100)/(0.6 × 100) = -24/60]。

然而，如果史密斯女士对 XYZ 公司股票的价格走势预测失误，在每股 1 美元的现金派息过后股价上升到每股 120 美元，她的收益率就等于 -35% [(100 - 120 - 1)/(0.6 × 100) = -21/60]。相反，如果以保证金购买，她的收益率就将是 35% [(120 + 1 - 100)/(0.6 × 100) = 21/60]，没有保证金融资的话，股票的收益率为 21% [(120 + 1 - 100)/100 = 21/100]。

如果初始保证金和卖空收益有利息收入的话，卖空者的收益率将增加。以 XYZ 的股票降低到 75 美元为例，假设初始保证金的利率为 5%，卖空收益的利率为 4%，在这种情况下，卖空者的收益率为 51.7% {[100 - 750 - 1 + (0.05 × 0.6 × 100) + (0.04 × 100)]/(0.6 × 100) = 31/60}，比前面计算的 40% 高很多。

三、保证金交易的积极作用

在发达国家证券市场上，保证金交易是最为普遍的交易方式之一，这种交易方式对证券市场有着一些积极作用。

（一）价格发现功能

保证金交易通过保证金制度，将大量的投资者引入证券市场进行公开竞价，买方和卖方根据各自预期，使未来影响供求关系的因素集中于交易所内，最大可能的共同预期形成一个统一交易价格，并且不断调整且向外传播，从而使这种交易价格不断接近证券的实际价值。保证金交易的这种价格发现功能可以起到稳定股市的作用。从卖空交易看，当股票价格出现过度上涨时，卖空者预计股市将会下跌而提前卖出，增加了该种股票的供应，从而使行情不致过热。而当股价真的下跌以后，卖空者需要回补股票，增加了需求，又可缓和股价的跌势。买空交易的情形与此类似，二者共同发挥了市场缓冲器的作用。

（二）保值功能

假设某股票投资者在年初以每股 20 元的价格购进 A 公司股票 1 000 股，至该年年末股价涨至 50 元，投资者获得账面利润 3 万元。如果投资者判断股价将下跌，但又不愿立即卖出这批股票，就可以利用保证金交易进行卖空保值。假设保证金比例为 50%，该投资者可交纳 2.5 万元保证金后卖空 A 公司股票 1 000 股。若此后股票价格降至 30 元，该投资者即可买入 1 000 股对冲了结。这一过程中，投资者的现货股票账面盈利的下降因保证金交易的卖空得到了抵消，投资者的总利润仍保持在 3 万元。保证金交易的这种保值功能还常用于退税目的，当不同纳税期间投资者纳税比例不足时，通过保证金交易，投资者在保值操作的同时改变了收益实现的时间，从而实现避税目的。

四、保证金交易的消极影响

保证金交易的消极影响主要源于其投机功能，尤其在卖空操作上更为明显，因此世界各国对保证金交易尤其是卖空交易严加管制。证券市场，尤其是股票市场存在着追涨杀跌特征，下跌市场上的卖空行为进一步加大了股市继续下跌的压力，甚至导致股市崩盘。1929 年美国大股灾的直接原因就在于此。保证金交易投机功能的消极影响具体表现在以下两方面：

首先，保证金交易创造虚拟的证券供求，并通过银行信贷融资扩大了全社会的信用规模。一方面这会造成通货膨胀的压力，而且保证金交易引起的资本虚拟增长比一般信贷引起的信用扩张的乘数效应复杂，从而增加了中央银行调控信用总量的难度；另一方面，保证金交易可能导致股价成倍上涨，形成资产价值远远脱离实际经济状况的虚假繁荣现象。这种"泡沫经济"远离"实体经济"的状况，最终都将导致灾难性后果。例如 20 世纪 80 年代中期，日本股价急遽飙升，日经指数在 1985—1989 年陡增两倍多，形成资产价格远远超过实际价值的虚假繁荣，"泡沫"崩溃后日本经济形势急转直下，地价和股价大幅下跌，股票交易量只有"泡沫经济"时期的 20%，证券业空前萧条，形成大量银行不良资产，经济发展受到巨大打击。

其次，保证金交易增强了投机者的交易能力，尤其增强了一些大户操纵市场的能力，以致有的大户甚至和证券公司联手操纵，引起股市大幅动荡，损害了中小投资者的利益，也不利于证券市场的长期稳定和发展。尽管西方的证券市场较为成熟，但对于保证金交易的消极影响仍然采取谨慎防范的态度，以避免出现过度投机。在这方面，提高或降低保证金比例是一项有效措施。在特殊时期甚至可以采用强硬方式，将保证金比例提高到 100%，从而中止保证金交易。

五、保证金交易业务风险与防范

保证金交易可以增加投资银行业务量和提高其市场占有率，保证金贷款的利息收入通常也远远高于投资银行的筹资成本，因而成为投资银行的重要利润来源。但如果利用保证金贷款购入证券的比例过高，一旦股票价格下跌，抵押品价值可能低于贷款金额，从而使投资银行陷入被动。如果证券价格变化无常且流动性有限，或者投资银行对这项业务缺乏有效管理，发放保证金贷款就有很大风险。一般来说，保证金交易业务主要风险有：

（1）由于没有向客户充分解释保证金交易风险，当证券价格与预测呈反向运动时，就有可能因客户的误解而引起纠纷；

（2）保证金合同不完备，例如在必要时投资银行可对客户强制平仓的条款不明确，使投资银行无法采取措施；

（3）缺乏对法律和安全的了解，可能导致对某些做法的合法性产生错误理解；

（4）保证金数额不足，当价格与预测反向大幅变动时，造成客户的巨大损失，从而有损投资银行同客户的关系；

（5）会计规则和监督手段不完善，以致投资银行无法及时采取必要措施，从而面临更大的市场风险；

（6）对个别客户或是特定的证券给予过多的融资或融券，既降低了投资银行自身的流动性，也使风险无法分散。

针对上述风险，投资银行开展保证金交易业务时，减少保证金贷款风险的主要措施有：拟定完备的法律文件；实际及合法占有抵押品；坚持足额保证金以防价格急遽升降；限制逾期未付利息的客户；及时要求保证金低于限额的客户追加保证金；将保证金贷款业务与投资银行自营业务和经纪业务分开。根据上述要求，投资银行最好能单独设立一个业务机构负责保证金贷款的决定及发放，这种机构设置可使用交易业务相对独立而不受其他干扰，限制保证金贷款的总额和结构。该部门的主要职责应该包括：根据证券数量、价格变化、流动性以及已作为抵押品证券的实际差别情况，向管理部门提供意见，以便管理部门选择最好的股票，并决定对客户的授信额度；根据市场情况做出评价，定出保证金比例和要求追加抵押品和保证金的最低限额；督促每位客户交纳保证金，支付贷款利息；发出追加保证金的通知，并处理有问题的证券。

第五节　我国的融资融券业务

一、融资融券概述

“融资融券”（Securities Margin Trading）又称“证券信用交易”或保证金交易，是指投资者向具有融资融券业务资格的证券公司提供担保物，借入资金买入证券（融资交易）或借入证券并卖出（融券交易）的行为，包括证券公司对投资者的融资、融券和证券公司对其他证券公司的融资、融券，简称“两融”。从世界范围来看，融资融券制度是一项基本的信用交易制度。2010 年 3 月 30 日，上交所、深交所分别发布公告，表示将于 2010 年 3 月 31 日起正式开通融资融券交易系统，开始接受试点会员融资融券交易申报，融资融券业务正式启动。2013 年 4 月，多家证券公司客户办理“两融”业务的条件调整为客户在证券公司的资产达 10 万元、开户满 6 个月。

二、融资融券交易与普通证券交易的区别

融资融券交易，与普通证券交易相比，在许多方面有较大的区别，归纳起来主要有以下几点：

（一）保证金要求不同

投资者从事普通证券交易须提交 100% 的保证金，即买入证券须事先存入足额的资金，卖出证券须事先持有足额的证券。而从事融资融券交易则不同，投资者只需交纳一定的保证金，即可进行保证金一定倍数的买卖（买空卖空），在预测证券价格将要上涨而手头没有足够的资金时，可以向证券公司借入资金买入证券，并在高位卖出证券后归还借款；预测证券价格将要下跌而手头没有证券时，则可以向证券公司借入证券卖出，并在低位买入证券归还。

（二）法律关系不同

投资者从事普通证券交易时，其与证券公司之间只存在委托买卖的关系；而从事融资融券交易时，其与证券公司之间不仅存在委托买卖的关系，还存在资金或证券的借贷关系，因此还要事先以现金或证券的形式向证券公司交付一定比例的保证金，并将融资买入的证券

和融券卖出所得资金交付证券公司一并作为担保物。投资者在偿还借贷的资金、证券及利息、费用,并扣除自己的保证金后有剩余的,即为投资收益(盈利)。

(三)风险承担和交易权利不同

投资者从事普通证券交易时,风险完全由其自行承担,所以几乎可以买卖所有在证券交易所上市交易的证券品种(少数特殊品种对参与交易的投资者有特别要求的除外);而从事融资融券交易时,如不能按时、足额偿还资金或证券,还会给证券公司带来风险,所以投资者只能在证券公司确定的融资融券标的证券范围内买卖证券,而证券公司确定的融资融券标的证券均在证券交易所规定的标的证券范围之内,这些证券一般流动性较大、波动性相对较小、不易被操纵。

(四)风险和收益不同

与普通证券交易相比,投资者通过融资融券,扩大交易数量,具有一定的财务杠杆效应,如果操作成功,收益可以扩大,但如果操作失败,风险也同样扩大。因此,融资融券交易具有高风险和高收益特征。

(五)交易控制不同

投资者从事普通证券交易时,可以随意自由买卖证券,可以随意转入转出资金。而从事融资融券交易时,如存在未平仓的交易合约时,需保证融资融券账户内的担保品充裕,达到与证券公司签订融资融券合同时要求的担保比例,如担保比例过低,证券公司可以停止投资者融资融券交易及担保品交易,甚至对现有的合约进行部分或全部强制平仓。另一方面,投资者需要从融资融券账户上转出资金或者股份时,也必须保证维持担保比例超过规定时,才可提取保证金可用余额中的现金或充抵保证金的证券部分,且提取后维持担保比例不得低于相应规定。

三、融资融券业务模式

融资融券交易是海外证券市场普遍实施的一项成熟交易制度,是证券市场基本职能发挥作用的重要基础。各个开展融资融券的市场都根据自身金融体系和信用环境的完善程度,采用了适合自身实际情况的融资融券业务模式。这种模式可以概括地归结为三大类:以美国为代表的分散信用模式、以日本为代表的集中授信模式和以中国台湾为代表的双轨制模式。

(一)美国:分散信用模式

在美国的分散信用模式中,证券交易经纪公司处于核心地位。美国信用交易高度市场化,投资者进行信用交易时,向证券公司申请融资融券,证券公司直接对投资者提供信用。而当证券公司自身资金或者证券不足时,证券公司则向银行申请贷款或者回购融资,向非银行金融机构借入短缺的证券。这种证券公司和银行相互分散发生信用的模式,其前提是信用体系完备和货币市场与资本市场高度联通,证券公司能够根据客户需求,顺利、方便地从银行、非银行金融机构调剂资金和证券头寸,并迅速地将融入资金或借入的证券配置给需要的投资者。美国的市场化模式效率高,成本低。

(二)日本:单轨制集中信用模式

从日本的集中授信模式看,专业化的证券金融公司处于整个融资融券业务的核心和垄断地位,严格控制着资金和证券通过信用交易形成的倍增效应。日本的证券金融公司主要由银行出资设立,为证券经纪商等中介机构提供服务。证券公司如果资金和证券不足,并不直接向银行、货币市场进行借贷或回购融资,也不直接向非银行金融机构融券,而是向证券金融公司申请进行资金和证券的转融通。在日本的集中授信模式下,证券金融公司而不是证券公司自身,联通货币市场和其他非银行金融机构,作为融资融券的中介,证券金融公司控制着整个融资融券业务的规模和节奏。

(三)中国台湾:双轨制信用模式

台湾实行的是双轨制信用模式,投资者既可以通过证券公司办理融资融券业务,也可以直接通过证券金融公司获得融资融券。而且台湾有 4 家证券金融公司,彼此存在竞争。台湾对证券公司实行许可证管理,有许可证的证券公司可以向证券金融公司融资融券,而没有许可证的证券公司只能从事代理服务。由于投资者可以直接向证券金融公司融资融券,因此证券公司的地位比较被动,融资融券业务为证券公司带来的收入有限。

四、融资融券的作用

融资融券交易作为世界上大多数证券市场常见的交易方式,其作用主要体现在四个方面:

第一,融资融券交易可以将更多信息融入证券价格,可以为市场提供方向相反的交易活动,当投资者认为股票价格过高或过低,可以通过融资的买入或融券的卖出促使股票价格趋于合理,有助于市场内在价格稳定机制的形成。

第二,融资融券交易可以在一定程度上放大资金和证券供求,增加市场的交易量,从而活跃证券市场,增加证券市场的流动性。

第三,融资融券交易可以为投资者提供新的交易方式,可以改变证券市场单边市的格局,为投资者提供规避市场风险的工具。

第四,融资融券可以拓宽证券公司业务范围,在一定程度上增加证券公司自有资金和自有证券的运用渠道,在实施转流通后可以增加其他资金和证券融通配置方式,提高金融资产运用效率。

五、转融通业务

转融通业务,是指由银行、基金和保险公司等机构,或者通过专门的证券金融公司,向证券公司提供资金和证券,证券公司作为中介将这些资金和证券提供给融资融券客户的业务。为了办理转融通业务,我国设立了中国证券金融公司,该公司于 2012 年 8 月 27 日发布《转融通业务规则》,上海证券交易所、深圳证券交易所和中国证券登记结算公司同日也发布了转融通业务配套细则,标志着转融通试点实质启动。根据工作安排,中国证券金融公司将先行启动转融资试点。

按照上述规则,转融通为公司间业务,无须行政许可,由中国证券金融公司与符合要求的证券公司签订转融通业务合同,约定双方权利、义务及转融通业务的相关事项。中国证券金融公司通过转融通业务平台向证券公司集中提供资金和证券转融通服务。

按照《转融通业务规则》,证券公司开展转融通业务须具备四方面条件:一是具有融资融券业务资格,且业务运作规范;二是业务管理制度和风险控制制度健全,具有切实可行的业务实施方案;三是技术系统准备就绪;四是具备参与转融通业务应具备的其他条件。

在业务开展过程中,中国证券金融公司设立授信管理决策机构,对证券公司征信调查情况进行分析评估，并结合市场状况、风险控制等因素，确定授信额度、保证金比例档次。同时对券商信用、风险状况进行持续跟踪，定期或不定期调整其授信额度、保证金比例档次。

案　例

8·16 光大证券“乌龙指”事件[1]

光大证券股份有限公司创建于1996年，是由中国光大集团总公司投资控股的全国性综合类股份制证券公司，也是中国证监会批准的首批三家创新试点公司之一，公司于2009年8月18日在上海证券交易所上市，成为2003年后首个通过IPO上市的证券公司。

一、“乌龙指”事件始末

2013年8月16日11点05分，光大证券在进行ETF套利交易时，因操作错误，以234亿元的巨量资金申购180ETF成分股，实际成交72.7亿元。大量买单导致上证指数2分钟之内涨超5%，最高涨幅达5.62%，市场上多个权重股瞬间涨停，而多个股指期货主力合约也随大盘暴涨。当时的市场众说纷纭，投资者都在猜测股市暴涨的原因。上交所11点44分宣布交易系统正常，不存在系统故障的可能性。虽然市场上已有传言称股市异动是由“光大乌龙指”所致，但光大证券董事会秘书仍向媒体否认传言，称“光大乌龙指”子虚乌有。随后光大证券管理层做出决策，在未向公众披露误操作的情况下，大量做空股指期货、卖出ETF，以便对冲风险。根据《证券法》第二百零二条和《期货交易管理条例》第七十条的规定，证监会最终以内幕交易为由，认定光大证券在8月16日公开披露错单前，通过转化卖出ETF、卖空股指期货等获利7 414万元及披露信息后继续卖空避险获利1 307万元合计8 721万元为非法获利，对此没收光大证券违法所得8 421万元，处以五倍罚款5.2亿元人民币。

二、“乌龙指”事件发生的原因

（一）证券公司套利系统存在技术弊端

据说，“乌龙指”事件发生的导火索是光大证券公司自营业务的套利系统存在严重的设计缺陷。光大证券的这一交易系统运用的是高频交易程序，于2014年3月开发，2014年7月上线。该套利系统包含订单生成系统和订单执行系统两部分。订单生成系统的设计缺陷导致在错误操作时会产生预期外的订单，而订单执行系统并未设计校验系统，当订单生成系统生成错误订单时不能及时对可用资金额度进行有效的校验控制，事件发生时直接将生成的巨量订单发送至上海证券交易所，造成股价剧烈波动。此外，光大证券的自营部门未能做到在订单执行之前对订单生成系统进行仔细的检查，查看下单是否有误，并且其系统应设有的开盘限额和止损限额也未能有效发挥作用。光大证券套利系统存在的严重设计缺陷，导致一个意外操作竟以无法阻挡的势头震动股市。

（二）风险控制系统未能有效运行

光大证券在“乌龙指”事件发生前的2012年内部控制评价报告就指出，公司分别设立了不定期压力测试、投资额度分级授权、额度与量化评估的控制机制，以应对自营投资的风险。而证监会在“乌龙指”事件发生后经调查指出，光大证券套利系统并未纳入公司的风险控制

[1] 乌龙指是误操作的俗称，比喻手指操作发生错误。

系统,由于系统的订单重下功能从未被实盘测试过,致使该交易系统自2014年7月上线到“乌龙指”事发仅仅运行了15个交易日,就酿成了如此重大的失误事件。“乌龙指”事件发生前光大证券对自己的风险控制系统过分自信,与“乌龙指”事件后证监会的调查结果形成了鲜明的对比。事实上,对于很多金融企业而言,风险控制系统并未真正有效运作,这不能不引起管理者的深思。

(三)缺乏相互制衡的公司治理结构

根据调查,8月16日交易日当天,光大证券自营业务部门的操作员可以自如地调度高额资金,严重违反了证监会的规定,可见光大证券缺乏必要的相互制衡的运作机制,同时也说明负责合规风险的识别、评估、监测与检查的公司法律合规部在对待自营业务上存在偏袒甚至网开一面的现象,并未发挥独立监控的应有作用。错单生成后,光大证券又迅速通过期货合同进行空头对冲。如此重大的决策,光大证券并未按照应有的决策程序通过董事会、监事会以及高级管理层进行决策,而只是由少数相关人员掌握重大决策权,从而导致光大证券错上加错。

三、事件背后暴露的问题

(一)内幕交易界定范围狭窄、举证困难

2014年8月5日,“光大乌龙指”事件终于进入开庭审理阶段。光大证券面临的指控是利用“乌龙指”造成的大量买入成交这一未公开信息通过做空后行情下跌获利,而市场参与者并未获知该信息,结果因做多而蒙受损失。在庭审中,光大证券公司的行为是否构成内幕交易成为辩论的焦点。双方当事人关于“乌龙指”事件是否构成内幕交易的争论并非偶然,实乃我国关于内幕交易法律规制的不完善在现实交易中的反映。认定内幕交易行为的前提是正确界定内幕信息。我国《证券法》第七十五条以及《期货交易管理条例》第八十五条对内幕信息进行了定义,并列举了内幕信息种类,然而其所列举的种类范围十分狭窄。“涉及的内幕信息不属于两部法规列举的具体情形。”

另外,内幕交易中的举证难问题一直是内幕交易受害者维权难的障碍。目前在我国实施内幕交易的行为人往往权力大,且交易形式隐蔽,因而在实践中,内幕交易的受害人经常因证据不足而不能起诉。2011年7月最高人民法院印发《关于审理证券行政处罚案件证据若干问题的座谈会纪要》的通知,规定了举证责任的分配和推定方式的转移,但仅仅针对行政处罚案件,而对于内幕交易民事赔偿案件的举证制度,我国尚无相关规定。

(二)投资者补偿机制存在缺陷

“光大乌龙指”事件当日,上证综指、沪深300指数、180ETF、大量权重股以及保证金交易的股指期货都发生大幅波动,很多无辜卷入“乌龙指”事件的投资者都受到了或多或少的损失,“乌龙指”事件中如何保护投资者以及对受害投资者进行补偿的问题引发了社会的关注。理论上投资者补偿基金可分为保护基金与赔偿基金。然而我国立法仅规定了保护基金,对于赔偿基金并未做任何规定。证监会、财政部和中国人民银行于2005年6月30日联合发布了《证券投资者保护基金管理办法》,规定了中国证券投资者保护基金有限责任公司是我国唯一的赔付机构,并具体规定了保护基金公司的组织机构、基金的筹集、基金的管理等事项。但是无论是保护基金的资金来源还是费用分担体系都还不够成熟,对于投资者的补偿机制还存在缺陷。

(资料来源:百度百科。)

思考题

1. 投资银行在二级市场中有哪些作用?
2. 简要叙述证券交易所的交易程序。
3. 做市商在证券市场中有哪些作用?投资银行开展做市商业务的目的是什么?
4. 投资银行的自营业务有何特点?开展自营业务需要具备什么条件?要遵循哪些原则?
5. 什么是初始保证金比例、实际保证金比例和维持保证金比例?请举例说明。
6. 保证金交易有哪些积极作用和消极影响?

第六章

投资基金业务

本章学习重点和要求

◆掌握投资基金的概念和分类；

◆明确开放式基金与封闭式基金，公司型基金与契约型基金的特点和区别；

◆把握投资基金当事人及其关系；

◆了解投资基金发起设立与运作的过程和内容；

◆熟悉投资基金设立的程序、条件和文件；

◆知晓基金的发行和认购方式与过程；

◆掌握基金投资管理决策的相关内容；

◆明确投资基金的立法及监督的重要性。

投资基金业务是投资银行的重要业务，投资银行往往通过建立基金管理公司、担任基金管理人以及为客户提供基金交易的经纪和咨询服务获得收入并借以发展壮大。

第一节 投资基金的概念及分类

投资基金作为一种集合投资方式，由于具有专家理财、组合投资和分散风险等优点，自19世纪60年代于英国起源以来，在世界各地得到了很大的发展，成为世界金融市场上流行的投资工具之一。[1] 目前，无论是金融市场非常发达的西方国家，还是不够发达的发展中国家，只要金融市场工具的种类和数量发展到一定程度，投资基金就会适时根据市场有效运行的需要，得到相应的发展。随着我国金融体制的改革深化，与基金有关的法律、法规的制定和完善，以及人民收入的不断增加，我国的基金业正步入高速发展的新阶段。

一、投资基金的基本概念

（一）投资基金的含义

投资基金是通过发行基金单位，集中投资者的资金，由基金托管人托管，由基金管理人管理和运用资金，从事股票、债券等金融品种投资的利益共享、风险共担的集合证券投资方式。世界各国对投资基金的称谓略有不同，美国称为共同基金或互惠基金（Mutual Fund），也称为投资公司；英国及我国香港地区则称为单位信托基金（Unit Trust）；日本及我国台湾地区又称为证券投资信托基金。本书的投资基金只具有狭义的含义，特指共同基金和单位信托基金以及封闭式投资公司一类的基金，而不包括养老基金和保险基金及其他基金。

从上述定义可以看出，投资基金（以下简称基金）具有以下特征：

1. 基金是一种证券信托投资方式。“基金”一词来源于英文“Fund”，意为“把财产集中起来，由专人进行管理、运用”。基金体现了一种金融信托关系，基金投资者既是基金资产委托人，又是基金资产受益人，基金管理人和基金保管人共同作为基金资产受托人，对投资者负有信托责任，管理人和保管人之间是相互监督和分工协作关系。总之，基金的性质是信托，基金法律关系便是信托法律关系。

2. 基金是间接金融工具和中介金融机构。基金以其他金融品种为投资对象，因此是一种间接金融工具或再投资工具。基金投资管理活动由专家负责，基金在金融市场上起着连接投资者与筹资人的中介作用。

3. 基金以投资为根本目的，即以资产保值与增值为根本目的，兼顾资产安全性、盈利性和流动性。基金管理者必须非常注意资产的风险管理，依据证券组合原理追求最大收益和最小风险，旨在提高投资效率。

4. 基金以金融资产为专门经营对象。作为金融机构，基金的主要投资方向就是金融资产，如资本市场上的股票、债券等，在货币市场上，则有票据、银行同业拆借、银行存单，金融市场上的外汇、黄金、期货、金融衍生品等。

---

[1] 从广义上讲，投资基金的对象既可以是有价证券，包括各种金融工具，也可以是工商实业，因而可分成证券投资基金和实业投资基金。本书的投资基金主要指证券投资基金。

5. 基金具有收益共享性和责任有限性。由于投资者将其资金通过购买发行的基金单位交与专业人员集中进行投资，因此投资所获利益由投资者按投资比例共享，投资风险也由投资者按投资比例共担。

（二）基金的优劣

1. 基金的优势。基金是专门为众多的中小投资者设计的一种间接投资工具，与其他投资方式相比，具有自身独特的优势。

（1）规模经营，降低成本。基金的本质是汇集小钱成大钱，集腋成裘，规模经营。基金按购买单位起算，每基金单位数额从几元、几十元到成千上万元，有些甚至不限制投资额的大小。通过累积，基金拥有相当庞大的资金，在买卖股票或有价证券时，数量和金额都占尽优势；根据证券交易佣金的支付额随交易量的增加而递减的交易原则，基金能相对减少买卖证券的佣金支出，从而降低交易成本，提高小额投资者的投资收益。

（2）组合投资，分散风险。基金的一个突出优势就是分散风险，把风险降到最低程度。根据现代投资理论，组合投资是降低投资风险的最有效方法。所谓组合投资就是将一定量的资金按不同的比例分别投资于各种不同的有价证券。

（3）专业管理，专家操作。基金的另一大优势在于专业的投资管理。投资者付出合理的费用便可享有专业性的投资管理服务。基金是一种间接投资工具，基金募集的资金都是交由专业经理人才去操作，他们都受过专门训练，在投资领域积累了相当丰富的经验，且基金管理人与金融市场联系紧密，信息资料齐全，分析手段先进，因此出现失误的概率较小。

（4）流动性强，变现性高。投资者购买基金的程序非常简便，既可以在基金管理公司直接办理购买手续，也可以通过委托投资顾问公司代为买入。支付认购款后，投资者就拥有了若干个基金单位，可以随时购买或赎回，变现非常容易。即使是封闭式基金也可以通过证券交易所的上市交易进行买卖，一般只需 4 ~ 5 天便可完成整个交易和清算过程，若采取电子交易方式则时间更短。

（5）投资灵活，形式多样。经过 100 多年的发展和完善，基金已经达到了相当成熟的境地。目前，在西方发达国家的证券市场上，基金的数量已逾万种，涉及一切金融投资领域，而且大多数基金都进行跨国投资或离岸投资，任何一种被市场看好的行业或产品，都可以通过设立和购买基金得以开发和利用。基金作为一种间接投资工具，具有最广的包容性和最大的灵活性，为投资者提供了一个非常广阔的选择余地。

（6）经营稳定，收益可观。基金资产划分为若干个“基金单位”，投资者按持有“基金单位”的份额分享基金的增值收益。一般而言，基金由于采取组合投资等策略，所以经营较稳定，风险低于股票，收益高于债券和同期银行存款利息。而且封闭式基金上市后，投资者还有可能获得供求差价。基金经营期满后，投资者还享有分配基金剩余资产的权利。

（7）专门保管，安全性高。安全性是投资决策的基础。为了保证基金资产的安全，一般基金在“信托契约”中均明确规定，基金资产不能由基金经理公司掌管，必须由另外一家独立的公司作为信托人持有和保管，这使经理人难以谋取私利。信托人往往是银行或比较大的跨国财团或实力雄厚的投资机构，其资信好，设备先进，资讯网络广泛，基金注册地又往往在海外，可以将基金资产离岸化，即使投资者所在国出现政治或经济政策的变化，投资者的资金也不怕被冻结。

2. 基金的局限。但是，基金也有一定的缺点和局限，主要表现在：

（1）基金可以分散投资，降低风险，但不能完全消除风险。基金的风险可能来自政治、经济、政策或法规的变更等外在因素,也可能来自经理人的管理不善或操作失误等内在因素。因此投资者应该对基金的风险有一明确认识,以增强承受风险的心理能力。

(2)在股市出现空头走势,行情看淡时,基金的表现可能比股市还差,而股市看好时,如基金持股比例太低,其获利反而不如投资股票。这是因为按法令或政策规定,基金必须把投资目标和策略登载在公开说明书上,并据以执行投资,这在一定程度上约束了基金操作的灵活性。

(3)基金只宜作长线投资。投资者如果频繁买卖基金,所支付的手续费可能较高,从而增大了投资成本,特别是由于基金的认购费及年度管理费较高,若频繁操作则交易成本极高。

(4)基金是一种间接工具,投资于基金就等于失去了直接参与证券投资的机会,短期收益可能比直接投资所获得的收益低。

尽管基金存在上述缺点和局限,但与其诸多优点相比仍然是利大于弊,尤其是为个人投资者提供了良好的投资渠道。

二、基金分类

(一)按照组织形态划分

按照组织形态的差异来划分,基金可区分为公司型与契约型两大类型。这种分法也可以说是依据法律基础不同来划分的。这是基金最基本的划分法。

1. 公司型基金。公司型基金(Corporate Fund),如美国的共同基金,是指依据《公司法》和有关投资公司的法规成立的以盈利为目的的股份有限公司形式的基金。公司通过发行股票的方式筹集资金以进行分散性的证券投资,并向投资者定期派发股息和红利。公司与股东的权利义务关系由公司章程规定。投资者购买了投资公司所发行的股票后即成为该公司的股东,凭股票领取股息和红利,享受投资所获取的收益。基金公司资产为投资者(股东)所有,由股东选举董事会,由董事会选聘基金管理公司,即基金投资顾问,管理公司负责基金的日常管理业务。基金经理所负职责和所得报酬由基金公司与基金管理公司订立的顾问协议(Advisory Contract)规定,其主要职责包括证券投资分析、制定投资组合和从事日常基金管理。基金托管人一般指银行,主要职责是托管基金资产及股息核算,基金托管人与基金公司签订托管契约并收取托管费。转换代理人通常由银行或其他金融机构承担,主要负责基金证券转移和利润分配。基金承销商是基金管理公司的代理机构,负责基金证券销售。公司型基金在美国十分盛行。

2. 契约型基金。契约型基金(Contract Fund),如英国的单位信托基金,是指以证券投资信托契约(Trust Deed)集合投资者的资金成立基金,以基金管理人为委托人,托管人为受托人,由基金管理人指示托管人进行证券投资,最终使投资者获益的基金。这种基金包括三方当事人,即管理人、托管人、投资者,他们由基金信托契约联结在一起,在该契约中约定各方的权利义务。管理人负责基金的日常管理和操作,通过发行受益凭证将资金筹集起来组成信托财产,根据信托契约进行投资;托管人一般由银行担任,根据信托契约负责托管信托财产,具体办理证券和现金账户管理及有关代理业务等;投资者即受益凭证持有人,通过购买受益凭证投资于基金,并根据购买份额分享投资收益。契约型基金广泛流行于英国、日本、我国台湾、我国香港及东南亚国家和地区。

3. 公司型基金与契约型基金的比较。

(1)从法律角度看,公司型基金根据《公司法》成立,具有法人资格;契约型基金根据《信托法》组建，基金本身不具有法人资格。

（2）公司型基金经营信托财产的依据是基金公司章程、委托管理协议和委托保管协议等文件，而契约型基金则凭借信托契约经营信托财产，尽管规章的形式不同，但是内容却十分相似。

（3）从基金发行看，公司型基金发行在外的凭证为股票（普通股、优先股）和公司债券，是一种所有权凭证，也体现了信托关系；契约型基金只发行受益凭证，其反映的只是一种信托关系。

（4）公司型基金形式上有董事会，并由其委任基金管理公司及基金托管公司执行基金投资与保管之责；而契约型基金则依据信托契约的规定处理，并无董事会设置。

（5）从投资者地位看，公司型基金投资者即基金公司股东，他们有权对公司重大决策进行审批，发表自己意见，并以股息形式获取投资收益；契约型基金投资者是信托契约当事人，通过购买受益凭证获取投资收益，对基金重要投资决策通常不具有发言权。由此可见，公司型基金投资者比契约型基金投资者享有更多权利。

（6）从融资渠道看，公司型基金由于具有法人资格，因此可以向银行借款，比较有利于公司扩大资产规模，公司发展有雄厚资本作保证；契约型基金由于不具备法人资格，一般不能向银行借款。

（7）从基金实际运作看，公司型基金同一般股份公司一样，除非根据《公司法》到了破产清算阶段，一般情况下基金公司都具有永久性，有利于公司稳定经营。由于契约型基金依据信托契约建立和运作，随着契约期满，基金运营也就终止，不利于基金长期经营，也不利于证券市场稳定。

就两类基金共性而言，都涉及四个方面当事人：基金受益人或基金投资者或基金持有人，基金管理人即基金管理公司（有的基金公司本身就是基金管理公司），基金托管人即基金托管公司，以及基金代理人即承销公司，这些通称为基金组织四要素，在基金运作中发挥着不同作用。从发展趋势看，公司型基金除了比契约型基金多了一层基金公司组织外，在其他方面都有趋同化倾向。

（二）按照基金的受益凭证能否赎回划分

基金按受益凭证能否赎回又可分为封闭式基金和开放式基金。

1. 封闭式基金。封闭式基金（Closed - end Fund）是指基金管理人在设立基金时，限定了基金的发行总额，在初次发行完成了预定的发行计划后，基金即告成立并进行封闭，受益凭证持有人不得向基金管理人要求赎回其受益凭证，管理人在一定时期内不得追加发行新的基金单位，故发行在外的基金单位是固定的，因而也称作固定型基金。由于封闭式基金的股票或受益凭证不能被追加认购或赎回，投资者只能通过证券经纪商在证券交易市场进行基金买卖，因此又称其为公开交易基金。基金收益以股利、利息和可实现的资本增值（Capital Gain）等形式支付给投资者，其中可实现资本增值是从出售高于买价的有价证券中取得的。因此，封闭式基金所发行的受益凭证在交易方式方面类似于普通股票。

2. 开放式基金。开放式基金（Open - end Fund）指设立基金时，发行的基金单位总数不固定，可以随时根据市场供求情况发行新份额或赎回基金。由于资本总额可以随时追加，因此又称为追加型基金。投资者可随时购买基金单位，也可随时要求基金管理人赎回其基金单位，申购或赎回基金单位的价格根据基金净资产价值加一定手续费来确定。基金投资的证券价格上升可以增加投资者所持份额的价值。有时投资者不必另外购买也可以增加在基金中的资产份额,这是因为基金管理机构将所得股利(包括利息)和资本增值按比例用于再投资而不是用于分配。

3. 封闭式基金与开放式基金的差异。

(1)基金资本额的差异。封闭式基金发行的基金单位数量是限定的,而且在经营期限内不得赎回基金单位,因此其资本额是确定的,基金的稳定性强;开放式基金的发行则没有数量上的限制,而且投资者可以随时购买或赎回基金单位,因此其资本额是不确定的,基金的稳定性较差。

(2)基金买卖方式的差异。封闭式基金根据不同阶段采用不同购买方式,在刚发起设立时,投资者可以向基金管理公司或经销机构按面值或规定价格购买;当发行完毕或基金已经上市交易时,投资者则只能通过经纪商在证券交易市场上按市价买卖;开放式基金则在发行结束后一段时间(一般为3个月)即开设内部交易柜台,投资者可以随时向基金管理公司追加购买或赎回基金单位。

(3)基金单位买卖价格的差异。开放式基金价格直接反映其净资产价值,因为投资者可以随时申购或赎回基金单位,故市场供求处于平衡状态,基金单位既不会溢价,也不会折价。投资者投资于此类基金至少可以保持净资产价值,大大降低了投资风险;而封闭式基金价格会随市场供求关系变化而变化,常出现溢价或折价现象。因为封闭式基金的发行计划是固定的,即其基金单位的供应量是固定的,而需求量却经常变动,供求之间的不平衡便会导致溢价或折价,因此封闭式基金投资风险较大。

(4)基金投资方式的差异。由于开放式基金的管理公司必须满足赎回的要求,因此基金的资金不能全部用于投资,更不能全部用于长线投资,需要保留一定比例的现金,以随时应付基金赎回时的急需,且其投资组合中也要有一部分随时可以出手的金融品种如绩优股等,以备投资者大规模赎回之需,从而影响基金长期绩效;封闭式基金不允许投资者随时赎回其投资,因此基金管理人所掌握的资金相对来说较为稳定,可把资产全部用于投资,也可以作长线投资而不受赎回的干扰,有利于取得长期投资回报。尽管封闭式基金资本额变动不大,具有稳定经营的优势,但因此也限制了基金发展规模,特别是当前景看好时,基金不能随时追加资本,从而失去发展机会。

(5)基金投资目标的差异。封闭式基金所投资的证券市场多为封闭型市场或开放程度比较低的市场,规模比较小,资金周转慢,灵活程度比较低,不适应大规模短线投资;开放式基金的投资市场多为开放程度比较高、规模比较大的证券市场,这种市场资金周转周期比较短,也容易筹集资金,能够适应大规模的短线投资。

(三)按照投资对象划分

1. 股票基金。股票基金(Equity Fund)以股票为主要投资对象,但偶尔也把小部分资金投放于短期政府债券或商业票据上,以方便资金周转或适应选择投资时机。

股票基金的优点是资本成长潜力较大,投资者不仅可以获得资本增值,而且还可以通过该基金使得较少的资本能够分散投资于各类普通股票,比投资者个人直接投资于普通股票的风险要小得多。

2. 债券基金。债券基金(Bond Fund)是基金市场上资产规模仅次于股票基金的另一个重要品种,以债券为主要投资对象。债券基金属于收益型基金,基金定期派息,由于风险较低,收益率通常比股票基金要低。

3. 期货基金。期货基金(Futures Fund)是一种以期货为主要投资对象的基金。期货是一种合约,投资者只需按交易额缴纳5% ~10%的保证金即可参与买卖,以赚取合约差价。期货可分为商品期货和金融期货。基金经理投资期货一般有两个目的:①套期保值,即利用期货对冲,抵消现货价格变动的风险。例如股票型基金经理在预测股票行情可能大跌,而大量抛售股票则必然导致股价出现实际下跌,这时就可在期货市场卖出股票期货或股票指数期货,如果未来股票真的出现大跌,则其损失可通过期货交易的盈利得到弥补。②谋求高额资本增值。期货不仅有套期保值功能,而且是一种杠杆型投资工具,具有高收益和高风险的特点,只要预测准确,就能以小博大,短期内获得很高的投资收益。考虑到期货是一种高风险的投资工具,为了维护投资者的利益,基金市场管理当局对期货基金的经营一般均有严格的规定。

4. 期权基金。期权基金(Option Fund)指以期权作为主要投资对象的基金。期权也是一种合约,合约买方在特定到期日之前用特定价格买卖投资标的,当该投资标的市价不利时,可以放弃履行合约,在取得这项权利前,须付给合约的卖方一笔期权费。进行期权交易,主要是降低风险,合约买方在不履行合约时,最大损失是付给卖方的这笔期权费。其投资目的是为了获取最大的当期收入。期权基金风险较小,适合于稳定收入的投资者。❶ 期权交易最早出现于1973年,目前交易范围已经从股票扩大到债券、股票指数、外汇以及其他债务凭证。

5. 认股权证基金。认股权证基金(Warrant Fund)是指以认股权证为主要投资对象的基金,通过认股权证买卖,以获取资本增值。

6. 货币市场基金。货币市场基金(Money Market Fund)指投资于货币市场的基金,主要投资对象是短期货币市场工具,如国库券、银行大额可转让存单、商业票据等短期证券。货币市场基金一般有多种不同货币的选择,是除存款之外货币市场投资的另一途径。货币市场基金为投资者提供三大主要的优点:本金保值;能获得定期收入;能随时变现。这是一种比较保守的投资工具,适合作短期投资或不想让本金承受任何损失的投资者。

货币市场基金的优点是:收益比存款高、流动性强、购买限额低、资本安全性高、由专家经营、管理费用低、不收取赎回费用。这主要是由于货币市场是一个风险低、流动性高和买卖短期债券的市场。货币市场基金按风险大小可划分为:国库券货币基金(Treasury Money Fund)、分散型货币市场基金(Diversified Money Market Fund)和免税货币基金(Tax - exempt Money Fund)三种类型。

专栏6-1　　余额宝:曲径通幽的货币市场基金

2013年6月17日,余额宝正式上线。余额宝是由第三方支付平台支付宝打造的一项余额增值服务。通过余额宝,用户在支付宝的资金不仅能够得到较高的收益,还能随时用于消费支付和资金转出,用户还可以通过支付宝网站直接购买基金等理财产品,获得相对较高的收益,同时余额宝内的资金还能随时用于网上购物、支付宝转账等支付功能。转入余额宝的资金在第二个工作日由基金公司进行份额确认,对已确认的份额会开始计算收益。

与余额宝挂钩的,是增利宝货币基金。增利宝货币基金,全称是天弘增利宝货币市场基金,是由天弘基金管理有限公司发行的一款货币市场基金。天弘基金是增利宝货币基金的

---

❶ 期权基金一般以期权买方的身份参与交易,而卖方虽然可获得不菲的期权费收入,但在行情发生不利变化时必须执行合约,故风险较大。

唯一销售机构,以支付宝为唯一直销推广平台,用户转入余额宝的资金,即购买了增利宝货币基金,并享有货币基金的投资收益。

余额宝推出不足一个月,募集资金规模就已突破百亿元,并且每天以亿元的规模在增长。究其原因,是余额宝在多方面进行了创新,满足了客户的需求。

一、金融产品模式方面的创新

余额宝作为第一只互联网基金,面世不久就受到违规质疑。根据我国《证券投资基金销售管理办法》第五十四条规定,“未经注册并取得基金销售业务资格或者未经中国证监会认定的机构,不得办理基金的销售或者相关业务。”支付宝公司只有第三方支付牌照而没有基金销售资格,因此支付宝公司不得代销基金。支付宝公司为规避监管风险,在余额宝的设计上把基金销售行为定义为基金公司直销,并严格按照直销来设计业务流程,支付宝收取提供交易平台的对价(管理费),这样就成功地规避了监管限制。证监会对余额宝在第三方支付业务与货币基金产品的组合创新给予了肯定和支持。余额宝的另一大产品创新亮点在于将即时支付融入用户消费场景,为用户提供账户增值的同时,丝毫不影响用户所有的支付体验,支付宝用户可以使用余额宝资产在淘宝网站进行实时支付或转账到他人的支付宝。支付宝、余额宝和货币市场基金的关联如图6-1所示。

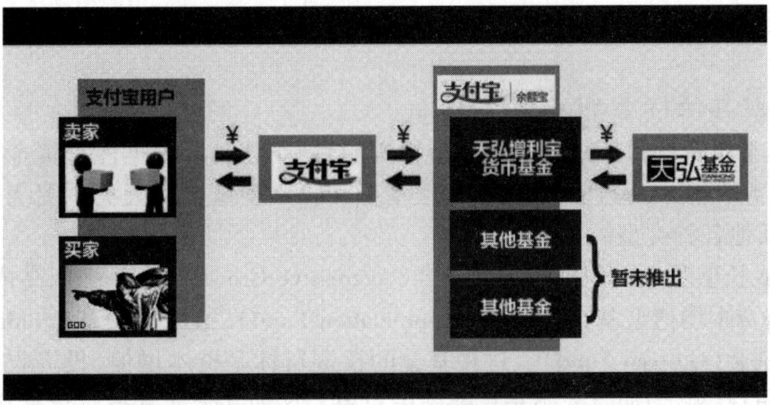

图6-1 支付宝、余额宝和货币市场基金的关联

二、营销方面的创新

余额宝在营销渠道上开创了基金公司在大电商平台直销基金的模式。目前,天弘基金是余额宝服务的唯一产品提供者,增利宝也是唯一与余额宝进行对接的产品。增利宝利用支付宝的渠道优势,在零推广成本下,将产品直接显现在近8亿的客户群体面前,独享规模近200亿元的市场。增利宝基金规模在短期内就突破百亿元,使默默无闻的天弘基金公司,短期内成了中国规模最大的货币基金管理者,公司品牌价值得到极大的提升。公司正是利用互联网的营销渠道优势创造了奇迹。余额宝在营销流程方面开创了互联网一站式销售模式。余额宝为了给客户提供一个极佳的购物体验,尽量转化每一个支付宝客户。天弘基金和支付宝在后台系统为余额宝提供了大量技术支持,实现增利宝便捷的“一键开户”流程。客户将钱转入余额宝,相当于即时购买增利宝,而客户如果选择将资金从余额宝转出或使用余额宝资产进行购物支付,则相当于赎回增利宝基金份额。所有的这些流程操作即时生效,便捷流畅。余额宝的营销策略在围绕“提升客户价值为中心”方面也进行了创新。余额宝在营销上强调购买增利宝资金门槛上仅需1元，是所需资金门槛最低的一只基金。余额宝让客户的备付金“每1元”天天都增值，不少客户通过余额宝尝试了人生的第一次理财，享受到“大众理财”带来的魅力和增值感。余额宝细致入微地围绕“提升客户价值为中心”的创新，得到客户高度认同，支付宝备付金不断地流向余额宝。

三、在技术应用方面的创新

支付宝客户的备付金具有小额性和流动不定性的特点，特别是在“节日促销”期间其规模更是突然暴增暴减。基金公司要吸收支付宝的备付金，难点在如何化解备付金流动性爆发而带来的风险。货币型基金虽然相当安全，但突发性大规模赎回导致基金的流动性不足，往往迫使基金出售未到期的资产而发生亏损。随着信息科学技术的发展，天弘基金公司委托中国金融证券公司，利用大数据技术，锁定支付宝客户，把握客户购物支付的规律，对“大促”和节前消费等影响备付金流动的因素进行事先预测，有效地解决了备付金的流动性风险，保证增利宝产品的低风险度。天弘基金与支付宝公司合作，利用大数据技术的创新，实现增利宝流动性与收益性的高效匹配，让客户的备付金增值得到充分保证。

耐人寻味的是，天弘基金为了提高用户体验，帮助用户解决余额宝和增利宝概念混淆的问题，于2015年5月15日发布公告称，天弘增利宝货币基金正式更名为天弘余额宝货币基金。以后天弘增利宝这个字面概念将不复存在，投资者通过余额宝购买的就是天弘余额宝基金了。

（四）按照其他标准划分

1. 按照基金投资的目标划分。按基金投资的目标不同，即根据注重资金长期成长或注重当前最高收益的差异，基金可分为成长型基金和收入型基金两大类。围绕这两个基本类型，可派生出其他各种类型。

（1）积极成长型基金。积极成长型基金（Aggressive Growth Fund）又叫高成长基金（High Growth Fund）、资本增值型基金（Capital Appreciation Fund）、最大成长基金（Maximum Growth Fund）或高高基金（Go - go Fund）。这种基金的投资目标是资本增值，投资收益主要来自股票买进卖出间的差额，当期收入不是重要考虑对象。这种基金通常投资于高成长潜力股票，这种股票的发行公司通常很少支付股息或者根本不付股息，公司为了追求成长，把盈利全部或大部分用于再投资。

（2）成长型基金（Growth Fund）。成长型基金又称长期成长基金（Long - Term Growth Fund），以追求长期资本增值为主，股利分配仅占投资收益的一小部分。这种基金主要投资于成长股票，成长性略低于积极成长型基金。成长股票属于一种普通股票，其价格预期上涨速度快于一般公司，公司往往通过扩大投资以实现资本增值，成长型基金也因此获益。

成长型基金虽然追求增值，但不像积极成长基金有时会追求资金在短期内最大的增值，这类基金追求的是稳定、持续的长期成长，一般不从事投机活动，当证券市场出现异常时，这种基金将采取股票指数期货或期权交易方式，即套期保值方式回避风险。同样是成长基金，各基金选择的股票不同，风险大小也不相同。

（3）成长与收入基金。成长与收入基金（Growth and Income Fund）把实现资本增值和提高现金收入作为共同目标，一般投资于可带来收入的证券及有成长潜力的股票，来达到既有收入又具有成长性的目的。这种基金一般是成长稍大于收入，但为了顾及收入，所投资的股票必须也能分配股利，这与成长基金投资于有成长潜力但股利甚少的股票有很大的不同。

成长与收入基金的投资策略比成长基金保守，主要投资于股价波动较小的股票，最适合于资金不多的个人投资者。通常在股市出现持续上升时，成长与收入基金反应较为滞后，但当市场不断下跌时，则损失相对较小，因此是长期投资者保持稳定投资收益的较好选择。

(4)平衡型基金。平衡型基金和成长与收入基金一样，既追求资金的长期成长，又赚取当期的收入，不同的是，前者将资金分散投资于股票和债券，而后者的投资对象主要是股票。这类基金的优点是股市下跌时，其表现比单纯的股票基金好，但当股市上升时，业绩不如股票基金。一般来讲，平衡型基金把资金的25% ~50%投资于优先股及债券上，以确保资金安全性，其余资金投资在普通股票上。由于该种基金投资策略较保守，风险也较低，适合于资金不多的大众投资者。

(5)收入型基金。收入型基金(Income Fund)的主要目标是获取当期最大收入，其优点是损失本金的风险较低，缺陷在于资金成长的潜力小。通常，收入型基金可分为固定收益型基金(Fixed - income Fund)和股票收入型基金(Equity - Income Fund)两种类型。相比较而言，前者主要投资于债权类品种，收益比较稳定，但长期成长的潜力很小；后者比较偏重稳定分红的股票，成长潜力较大，但比较容易受股市波动的影响。一般而言，收入型基金比较受退休者欢迎，这些人的主要目标是最大可能地获取当期投资收入，并希望能保住本金。

2. 根据买卖时是否需要支付手续费划分。根据这种划分，可将基金分为收费基金(Load Fund)和不收费基金(No - Load Fund)。买卖手续费或销售费是指支付基金宣传及支付经纪人佣金所收缴的费用。费用可分为两种：一种是认购费，即购买基金时的手续费，另一种是买回费，即退出基金时的手续费。美国称认购费为前收费(Front - end Load)，称买回费为后收费(Back - end Load)。

3. 伞型基金与基金中基金。伞型基金(Umbrella Fund)指同一基金公司把自己名下的一组基金作为“母基金”，其下再设立若干个不同种类的子基金(Sub - Fund)。各个子基金独立进行投资决策。伞型基金的最大特点是基金内部可以为投资者提供多种投资选择，可以在内部随时转换又不需要支付转换费。该基金的子基金种类越多，并且绩效又好，能够为投资者提供较大的选择余地，则基金吸引力越大；反之，如果基金品种单调，并且绩效又差，则不利于吸引投资者。伞型基金的缺点在于其转换完全由投资者决定，基金管理公司无权干涉。

基金中基金(Fund of Fund, FOF)是一种以其他基金证券为投资对象的基金。与伞型基金相比，基金中基金既具备伞型基金的优点，不设赎回费及转换费用低廉，又可选择不同基金公司经营的最具代表性的基金，相比之下伞型基金的伞下只包括本投资公司设定的基金。显然，基金中基金大大拓宽了投资者的选择空间，令风险得以进一步分散而降低，成为一项很稳健保守的投资工具。两者的不同之处在于：

(1)基金中基金比伞型基金优越，具有双重保护功能，即双重的专家经营和双重的分散风险，保护了投资者利益。

(2)基金中基金的投资者承担了双重投资成本。这种基金要向投资者收取首次认购费和管理费，子基金同样要向基金中基金的投资者收取认购费和管理费，因此减少了投资收益。

(3)伞型基金的子基金不是独立基金，基金中基金是一种独立基金。

(4)基金中基金是否转换基金由基金经理做决定，而伞型基金则完全由投资者决定。

4. 对冲基金。对冲基金(Hedge Fund)通常利用对冲技巧进行投资，属于低风险稳回报的基金,原因在于基金经理较好地利用了不同金融品种价格出现背离的机会低价买进某品种,高价卖出另一个品种,获取其中的差价。例如基金可以对股票市场的认股权证和期货指数这两种高风险投资工具进行对冲。一般运作是买入一篮子能够反映大市场趋势的认股权证,同时卖出指数期货,并存放一部分现金生息。这种基金有效的投资组合为47.5%的认股权证、32.3%的指数期货和19.5%的现金,另外持0.7%的货币对冲。由于认股权证和指数期货走势是同步的,当股市呈牛市时,持有认股权证所赚利润将超过出售期指的损失;反之,当股市呈熊市时,出售的期指所得利润大于持有认股权证的损失。因此,不论股市怎样波动,只要做好对冲都会有利可获。

对冲基金在长期的发展过程中已出现了质的变化。现在的许多对冲基金已不再从事所谓"对冲"交易,在买进(卖出)某一品种时并不卖出(买进)另一个品种,因而成为充分利用金融杠杆从事期货、期权等交易的高风险基金。

5. 套购基金。套购基金(Arbitrage Fund)又称套利基金,是一种利用套购技巧进行投资的基金。证券套购是利用相关的两种证券之间的价格出现背离,在买进价格偏低证券的同时卖出价格偏高的证券,一旦这种价格背离现象消失,就可从中获利。早期的对冲基金通常都是套购基金。

证券套购一般有三种表现形式:

(1)跨期套购,即套购基金同时买进和卖出同一证券,但证券的交易期限不同,例如现货和期货之间,不同期限的期货之间如果价格出现较大的偏离,就可以进行套购交易。

(2)跨市套购,即套购基金利用同一证券在不同交易所的价格差异,在价格偏低的交易所买进,在价格较高的交易所卖出,进而从中获利。

(3)跨品种套购,即套购基金利用两种相关联的证券之间的价差进行套购。相关联的证券一般价格同方向变动,但波动幅度可能不同,套购基金利用这一特点买进价格偏低的品种、卖出价格偏高的品种来获利。

6. 指数基金。指数基金(Index Fund)是20世纪70年代以来出现的基金新品种。指数基金是完全以某种股票指数的样本股安排其投资组合的基金,因而其收益随着某种价格指数同步波动。当某价格指数上升时基金收益增加,反之基金收益减少。基金因始终保持当期市场平均收益水平,因而收益不会太高,也不会太低,同时基金风险由于基金本身具有的特殊功能而被分散,因此这类基金适合于稳健的投资者。

人们从股票基金的长期实践中发现,大部分基金不能战胜市场(Beat the Market),其收益率都低于股票指数的收益率,而指数基金则至少与股票指数的收益率保持一致。而且,由于指数基金的管理比较简单,不必聘用大量研究人员,也无须购买证券研究报告,成本较低,收费低廉,因此,股票投资者开始大量转向购买指数基金,指数基金由此得到了充分的发展。

第二节　特殊类型基金

一、ETF 基金和 LOF 基金

有些开放式基金在发行结束后可以在交易所上市交易。在上海证券交易所和深圳证券

交易所交易的开放式基金分别称作 ETF 基金和 LOF 基金。ETF 基金(Exchange Traded Fund)又称交易所交易基金,LOF 基金(Listed Open - Ended Fund)又称上市型开放式基金。这两种开放式基金的投资者既可以在指定网点(基金管理人、银行及其他代销机构)申购与赎回基金份额,也可以在交易所买卖该基金。这种基金在保持传统的开放式基金运作模式不变的基础上,增加了交易所发行和交易的渠道。

ETF 基金和 LOF 基金具有以下优势:第一,投资者通过二级市场交易,可以减少交易费用,约是场外交易的50%。第二,加快交易速度。开放式基金场外交易须在 T+1 日交易确认,申购的份额在 T+2 日才能赎回,赎回的金额在 T+3 日才从基金公司划出,需要经过托管银行、代销商划转,投资者最迟 T+7 日才能收到赎回款。而通过场内交易,买入的基金份额可以在 T+0 日(ETF)或 T+1 日(LOF)卖出,卖出的款项一般当日就可用于交易,T+1 日可提现金,与场外交易比较,买入比申购提前1日,卖出比赎回最多提前6日。第三,提供套利机会。由于采用交易所交易和场外申购及赎回同时进行的交易机制,场内交易价格和申购及赎回采用的基金净值经常会出现偏差。这就为投资者提供了套利的机会。如果交易价格高于净值,投资者就可以在交易所卖出基金,同时在场外以低价申购基金;反之,如果交易价格低于净值,投资者可以在交易所买进基金,同时在场外以高价赎回基金。但是,由于投资者在这一过程中需要支付手续费,因此还需要将场内和场外的差价与手续费进行比较。此外,如果有大量投资者参与这种套利活动,场内场外的差价就会缩小,套利机会也相应消失。

不过由于 LOF 的场内交易和场外交易采取两个不同的托管系统,因此投资者如果是在指定网点申购的基金份额,要在交易所卖出,须办理转托管手续;同样,如果是在交易所买进的基金份额,要在指定网点赎回,也要办理转托管手续。

二、FOF 基金

FOF(Fund of Fund),俗称母基金,是一种专门投资于其他证券投资基金的基金。FOF 并不直接投资股票或债券,其投资范围仅限于其他基金,通过持有其他证券投资基金而间接持有股票、债券等证券资产,它是结合基金产品创新和销售渠道创新的基金新品种。

(一)FOF 的历史

FOF 最早出现在美国,20 世纪 90 年代,基金在产品数量、种类以及销售方式上发生了较大变化。FOF 最初是基金管理公司为方便销售旗下基金或关联基金(Affiliated Funds)而创设的一种基金形式,随后美国市场也出现了可投资非关联的其他证券投资基金的 FOF。目前 FOF 的投资范围很广,投资策略和结构多样化,这种产品并不形成比较确定的风险收益水平。有些 FOF 承担的风险较低,而部分 FOF 也可以表现出较高的风险收益特征,其目的是满足不同偏好投资者的需求。

(二)FOF 的种类和产品形式

经过近 20 年的发展,FOF 也产生出不同的种类,分别具有不同的产品形式。

FOF 按照投资对象的归属分,有关联基金的 FOF(Affiliated FOF)和非关联基金的 FOF(Unaffiliated FOF)。关联基金的 FOF 只对本公司旗下基金打包,其销售渠道创新的含义更多;非关联基金的 FOF 主要投资其他基金管理公司的基金,是一种有一定主动性的投资组合。我们更加关注非关联基金的 FOF,因为这种 FOF 体现了基金管理者对所投资的基金的判断和对市场的判断,是一种经过双重风险控制的产品。

按照投资策略分,可以分为主动管理的 FOF 和被动管理的 FOF。被动管理的 FOF

(Passively Managed FOF)按照事先设定的投资比例对特定基金投资,建仓后不再改变投资组合。而主动管理的FOF(Actively Managed FOF)根据基金经理对未来市场趋势的判断和对基金经理的判断,其投资管理过程中会发生基金的买卖行为。

另外还有一些特殊策略产品,比如说专门投资某一类行业基金的FOF,专门投资某国基金的FOF,专门做套利的FOF,专门做ETF短线交易的FOF,按照特定比例混合策略的FOF等。

（三）FOF的特点

1. 风险相对较小。投资风险是每一个投资者最关心的问题,对于基金投资者来说,面对市场上几百种差别不小的基金,个人挑选的难度和风险都不小,而为了规避风险,可以购买多种不同的基金。FOF实际上就是帮助投资者一次购买"一篮子基金"的基金,通过专家二次精选基金,可以有效降低非系统风险。

挑选单只基金的风险高和难度大,而FOF通过对基金的组合投资,则大幅度降低了投资基金的风险。FOF将自己的投资人群锁定在风险偏好较低者这一行列,也显示了其相对于一般基金具有更好的稳定性。

2. 收益率稍低。尽管推出FOF的券商都声称自己的产品具有"费用低,收益高"的特点,但由于FOF为了避免风险,一般不会全部投资于股票型基金,通常还会配置一定的货币或者债券型基金,因此其收益可能低于股票型基金,尤其是在股票行情出现持续上升时期,这种现象尤为突出。股票型基金是长期投资产品,即使当年的收益率不高,但是其长期收益率通常高于相对保守的FOF。

3. 申购和赎回有所不便。FOF的起购金额一般较大,通常在10万元以上,而其他基金却只需要1 000元甚至更少。除了起购金额方面的高门槛,FOF还有一个不足就是开放期较长,并非每天都可申购和赎回。不同的FOF会规定不同的开放期,有的是一个季度开放一周,有的是一个星期开放一日,其他的时间就无法买卖。而普通的基金则不同,只要不是处于封闭期的新基金,一般来说每天都可以进行交易。

4. 手续费偏高。和普通的基金相比,FOF手续费上偏高,这是因为FOF的投资产品是基金,因此需要向其他基金支付相关费用,FOF还需要向自身的投资者收取费用,所以其费率其实是在基金手续费基础上的二次收费,简单地说,就是投资FOF会付出双重费用。

虽与普通基金相比,FOF存在一些不足,不过,FOF是投资新手和无暇打理投资组合的投资者首选的理财产品。FOF与普通基金最大的区别在于其以基金为投资标的,而基金则是以股票、债券等有价证券为投资标的,因此,投资者通过FOF这样的专业机构对基金进行筛选,可以帮助投资者优化基金的投资效果。

（四）FOF产品的投资群体和发行渠道

海外FOF产品的个人投资者主要有:基金投资新手、没有时间管理投资组合的投资者、机构投资者以及希望投资某一特殊类别基金的投资者,如对私募或对冲基金有偏好的投资者可以选择私募基金FOF或对冲基金FOF。

与之类似,国内FOF的投资者主要有:机构投资者(保险公司、社保、年金)、没有时间管理投资组合的高端投资者、投资新手、私募基金投资者(ToT信托的信托)、对私募和对冲基金有偏好的投资者、对海外股权投资有兴趣的投资者等。

随着我国基金行业的发展,基金产品的差异化程度在不断提高,业绩的高度分化,普通投资者相对缺乏及时准确的信息和专业分析能力,很难从数量众多的基金中识别出"优胜者"并进行投资,这就需要专业机构去筛选基金,以便构造合理的基金组合。FOF产品在这里同样体现了以下优势:组合多样化、专业管理能力、适合长期投资,因此有较好的需求基础。

在我国,由于受到现行《投资基金法》的限制,基金公司不能以公开募集基金的方式向投资者推出 FOF 产品,能够发行 FOF 的渠道主要有以下几个:证券公司集合理财产品、银行理财产品、基金公司 1 对多产品和私募产品。

三、分级基金

分级基金又称“结构型基金”,是指在一个投资组合下,通过对基金收益或净资产的分解,形成两级(或多级)风险收益表现有一定差异化基金份额的基金品种。它的主要特点是将基金产品分为两类或多类份额,并分别给予不同的收益分配。分级基金各个子基金的净值与占比的乘积之和等于母基金的净值。如果母基金不进行拆分,其本身是一个普通的基金。

(一)分级模式

分级基金的分级模式主要有融资分级模式、多空分级模式、盈利分级模式和类可转债模式四种。我国主要采取融资分级模式。一般情况下,由基金基础份额所分成的两类份额中,一类是预期风险和收益均较低且优先享受收益分配的部分,在此称之为“A 类份额”,一类是预期风险和收益均较高且次优先享受收益的部分,在此称之为“B 类份额”。类似于其他结构化产品,B 类份额一般“借用”A 类份额的资金来放大收益,而具备一定杠杆特性,也正是因为“借用”了资金,B 类份额一般又会支付 A 类份额一定基准的“利息”。见表 6-1。

表 6-1 分级基金的分级模式

分级模式	子基金类型	子基金特点	分拆比例、初始份额杠杆
融资分级(股债分级)	约定收益 A 类	有约定收益、定期折算分红	股票型一般 A:B 比例为 50:50(B 类 2 倍初始杠杆)或 40:60(B 类 1.67 倍初始杠杆),债券型 70:30(B 类 3.33 倍初始杠杆)
	杠杆份额 B 类	当净值小于或大于某数值有不定期折算,大部分没有定期折算	
多空分级(蝶式分级)	杠杆份额 B 类	有定期折算(每 3 个月到 1 年),当净值小于或大于某数值有不定期折算	主要为指数型。B:F 比例为 2:1(B 类初始杠杆 2 倍,B≤0.3 或 B≥2 元不定期折算;F 类初始杠杆负 1 倍)或 3:1(B 类初始杠杆 2 倍,B≤0.3 或 B≥1.7 元不定期折算;F 类初始杠杆负 2 倍)
	反向杠杆 F 类	有定期折算(每 3 个月到 1 年)和不定期折算,与母基金涨跌成反比	
盈利分级	阶段杠杆 A 类	分阶段设定初始杠杆倍数,有定期折算(例如瑞和小康、瑞和远见)	拆分比例为 50:50,两份额初始杠杆为 x 和 $2-x$(x 取值为 1~2)
	阶段杠杆 B 类		
类可转债	类可转债类	有保本或约定收益,有定期折算,母基金净值大增时可随之净值上涨(例如合润 A)	拆分比例 40:60(B 类初始杠杆 1.67 倍)或 50:50(B 类初始杠杆 2 倍),当母基金低于某数值时 B 类固定初始杠杆,高于该数值则改变初始杠杆,分配利润给 A 类
	阶段杠杆类	分阶段设定杠杆倍数	

以某融资分级模式分级基金产品 X（X 称为母基金）为例，分为 A 份额（约定收益份额）和 B 份额（杠杆份额），A 份额约定一定的收益率，基金 X 扣除 A 份额的本金及应计收益后的全部剩余资产归入 B 份额，亏损以 B 份额的资产净值为限由 B 份额持有人承担。当 X 的整体净值下跌时，B 份额的净值优先下跌；相对应的，当 X 的整体净值上升时，B 份额的净值在提供 A 份额收益后将获得更快的增值。优先份额一般可以优先获得分配基准收益，劣后份额最大化补偿优先份额的本金及基准收益，劣后份额通常以较大程度参与剩余收益分配或者承担损失而获得一定的杠杆。它拥有更为复杂的内部资本结构，非线性收益特征使其隐含期权。融资型分级基金通俗的解释就是，A 份额和 B 份额的资产作为一个整体投资，其中持有 B 份额的人每年向 A 份额的持有人支付约定利息，而支付利息后的总体投资盈亏都由 B 份额承担。

分级模式母基金净值与子基金净值存在如下关系：

母基金净值 = A 类子基金份额净值 × A 份额所占比例 + B 类子基金份额净值 × B 份额所占比例

（二）分级基金的分类

根据分级母基金的投资性质，母基金可分为分级股票型基金（其中多数为分级股票指数基金）、分级债券基金。分级债券基金又可分为纯债分级基金、混合债分级基金、可转债分级基金，区别在于纯债基金不能投资于股票，混合债券基金可用不高于 20% 的资产投资股票，可转债分级基金投资于可转债。

根据分级子基金的性质，子基金中的 A 类份额可分为有期限 A 类约定收益份额基金、永续型 A 类约定收益份额基金；子基金中的 B 类份额又称为杠杆基金。杠杆基金可分为股票型 B 类杠杆份额基金（其中多数为杠杆指数基金）、债券型 B 类杠杆份额基金、反向杠杆基金等。

（三）投资优势

1. 分级基金形式多样，能分别满足低风险偏好和高风险偏好投资者的需求；
2. 投资者能方便地根据自身投资特点和市场走势进行灵活的资产配置；
3. 分级基金为各类投资者提供方便、快捷、低成本的基金投资方式；
4. 多空分级基金降低了投资者做空的门槛，投资者仅需申购基金就可以赚取下跌市场中的收益，有效弥补目前股票市场做空工具不足的问题。

（四）投资风险

1. A 类分级基金的约定收益不一定保本。有期限的约定收益 A 类分级基金由于有到期期限，可以确保得到约定收益，但如果是到期转为 LOF 基金的，需要承担转型停牌期的母基金涨跌风险。为了避免这种风险，投资者可以在到期前 2 ~3 个月卖出 A 类基金锁定本金和约定收益。而对于永续型约定收益 A 类分级基金，由于是永续存在的，当 A 类约定收益率低于市场债券收益率时，则存在本金折价交易风险；在 A 类约定收益率高于市场债券收益率而溢价交易时，一旦发生向下折算，也会遭受 75% 的溢价值受损的风险。如果 A 类基金对应的 B 类基金没有向下折算条款，则更会出现约定收益无法实现的风险。

2. 分级基金的整体折溢价交易风险。基金的“交易价格”不等于“基金净值”。对分级基金而言，分级基金的优先份额和进取份额上市交易后，由于 A 类子基金的约定收益与市场上债券收益率的差异，导致 A 类子基金的折价或溢价交易，又由于有开放式分级基金的份额配对转换机制可以进行整体折溢价套利，进而决定了 B 类子基金的溢价或折价交易。如果投资者基于市场好转的预期，有可能以超过合理折溢价的高价格买入 B 类基金。当市场上 B 类子基金的交易价超过了其合理折溢价的时候，就会由于整体的 AB 合并成本超出母基金净值过大而引发大量资金套利的风险。对于封闭式分级基金，由于没有配对转换机制，B 类基金的交易价过高，在临近到期日时存在交易价回归净值的交易风险。

四、保本基金

保本基金（Guaranteed Fund）是在一定期间内，对所投资的本金提供一定比例的保证保本基金，亦即基金投资者不论基金管理人的投资结果如何，在投资期限到期日至少可取回一定比例的本金，而本金未获保证的部分（指保本幅度低于 100% 的基金）和利息仍有一定风险。一般情况下，投资者可在到期日前赎回，但提前赎回将得不到任何收益保证。

从资金的运作模式看，保本基金强调的是在一定的保本周期内，通过投资债券市场以及通过金融衍生市场的对冲操作等方式锁定本金，实现保本；同时，通过杠杆投资，获得市场上的高风险投资收益。这使得保本基金兼具防守和进攻的投资特点。因为保本基金存在一个保本的周期，保本基金一旦发行，到期之前一般不再增发但可以赎回，因而属于一种半封闭式基金产品。

保本基金是将大部分资金投资于无风险的债券资产，这部分资产主要承担保本作用，而将其他少部分资金投资于高风险的资产，如股票、期权和期货以获得较高的收益率。即使风险资产全部损失了，投资于债券的资金仍可满足投资者保本的要求。保本基金将大部分资金投资于债券，一定程度上具有了债券基金低风险低收益的特点。当保本基金的风险资产部分投资于期权、期货等衍生工具时，如果基金管理人具有较高的管理水平，也可以给投资者提供较高的回报，所以保本基金部分也具有衍生产品高风险、高回报的特点。

保本基金对于风险厌恶或是对股市未来走势不明晰的投资者来说，是一个很好的投资品种，既可以保障所投资的本金，又可能获得较高收益。这种“只赚不赔”的收益特征，对于投资者来说的确具有很大的吸引力。特别在股市一段时间（比如 2 ~ 3 年）内行情不明朗而且银行利率又比较低的情况下，保本基金就倍受市场和投资者青睐。从基金的产品线的角度来看，保本基金属于低风险的基金投资品种。

保本基金在市场低迷的时候非常受欢迎。我国第一只保本基金始于 2003 年 6 月 27 日成立的“南方避险增值基金”。我国保本基金的资金来源主要是社保基金、部分机构资金（企业年金）、保险资金和其他专项资金（如各类慈善基金等）。这些资金的共性就是偏重安全，希望有一定的投资回报以实现保值增值的目的。对于社保基金、保险资金、各种专项资金以及部分机构资金，如何在规避风险的前提下实现资本的保值、增值，不仅是保持金融稳定的需要，也是维持我国经济高速发展的需要。保本基金的特点符合了这些资金的风险收益需求。

第三节　投资基金当事人及其关系

据各国法律规定，无论公司型还是契约型基金，其组织机构基本上都涉及四个方面的当事人，即①基金投资者——基金受益人；②基金管理人——基金管理公司；③基金托管人——基金托管公司;④基金代理人——基金承销公司。这些组成部分在基金经营活动中各自扮演着不同的角色。

一、基金投资者——基金受益人

基金投资者是基金存在和发展的基本条件,基金正是将各个投资者的资金汇集起来,“聚沙成塔”而构成的。基金投资者即股份或受益凭证的持有人,是基金资产的最终所有人,承受基金资产的一切权益。

(一)基金持有人的权利

2013 年 6 月 1 日起修订实施的《中华人民共和国证券投资基金法》(以下简称《证券投资基金法》)第四十七条规定,基金份额持有人享有下列权利:

1. 分享基金财产收益;
2. 参与分配清算后的剩余基金财产;
3. 依法转让或者申请赎回其持有的基金份额;
4. 按照规定要求召开基金份额持有人大会或者召集基金份额持有人大会;
5. 对基金份额持有人大会审议事项行使表决权;
6. 对基金管理人、基金托管人、基金服务机构损害其合法权益的行为依法提起诉讼;
7. 基金合同约定的其他权利。

公开募集基金的基金份额持有人有权查阅或者复制公开披露的基金信息资料;非公开募集基金的基金份额持有人对涉及自身利益的情况,有权查阅基金的财务会计账簿等财务资料。

(二)基金持有人的义务

基金持有人一般须履行下列义务:

1. 遵守基金契约;
2. 缴纳基金认购款项及规定费用;
3. 承担基金亏损或终止的有限责任;
4. 不从事任何有损基金及其他基金投资人合法权益的活动;
5. 法律、法规及基金契约规定的其他义务。

投资者权益通过持有人大会表决权来行使。持有人大会是基金最高权力机构,一般每年举行一次,召开方式、内容及程序均与股份公司股东大会类似。根据我国现行基金法规,有下列情形之一的,应当召开基金持有人大会,经基金持有人大会做出决议后,应当经中国证监会批准:

1. 代表 10% 以上(含 10%)基金份额的基金持有人就同一事项书面要求召开持有人大会;
2. 修改基金合同;
3. 终止基金运作;
4. 与其他基金合并;
5. 更换基金管理人;
6. 更换基金托管人;
7. 基金管理人或基金托管人要求召开基金持有人大会;
8. 中国证监会规定的其他情形。

基金持有人包括中小投资者和各种机构投资者，可以是自然人，也可以是法人。公司型基金主体是基金公司，投资者是公司股东，公司董事会负责制定基金投资政策，选聘基金经理或投资顾问。基金公司委托专业投资顾问管理基金资产，委托其他金融机构保管基金资产。在公司型基金中，基金公司董事会的权力很大，其作为投资者代表与其他当事人发生联系。

二、基金管理人——基金管理公司

基金管理公司又称基金经理公司，是负责基金发起设立与经营管理的专业性金融机构。契约型基金必须聘请专业基金管理人从事基金管理，公司型基金可以聘请也可以不聘请基金管理人。如果基金公司本身就是管理公司型的，则无须聘请基金管理人，基金公司本身即可从事基金管理业务。如果基金公司不是管理型的，则必须聘请专业的投资顾问作为基金管理人，一些投资银行和证券信托投资公司的投资管理部可以担当基金管理人。

基金管理人的主要职责是依据信托契约或委托管理协议，负责拟定基金投资计划，指示保管机构按照其投资决策处理基金资产，监督托管机构不得违反有关规定。基金管理人作为受托人，必须履行"信赖义务"，其中包括"关心义务"与"忠实义务"。基金管理人的目标是投资者利益最大化，不得在处理业务时考虑自己利益或为他人谋利。基金管理人按基金净资产价值的一定比率提取管理费，并按净资产增长比例累进提取业绩报酬，这种设计有利于激励基金管理人的工作责任心。基金管理人不实际接触基金资产，自有资产与基金资产实行分账管理，以确保基金资产的独立性和安全性。

（一）基金管理公司的资格

基金管理公司直接担负运用基金资产取得投资收益的重责，其素质的高低直接关系到投资者的投资收益，因此各国和地区都对基金管理公司的资格做出种种规定。不同的国家和地区，法律规定的条件不尽相同，但一般都要求基金管理公司的设立与运行都必须符合投资基金法规，经过政府证券主管部门审核批准。审核主要内容包括公司是否具有一定的资本实力和良好的证券经营业绩，是否具有经营管理基金的专门人才和良好的投资计划等。经审核合格并颁发了相应证照，基金管理公司才有资格从事基金管理业务。

《证券投资基金法》第十三条规定，设立管理公开募集基金的基金管理公司，应当具备下列条件，并经国务院证券监督管理机构批准：

1. 有符合本法和《中华人民共和国公司法》规定的章程；
2. 注册资本不低于1亿元人民币，且必须为实缴货币资本；
3. 主要股东应当具有经营金融业务或者管理金融机构的良好业绩、良好的财务状况和社会信誉，资产规模达到国务院规定的标准，最近3年没有违法记录；
4. 取得基金从业资格的人员达到法定人数；
5. 董事、监事、高级管理人员具备相应的任职条件；
6. 有符合要求的营业场所、安全防范设施和与基金管理业务有关的其他设施；
7. 有良好的内部治理结构、完善的内部稽核监控制度、风险控制制度；
8. 法律、行政法规规定的和经国务院批准的国务院证券监督管理机构规定的其他条件。

（二）基金管理公司的职责

基金管理公司经批准，可以从事基金管理业务和发起设立基金。《证券投资基金法》第十九条规定基金管理人应当履行下列职责：

1. 依法募集基金，办理或者委托经国务院证券监督管理机构认定的其他机构代为办理基金份额的发售、申购、赎回和登记事宜；

2. 办理基金备案手续；

3. 对所管理的不同基金财产分别管理、分别记账，进行证券投资；

4. 按照基金合同的约定确定基金收益分配方案，及时向基金份额持有人分配收益；

5. 进行基金会计核算并编制基金财务会计报告；

6. 编制中期和年度基金报告；

7. 计算并公告基金资产净值，确定基金份额申购、赎回价格；

8. 办理与基金财产管理业务活动有关的信息披露事项；

9. 召集基金份额持有人大会；

10. 保存基金财产管理业务活动的记录、账册、报表和其他相关资料；

11. 以基金管理人名义，代表基金份额持有人利益行使诉讼权利或者实施其他法律行为；

12. 国务院证券监督管理机构规定的其他职责。

开放式基金的管理人还应当按照国家有关规定和基金契约的规定，及时、准确地办理基金的申购和赎回。

（三）基金管理公司的退任

有的国家和地区还规定了基金管理公司退任条款，在某种情况下，基金管理公司将被书面通知退任。《证券投资基金法》规定，有下列情形之一的，经中国证监会批准，基金管理公司必须退任：

1. 被依法取消基金管理资格；

2. 被基金份额持有人大会解任；

3. 依法解散、被依法撤销或者被依法宣告破产；

4. 基金合同约定的其他情形。

基金管理人职责终止的，基金份额持有人大会应当在6个月内选任新基金管理人；新基金管理人产生前，由国务院证券监督管理机构指定临时基金管理人。

三、基金托管人——基金托管公司

基金托管人是基金资产的名义持有人与保管人，一般由具有一定资产和信用的商业银行、投资公司或保险公司来担任。这样就可以保证基金运作贯彻经营与托管分开的原则。基金管理人只负责基金日常管理和操作，基金托管人独立开设基金资产账户，依据管理公司指示负责处理基金资产，并对管理人投资计划进行监督。

根据各国的证券投资信托法规，不论是契约型基金还是公司型基金均要设立基金托管机构，以充分保障投资者的权益，防止信托财产被挪用。在契约型基金中，托管机构就相当于信托契约的信托人，也是受托人，故一般由信托公司或经营信托业务的信托银行担任。公司型基金本身为一个公司，日常行政由董事负责，托管机构即是由董事会所委任的代管人，它必须向基金本身和董事负责。

（一）基金托管公司的设立条件

基金托管公司在基金的运作中具有重要地位，可以说它是基金单位持有人、基金经理、经纪人以及有关银行的联系中枢。通过基金托管人的作用，既保证了基金资产的顺利经营，又使投资者的利益不受到损害,其作用不可低估。

各国证券管理部门对托管人资格均有严格要求,对托管公司要求主要在于安全、公正及有良好信誉。《证券投资基金法》第三十四条规定,担任基金托管人,应当具备下列条件:

1. 净资产和资本充足率符合有关规定;
2. 设有专门的基金托管部门;
3. 取得基金从业资格的专职人员达到法定人数;
4. 有安全保管基金财产的条件;
5. 有安全高效的清算、交割系统;
6. 有符合要求的营业场所、安全防范设施和与基金托管业务有关的其他设施;
7. 有完善的内部稽核监控制度和风险控制制度;
8. 法律、行政法规规定的和经国务院批准的国务院证券监督管理机构、国务院银行业监督管理机构规定的其他条件。

此外,我国对基金托管人还做了如下规定:

1. 基金托管人由依法设立并取得基金托管资格的商业银行担任。
2. 基金托管人与基金管理人不得为同一人,不得相互出资或者持有股份。

（二）基金托管人的职责

《证券投资基金法》第三十七条规定,基金托管人应当履行下列职责:

1. 安全保管基金财产;
2. 按照规定开设基金财产的资金账户和证券账户;
3. 对所托管的不同基金财产分别设置账户,确保基金财产的完整与独立;
4. 保存基金托管业务活动的记录、账册、报表和其他相关资料;
5. 按照基金合同的约定,根据基金管理人的投资指令,及时办理清算、交割事宜;
6. 办理与基金托管业务活动有关的信息披露事项;
7. 对基金财务会计报告、中期和年度基金报告出具意见;
8. 复核、审查基金管理人计算的基金资产净值和基金份额申购、赎回价格;
9. 按照规定召集基金份额持有人大会;
10. 按照规定监督基金管理人的投资运作;
11. 国务院证券监督管理机构规定的其他职责。

（三）基金托管人的退任

《证券投资基金法》第四十二条规定,有下列情形之一的,基金托管人职责终止:

1. 被依法取消基金托管资格;
2. 被基金份额持有人大会解任;
3. 依法解散、被依法撤销或者被依法宣告破产;
4. 基金合同约定的其他情形。

第四十三条规定,基金托管人职责终止的,基金份额持有人大会应当在6个月内选任新基金托管人;新基金托管人产生前,由国务院证券监督管理机构指定临时基金托管人。

基金托管人职责终止的,应当妥善保管基金财产和基金托管业务资料,及时办理基金财产和基金托管业务的移交手续,新基金托管人或者临时基金托管人应当及时接收。

四、基金代理人——基金承销公司

基金设定后,需募集投资者的资金,并向认购基金的投资者发行受益凭证,这就是基金受益凭证的募集和销售,从事这项工作的机构则称为基金承销公司。基金承销公司作为基金管理公司的代理人,与投资者进行基金证券的买卖(包括转换代理)活动。基金承销公司一般由投资银行、证券公司或信托投资公司担任。

最初的基金证券的募集和销售工作由投资公司或基金管理公司自己进行,随着基金业务分工的不断专业化以及日趋激烈的竞争,一些专营证券承销业务的公司或大的投资银行附属承销机构进入了投资服务业务领域。在美国,大多数基金证券的发行都是经过当地的经纪商和交易商批发,然后分散零售给投资者。一些大的投资公司一般有自己所控制的承销公司,其基金证券的募集与销售往往由兼营基金业务的投资顾问公司、证券经纪公司和投资银行代销。

基金承销公司除办理受益凭证的募集与销售外,在信托契约下,通常还要履行其他职责,包括基金投资利润向受益人的发放,基金本金及收益的支付等。

五、四方当事人相互关系

基金作为一种金融信托,其组织机构是别具一格的。基金的委托人和受益人是同一个人,即投资者;而受托人则由基金管理人与基金托管人共同担任,除此之外,还存在一个业务代理人,即基金承销人。因此可以说基金的组织机构是一个复杂的信托关系与代理关系的复合体。基金四个方面的当事人分别是:基金投资者、基金管理人、基金托管人和基金承销人。

如果基金投资者通过信托契约各自分散地与基金管理人和基金托管人发生关系,这就是契约型基金;如果基金投资者依据公司法原理组成基金公司,然后由基金公司以法人身份通过"委托管理协议"与基金管理人发生关系,通过"委托保管协议"与基金托管人发生关系,这就是公司型基金。契约型基金与公司型基金的根本区别在于是否成立基金公司,公司型基金具有法人地位,而契约型基金不具有法人地位。

在公司型基金中,基金公司特别是基金公司的董事会作为基金投资者的代表与其他当事人发生联系。基金公司可以分为封闭式基金公司和开放式基金公司两种形式。封闭式基金公司有固定的资本额,不持续出售股票,也不允许股东任意退股。公司所发行的普通股票一般在证券交易市场上市,投资者可以在证券市场转让、买卖某一基金公司的股份。开放式基金公司的特点是公司连续发行新股票,并应持股者的要求随时以现金赎回股票,基金公司的资本是不固定的,基金公司股份的买卖依据其资产净值通过柜台交易市场进行。

在基金四方面当事人当中,投资者利益始终是各方当事人运转轴心,投资者利益始终是第一位的,各方当事人运转目标就在于努力使基金投资者利益最大化。然而,四者中基金管理人处于基金日常经营活动中心,基金管理人不仅发起设立基金,而且负责基金投资的重大决策。基金投资者既是基金信托资产委托人,又是基金信托资产的受益人,基金投资者"一身兼二职"。基金管理人和基金托管人都是基金信托资产的受托人,前者负责基金资产的日常投资决策及其管理,后者负责基金资产账户及其他职能。基金管理人和基金托管人分别作为基金资产不同方面的受托人,二者之间是一种相互监督和分工协作关系,二者的关系有点类似于会计和出纳的关系。基金管理人和基金托管人之间的相互监督和相互制衡体现了保护投资者利益的内在要求,二者的分工协作是由基金投资活动的复杂性决定的,没有这种分工与协作，基金投资活动就难以完成。基金承销人承担了一个代理人角色，作为基金管理人的代理人，与基金投资者进行基金证券买卖活动。

第四节 我国的基金发起设立与运作

所谓基金的设立是指基金组织建立依法定程序所实施的行为。由于公司型基金和契约型基金是基金的两大基本类型，所以基金的设立基本上包括公司型基金组织——基金公司或投资公司为取得法人资格依法定程序所实施的行为和契约型基金组织建立依法定程序所实施的行为。

无论公司型基金还是契约型基金组织的设立，首先都要有发起人、基金章程和基金认购或招募这几个要件。

一、基金发起人

基金发起人是指以基金设立为目的并采取一定步骤和必要措施来达到设立基金目的的人，通常是指法人而不是自然人。

发起人首先应实施基金设立行为，在筹备基金过程中必须完成一些具体事务，包括订立发起人协议，成立发起人组合或基金筹备组织，起草申请设立报告和基金公司章程或信托契约等文件、设计基金的具体方案，并负责实施各项设立行为。通常发起人还要为基金的设立承担一定责任，当基金设立不能成功时，发起人要承担由此引起的一切费用。例如因募集数额不足而使基金不能设立时，发起人必须承担募集费用，并将所募集资金连同当期银行存款利息在规定期限内退还基金认购者。

（一）发起人的权利

发起人在筹建基金过程中应享有如下权利：

基金发起人拥有申请设立基金、出席或委派代表出席基金持有人大会，取得基金收益，依据有关规定转让基金单位，监督基金经营情况，获取基金业务及财务状况的资料，参与基金清算，取得基金清算后的剩余资产，以及法律法规认可的其他权利。

（二）发起人的义务

发起人有以下义务：

1. 遵守基金合同；
2. 公告招募说明书和基金份额发售公告；
3. 不从事任何有损基金及本基金其他当事人利益的活动；
4. 基金不能成立时，按有关法律法规及时退还所募集资金本息、承担发行费用；
5. 法律、法规和基金合同规定的其他义务。

（三）发起人的责任

发起人在筹建基金过程中也应当承担一定的责任。在经过筹备组织，基金能够成立的情况下，发起人既应对基金组织承担责任，又应对第三者负责。

依据《证券投资基金管理暂行办法》及中国证监会的有关规定，基金发起人主要职责包括：

1. 制定有关法律文件并向主管机关提出设立基金的申请，筹建基金。

(1)基金发起人必须对国家的经济、金融政策、市场状况、大众的投资心理等进行研究分析，在此基础上对拟设立的基金进行策划，如确定基金的主要投向、基金的类型、基金的存续期限以及基金的募集规模等。

(2)基金发起人要代表基金持有人与基金管理人、基金托管人签订基金契约，约定基金各方当事人的权利、义务。同时，基金发起人还需要制作管理机关要求的其他相关文件，如招募说明书等。

(3)确定发行方案，选定销售机构。

(4)向主管机关提出设立申请，并报送主管机关要求的有关文件。

(5)设立申请获得批准后，进行公告。

2. 认购或持有一定数量的基金单位。基金发起人须在募集基金时认购一定数量的基金单位，并在基金存续期内保持一定的持有比例，从而使基金发起人与基金持有人的利益结成一体，保证基金发起人以维护投资人的合法权益作为其行为准则，不从事有损于投资者利益的活动，以切实保护投资者的利益。

3. 承担募集费用。基金不能成立时，基金发起人须承担基金募集费用，将已募集的资金并加计银行活期存款利息在规定时间内退还基金认购人。由于基金发起人对基金的设立有重大影响，因此，一些国家和地区对发起人应具备的条件都有较为严格的要求。

二、基金公司章程和信托契约

(一)公司章程

基金发起人要设立公司型基金，必须制定基金公司章程。这是依法订立，并由基金发起人全体同意签署的关于基金公司权利和组织行为规范的书面文件。公司章程作为基金公司处理内外事务的依据，从根本上为规定基金的类型、宗旨、组织原则、财务准则、业务活动提供基本的行为规范。公司章程是公开的，其不仅对基金公司成立作出具体说明，而且也是投资者、债权人了解基金的重要文件，为投资者进行投资决策提供依据。主要内容有以下方面。

1. 总则。主要内容包括：

章程制定的依据、基金公司名称、注册地址及法定代表；基金公司发起人的名称及其基金批准设立的依据和批准设立的主管机关；基金类型(封闭式或开放式)；基金公司通过发行基金证券方式募集设立还是发起设立；基金公司的注册资本金；基金公司的期限及是否可以延期的说明；组建公司的宗旨；基金投资者利益共享、风险共担的声明；基金管理人及托管人的名称、地址、法定代表及职责等。

2. 基金证券的有关规定。主要内容包括：

基金证券是证明本基金持有人对基金拥有的资产的所有权、收益权和剩余财产支配权的凭证；基金证券为有价证券类别及在本基金存续期内可转让、继承、抵押、可赎回的声明；基金证券票面记载事项名称等。

3. 基金的发行与转让。主要内容包括：

基金证券发行总额、首期发行数额和每基金单位价格；发起人认购金额；发行期限；存续期限；基金发行对象；发行方式及转让交易方式等。

4. 投资目标、投资政策、投资范围及限制。为保障投资者的利益，基金公司有责任设法降低风险,公司章程应明确基金的投资目标、为实现投资目标所选择的投资证券种类、各类证券所占比例及基金资产如何在各投资工具之间有效分配。

5. 持有人的权利和义务。这指持有人应利益共享、风险共担、不得违背公司章程。

6. 有关各方的职责与权利。主要是管理人和托管人的职责,其他有关当事人(会计师、律师等)的职责及相应的权利。

7. 资产估值和经营情况公布。说明估值时间间隔、估值方法及结果公布方式,经营情况公布时间及公布方式。

8. 费用。基金运作总要支付一定费用,费用多少直接影响着收益,故应明确规定费用种类及其计算标准的计算方法。

9. 收益分配。主要是规定基金每年分配一次收益及收益分配方案;基金资产净值计算方法;基金净收益分配支付方式及支付时间等。

10. 基金证券持有人大会。主要是规定基金证券持有人大会是公司型基金的最高机构,由全体基金证券持有人或委托代表参加,其权利主要有:选举董事会、基金管理人、托管人及修改公司章程。

11. 公司董事会。主要是规定董事会是基金公司的执行机构;董事会组成人员及产生的方式;董事会任期、职权及董事会职责;董事会召开程序、表决方式及权利范围。

12. 会计及税收。主要是规定会计原则及会计年度、税收原则等。

13. 终止与清算。主要是规定基金期满是否延期;基金存续期延长申请程序、终止理由及终止后基金清算方法和净资产的处理方法。

14. 附则。主要是规定章程解释权归本基金董事会,章程生效日期的确定。

(二)信托契约

契约型基金设立过程中,必须由其发起人——基金管理人和基金托管人订立一个基金信托契约。这是指投资者、管理人、托管人之间为创设契约型基金而订立的用以明确双方权利与义务关系的书面文件,既具有基金发起人协议,又具有基金章程的性质和作用。因而,它既是基金设立组织行为规范又是基金运作组织行为规范。依据基金信托契约,基金管理人员既是基金的发起人又是基金管理人,它对基金的信托财产具有经营权,有责任实现基金收益最大化;基金保管人既是基金的发起人,又是基金信托财产的保管人,它对基金的信托财产具有保管权,有责任保证基金资产及其收益的安全和完整。基金投资者则对基金获取的投资利润,即基金资产经营效益享有收益权。这样,它又成了规范基金管理人、托管人和投资者之间的权利和义务的书面文件。也正因为如此,它又是制定基金其他所有文件的基本依据。信托契约一般由基金管理人与托管人拟订,其后由投资者追认。契约的条文因不同基金而异,主要内容有:

1. 基金基本情况;
2. 基金管理人和托管人基本情况;
3. 基金资产账户管理方式,投资指令发送、确认及执行;
4. 基金投资目标、投资范围、投资决策、投资组合和投资限制;
5. 基金管理人权利与义务;
6. 基金托管人权利与义务;
7. 基金持有人权利与义务,管理人和托管人更换;
8. 基金托管人与管理人之间的监督、核查;

9. 基金资产净值计算和会计核算；
10. 基金管理费和托管费；
11. 基金资产评估；
12. 基金税收；
13. 基金收益与分配；
14. 基金审计；
15. 基金信息披露；
16. 基金终止和清算；
17. 禁止行为；
18. 违约责任；
19. 基金持有人名册登记；
20. 基金有关文件档案保存；
21. 争议的处理；
22. 信托契约修改和终止；
23. 信托契约的法律效力；
24. 基金管理人和托管人盖章、签订地点、签字日期。

三、基金设立程序和申报文件

按照我国法规，申请设立开放式基金，必须在人才和技术设施上能够保证每周至少一次向投资者公布基金资产净值和申购、赎回价格。基金发起人申请设立基金，应当向中国证监会提交下列文件：

（1）申请报告。主要内容包括基金名称、拟申请设立基金的必要性和可行性、基金类型、基金规模、存续期间、发行价格、发行对象、基金的交易或申购与赎回安排、拟委托的托管人和管理人以及主要发起人签字、盖章等。

（2）基金合同草案。公开募集基金的基金合同应当包括下列内容：①募集基金的目的和基金名称；②基金管理人、基金托管人的名称和住所；③基金的运作方式；④封闭式基金的基金份额总额和基金合同期限，或者开放式基金的最低募集份额总额；⑤确定基金份额发售日期、价格和费用的原则；⑥基金份额持有人、基金管理人和基金托管人的权利、义务；⑦基金份额持有人大会召集、议事及表决的程序和规则；⑧基金份额发售、交易、申购、赎回的程序、时间、地点、费用计算方式，以及给付赎回款项的时间和方式；⑨基金收益分配原则、执行方式；⑩基金管理人、基金托管人报酬的提取、支付方式与比例；⑪与基金财产管理、运用有关的其他费用的提取、支付方式；⑫基金财产的投资方向和投资限制；⑬基金资产净值的计算方法和公告方式；⑭基金募集未达到法定要求的处理方式；⑮基金合同解除和终止的事由、程序以及基金财产清算方式；⑯争议解决方式；⑰当事人约定的其他事项。

（3）基金托管协议草案。

（4）招募说明书草案。公开募集基金的基金招募说明书应当包括下列内容：①基金募集申请的准予注册文件名称和注册日期；②基金管理人、基金托管人的基本情况；③基金合同和基金托管协议的内容摘要；④基金份额的发售日期、价格、费用和期限；⑤基金份额的发售方式、发售机构及登记机构名称；⑥出具法律意见书的律师事务所和审计基金财产的会计师事务所的名称和住所；⑦基金管理人、基金托管人报酬及其他有关费用的提取、支付方式与比例;⑧风险警示内容;⑨国务院证券监督管理机构规定的其他内容。

(5)律师事务所出具的法律意见书。

(6)国务院证券监督管理机构规定提交的其他文件。

四、基金证券发行与认购

(一)基金证券的发行

基金证券是基金管理人签发给投资者以确认其投资份额的权利证书。对于契约型基金来说,基金证券又称基金受益凭证,公司型基金证券就是基金公司的股票,基金证券确定了受益人(持有人,投资者)依据购买的基金单位份额分享该基金权益的资格。基金证券的发行是指基金管理机构在基金发行申请经基金主管机关批准之后,将基金证券向各类投资者推销的行为,它是基金整个运作过程中的一个基本环节。

基金证券发行包括特定发行对象、发行日期、销售形式、发行价格、发行数额、发行地点等。一般来说,基金证券发行与债券、股票发行大致相似。

1. 发行对象。基金的发行对象包括个人和法人。在国外,由于基金数额巨大,只向个人投资者发行往往不能完成发行计划,机构投资者认购基金证券占全部发行基金数额的比例相当高。在我国,现有基金大多数向个人投资者发行,只有少数向机构投资者发行。

2. 发行价格。基金单位是计算基金资产的尺度,也称受益权单位,这是基金管理公司在募集投资者的资金时,为了正确计量投资者的基金数额及所享有基金受益权益的大小所确定的一个计算基金资产的尺度,无论是封闭式基金还是开放式基金,将初次发行的基金总额分成若干等额的整数份,每一份就是一个“基金单位”。这同股份公司发行股票类似,因此也是认购基金最低要求的投资金额。如基金发行总额为1亿元,将1亿元总额分成1亿份,由投资者按份额的整数认购,那么每1份就是1元,即每个基金单位面值1元。

基金单位价格分发行价与市价(或认购价与赎回价)两种。发行价一般按面值(再加一定比率的手续费)计算,市价根据不同类型的基金有不同的计算方法。封闭式基金以交易市场竞价形成的市价进行交易与转让,而开放式基金则按照随时计算的基金净资产价值由投资者向基金管理公司认购或赎回。

3. 发行方式。基金的发行,一般包括私募发行与公募发行两种基本方式。

私募发行是由基金法定发起人直接私下向投资者发行,投资者直接认购基金,发起人承担基金的发行方式。

公募发行是由基金发起人委托证券投资机构,以同一条件,向社会特定或非特定单位或个人发行基金的发行方式。公募发行如果是向社会特定单位或个人发行基金,称为定向公开发行;如果是向社会非特定单位或个人发行基金券,称为非定向公开发行。

现代市场经济条件下,基金所募集的资金规模庞大,一般多采用公募发行方式。

(二)基金证券的认购

基金认购是与基金发行相对应的概念,指投资者按照基金证券发行公告的规定向基金管理公司购买已经批准发行的基金证券的经济活动。对于不同种类的基金,有不同的认购方式。

1. 开放式基金的认购。开放式基金发行总额虽然可以变动,但仍必须设定该基金发行总额下限和发行期限,如果在规定期限内未能募集到规定数额,该基金就不能成立。一旦出现这种情况,基金管理公司应会同基金托管公司将已认购款项退还给投资者。

开放式基金的认购程序和手续较为简单。当基金发行时，投资者只需携带身份证、印鉴和价款到管理公司或该基金指定的承销公司，填写申请认购单（卡）并缴纳价款，就完成了申请手续。几天后，再凭缴款单据领取基金凭证或基金存折（存单）。

开放式基金的认购，既可以在首次发行期内认购，也可以在首次发行期结束以后认购。基金单位的价格，如在首次发行期内，按发行面额计价，发行结束后，则按前一营业日或后一营业日的资产净值计算。

2. 封闭式基金的认购。封闭式基金发行除按规定发行价、发行对象、申请方法、认购手续费、最低认购额外，还需要规定基金发行总额和发行期限，一旦发行总额认满，不管是否到期，基金就进行封闭，不能再接受认购申请。同开放式基金一样，在规定的发行期限内或在已拖长了的认购期限内仍无法募集到设定的基金总额，则该基金不能成立。基金管理人应通知托管人负责将已收的认购款退还给投资者。

投资者认购封闭式基金，若是在基金的发行期内，则手续及方式与认购新股相同。发行期过后，投资者如投资封闭式基金则一般只能通过证券商在交易市场上竞价购买，认购价格按当日挂牌的交易价计算，手续和购买股票相同。

3. 海外基金的认购。上述两种是国内基金的认购方式，若是认购海外基金，一般有两种购买方式：一是通过证券投资顾问公司向国外购买，即由顾问公司推荐、协助（填写申请表并和顾问公司签约），然后直接汇款向国外的基金管理公司购买；二是到该基金的国内代销银行购买，投资者以“指定用途信托基金”的方式直接缴款，购买所选中的基金股份。

五、基金上市交易

基金的上市交易指基金证券（基金股份或受益凭证）发行后，获准在证券交易所或证券交易中心（场外交易柜台）内挂牌买卖的活动。按照国际惯例，基金在发行结束后一段时间，通常为3~4个月后，需要安排基金证券的交易事宜，以增强基金的流动性，吸引更多的投资者购买基金。基金上市是针对封闭式基金而言的，开放式基金是通过投资者的申购和赎回来实现流通的，一般每个交易日都允许投资者向基金公司赎回其基金单位。封闭式基金类似一个普通股份有限公司，其证券交易像普通公司股票一样，不得向公司赎回，只能到证券交易市场挂牌交易，或到指定的证券商那里进行柜台交易。

到证交所上市交易的基金证券，交易程序、方法、规则均与股票交易基本相同，只是基金申请上市手续比股份公司上市要简单得多。股份公司一般要在运营两年以后才能申请上市，而封闭式基金在发起设立后3个月即可申请上市。基金上市必须首先递交上市申请报告，向主管机构提出申请。申请报告一般包括如下内容：基金发起设立过程、基金规模、投资政策、投资范围、基金收益情况、基金上市的意义、基金上市的可行性分析等。基金的上市，将使基金的运作更规范，信息披露更及时、更充分，对投资者来说，有利于获取基金运作各方面的资料，了解基金的运作情况，并便于交易。

六、基金的转让与赎回

投资者若要退出对基金的投资，可将所持的基金证券卖回给管理公司或转让给其他投资者。不记名式基金通过交付方式转让，记名式基金则通过背书的方式转让。针对不同类型的基金，投资者推出基金投资的方式也不一样。

封闭式基金的投资者不能向基金管理机构申请退还基金，但可以同转让股票一样，通过证券商、经纪商在基金二级市场上随行就市转让交易。尚未上市的封闭式基金，按有关规定，也可在交易所之外通过柜台交易方式进行转让。封闭式基金转让由于是通过市场竞价、随行就市，容易受到市场行情的影响。基金证券转让是针对封闭式基金而言的，与其他证券转让类似。

基金证券赎回是针对开放式基金而言的，指投资者可以向基金管理公司申请赎回基金证券。通常，基金自发行期满一定时期后，接受赎回申请。投资者不得自基金申购日起三个营业日内申请买回该基金。申请赎回的投资者可在约定期限以后的任何一个营业日，在基金管理公司指定地点全部或部分赎回基金证券，赎回价格一般按当日每单位净资产价值计算。开放式基金在基金管理机构自设的或委托证券商开设的内部柜台进行基金证券的赎回与转让。一些开放式基金为了保证营运资金稳定，随时准备发行一些补充基金单位，以应付投资者收回投资的要求。

案　例

王亚伟与投资基金

傲视群雄的业绩

王亚伟，1971 年 9 月 11 日出生于安徽马鞍山市，毕业于马鞍山二中。1989 年以安徽省高考状元身份考入清华大学电子系，其间对证券投资产生浓厚兴趣，选修了清华大学经济管理学院的企业管理作为第二专业。1998 年 4 月 28 日，华夏基金旗下第一只封闭式基金——基金兴华成立。王亚伟最初是基金兴华基金经理助理，之后任基金经理。从 1998 年 4 月 28 日到 2002 年 1 月 8 日王亚伟离任，基金兴华的净值增长率是 84.86%，同期上证综指涨幅仅为 18.79%。

从 2001 年 12 月起王亚伟开始担任华夏成长的基金经理直至 2005 年 4 月离任。根据上海财汇的数据，在此期间，上证综指下跌 28.5%，但是华夏成长的净值增长率为 13.54%。2005 年 12 月王亚伟接手华夏大盘精选基金。这个中国最赚钱基金经理管理的华夏大盘精选基金 6 年半的总回报率达到 1 182.16%，年复合回报率为 50.32%，超越彼得·林奇的 29.2% 以及巴菲特的 20%。

2007 年，王亚伟获得“中国最赚钱的基金经理”的殊荣，一举将基金金牛奖、明星奖、最佳表现奖、最高回报奖、最受欢迎奖尽数收入囊中。2009 年，王亚伟当选 2009 年“股基王”。2010 年 7 月 1 日，《福布斯》中文版发布了 2010 中国十佳基金经理榜。华夏大盘精选基金经理王亚伟以 48.17% 的复合年化收益率，连续第二年夺冠。

王亚伟真正坐稳江湖头把交椅是在 2008 年这场全球金融危机大潮中。当年凭借出色的选股和风险控制能力，华夏大盘跌幅仅为 34.87%，比大盘少跌 30 多个百分点，成为当年亚军。在 2009 年的小牛市中，王亚伟继续引领风骚，华夏大盘精选以 116.19% 的回报率折桂，之后在 2010 年的震荡市中，王亚伟尽管在冠军争夺战中最终惜败，但华夏大盘和华夏策略依然牢牢占据了榜眼和探花之位。

2012 年 5 月 7 日，华夏基金管理有限公司发布公告称，王亚伟因个人原因于 5 月 4 日离职。2012 年 9 月，王亚伟复出，在深圳成立了一家私募基金公司——深圳千合资本管理有限公司，并任千合资本的基金经理。2012 年 7 月 9 日，王亚伟在香港成立 Top Ace，公司董事只有王亚伟一人，公司性质为私人公司。

在王亚伟担任基金经理的 14 年中，先后管理过四个基金：基金兴华、华夏成长、华夏大盘和华夏策略。其中华夏大盘最为投资者熟知，是目前所有基金中唯一一个累计净值在 10 元以上的基金。依靠连续性的业绩，王亚伟是目前业内唯一打破“冠军魔咒”的基金经理，最终奠定了“基金一哥”的江湖地位。其业绩详见表 6－2。

表 6－2　王亚伟任职情况及业绩

起始期	截止期	基金名称	基金类型	任职期间	任期收益(％)	同类基金平均收益(％)
1998/4/28	2002/1/7	基金兴华	封闭式	3 年又 254 天	84.86	69.007 8
2001/12/18	2005/4/11	华夏成长	混合型	3 年又 115 天	13.54	19.455
2005/12/31	2012/5/3	华夏大盘	混合型	6 年又 124 天	1 182.16	234.821 9
2008/10/23	2012/5/3	华夏策略混合	混合型	3 年又 192 天	126.10	43.657 2

青睐重组题材

王亚伟的成功秘籍，源于他对重组题材股的出色发掘能力。从 2005 年王亚伟担任华夏大盘基金经理开始，他先后重仓投资 ST 广厦、ST 昌河、胜利股份、吉林森工、天保基建、中航精机、海南高速、陕国投 A、浙江阳光、中恒集团、浙江东日、国阳新能、峨眉山 A、乐凯胶片等重组概念股，很少失手，借此创出了 4 年 10 倍高收益的投资神话。

王亚伟善于“潜伏”题材股的天赋早在他第一次担任基金经理期间就已显露。而他也许是世界上最早预感到 2000 年席卷全球的网络股行情的基金经理，提早 2 年就开始“埋伏”于其中。

1998 年是王亚伟担任基金经理的第一年，当其他封闭式基金扎堆于当时尚数量有限的几只蓝筹股时，王亚伟却独辟蹊径重仓上海梅林，持股市值高达 1 亿元，也是该股唯一一名机构股东。

但当时王亚伟也许意识到自己对题材股的预判有些过早，他在 1999 年一季度清空了上海梅林，错过了该股在二季度 5·19 行情中 60% 的上涨行情。出乎意料的是，暂时失算的王亚伟神奇般地在 1999 年第四季度反身杀回上海梅林，成功捕获了该股在 2000 年 1 月网络股行情中单月 200% 涨幅的疯狂行情。被王亚伟同时重仓的中兴通讯、综艺股份亦在这波全世界为之疯狂的网络股泡沫行情中领涨于 A 股市场。王亚伟也因此一战成名。

岳阳兴长可以说是王亚伟的成名作。该股连续 27 个月(2006 年三季度到 2008 年四季度)名列华夏大盘前十大重仓股，见证了王亚伟从一名普通的基金经理被捧为最牛基金经理的历程。

自 2006 年三季度起，王亚伟的华夏大盘精选就开始购入岳阳兴长股份，持仓量在 2007 年年末一度高达 766.4 万股。2007 年一季度，岳阳兴长发布公告，称与湖南高桥公司达成重组意向，随后其股价演绎了连续 10 次涨停的神话，之后伴随着若即若离的生物制药传闻，该股股价一度涨至 41 元，王亚伟收获 10 倍收益。

随着该股股价屡屡拉升的是王亚伟的精确减持。自 2008 年年初，华夏大盘精选开始了其减持之路。公司年报显示，2008 年年末，华夏大盘精选已经减持至 200 万股。2009 年一季度岳阳兴长快速大幅反弹，给了王亚伟抛空该股良好的"时间窗口"。在市场各方一片"疫苗热"以及股价大涨三倍之际，华夏大盘精选再次精准减持。而这一次王亚伟选择了坚定地大幅抛出该股。根据岳阳兴长 2009 年一季报显示，岳阳兴长十大流通股东名单中，王亚伟的华夏大盘精选已消失得无影无踪。

在 2009 年 7 月 9 日举行的媒体见面会上，王亚伟对媒体关心的投资重组股问题做了详细解释："我从来不依据内幕信息去投资重组股，我只依靠三点：公开信息、合理推测、组合投资。"海量的分散投资加上灵活的换仓操作，使王亚伟形成了不依赖于任何重仓股的飘逸风格。

发掘被市场低估的股票

王亚伟始终坚持"追求低风险高收益"的投资原则。在牛市中投资，应回避资产泡沫，保持一种谨慎的心态，坚定追求"安全边际之上的收益"。在对风险认识的基础上，王亚伟一直倡导有业绩支持的成长型投资，而且成长本身的稳定性、持续性在投资中占据越来越重要的地位，不仅要看上市公司当年的增长，还要看能不能保持至少 3 ~ 5 年的良好增长，"只输时间不输钱"，还要看安全边际是不是足够大。但是对于安全边际，如同风险一样，不同的基金经理也有不同的理解。王亚伟关注的安全边际，是考虑到了公司一些隐蔽价值之后的安全边际，更为灵活。

王亚伟并不认同以价值投资或投机来鉴别不同的投资风格。他认为，价值投资与投机的唯一区别是投资者有没有对股票做过认真仔细的研究。王亚伟的投资理念受彼得 · 林奇影响很深。林奇选股视野宽广，十分灵活，为了战胜市场，蓝筹股与热门行业中的热门股并非林奇重点投资的对象，后期麦哲伦基金投资的股票达到 1 400 多只，包括很多不为其他基金所关注的中小型股票。

王亚伟说，在任何一个时点，市场中总有相对被低估的股票，用这样的股票来更替组合已相对不低估的品种，这样循环往复。以最优替换次优，这样，组合整体就得以优化。从操作特点看，则表现为两高一低：高持仓，高换手，低集中度。

他注重发掘股票中被市场低估的因素。泸州老窖就是典型一例。当时泸州老窖在市场上还无人关注，得到市场认同的就是茅台与五粮液，但他发现泸州老窖有很大的潜力。公司拥有的百年以上的窖池在酒类企业中是最多的，有做成优秀企业的不可复制的先天条件，只是 2005 年之前一段时间的公司战略发生了失误，没有跟上白酒行业发展演变的趋势，走低端路线，导致业绩滑坡。他在调研中发现，泸州老窖的新管理层已认识到这个问题，并及时调整了战略，推出了国窖 1573 高档白酒。因为一方面要清理历史问题，另一方面国窖 1573 在市场导入初期投入大、成本高，所以短期内尚未很快见到效益。他通过对上市公司、主管部门、经销商的反复调研，开始高度认同泸州老窖的品牌、战略和管理层，得出泸州老窖未来的发展潜力非常大、即将进入高速增长阶段的结论，因此在该股的股价非常低迷时大量投资，一年半下来，他在这只股票上的最高收益率超过 7 倍。

成长股的拥趸

王亚伟是旗帜鲜明的成长股拥趸。从国外的经验来看,在每一轮牛市中,投资成长股的收益率往往很高。“我觉得在投资者中,‘羊群效应’确实是存在的,但我选股票可能是那种宁可输时间也不输钱的类型,我可能短时间买进去时买了一个高点,但是企业质地好,未来的成长性能够延续,那么经过一段时间我又能赚钱,追求一个长期安全。”王亚伟如是说。

“有些股票我会在没有人买的时候去买它,实际上是有长期持有的打算。它短期内不会热门,一时半会儿也起不来,你可能要拿上两年,它才可能涨起来。我买锡业股份的时候,没有人买,我是打算长期的。但它可能比你想象的好,可能半年时间已经达到了我预期的水平,这就更好,也就没有必要为持有两年而持有两年。”

王亚伟还建议不买“好股票”,其中一个行之有效的方法是,把同行业里面最重仓的股票,列入限制或者是禁止买入名单里面,这并不是说不看好它们,而是强迫自己去挑选更值得买的股票。

“冷静下来,独立思考,用自己的思想指导自己的投资行为”,这是王亚伟作为一个职业投资者给大家的忠告。王亚伟的出色更多地表现在对行业的预判能力,看好的行业会比其他基金早得多地进入,然后提前离场,赚取超额收益。此间,王亚伟最欣赏的投资大师是彼得·林奇,而彼得·林奇买股票时就是看好某一行业就买该行业内所有个股。

作为华夏大盘精选的基金经理,能做到业绩傲视同行,在王亚伟看来,无非就是有一个明确的投资目标——既要追求绝对的收益,又要追求超越指数,还要追求战胜同业。“在我看来,三个目标里面,实现绝对收益是最重要的,也是一个大前提。实现了这个目标,才谈得上其他的目标。”王亚伟说。

跌落神坛

就在王亚伟事业如日中天之际,2012 年 5 月,他却出人意料地从华夏基金离职,并于同年 9 月成立了私募基金管理公司——深圳千合资本管理有限公司,其发行的首款产品名称为“昀沣”,并刷新了三大纪录:①认购门槛最高,认购最低额达到 2 000 万元,刷新此前其他私募基金创造的 1 000 万元门槛纪录;②轻松募集 20 亿元,打破此前单只私募基金首发规模最高纪录;③固定管理费率达到 2.5%,突破此前 2.2% 的最高纪录。

不过好景不长,曾经因高门槛,将一众“亚伟粉”拒之门外的“昀沣”,在 2016 年终于从神坛落入了凡间,2 000 万元的高门槛降至 200 万元。原因之一是其产品的业绩表现不尽如人意,与他在华夏基金时期的辉煌完全无法相比。

由王亚伟任掌门的千合资本旗下产品中,7 只均处于亏损,有的亏损比例甚至超过 30%。虽然私募基金清盘线的设定会根据产品类型及各家机构设立的标准有所不同,并且如果私募管理者对后市比较看好,会通过与客户协议修改清盘线或延迟清盘日期、自由资金注入回购等方式延迟清盘。且到目前为止还没有传出千合资本产品有清盘风险的传闻,但是由于私募基金的平均清盘线均设定在 0.7 左右,即产品亏损至 30% 后就有被要求清盘的风险,王亚伟的几只亏损产品都踩在清盘线上,摇摇欲坠。

有业内人士认为,王亚伟之前之所以能够获得超凡业绩,主要是得益于华夏基金的强大团队。脱离了团队的王亚伟仅仅依靠个人单打独斗,优势荡然无存。

思考题

1. 基金的优势主要有哪些?
2. 试分别说明契约型基金、公司型基金、开放式基金和封闭式基金的特点。
3. 组建海外基金吸引外资的好处是什么?
4. 基金的设立有哪些程序?
5. 基金的当事人有哪些? 其相互间有什么关系?

第七章

项目融资业务

本章学习重点和要求

◆明确项目融资的概念、特征以及资金来源；

◆熟悉投资银行在项目融资中的作用；

◆了解项目融资活动当事人；

◆掌握项目融资的一般程序，包括项目的确定、投资结构的确定、融资结构的确定、融资初步谈判阶段以及执行阶段；

◆知晓项目融资的基本类型和风险，包括政治风险、获准风险、法律风险等；

◆把握项目融资的文件和担保。

第一节　项目融资概述

项目融资是对一个特定投资项目所安排的融资,借款者可以依赖该项目的现金流量和所获收益用作还款来源,并以该项目的资产作为借款担保。项目融资的最终目的是为项目主办者安排一笔能从中获益又同时完全没有追索权或只有有限追索权的资金融通,而且这笔资金融通不会影响主办人的信用等级和资产负债表(这可以通过第三方担保实现),所以,项目融资有时被称作表外资金融通。项目融资就是为某些资金需要量和风险都较大的建设项目筹集国际、国内资金的一种融资手段。项目融资除了要求特殊的巨额资本来源以及风险巨大、利润前景广阔等特点外,还以独特的分析技术和筹资可行性方面的研究而有别于其他方式。项目融资始于20世纪70年代。当时,公司的资本多表现为债权融资而不是股权融资。而到了20世纪70年代,通过扩大公司的债务/股本比率来筹资已面临困难,且此时的国际债券市场亦不甚发达,因此在表外安排融资而将风险转移的项目融资技术便应运而生并迅速发展。

一、项目融资的特征

项目融资与其他融资方式相比具有以下特征:

第一,贷款人不是以主办单位的资产与信誉作为发放贷款的原则,而是根据为建造某一工程项目而组成的承办单位的资产状况及该项目完工后所创造出来的经济收益作为发放贷款的原则。根据项目融资的这个特点,以其他方式很难满足的筹资需求就可以由项目融资方式来实现。因此采用项目融资通常可以获得60%～75%的项目资本需要量,在某些项目中甚至可达100%。另外,项目融资的贷款期限可以根据项目的具体需要和项目的经济生命期来安排设计。

第二,一般的担保贷款通常只需要一两个担保人,而在项目融资过程中,与工程项目有利益关系的各家主要单位,如项目建造施工单位、项目产出的使用单位、项目的设备、原料提供单位等,都需要对贷款可能发生的风险进行担保,以保证该工程按计划完工、营运,并有足够的资金偿还贷款。

第三,项目贷款属"有限追索权"融资方式。追索是指在借款人未按期偿还债务时,债权人要求借款人用除抵押资产之外的其他资产偿还债务的权利。在传统融资中,债权人为项目借款人提供的是完全追索形式的贷款,因此,债权人可以主要依靠借款人的资信情况决定是否提供贷款。作为有限追索的项目融资方式,债权人只能在贷款的某个特定阶段,如项目建设期和试生产期,才能对项目借款人实行追索。除此之外,债权人不能追索到项目借款人除该项目资产、现金流量及所承担义务之外的任何形式财产。有限追索融资的特例是"无追索"融资,即融资百分百地依赖于项目的强度[1],在融资的任何阶段,债权人均不能追索到项

[1] 所谓项目的强度,又称项目的经济强度,就是在安排最初投资时,如项目可行性研究中假设条件符合未来实际情况,则项目是否能够:(1)生产出足够的现金流量;(2)支付生产经营费用;(3)偿还债务;(4)为投资者提供理想的收益;(5)在项目运营的最后或者最坏的情况下,项目本身的价值能否作为投资保障。

目借款人除项目之外的资产。可见,债权人对项目借款人的追索形式和程度是区别项目融资和传统融资的重要标志。

第四,项目主办公司对贷款人的担保一般不包括涉及的所有风险,而且项目通常须作为单独的法人实体存在,这就使得项目的负债同主办公司的整体资产负债相分离,因而对公司信用能力的影响不大。

二、项目融资的优势

对筹资者而言,项目融资的优势主要是:①用负债方式融通项目大部分资金;②风险转移到各担保方,项目失败风险较小;③在资产负债表外安排融资,减少了对项目主办人融资能力和灵活性的影响。因此,通过项目融资得到的资金往往超出主办公司资产负债比率允许的范围,且不对主办公司的财产和收入有全面的追索权。

从贷款人的角度看,项目融资只存在正常的信用风险,不必承担项目承办方的整体偿付能力风险。

三、项目融资的资金来源

(一)世界银行等国际金融机构

世界银行集团下属的国际金融公司、欧洲投资银行、非洲开发银行、泛美开发银行、亚洲开发银行等金融机构提供的项目融资期限在7~15年,无追索权,某些项目还可享受优惠贷款。这类资金具有贷款周期长,资金供应量大等特点,但一般用于公共基础设施项目的建设,且谈判周期长,附加条件多。在我国改革开放初期,这类资金帮助我国完成了一大批基础项目的建设,譬如上海就已利用世界银行、亚洲银行贷款超过20亿美元,支持建设了包括河流污水治理、内环线、南浦大桥、东海天然气开采等一大批公共设施。但随着我国经济的不断发展,国际金融机构对我国的贷款支持不断减少。

(二)投资银行和商业银行

这是项目融资的主要资金来源。国际上的大型投资银行和商业银行不仅资金雄厚,筹资渠道广阔,拥有项目风险分析的专家,而且同项目开发企业关系密切,往往共同参与评估新项目的可行性与风险。因此在国际上,大型项目融资一般都由大银行支配。20世纪70年代,世界上最大的银行还成立了项目融资的部门和集团,一些小银行也以加入银团的方式参与项目贷款。银行提供的项目贷款期限一般为5~10年,按浮动利率计息。

(三)出口信贷

这是项目融资的另一主要资金来源。出口信贷的贷款期限较长,8~10年不等,且成本和条件都比银行贷款优惠,利率固定且低于银行。

(四)国家开发银行和保险机构

国家开发银行和保险机构也提供项目贷款,这种贷款通常具有官方背景。有些国家,主要是发达国家,还对本国的跨国公司提供项目融资,其宗旨是鼓励本国企业在发展中国家进行直接投资。

(五)客户融资

除主办人之外的项目受益人有时也会提供项目融资。例如项目建造设备和原材料供应方、项目产品的购买方可能以赊购赊销方式提供商业信用、项目建造工程款延期支付等。

四、投资银行在项目融资中的作用

投资银行在各种各样的投资项目中经常发挥着财务顾问的作用。项目融资往往要涉及许多股东个人、金融机构、政府机关和外商。在如此繁杂的工作中,投资银行的突出优势是,在长期的经营活动中,它与地方上的各类股东和公共单位之间已建立了广泛深入的联系。这样,投资银行可以作为一个中介,把外商、政府机关、金融机构、当地股东联系在一起,并组织律师、会计师、工程师一同进行项目的可行性研究,进而组织项目投资所需资金的融通。尤其是在组织银团贷款方面,投资银行具有独到的优势。

具体来说,投资银行在项目融资中的作用是:

(1)项目评估。投资银行要对项目可行性研究进行细致评估,特别要强调现金流量、足够的债务保证金及所有成本的可靠性和一致性。这种估价的目的在于证实项目的风险性,这是贷款人最为关心的问题。

(2)设计债券发行方案及“尽职调查”。投资银行在进行项目评估后,若认为项目可行,就开始根据投资者的投资需求设计债券发行方案。这包括债券的发行量、发行地点、发行时间和发行方式等。此外,投资银行还应对发行方及项目进行“尽职调查”,特别要详细审阅有关的购买、承包和担保协议。

(3)起草上市备忘录。这是一份非正式但又十分重要的法律文件,是投资银行在债券正式上市前向投资者推销的主要工具。

(4)协助发行方获得专门机构的信用等级。投资银行事先准备好申请材料,充分地估计到评级机构可能产生的疑虑,沟通评级机构和发行方,以帮助发行方获得比较理想的信用评级。

(5)把握债券价格。投资银行要在综合考察多种影响因素后,对债券做出初步定价。这是一项技术性很强的工作,定价过低会使筹资成本上升,定价过高则导致发行企业在形象上受损。

(6)项目债券的承销和推销。在承销方面,投资银行会邀请适合承销该批债券的银行加入承销团。在推销方面,投资银行一方面确定推销目标,向投资者介绍债券的优越性;另一方面与发行方的最高管理层一起环游各地,举办路演,将项目面对面地推销给投资者。此外,投资银行还要用自己的资金为债券提供流动性方面的支持。

由于项目融资中的借款人成分复杂,要求各异,其中主办人要求很大比例的负债融资和有限的追索权,而商业银行又一般不接受技术和销售风险,必须予以转移,涉及的法律协议又相当复杂,因此,投资银行所从事的筹资安排和风险评估是非常重要的。

第二节 项目融资的当事人

项目融资的特殊性决定了融资活动的参与者比传统融资更为复杂,涉及的范围更广。项目融资有以下几类当事人。

一、项目发起人

项目发起人通过组织项目融资,实现投资的综合目标要求。项目的发起人可以是一个公司或一个承包商、供应商、项目产品的购买者或使用方构成的多方联合体或财团;还可以包括对项目没有直接利益的成员,如交通设施项目中土地所有者和房地产商等。

二、项目公司

项目公司是经营项目的实体。项目融资中通常是成立一个项目公司作为项目直接主办人,而不是由母公司或控股公司作为项目直接主办人。这样做可以将项目融资的债务风险和经营风险大部分限制在项目公司中,由项目公司对偿还债务承担责任;而且,采用项目公司在管理上具有较强的灵活性,项目公司可以是一个实体,也可以只是一个法律上拥有项目资产的公司,实际的项目运作则委托给一家富有生产管理经验的管理公司负责。另外,考虑到各国会计制度的不同,成立项目公司进行融资可以避免将有限追索的融资安排作为债务列入项目的实际资产负债表上。项目公司的身份、注册地址和法定代表取决于多种因素,例如当地政府的法律框架可能规定外资投资方式。所有权结构也可能受项目所在国和项目发起国的税收制度和外汇管理规定的影响。

三、项目投资者

项目投资者是项目融资中的真正借款人。在有限追索的融资结构中,项目投资者除了拥有项目公司的全部股权或部分股权,以及提供一部分股本资金外,还需要以直接担保或者间接担保的形式为项目公司提供一定的信用支持。融资结构和项目的运作取决于一系列因素,包括税收和外汇管理,担保的取得,对所在国政府强制索偿的可能性等。另外,项目投资者在融资中需要承担的责任和义务主要取决于项目的经济强度和贷款银行的要求,是由借贷双方通过谈判决定的。

四、项目债权人

承担项目融资贷款责任的债权人可以是一两家银行,也可以是由十几家银行组成的国际银团。银行参与数目是根据贷款规模和项目风险因素决定的。一般情况下,贷款额超过3 000 万美元以上的项目需要至少 3 家以上的银行组成银团来提供资金。一个项目尽量组成由许多国家银行组成的银团,可以避免所在国政府对项目的征用或干涉,因为所在国政府可能不愿意破坏与其他国家的经济关系。有时,特别是当不允许外国银行取得项目资产担保权益时,银团也可以包括一些所在国的银行,通过安排按比例分担协议,使所在国银行取得的资产担保权益能够对所有贷款人有效。因此贷款可以包括不同层次:担保和未担保贷款,短期和长期贷款,在还款顺序上从属于其他贷款人或债权人的债权的附属贷款。选择项目贷款时要选择对本国了解和友好的银行,选择与项目规模适合的银行,选择对被融资项目及其所属工业部门比较熟悉的银行。另外,银行也可能作为担保银行参加银团。

五、投资银行

在项目融资过程中,投资银行主要是提供各种中介服务。一是在项目文件管理和围绕项目的某些公开场合,需要投资银行在一定程度上参与项目的执行,但其不对借款人或贷款人承担任何特殊的责任。二是负责安排融资和银团贷款,但在贷款文件和担保文件谈判中的每个贷款人都按照自己的判断参加银团贷款,投资银行不为可能的损失负责。三是负责协调用款,帮助各方交流融资文件,传递信息和送达通知。四是充当财务顾问。项目发起人通常请一个投资银行作为财务顾问。投资银行作为财务顾问应熟悉项目所在国的情况,能够对项目结构和当地情况提供参考意见，并具有必要的专业知识和公共关系，以便向债权人推销项目。具体地说，财务顾问需要准备项目情况备忘录的提纲，提供项目可行性分析，提出有关项目成本、市场价格和汇率等的有关假设，并报告各项目发起人的情况。有时财务顾问本身也可以是项目的一个债权人。五是负责监控技术进程和项目业绩，并负责项目实施和有关联络工作。

六、项目产品购买者

项目产品的购买者(或项目设施的使用者)通过与项目公司签订长期购买合同，保证了项目的市场和现金流量，为投资者对项目的贷款提供重要信用保证，因而其在项目融资中发挥相当重要的作用。一般来说，项目产品的购买者通常为项目投资者本身、对项目产品有兴趣的独立第三方或者有关政府(在交通运输、电力等基础设施项目中)。作为项目融资的参与者之一，项目产品的购买者可以直接参加融资谈判，确定项目产品的最小承购数量和价格方式等。

七、项目能源、原材料和设备供应者

若项目能源、原材料生产者在一定条件下愿意以长期的优惠价格条件为项目供应能源和原材料，以保证其长期、稳定的市场，这就有助于减少项目初期乃至项目经营期间的许多不确定因素，为安排项目融资提供了有利条件。项目设备供应通过延期付款或者低息优惠出口信贷安排，也形成项目资金的一个重要来源。

八、国际机构

国际机构为许多国家的项目提供融资，例如世界银行、国际金融公司或区域发展银行等。这些国际机构对担保、融资的终止和实施方式等有其自己的政策和标准，这对项目结构将产生影响，特别是与援助计划或其他软贷款挂钩的项目，通常都要参考提供优惠贷款机构的意见。

九、政府机构

所在国政府对项目融资起着极为关键的作用。政府可以为项目建设提供一种良好的投资环境，同时政府各部门可以为项目的开发提供土地、良好的基础设施、长期稳定的能源供应以及经营特许权，减少项目的建设风险和经营风险；政府还可以为项目提供条件优惠的出口信贷和其他类型的贷款或贷款担保，促成项目融资的完成。通常所在国政府可能通过一个代理人获得项目的股权利益成为项目产品的购买者，或项目所提供的服务的使用者。在BOT项目融资中，项目在特许期结束时可转让给所在国政府。

十、保险公司

当对借款人或项目发起人的追索权有限的情况下，项目的一个重要安全保证是用保险权益作担保，因而必要的保险是项目融资的一个重要方面。由于项目规模很大，存在遭受各种各样损失的可能性，这使得项目发起人需要与保险代理人和承包商建立紧密联系，从而正确地确认和抵消风险。

十一、租赁公司

在项目融资中，如果对工厂和设备的残值存在资本减税，则需要有租赁公司参与进来。

租赁公司通过取得项目公司所需的部分或全部资产，并将其出租给项目公司来换取连续的租金回报，租金回报大于资产成本的部分，即为租赁公司利润。

十二、有关专家顾问

法律和税务顾问是项目投资者在安排项目融资时不可缺少的参谋，而大规模的项目融资所涉及的项目文件十分复杂，也需要有经验的法律顾问来起草和把关。按照律师的建议，项目发起人将把项目所在国的法规、税收等因素作为项目初步可行性评估的一部分。如果项目资产将被作为担保品，所有关涉国（包括贷款人、借款人和项目发起人的国家，以及项目所在国）的当地律师的意见都是贷款时需要考虑的先决因素。贷款人的法律顾问则负责协调律师的意见。

由于项目融资结构要达到有限追索的目的，或需要利用项目投资所带来的税务亏损来降低资金的综合成本，或者将融资设计成为非公司负债型的贷款结构，这需要税务顾问来检查上述做法是否符合项目所在国的有关规定，是否存在问题或风险。另外，项目融资还需要具有国际声望的技术专家来负责准备或检查项目的可行性报告。专家还要参加对项目的监控，并当项目发起人和贷款人对项目文件规定的竣工测试有争议时充当仲裁人。

第三节　项目融资的一般程序

从项目的确定开始，一直到最后完成项目融资并执行，项目融资一般要经过五个程序，即项目的确定、投资结构的确定、融资结构的确定、融资谈判和项目融资的执行。

一、项目的确定

采用项目融资方式进行建设的项目一般都是大型的基础设施和基建工程，这些项目投资量都比较大，建设周期也相对较长，其建设对社会和人民的经济生活影响较大。因此，项目是否符合宏观经济形势发展的要求，是否适应国家产业发展的规划，是否能产生良好的社会效益就是项目确定时首先应该考虑的问题。其次，项目在技术上是否适宜，在经济上是否合理，直接关系到项目建成后的技术和经济效益。为保证项目的可行性，对项目进行技术测试和经济测试至关重要。

（一）技术测试

项目的技术测试包括两方面的内容。首先，要确定项目采用的技术是否适宜。一般来说，项目采用的技术最好已经被别的项目采用过并被证明是稳妥有效的，这样，项目在争取融资时就比较容易得到融资人的认可。如果项目采用的是新技术，那么项目在争取融资时就会面临较多的困难，融资人对新技术会十分谨慎，甚至会带着批评的眼光来审视融资申请。例如为火力发电厂进行融资的融资人在面对借款人提出的建设燃气发电厂的融资申请时，其在进行融资决策时就不会那样驾轻就熟。在明确项目所采用的技术可行后，接着就要考察项目在建设施工和日后经营过程中能否具备采用该种技术的各项条件，以保证该技术在使用的过程中不会出现问题。

（二）经济测试

项目除在技术上可行外，还必须有良好的经济效益。对项目进行财务分析是判定项目偿还能力的关键,也是经济测试的核心内容。根据项目本身的各项生产指标及其所面临的市场环境和财税制度,采用建立在现实基础上的合理假设,对项目未来的经济效益及有关指标进行测试,就可以判断项目未来的盈利水平及偿债能力。此外,还须通过经济测试,证明项目能按照预测取得足够的现金流量以及支付所有的经营费用、债务本息、税款及其他费用,并留有足够的利润储备来应对利率、汇率、产品价格和市场需求的变化,同时还能为项目带来足够的利润盈余以实现其股东的投资回报目标。

在进行过技术测试和经济测试并被认为可行后,项目才正式确定。

二、投资结构的确定

项目确定后,接着就应该确定投资结构。项目的发起人在确定项目的投资结构时需要考虑很多问题,其中主要包括:项目的产权形式、产品的分配形式、债务责任、现金流量控制、税务安排等方面的内容。项目的投资结构与融资模式和资金来源有着密切的关系,对投资结构的选择在一定程度上将直接影响到融资模式和资金来源的选择。当然,投资结构并不是一成不变的,在设计融资模式和选择资金来源时也须根据要求适当地对投资结构进行调整。

三、融资结构的确定

这一阶段包含两方面的工作。首先确定融资模式,然后选择资金来源。

(一)确定融资模式

发起人和项目公司一般委托财务顾问来协助办理融资事宜。财务顾问针对项目的投资结构和其他实际情况,包括当时融资市场的行情,同项目公司和发起人共同研究和设计项目的融资模式。设计项目融资模式的重要步骤是安排一个融资人对发起人发出仅有有限追索权的贷款,并在分析、评估项目的各种风险的基础上,合理、有效地使风险在项目参与者之间得到分散,要站在融资人的位置上设计符合融资人贷款要求的项目的经济强度和各种担保结构。

(二)选择资金来源

根据项目的投资结构和融资模式的要求,选择满足条件的资金来源渠道。首先尽量选择使用设备出口国的出口信贷或政府贷款,这样可以降低利率,减少成本支出。其次,选择使用国际银团贷款时,尽量选择在国际上具有一定声望和经验的银行,选择与项目规模适合的银行,选择对被融资项目及其所属行业比较熟悉的银行。再次,在考虑发起人的资金实力和项目的实际需要的前提下,为项目安排一定量的从属债务。最后,可以在考虑项目税务安排的前提下,为项目选择融资租赁方式或选择直接在证券市场上进行融资。

四、融资初步谈判阶段

初步确定了项目融资方案以后,财务顾问将有选择地向商业银行或其他金融机构发出参加项目融资的建议书,组织贷款银团,着手起草有关文件。与银行的谈判会经过很多次的反复,这些反复可能是对相关法律文件进行修改,也可能涉及融资结构或资金来源的调整,甚至可能是对项目的投资结构及相应的法律文件做出修改,来满足贷款银团的要求。在谈判过程中,强有力的财务顾问和法律顾问有助于加强投资者的谈判地位,保护其利益,并能够灵活、及时地找出方法解决问题,打破谈判僵局,因此在谈判阶段,财务顾问、法律顾问和税务顾问的作用是非常重要的。

五、执行阶段

在正式签署项目融资的法律文件之后，融资的组织安排工作就结束了，项目融资将进入执行阶段。在这期间，贷款银团通过其经理人（一般由项目财务顾问担任）经常性地对项目的进展情况进行监督，并根据融资文件的规定，参与部分项目的决策，管理和控制项目的贷款资金投入和部分现金流量。这与传统的融资方式不尽相同。按传统的融资方式，进入贷款的执行阶段，借款人只要求按照贷款协议的规定提款和偿还贷款的利息和本金，其借款双方的关系相对简单明了。

第四节　项目融资的基本类型

从总体上看，可将项目融资归纳成为以下几种模式。

一、投资者直接安排融资

这类项目融资一般由项目投资者直接安排融资，并直接承担起有关责任和义务，这是最简单的一种项目融资方式。对于投资者本身公司财务结构不是很复杂的情况，这种模式有利于投资者在税务方面的安排。对于资信状况良好的投资者，直接安排融资还可以获得成本相对较低的贷款，因为对于大多数银行来说，资信良好的公司名誉本身就是一种担保。投资者直接安排融资结构的缺点有两个：一是由于投资者安排并直接承担其中的债务责任，在法律结构中实现有限追索就会相对复杂一些；二是采用上述结构使项目贷款很难安排成为非公司负债的融资。

投资者直接安排项目融资模式通常适用于两种投资结构。一是投资者直接拥有项目资产并直接控制项目现金流量。在这种融资结构中，项目投资者根据合资协议组成非公司型合资结构，并按照投资比例协议合资组建一个项目的管理公司，负责项目建设、生产经营以及产品销售；投资者按相应比例投入的自有资金统一用于项目的建设资金和流动资金；项目销售收入将首先进入一个贷款银行监控下的账户，用于支付项目的生产费用和资本再投入，偿还到期债务，最后按照协议将盈余资金还给投资者。

投资者直接安排项目融资的另一种形式是在非公司型合资结构中由项目投资者完全独立地安排融资和承担市场销售责任。这种结构的特点是：由项目投资者根据合资协议组建合资项目，任命项目管理公司负责项目的建设和生产管理；投资者按照投资比例自行安排融资；投资者以“无论提货与否均需付款”协议的规定价格购买产品，其销售收入进入贷款银行监控账户，按照资金使用优先序列的原则进行分配。

总之，采用直接安排项目融资方式可以使项目投资者根据其需要，较灵活地安排资金；融资可以安排在有限追索基础上，追索的程度和范围可以在项目不同阶段发生相应变化。

二、建立项目公司安排项目融资

投资者通过项目公司安排融资的特点是：第一，项目公司统一负责项目的建设、生产、销售，并且可以整体地使用项目资产和现金流量作为融资抵押和信用保证，较容易为贷款银行接受。第二，由于项目投资者不直接安排融资，而是通过间接的信用保证形式支持项目公司的融资，因此投资者的债务责任较为清楚。这种模式的主要缺陷是缺乏灵活性，很难满足不同投资者对融资的各种要求。

通过项目公司安排项目融资主要包括两种类型：

一种类型是由投资者建立一个特别目的的项目子公司作为投资载体，以该项目子公司的名义与其他投资者组成合资结构和安排融资。这种形式的特点是项目子公司将代表投资者承担项目中全部的或主要的经济责任，但是由于该公司是投资者为一个具体项目临时组建的，所以可能需要投资者提供一定的信用支持和保证。另外，这种结构容易划清项目的债务责任，并且融资有可能被安排成为非公司负债型的融资。

另一种类型是由投资者共同投资组建一个项目公司，再以该公司名义拥有、经营项目和安排融资。这种模式在公司合资结构中较为常用。其具体特点是：项目投资根据股东协议组建项目公司，并注入一定量的股本资金；项目公司作为独立的生产经营者，签署一切与项目建设、生产和市场有关的合同，安排项目融资、建设、经营并拥有项目；项目融资安排在对投资者有限追索的基础之上。

另外，投资者还可以用信托基金结构为项目安排融资。这种模式在融资结构和信用保证结构方面均与通过项目公司安排融资的模式类似。还有一种介于投资者直接安排融资和通过项目公司安排融资两者之间的项目融资模式，即在合伙制投资结构中，利用合伙制项目资产和现金流量直接安排项目融资。在这种结构中，贷款银行将对项目的现金流量实施较为严格的控制。

三、产品支付法

产品支付法是指采用无追索权或有限追索权融资方法，提供贷款的银行从项目中购买一个特定份额的生产量，这部分生产量的收益成为项目融资人的偿债资金来源。产品支付法完全以产品和销售收益的所有权作为担保品（而不是采用转让或抵押方式）。产品支付法适用于资源贮藏量已经探明并且生产资金流量能够比较准确地计算出来的项目。它具有以下特点：第一，该项目还本付息的唯一来源是项目生产的产品。第二，融资期限短于项目本身的经济生命期。第三，贷款人只为项目的建议和资本费用提供融资，而不承担项目生产费用的贷款，另外还要求项目投资者提供最低生产量和最低产品质量标准等方面的担保。

采用产品支付法一般需要创立一个特殊目的公司或融资中介机构，由其从项目公司购买未分割的石油、天然气、矿产品或其他产品的收益。特殊目的国内公司有时由项目发起人创立。这种项目融资结构的可靠性部分取决于对油气储藏及其相关权利的拥有，贷款人可以完全或部分拥有项目产品，直到贷款及利息得到偿还为止。债务偿还计划由贷款人付出的价值来决定，这一价值被视同为将来生产收益的净现值。在生产开发及建设期，银行将贷款提供给中介机构或特殊目的公司，由其利用贷款向拥有油田的石油公司支付双方商定的产品权益所需的购买费用。石油公司同意通过销售石油来执行"产品支付"，但"产品支付"金额应包括"购买费用"加上利息。石油公司利用中介机构支付的资金来支付开发成本。银行则把中介机构的产品权益和销售合同作为贷款担保品。

四、融资租赁

以融资租赁为基础组织起来的项目融资模式，是指在项目投资者的要求和安排下，由杠杆租赁结构中的资产出租人融资购买项目的资产然后租赁给承租人（项目投资者）的一种融资方式。融资租赁是以资产为基础的融资。在美国和英国,相当数量的大型项目是通过融资租赁方式来筹集资金的,采用这一方式还可购置某一大型专项设备。与其他融资方式相比,采用融资租赁可使项目发起人利用一些国家对工厂和机器的资本性投资的减税政策来达到降低成本的目的,租赁方式因其资产所有权归贷款人所有而具有很大优势。在项目融资中,当项目公司仅在项目建设或开发的一个特定阶段需要使用特定的资产时,也可以使用短期经营性租赁。融资租赁一般应包括合同阶段、租赁阶段、建造阶段、运营阶段及终止阶段。

五、信托融资

信托融资是指企业或特定金融机构以发行信托的方式为指定项目进行融资。项目发起人依托信托机构搭建融资平台,根据具体项目设立信托计划向社会筹集资金,所得资金通过信托机构投入项目中去。从融资的角度来看,购买信托计划者就是项目投资人;信托机构是投资者的代理人,充当的只是融资的中介。信托计划购买者实际就是信托关系里的委托人,信托机构则是信托关系里的受托人。信托机构通过发售信托计划汇集的资金就是信托财产,通过信托财产投资项目获取收益就是信托目的。信托融资可以被当作一种直接融资的方式,不过也有其特殊性。信托机构在信托融资中扮演的是金融服务机构,其并不直接提供资金,且信托计划的收益与风险都归属于投资者,其本身并不承担融资风险。如果信托机构在此过程中提供担保或以其他方式承担偿还责任,这就超出了我们这里讨论的信托融资的范围。

六、BOT

BOT(Build - Operate - Transfer)一般是东道国政府与国际项目公司(外商)签订合同,由项目公司筹集资金参与基础设施和公共工程项目的开发和建设的融资方式。项目建成后,由项目公司在规定期限内经营该项目以收回其对该项目的投资,以及其他合理的服务费用等,经营期限一般为15~20年,在规定的经营期限届满时,项目设施无偿转让给东道国政府。这是近年来国际上,尤其是发展中国家所普遍重视并经常采用的一种新的国际经济技术合作方式。

国际BOT方式有四个特点:①BOT项目合作的一方是政府部门(项目方),另一方是国外的民营企业。②对于项目方来说,采用BOT方式,实质是把利用外资与引进技术结合起来。③BOT不同于合资企业、独资企业等传统的利用外资方式。传统的利用外资方式的经营管理是依照双方共同约定,依照企业所在地有关法律进行,而BOT项目的经营管理权则归国际项目公司。④BOT项目的涉及面广,十分复杂。一个BOT项目往往涉及投资者、股东、项目建设公司、政府部门、借贷者、用户,以及金融、担保和保险机构等,而且项目实施还须以土地、能源、人力资源等为基础。⑤BOT方式一般采用国际竞争性招标的方式来选择项目公司。

BOT方式由土耳其总理奥扎尔首创,其后迅速在发展中国家得到广泛应用。由于其在建设中引进了私人资金,减少了政府对项目的财政支出,也得到了发达国家的注意和采用。在一个典型的BOT项目中,项目组织者负责提交包含设计、建造、安装、财务和项目运营的方案,负责资金的筹集和使用,以及整个建筑工程和系统中的各个组成部分之间的协调统一。

BOT方式与其他承包方式的根本区别在于建设项目是由承包商和银行投资团体发起并筹措资金、组织实施以及经营管理。这种方式的实质,是将国家的基础设施建设和经营管理民营化。一般来讲,BOT项目的实现需要经过以下四个步骤:①国外民营机构以其组成的国际银团为基础,在项目所在国建立该项目公司。该项目公司必须获取东道国政府授予的建设、经营该项目的权利。②项目公司依据授权对项目进行规划、建设,项目建设所需全部资金都由国际银团负责，该国际银团可以通过吸收其他人的参股和向银行贷款等方式筹集资金。③项目完工后，项目公司在同东道国政府协议规定的期限内，享有经营收回全部投资并取得利润的特许权。④合作期届满时，该项目的财产所有权、经营管理权和经营收益由项目公司转让给东道国政府。

专栏 7－1　　PPP 模式

20 世纪 90 年代后，一种崭新的项目融资模式 PPP 模式（Public－Private Partnership），即“公共部门与私人企业合作”的模式，在西方特别是欧洲流行起来，在公共基础设施领域，尤其是在大型、一次性的项目，如公路、铁路、地铁等的建设中扮演着重要角色。PPP 模式作为 BOT 的一种衍生模式，对于我国加快新型城镇化建设、提升国家治理能力、构建现代财政制度具有重要意义。PPP 模式的架构如图 7－1 所示。

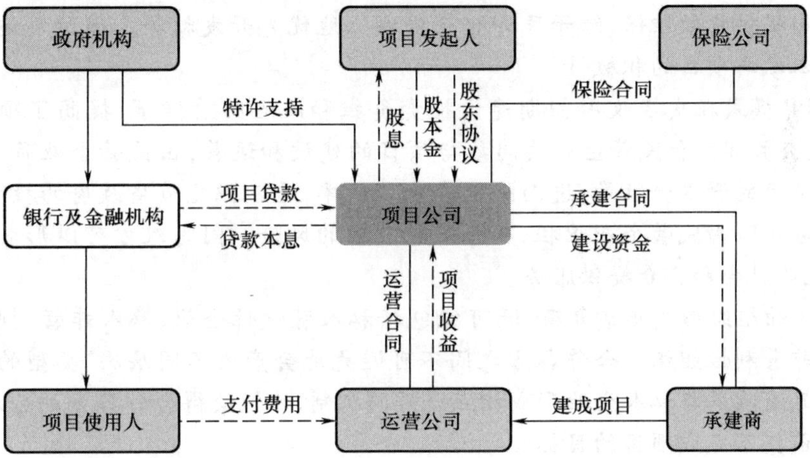

图 7－1　PPP 模式的架构

一般而言，PPP 融资模式主要应用于基础设施等公共项目。首先，政府针对具体项目特许新建一家项目公司，并对其提供扶持措施，然后，项目公司负责进行项目的融资和建设，融资来源包括项目资本金和贷款；项目建成后，由政府特许企业进行项目的开发和运营，而贷款人除了可以获得项目经营的直接收益外，还可获得通过政府扶持所转化的效益。

PPP 模式是一种优化的项目融资与实施模式，以各参与方的“双赢”或“多赢”作为合作的基本理念，其典型的结构为：政府部门或地方政府通过政府采购的形式，与中标单位组建的特殊目的公司签订特许合同（特殊目的公司一般是由中标的建筑公司、服务经营公司或对项目进行投资的第三方组成的股份有限公司），由特殊目的公司负责筹资、建设及经营。政府通常与提供贷款的金融机构达成一个直接协议，这个协议不是对项目进行担保的协议，而是一个向借贷机构承诺将按与特殊目的公司签订的合同支付有关费用的协定，这个协议使特殊目的公司能比较顺利地获得金融机构的贷款。采用这种融资形式的实质是：政府通过给予私营公司长期的特许经营权和收益权来加快基础设施建设及有效运营。PPP 模式的内涵主要包括以下 4 个方面：

第一，PPP 是一种新型的项目融资模式。PPP 融资是以项目为主体的融资活动，是项目融资的一种实现形式，主要根据项目的预期收益、资产以及政府扶持的力度而不是项目投资人或发起人的资信来安排融资。项目经营的直接收益和通过政府扶持所转化的效益是偿还贷款的资金来源,项目公司的资产和政府给予的有限承诺是贷款的安全保障。

第二,PPP 融资模式可以使更多的民营资本参与到项目中,以提高效率,降低风险。这也正是现行项目融资模式所鼓励的。政府的公共部门与民营企业以特许权协议为基础进行全程合作,双方共同对项目运行的整个周期负责。PPP 融资模式的操作规则使民营企业能够参与到建设项目的确认、设计和可行性研究等前期工作中来,这不仅降低了民营企业的投资风险,而且能将民营企业的管理方法与技术引入项目中来,还能有效地实现对项目建设与运行的控制,从而有利于降低项目建设投资的风险,较好地保障国家与民营企业各方的利益。这对缩短项目建设周期,降低项目运作成本甚至资产负债率都有值得肯定的现实意义。

第三,PPP 模式可以在一定程度上保证民营资本"有利可图"。私营部门的投资目标是寻求既能够还贷又有投资回报的项目,无利可图的基础设施项目是吸引不到民营资本的投入的。而采取 PPP 模式,政府可以给予私人投资者相应的政策扶持作为补偿,如税收优惠、通过项目公司提供贷款担保、给予民营企业沿线土地优先开发权等。通过实施这些政策可提高民营资本参与项目的积极性。

第四,PPP 模式在减轻政府初期建设投资负担和风险的前提下,提高了项目质量。在 PPP 模式下,公共部门和民营企业共同参与项目的建设和运营,由民营企业负责项目融资,有可能增加项目的资本金数量,进而降低资产负债率,这不但能节省政府的投资,还可以将项目的一部分风险由民营企业承担,从而减轻政府的风险。同时双方可以形成互利的长期目标,更好地为社会和公众提供服务。

PPP 模式的组织形式非常复杂,既可能包括私人营利性企业、私人非营利性组织,还可能包括公共非营利性组织。合作各方之间不可避免地会产生不同层次、类型的利益和责任上的分歧。只有政府与私人企业形成相互合作的机制,才能使得合作各方的分歧模糊化,在求同存异的前提下完成项目的目标。

PPP 模式的机构层次就像金字塔一样,金字塔顶部是政府,是引入私人部门参与基础设施建设项目的有关政策的制定者。政府对基础设施建设项目有一个完整的政策框架、目标和实施策略,对项目的建设和运营过程的各参与方进行指导和约束。金字塔中部是政府有关机构,负责对政府政策指导方针进行解释和运用,形成具体的项目目标。金字塔的底部是项目私人参与者,通过与政府的有关部门签署一个长期的协议或合同,协调本机构的目标、政策目标和政府有关机构的具体目标之间的关系,尽可能使参与各方在项目进行中达到预定的目标。

这种模式的一个最显著的特点就是政府或者所属机构与项目的投资者和经营者之间的相互协调及其在项目建设中发挥的作用。PPP 模式是一个完整的项目融资概念,但并不是对项目融资的彻底更改,而是对项目生命周期过程中的组织机构设置提出了一个新的模型。它是政府、营利性企业和非营利性企业基于某个项目而形成以"双赢"或"多赢"为理念的相互合作形式,参与各方可以达到与预期单独行动相比更为有利的结果。参与各方虽然没有达到自身理想的最大利益,但总收益即社会效益却是最大的,这显然更符合公共基础设施建设的宗旨。

七、TOT

TOT(Transfer - Operate - Transfer)也是项目融资的一种形式,其具体方式是:东道国在与外商签订特许经营协议后，把已经投产运行的交通基础设施项目移交(T)给外商经营(O)，凭借该设施在未来若干年内的收益，一次性地从外商手中融得一笔资金，用于建设新的交通基础设施项目。特许经营期满后，外商再把该设施无偿移交(T)给东道国。因此，TOT方式与BOT的根本区别在于B(项目建设)上，即不需直接由外商投资建设交通基础设施，因而避开了在B段过程中产生的大量风险和矛盾，比较容易使两国双方达成一致。

八、ABS

ABS(Asset Backed Securitization)是以资产支持的证券化，具体来说，这是指以目标项目所拥有的资产为基础，以该项目资产的未来收益为保证，通过在国际债券市场发行高档债券来筹集资金的一种项目证券融资方式。ABS方式的目的在于通过其特有的提高信用等级的方式，使原本信用等级较低的项目照样可以进入国际高档债券市场，利用该市场信用等级高、债券安全性和流动性好、债券利率低的特点，大幅度降低发行债券、筹集资金的成本。

ABS作为一种项目融资方式，起源于20世纪70年代初，首先在美国发展，用于推广房地产抵押融资。到了20世纪80年代，这种融资方式在全世界范围内开始被广泛应用，包括房地产抵押、信用卡、汽车贷款以及其他商品应收账款。常见的例子还有贸易和设备租赁应收账款等。在美国，ABS是指房地产抵押以外的各类资产支持的证券，以房地产抵押支持的证券则习惯称为MBS(Mortgage Backed Securities)，属于ABS的一个专类。这两个名称通常都含有资产负债表外融资运作的意思。

ABS是通过在资本市场发行债券以筹集资金的融资方式。按照规范化的证券市场运作方式，在证券市场发行债券，必须对发债主体进行信用评级，以揭示债券的投资风险及信用水平。债券的筹集成本与信用等级密切相关。信用等级越高，表明债券的安全性越高，债券的利率越低，从而使通过发行债券筹集资金的成本越低。因此，利用证券市场筹集资金，一般都希望进入高档投资级证券市场。但是，不能获得权威性资信评估机构较高级别信用等级评估的企业或其他机构，则无法进入高档投资级证券市场。ABS运作的独到之处就在于通过信用增级计划，以资产的收益为保证，使得没有获得信用等级或信用等级较低的机构，照样可以进入高档投资级证券市场，通过资产的证券化募集资金。

九、有限追索贷款

所谓有限追索贷款，简单地说，是一种对风险的追索仅限于项目本身所形成的资产和权益，以及在项目建设和营运中的所有环节的贷款方式。

有限追索贷款与通常的担保贷款和红火一时的BOT相比，其特点十分显著。担保贷款可以由项目业主作为借款人，也可以由项目发起人作为借款人，而由第三方提供还款担保，或者以已经存在的资产作为抵押(或质押)而提供还款保证。一旦贷款发生风险，贷款人就会首先向提供担保的第三方追索，或强制处理抵押品。从这一点看，贷款人的风险首先落在了提供担保的第三方身上或抵押品上，而借款人反而成了第二债务人。BOT项目融资方式无疑可以减轻引资国的外债负担，但是境外投资者对该国的法制环境和经济环境要求很高。如果该国缺乏一套非常完整的法律体系和一个高度完善的市场机制，外国投资者是不会有信心选择BOT融资方式的。

有限追索贷款突破了担保贷款需要第三方提供还款担保的束缚，也没有BOT方式对法制环境和经济环境那样严格的要求。在这种融资方式中，贷款人只将贷款发放给项目业主，而不是发起人,贷款人需要借款人项目本身所形成的资产,无论是有形的还是无形的,现在的还是将来的,固定的还是浮动的,都要作为抵押品,作为还款保证,同时还需要借款人将在项目建设和营运中所形成的权力和权益质押给贷款人。贷款人针对项目的建设和营运期的每一个环节所可能产生的风险,制定出规避风险的方案,分解给最有能力控制这种风险的发起人或有关政府分别或者共同承担,但任何一方都无须提供还款担保。

第五节　项目融资风险及防范

在项目融资中,借款人偿还贷款的资金来源是项目产生的现金流量,贷款人对发起人或第三方仅有有限追索权,因此,对贷款人而言,对项目存在的各种风险进行全面的研究和估算就显得尤为重要。按照项目风险的表现形式,项目融资的主要风险有以下几种。

一、政治风险

政治风险是指由于战争、国际关系变化、政权更迭、政策变化而导致的项目资产和利益受到损害的可能性。它分为两大类,一类涉及政局的稳定性,另一类涉及政策的稳定性。

(一)政局的稳定性

在进行项目融资时,贷款人和发起人首先考虑的是东道国的政局是否稳定,如有无爆发战争的可能,国内局势是否动荡,政府是否发生更迭,如果旧政府被颠覆,新政府是否履行前政府对项目的承诺,是否废除项目建设所依赖的法律和法规,是否将项目资产进行国有化等。

2011 年我国在利比亚的投资遭受损失就是一个很好的例子。2011 年 2 月,由于利比亚国内的高失业率和腐败,加上受到周边国家相继发生的反政府示威的影响,导致民众上街游行。随后,卡扎菲政权对反政府武装力量施以武力镇压,继而引起大规模骚乱。在 3 月 19 日召开的利比亚问题巴黎峰会上,美国、欧盟等与会各方决定对利比亚进行军事干预,利比亚陷入了政治危机当中。据商务部在新闻发布会上透露,当时在利比亚,中国建筑从事的工程承包项目累计合同金额约 176 亿元人民币;中国铁建的 3 个工程总承包项目合同总额 42.37 亿美元,已完成 6.86 亿美元;葛洲坝的一个 7 300 套房建工程施工项目的合同金额约 55.4 亿元人民币,已完成合同工程量 16.8%;中国中冶的 2 个工程承包项目的合同金额总计 55.86 亿元人民币。中国在利比亚承包的大型项目共有 50 个,涉及合同金额 188 亿美元。据相关部门统计,截至 2011 年 4 月,我国工程投资在利比亚危机中受到的损失约为 200 亿美元。

(二)政策的稳定性

任何项目都可能受到东道国各项经济政策的影响,因此,仔细研究东道国的政策条例和政策意图及其变化趋势,是一项重要的工作。这些政策包括土地政策、税收政策、关税政策、价格政策等。降低政治风险的办法有:一是进行政治风险保险,包括纯商业性质的保险和政府机构的保险;二是在安排融资时,争取东道国政府或其授权出具书面保证。

二、获准风险

开发和建设一个项目必须得到项目东道国的许可,而获得政府的许可需要经过复杂的审批程序,这需要花费相当长的时间。如果项目不能及时得到政府的批准,就会延误工期,致使项目无法按进度进行。贷款人和发起人对此应有充分考虑,弹性安排工作时间,以应付审批过程中的拖延。如果项目设计有缺陷,不符合环保要求或其他原因,项目有可能遭受到政府的拒绝。为避免出现这种情况,贷款人和发起人应明确:第一,项目申请必须符合东道国政府的规定;第二,项目选址必须考虑环境保护方面的要求;第三,项目发起人应同东道国政府及项目所在地的政府部门、居民维持良好关系。

贷款人对项目获准不负直接的责任,他们会要求发起人承担项目申请过程中的直接责任。

三、法律风险

法律风险是指由于东道国法律变动给项目带来的风险。贷款人和发起人要对东道国的法律体系进行考察、研究:

第一,根据东道国的法律规定,发起人能否有效地组织项目融资的结构并进行项目的经营。

第二,出现纠纷时,是否有一个完善的商业法律体系来提供仲裁,解决纠纷。

第三,是否有一个独立的司法制度和一套严格的法律执行体系来执行法院的仲裁结果。

在项目安排过程中经常征求东道国当地法律顾问的意见,使项目从一开始就尽量符合东道国的法律要求,可以避免法律风险。另外使用国际通行的相关法律也可以回避东道国的法律风险。最后,获得东道国当地有关部门的承诺,保证即使日后法律变动也不影响项目,也是可行的办法。

四、信用风险

信用风险是指项目参与者因故无法履行或拒绝履行合约所规定的责任与义务。信用风险的表现形式是多样的,如项目承建商未能在规定的工期内完成项目的施工建设,或不能按质按量交付工程;最终产品的购买者不按规定接受产品,或接收后不支付款项;借款人无力偿还债务或拒绝偿还债务;等等。信用风险是令贷款人最为头痛的问题。为尽量规避信用风险,应要求贷款人对项目的各个参与者进行认真的评估和筛选,分析参与者的资信情况、技术和资金能力以及以往的表现和管理水平,选择信誉卓著的参与者。

五、市场风险

市场风险是指项目不能销售其产品(销售量风险)或不能盈利(价格风险)的风险。项目的效益取决于其产品在市场上的表现,产品在市场上主要面临三个方面的风险:价格风险、竞争风险、需求风险。价格风险分析主要研究产品能否以合适的价格出售,以保证售价可以在弥补成本后仍有盈余。竞争风险分析主要研究有多少家企业生产同类产品,项目产品的市场占有率和市场渗透率如何,项目产品有无其他替代品。需求风险分析主要通过调查国内的市场需求和国外的市场需求,调查现在的市场需求和预测将来的市场需求,研究产品购买者的消费习惯变化趋势和未来通货膨胀的发展趋势,来合理确定项目的规模。通常,在项目融资中,可通过与信誉卓著的购买者签订“长期购买合同”,来保证项目产品的全部或大部分有销售市场和合适的销售价格。这些合同一般会包括某些条款,如购买价格随经营成本增加的条款,或者设定购买底价的条款,从而保证项目产品的销售市场。

六、外汇风险

那些涉及出口收入或以外汇融资的项目还面临外汇风险。外汇风险包括三个方面:东道国货币的自由兑换、收益的自由汇出问题以及汇率波动所造成的货币贬值问题。项目在正常运行情况下产生的现金流量能否自由兑换成发起人或贷款人需要的货币,并自由汇出东道国,以及东道国货币汇率是否会大幅波动造成利益损失等问题是项目融资参与者十分关心的问题。项目收入的自由兑换和自由汇出问题主要依靠投资者与东道国政府(或授权代表,如外汇兑换银行)之间的协议来解决。至于汇率波动的问题,简单地通过掉期交易等衍生工具无法完全解决,最好的办法是同东道国政府或外汇兑换银行签订远期兑换合同,事先把汇率锁定在双方都可以接受的价位上。另外,建立还贷外汇储备,建立产品价格与汇率相联系的机制,设立境外账户或由银行开立用于还本付息储备的备用信用证等,都可在一定程度上解决外汇风险。

七、利率风险

利率风险是指在项目的经营过程中,由于利率变动,直接或间接地造成项目价值降低或收益受到损失的风险。如果项目采用固定利率进行融资,日后市场利率下降便会造成机会成本的提高;而如果采用浮动利率进行融资,一旦利率上升则项目的融资成本就会提高。

八、完工风险

完工风险指的是项目无法完工、延期完工或者完工后不能达到预期运行标准的风险。完工风险是项目融资的核心风险之一,存在于项目建设阶段和试生产阶段,意味着项目贷款利息支出的增加,项目建设成本的增加,贷款偿还期限的延长和市场机会的错失。关于“完工”,除了有技术完工含义外,还有商业完工的含义。商业完工是指项目实体完成后,能够产生预期的现金流量。

为限制或转移项目的完工风险,贷款人通常会要求发起人或承建商等提供“完工担保”作为保证。发起人有几种方式提供“完工担保”:

(1)发起人保证如果项目不能在规定期限完工,由发起人偿还债务;

(2)发起人保证如果项目的完工条件最终不能达到,则由发起人收购项目债务或将其转为公司债务,即由项目融资变为公司融资;

(3)发起人保证承担建设成本超支部分。

九、经营风险

经营风险是指项目在试生产阶段和生产运行阶段存在的经营困难、运营费用超支以及无法产生足够现金流量用于偿还债务等风险,这是项目融资的另一个重要的核心风险。与完工风险通常要求由发起人全部或大部分承担不同,如果项目使用的是成熟的技术,并且经营者具有丰富的经营经验,贷款人就会愿意在进行充分风险分析的基础上承担全部或大部分的经营风险。经营风险主要包括技术风险、经营管理风险和生产条件风险。

(一)技术风险

如果项目使用新型的、未被测试过的技术,贷款人会对使用技术可能造成的失败风险和费用进行分析,以确保技术中不存在任何无法解决的问题。使用成熟的技术可以大大降低技术风险,易于获得有限追索的贷款。对技术风险缺乏足够的重视,会造成成本超支,甚至导致项目的最终失败。

(二)经营管理风险

经营管理风险用于评价发起人对于开发项目的经营管理能力,这种能力是决定项目生产效率的重要因素。经营者在同一或相似行业中的工作记录和经验是判断经营者能力的重要标志之一。选择具有良好资信的经营者可以大大减少经营管理风险。

(三)生产条件风险

生产条件风险包括:能源和原材料的价格及供应是否可靠;项目所需的资源是否充足;交通、通讯以及其他公用设施的条件是否便利等。

十、环保风险

工业项目对自然环境以及人们生活和工作的环境所造成的负面影响已经越来越引起社会公众的关注,许多国家的政府制定了严格的保护法来限制工业污染对环境的破坏。对那些利用自然资源或污染严重的项目,满足保护法的要求意味着项目成本的增加,表现为需缴纳各种罚款,增加环保费用支出。因此,对项目可能出现的任何环保方面的风险都应予以重视。

第六节 项目融资文件和担保

一、项目融资文件

(一)基本文件

项目贷款人及其律师不仅要认真起草贷款和担保文件,还应认真对待物权凭证,以及贷款人与项目发起人或其他有关方签署的合同。这些文件很可能在申请融资前就存在,它们是项目的基础。在检查基本文件时,贷款人应特别注意:消极保证条款将影响项目资产和现金流量,而项目资产和现金流量又是贷款的担保和还款来源;建设和销售合同很可能包含限制转让的条款;建设或运营合同要求由承包商或运营公司投保,其后果是项目发起人将不能把保险或保险权益作为担保或将其他直接收益提供给贷款人;其他融资文件中的交叉违约、消极保证和平等条款阻碍了形成以贷款人为受益人的资产担保和抵押;项目收入或项目发起人的收入或资产的变化情况;抵扣权可能导致借款人的其他与本项目无关的项目的失败损害贷款项目的价值;先买权,一致同意的要求,或者合资方要求平等担保/抵押的权利;按照贷款文件,借款人被认为违约时,由于借款人未能满足现金需要或为放弃成本提供担保,或未能运用其他结束权,借款人权利的丧失或减少;“不可抗力”条款免除了一个或几个参与方的履约责任;保密条款限制传播有关项目发起人和项目本身的消息;强制放弃或接管条款要求,即当合资方都希望放弃该项目时,他们当中的一个应承担其余合资方的责任;对特许和任何附加条件(包括对转让的任何限制)的满期和撤销条款。

以下是可能涉及的项目文件:

各项政府特许、批准文件;关于土地所有权(包括获得必要的地表和浅海的所有权)的文件;项目发起人之间的合资文件;股东协议;项目公司的组织文件;项目管理文件和技术顾问合同;项目建设文件和分包合同;承包商和分包商的履约保函和预付款保函;其他保证因素,如销售合同规定的责任;项目的各种保险文件;供货合同或是通常的商务合同,或是“或供或付”,或收费合同;销售合同或者是通常的商务合同,或者按照购买,或“或取或付”,或“且取且付”合同;使用合同;技术和运营许可证;计划部门和环境部门的批准书;基本设施,如电力、燃气、水的供应合同;精炼合同(当产品需精炼后才能售往市场时);运输合同;项目发起人的其他合同。

(二)融资合同

在某些情况下,如果项目文件的某些规定不利于贷款人保护自己的利益、不利于保证项目不被放弃(项目文件中规定的情况除外),贷款人也许应该坚持修改项目文件,或者使有关方面取消这些规定。为了达到上述目的,贷款人可能被迫同意承担借款人对项目发起人的债务。在有些情况下,贷款人接受这些有风险的规定可能实际上对自己无害。当商谈项目文件时,项目发起人应及早认识那些项目贷款人和他们自己可能面临的问题。问题发现得越早就越容易解决。例如,在项目文件中加入免责和除外条款,而不是后来要求改变和批准。

(三)融资文件

融资文件主要包括:基本融资协议(写明贷款条件、保护条款等检查表列举的规定事项);担保文件;项目贷款人和担保权益托管人之间的信托、协调或共同贷款人协议;安慰信和其他支持文件;当借款不是筹资的唯一或第一来源时,应包括发行债券、商业票据、股票承销报价等文件;掉期、期权;封顶和利率区间等可能涉及一个或几个贷款人,或涉及第三方的附加融资文件;还款能力系数和其他融资契约;限制性条款如借款限制,消极保证,平等条款,对分红和资产处理的限制;违约事件;加速程序;执行对担保品的权利;项目竣工,转换和放弃技术试验;融资信息和项目信息,规划、有关汇报或报告的要求,以及项目的监督机制;从收益账户划出资金的机制,保险账户和其他保管账户;代理条款,支付机制,银行间的互相协调和收入的分配;委托和转让条款。

(四)融资协议

融资协议必须包括以下条款:融资金额和目的;利率和还本付息计划;付给安排行、代理行和贷款人的佣金和费用;贷款前提条件即法律意见书,董事会决议,所有项目合同的副本,担保合同的交接,政府批准文件,弃权信,专家报告和财务报表;对向借款人和/或其他有关方追索的限制;对现金流量的专门使用;保护性条款即税收补足条款,增加成本补偿,利率选择,市场干扰,非法监督,罚息,标准货币,总的免责;陈述和保证,即关于公司的形式和能力,有关文件的正确执行,所有项目和融资文件的准确性,责任的有效期和项目资产的所有权;项目的约定,即项目标准,遵守项目批准书,以及法律和规定;按照发展计划和可行性确定进行建造和运营;投保;交税。

(五)担保/抵押文件

担保/抵押文件主要包括:抵押或对土地、建筑物和其他固定资产固定设押;对动产、账面债务和产品的固定设押或浮动设押;项目文件规定的权益转让,如建设合同、承包商和供货商的履约保函；许可证和合资合同；项目保险和经纪人的保证的转让；销售合同、或取或付、使用或收费合同；项目生产收益和经营收入的转让；用代管账户来控制现金流量（必要时提留项目的现金流量），长期供货合同的转让，包括“或供或付”合同和能源、原材料的供应合同；项目管理、技术支持和咨询合同的转让；项目公司股票的质押，包括对股息设押；各种设押和委托下产生的有关担保的通知、同意、承认、背书、存档、登记。

（六）支持文件

项目发起人的支持文件主要有：还款担保、竣工保函、运营资本合同、现金差额补偿协议、保证书和安慰信；项目发起人的间接支持文件，主要有：或取或付、使用合同和或供或付合同、无条件运输合同、持续供货合同；由一个或多个项目发起人签订的项目经营管理和所在国政府的支持文件，主要有：许可证、批准、特许、免于没收保函、外汇供应保证；保险支持文件，主要有：商业保险单，出口信贷保函，多边机构担保文件。专家的报告和法律意见书主要有：关于项目技术可行性的工程师报告；环境顾问所作的关于项目对环境的可能影响和适用法律的报告；保险专家关于项目保险是否足够的报告；会计师关于项目发起人财务状况和项目公司股东结构的报告；所在国的法律顾问，和向贷款人提供担保或支持的各方的当地法律顾问，针对项目的有关事项的报告。

（七）法律意见书

这方面的内容主要有：各参与方行使其项目文件或信贷和担保文中规定义务时的法律地位和权利；文件的约束力和强制能力；项目资产的合法所有权；需要获得并遵守的营业执照特许和其他管理规定；现行的外汇管制规定，预扣税或其他税，“印花税”；税收补足条款和其他补偿条款的可强制执行性；借款人责任的平等地位和当地法律给予某一贷款人优先地位；当地法院发布涉及外国货币的判决的可能性；所选择的用于解决纠纷的法律和法院的有效性和国外判决和仲裁的有效性；是否有诉讼或资产扣押的豁免权，以及豁免程度。

二、项目融资担保和支持

在项目融资中，只要资产所在地的法律允许，贷款人通常以项目资产作为担保。尽管贷款人经常使用严格的担保措施，即把任何有关的资产也用作担保，但按照英国的法律，以转让和浮动设押形式建立位于英格兰疆域之外的担保品，在行使对担保品的强制权力时可能由于法律的冲突因而造成困难。例如，在北海油田项目融资中，担保品位于英国的领海之外，但在英国大陆架的苏格兰部分之内时，通常是按照英格兰法，把借款人资产和按照苏格兰法建立的浮动设押和转让作为固定和浮动的担保。但是，用这样的方式获得担保是不妥当的。因为，在这种情况下，贷款人必须依赖于消极保证条款。消极保证条款要求借款人保证不使任何第三方对借款人资产有优先权。

案　例

成绵高速公路信托融资

由于政府对基础设施建设的高度重视和相应的政策扶持，近几年我国高速公路建设得到了迅速发展，但同时也伴随着融资来源不足等突出问题。我国高速公路建设资金长期依赖财政拨款、银行贷款等渠道,而这些渠道根本无法满足高速公路建设对庞大资金的需求。因此,如何拓宽融资渠道,解决高速公路项目融资困境是实务界与学术界共同关心的话题。由于信托业经营范围的广泛性、产品种类的多样性、经营手段的灵活性和服务功能的独特性,对于金融机构来说,可以根据不同种类的市场需求和服务对象,通过对信托种类进行创新设计,组合运用对信托财产和自有资金采取融资租赁、贷款等多种方式,充分发挥信托融资的综合优势。以下是一个典型的高速公路信托融资案例:成绵高速公路信托融资。

一、融资项目主体介绍

成绵高速公路是四川省第二条通车的高速公路,在社会上有很高的知名度和良好社会效益。成绵公路辐射的成都—德阳—绵阳经济圈,是四川省经济最为发达的地区。成绵公路的年通行费收入约2.5 亿元,是全省经济效益最好的高速公路之一。川高公司对成绵公路持有40% 的股权和4 亿元的债权,每年(从2004 年起)可获得8 000 万至1 亿元的现金分红,将其作为信托计划的收益分配给投资者,是非常有保障的。

二、信托计划要素

发行规模:根据川高公司持有的成绵公路债权规模,考虑到市场的接受能力,发行规模确定为人民币3.5 亿元。

发行期限:根据川高公司的资金需求和周转能力,发行期限确定为一年。

信托收益率:参考国内同类信托产品的发行经验,结合银行同期存贷款利率水平,为更好地吸引投资者,信托收益率定为4%,高于同期银行存款利率2 个百分点,较同期银行贷款利率低1.5 个百分点。

信托融资计划的回购:信托计划期满后,由川高公司对信托财产进行溢价赎回,溢价部分即作为投资者的信托收益。

信托计划期间的转让:为降低投资者的风险,信托存续期间内,投资者可根据自己的意愿,对持有的信托产品进行转让。

三、募集资金的安排

通过信托融资募集来的资金,可以自主安排用途,而且可以作为项目资本金。因此,结合四川省高速公路资本金普遍不足、财务费用过高的现状,川高公司将募集来的信托资金用于川高公司控股的内宜高速公路,进一步提高其经营效益,为今后滚动融资打下基础。2005年6 月20 日,3.5 亿元信托资金已全部作为项目资本金投入内宜高速公路,标志着此次信托发行阶段性工作告一段落。

四、信托融资程序

(一)实施方案

信托公司按照"川高速优质债权受让项目集合资金信托计划"的设计,遵照《信托法》的有关规定,通过银行等发行系统,向社会投资者募集资金3.5 亿元,用于收购川高公司拥有的成绵高速公路4 亿元债权,期限一年。一年后由川高公司对该债权进行溢价赎回,溢价部分即作为投资者的信托收益。预计投资者年收益为4%,而信托融资单位川高公司的融资总成本约为5%。

(二)流程详解

成绵高速公路信托融资流程(如图7 -2 所示)具体如下:

1. 信托公司通过"川高速优质债权受让项目集合资金信托计划",募集资金3.5 亿元;

2. 信托公司与川高公司签订《信托合同》,受让川高公司持有的成绵公路债权,一年后由川高公司对债权进行溢价回购;

3. 信托公司向川高公司交付受让债权资金;

4. 信托公司代表投资者持有成绵公路债权;

5. 中国民生银行为川高公司到期回购信托受益权提供全额不可撤销担保;

6. 投资者交付资金,取得信托受益权;

7. 转让满一年后,川高公司一次性回购信托受益权;

8. 转让期内,信托公司为社会投资者提供信托受益权转让服务。

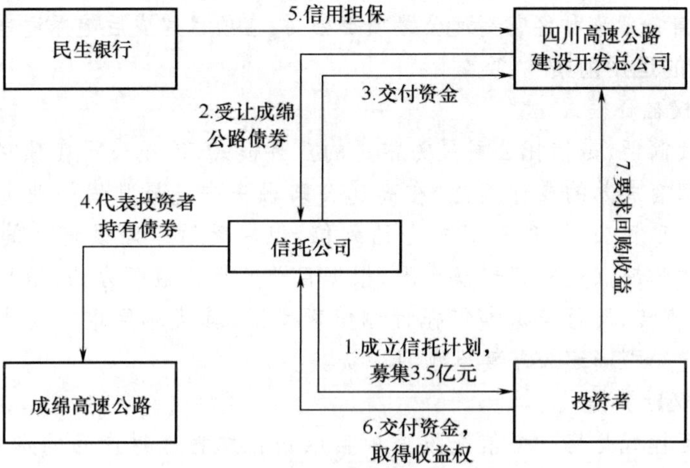

图 7－2　成绵高速公路信托融资流程

五、信托融资的优点

首先,信托融资的报批程序和后续管理较债券、股票相对便捷、灵活,有利于统筹协调。我国的企业债券的发行是由国家发改委审批,规模有限制,可持续融资能力较弱;股票上市的程序更复杂、环节更多,后续经营和资金调剂更是受到证监会等有关部门的严格监管。而从信托产品的管理方面来说,目前银监会对信托的管理是比较市场化的,因此信托业的创新可以与货币市场、资本市场和实物市场对接。在产品设计上,信托公司还可以创新出各种不同的产品以适用于不同的投资者。

其次,信托的独立性和隔离原理可以使优质资产受《信托法》保护。

再次,收益分配政策可以根据整个金融市场和投资者的预期反应来统筹安排,既可以不承诺保底收益,也可以自行享有超额部分的收益。实际操作中,综合融资成本控制在银行存款利率与贷款利率之间。

最后,信托融资对募集资金的使用方向没有硬性的规定,甚至可以作为项目资本金,因而可灵活满足各种用途的融资。

六、信托融资模式评价

高速公路信托融资有两种典型的方式,分别是:信托债权融资模式和信托股权融资模式。上述案例运用的是债权融资方式。

信托债权融资方式有以下的几个特点:① 信托公司收入来源为受托人报酬,信托项目的贷款利息扣除信托报酬后的收益,全部归属于信托受益人。② 信托贷款的资金来源是特定信托份额持有人。③ 在信托资金的使用方面,受托人首先要遵循委托人的意愿,受托人仅对资金营运风险承担有限责任,信托贷款的风险最后直接由信托份额的持有人承担。

相比之下,信托股权融资模式则要求对目标企业进行股权投资,其特点如下:① 信托公司将信托资金以股权投资的方式投入项目建设中,信托公司根据持股比例享有表决权等股东权益,可以委派自己的董事参与公司经营决策及公司的经营管理,拥有更大的权利。② 信托股权投资方式适用于新设项目公司或对原有项目公司进行增资扩股,以解决高速公路建设中资本金不足的问题。信托到期后,对信托股权由项目公司的其他股东或上级母公司进行回购或进行协议转让、拍卖,之后信托公司退出。③ 信托融资的优点在于投资方式灵活多变,信托公司既可以作为出资方成为新设公司的发起人,也可以对原有的高速公路增资扩股,作为信托财产的受托人,以股东身份管理和经营高速公路项目公司,在项目建成后选择适当方式退出项目。

七、信托融资的运用前景

(一)信托债权融资模式

信托贷款手续简便,是信托公司最为常见的业务模式,信托公司在项目选择、项目管理、风险控制等方面都有成熟的操作经验,在高速公路融资中是最常用的业务模式。信托贷款融资适用于已设立项目公司,项目资本金已到位,但缺乏后续建设资金的高速公路建设项目。国内信托贷款的缺点是融资规模有限,根据目前的行业监管办法,信托产品只能私募发行,不能进行广告宣传,发行渠道和信托计划份额受限,募集对象也有较严格的规定,因此,信托贷款适用于中小型高速公路建设项目融资。

(二)信托股权融资模式

信托股权融资模式是将一个信托投资项目以银行发售理财产品的形式募集资金,然后以单一资金信托的方式投入高速公路建设项目,是信托公司运用自身的业务优势,整合金融资源的创新融资方式。一方面,可以拓宽资金渠道,有利于吸引社会闲散资金投入基础设施建设中。另一方面,使银行直接贷款比例下降,降低了银行贷款风险。值得一提的是,这种模式的融资成本高,合同、文件繁多,适用范围有局限性。高速公路项目均由省级交通主管部门立项,审批过程较长,手续繁多;项目建设投资巨大,往往需要各级政府给予扶持,需要规模和实力强大的大型企业承接,并非普通企业能够满足上述条件。

思考题

1. 什么是项目融资?项目融资有哪些优势?
2. 项目融资包括哪些参与者及相互间的关系如何?
3. 项目融资的整体结构由哪几个部分组成?
4. 项目融资应注意哪些风险?
5. 项目融资有哪些类型?

第八章

兼并收购业务

本章学习重点和要求

- 掌握兼并收购业务的概念及类型；
- 完整把握兼并收购业务的动因与效应；
- 了解兼并收购的程序；
- 明确投资银行在兼并收购中的作用；
- 理解与兼并收购相关的法律问题。

第一节　兼并收购的概念及类型

兼并收购（Merger and Acquisition），简称并购（M&A），是一个公司通过产权交易取得其他公司一定程度的控制权[1]，以增强自身实力，实现其一定经济目标的经济行为。企业并购是伴随经济发展的一种极为普遍和正常的长期经济现象，它是产业发展、企业竞争的必然结果，是经济发展中优化资源配置的客观要求。发达国家经历了多次并购浪潮，急剧地加速了资本集中，为实现经济发展起了积极的推动作用。

一、并购的含义

（一）并购的基本定义

企业兼并是指具有法人资格的经济组织，通过现金方式购买被兼并企业或以承担被兼并企业的全部债权债务等为前提，取得被兼并企业全部产权，注销被兼并企业的法人资格的一种经济行为。收购是指一个公司通过产权交易取得其他公司一定程度的控制权，以实现一定经济目标的经济行为。因此，从字面含义对并购下定义，并购泛指在市场机制下，企业通过产权交易活动取得其他企业一定程度的控制权，包括资产所有权、经营管理权等，以实现一定经济目标的经济行为。

（二）国外对并购的具体定义

并购是一种极为复杂的企业行为，它有诸多具体的表现形式，据此，对并购的定义也有区别。

1. 合并。在公司法上，合并是指一个公司被另一个公司所吸收，后者保留其名称及独立性并获得前者的财产、责任和其他权利及义务，前者则不再是一个独立的商业机构，也就是通常所说的 Merger。合并也可以是两个或两个以上的公司结合成为一个新设立的公司，即 A 公司与 B 公司合并成为 C 公司，通常称为 Consolidation。

2. 收购。主要指一个公司通过取得另一个公司的资产所有权以达到对其进行控制的目的，包括纯粹意义上的收购（Take Over），获得特定财产所有权的行为（Acquisition），及公开收购要约或标购（Tender Offer）。Take Over 是指取得控制权或经营权，并不限于绝对的财产权利的转移；Acquisition 是指获取特定财产所有权的行为，通过该项行为，一方取得或获得某项财产，尤指通过任何方式获取的实质上的所有权；Tender Offer 则主要表现为证券市场上的“收购”，指一个公司直接向另一个公司的股东提出购买其所持有的后一公司股份的要约。

（三）我国对并购的具体定义

在我国，并购的表现形式是多方面的。虽然我国的法律和政策对并购还没有统一的定义，但依并购表现形式的不同，对并购有一些具体的定义。

1. 公司合并。《中华人民共和国公司法》规定，公司合并有吸收合并和新设合并两种形

[1] 大部分并购是借助股权交易实现的，但也有一些并购是通过资产和债务的置换等方式实现的，不一定涉及股权交易。

式,且合并各方的债权、债务,应由合并后存续的公司或者新设的公司承担。一家公司吸收其他公司,被吸收的公司解散,为吸收合并,类似于“Merger”;两家以上公司合并设立一家新的公司,原有公司各自解散,为新设合并,类似于“Consolidation”。

2. 上市公司的收购。根据《证券法》规定,上市公司收购可以采取要约收购或者协议收购的方式。根据证监会《上市公司收购管理办法》,收购人可以通过取得股份的方式成为一个上市公司的控股股东,可以通过投资关系、协议、其他安排的途径成为一个上市公司的实际控制人,也可以同时采取上述方式和途径取得上市公司控制权。

3. 企业兼并。根据我国《关于企业兼并的暂行办法》的规定,企业兼并是指一家企业购买其他企业的产权,使其他企业失去法人资格或改变法人实体的一种行为,不通过购买方式实行的企业之间的合并不称为兼并。

二、并购的主要类型

依照不同的划分标准,并购有不同的类型,主要有以下几种。

(一)按收购公司和目标公司所处的行业相互关系划分

作为发生并购关系的当事双方,通常称居于主动地位的购买或吸收其他公司的一方为收购公司,把被购买或吸收的对象称为目标公司。按照收购公司和目标公司所处行业是否相同,并购可以划分为横向并购、纵向并购和混合并购。

1. 横向并购。横向并购(Horizontal Merger)指同属于一个产业或行业、生产或销售同类产品的企业之间发生的并购行为。采用横向并购形式的基本条件是,收购公司需要并且有能力扩大自己的产品的生产和销售,兼并双方公司的产品及产品的生产和销售有相同或相似之处。其目的一般是消除竞争,扩大市场份额或增强收购公司的经济实力,降低生产成本,形成规模经济;增强企业的市场支配能力,消除竞争,以便垄断市场。一般而言,这种并购风险较小,并购双方容易融合在一起,进而形成生产或销售的规模经济。这种并购形式是早期并购活动最主要的类型。20 世纪末及 21 世纪初,美国出现了以横向并购为主要特征的并购浪潮,出现了众多规模庞大的企业,形成了如钢铁、化工、机械等相当集中和垄断化的行业。由于这种并购(尤其大型企业的并购)容易破坏竞争,从而形成高度垄断的局面,所以受到各国反垄断法律规范的严格限制。

2. 纵向并购。纵向并购(Vertical Merger)是指生产过程或经营环节紧密相关的企业之间的并购行为。其实质是生产同一商品但处于不同生产阶段的企业之间的并购。并购的双方一般是原材料供应方和产成品购买方,对彼此的生产状况往往比较熟悉,合并之后容易融合在一起。纵向并购按合并的方向可分为前向并购和后向并购两种。前向并购是向生产工艺前一阶段企业的合并,具体目的表现为获取原材料供应的来源,如装配或制造企业或加工企业;后向并购是向生产工艺后一阶段企业的合并,具体目的表现为保证本企业产品的销路和使用,扩大企业产品的市场和企业的影响范围,如生产零部件或生产原材料的企业并购装配企业或加工企业。

纵向并购往往导致“连锁”效应。一个控制了大量关键原料或销售渠道的企业,可以通过对原料和销售渠道的控制,有力地抑制竞争对手的活动。因此,即使纵向一体化不存在明显的经济效益,企业为防止竞争对手的控制,当一家企业率先实行纵向并购时,其余企业出于防卫的目的也必须考虑实行纵向一体化。纵向并购主要集中在加工制造业和与此相联系的原材料、运输、贸易等行业,主要优点是能够扩大生产经营规模,节约通用的设备和固定费用;加强生产过程各环节的配合,利于协作化生产;加快生产流程,缩短生产周期,节约资源和运输、仓储等成本,且较少受到各国反垄断法律的限制。

3. 混合并购。混合并购(Conglomerate Merger)是指生产和经营彼此没有关联的产品或服务的企业之间的并购行为。其主要目的是分散长期经营一个行业所带来的风险,提高企业对经营环境变化的适应能力;充分利用原材料。因为在现代科学技术不断进步的情况下,一种原材料可以应用于几个不同行业的生产,一个行业的副产品乃至废品可以是另一行业必不可少的原材料。有一种经济现象是,随着企业经营范围的扩大,企业原有的有利条件可得到充分利用,致使单位成本相对下降,这就是所谓的"范围经济"。混合并购的动因之一就是利用这种范围经济。

与混合并购密切相关的是多元化经营战略。这种经营战略是近些年来跨国公司特别采用的一种全球发展战略。按照多元化经营战略,跨国公司或者采取合资、独资形式,或者采取并购的方式,向本公司的非主导行业投资,以便同时经营几个行业的业务,减少经营局限性,分散投资风险,减少生产成本,扩大公司的知名度和提高其竞争力。这种并购形式与前两种并购形式的不同之处是,前两种并购的目的往往表现得十分明显,因而容易被目标企业及其所在国(或地区)利用或限制,而混合并购由于并购企业与被并购企业没有直接的业务关系,其并购目的往往是隐蔽的,所以不容易为他人所发现和利用。

一个优秀企业往往是通过横向并购以占领市场,立稳脚跟;然后通过纵向并购以稳定供货和降低销售费用;最后是通过混合并购分散风险,以适应激烈的竞争环境。西方许多大公司当年走的就是这条路。

(二)按并购的出资方式划分

收购公司取得目标公司一定程度的控制权,是以出资为交换条件的,无偿的方式不应属于并购的范畴。根据并购出资方式的不同,并购可以划分为购买式并购、控股式并购、吸收股份式并购和承担债务式并购。

1. 购买式并购。购买式并购是收购公司出资购买目标公司的资产,实现并购。这种方式一般是以现金为购买条件,将目标公司的整体产权一次性买断。这种并购是企业整体式收购,根据目标公司的整体资产价值确定购买价格。其特点是:首先,通过购买,将目标公司资产的所有权、经营权一次性地转移到并购方,因而一次性投入大,要求并购方事先经过充分的技术经济论证和可行性研究。这种方式适合于大企业对小企业的并购,以及对濒临破产的企业的并购。其次,并购方不与目标公司协商债务如何处理,而是在完成企业并购的同时对目标企业的债务进行清偿,因而,目标公司应该是资大于债的企业,其购买价格为资产减去负债后的价值,它可使目标公司丧失经济主体资格,并且可对其进行重组,更换原领导人员,按照合理化经营原则,对资产进行一体化经营。此外,该种方式还适合于对暂时盈利但无发展前途,迫切需要转产的企业实施并购。

2. 控股式并购。控股式并购是收购公司通过购买目标公司的股票或股权达到控股,实现并购。这种并购是部分收购,而不是整体式购买。所谓控股,在理论上指持有投票权的股票即普通股的51%,但在目标公司有相当规模,而股份又比较分散的情况下,往往控制了25% ~30%的股权就能达到控股的目的。这种并购使目标公司作为经济实体仍然存在,具有法人资格。其特点是:①该方式灵活性强,并购方既可以购入目标企业的股票,也可以出售其股票,可进可退,风险小;②收购公司作为目标公司的新股东,对其原有债务不负连带责任,其风险仅以控股出资的股金为限,它不是以现金或债务转移作为交易的条件,而是以所占股份份额为主要特征,以达到控股为依据,实现对目标企业产权的占有;③企业并购无须一次性完成,可以分阶段进行。控股式并购通常是为了实现经营权的控制,服务于收购公司的发展战略。

3. 吸收股份式并购。吸收股份式并购是将目标公司的净资产作为现金投入收购公司,成为收购公司的一个股东。目标公司的法人地位消失,原有人员由收购方接纳。这种并购从目标公司来看,相当于以实物或企业整体产权与收购公司合资,或投资于并购公司。如果并购企业为股份公司,就相当于用目标公司的产权去购买收购公司的一份股权。吸收股份式并购发生在目标公司资大于债的情况下,目标公司所有人将企业的净资产作为股金,成为收购公司的一个股东。目标公司所有人对原有企业净资产仍享有所有权,其所有权仅仅体现在股权上,与收购公司一起有按股分红的权利和按股负亏的义务。

吸收股份式并购要求收购公司的经济实力绝对强于目标公司,即目标公司以其净资产入股收购公司后其所占收购公司股份份额很小,达不到控股的程度。如果不是这样,目标公司以其净资产入股收购公司后其所占收购公司股份份额较大,收购公司反而为目标公司所控制,结果就适得其反。吸收股份式并购的好处是收购公司无须及时支付资金给目标公司,而是以股利分红的形式交换获取对目标公司的实际控制权。

4. 承担债务式并购。承担债务式并购是收购公司以承担目标公司的全部债务为条件,获取目标公司的资产和控制权实现并购的方式。承担债务式并购发生后,目标公司的所有资产整体归入收购公司,其法人主体地位消失。这种并购的特点是,交易不以价格为准,而是以债务和整体产权价值比而定,无须对目标公司进行资产评估。收购公司将目标公司的资产和债务一并吸收,以承担目标公司的债务为条件实现对目标公司的兼并。并购后,目标公司所有资产归入并购公司,法人主体地位消失,其管理人员和职工(包括离退休人员)全部由并购方接纳。

一般情况下,承担债务式并购发生在目标公司的负债大于或等于其资产。如果目标公司的资产大于负债,收购公司不可能通过承担债务式并购取得对目标公司的控制。这种并购方式从现实交易来看往往对收购公司是不划算的,但从长期看必须为收购公司的发展带来应有的回报。往往有些企业,因为生产技术、经营管理等方面的原因会存在暂时的困难,通过自身的努力也难以扭转局面,但实现并购后,经过资产重组可以产生巨大的效益。况且,收购公司以承担债务的方式取得目标公司的控制权,无须立即支付一定的资金,等于借别人的钱来发展自己。

20 世纪 90 年代中期,英国的巴林银行因金融投机交易出现严重亏损,导致资不抵债,濒临倒闭。结果,荷兰国际集团以 1 英镑的象征性价格收购巴林银行,并同意承担巴林银行的全部债务。荷兰国际集团随后对巴林银行的业务进行重组和整合,1 年后转亏为盈。

(三)按并购的融资渠道划分

并购实际上是一种巨大的投资活动,需要有大资金作为后盾。一些专门从事并购活动的投资公司,有时并购活动的完成是借助于目标公司的资产取得资金来源的,这种并购通常称为杠杆并购(Leveraged Buyout,LBO)。有时并购公司并不以目标公司的资产取得资金,而是通过其他渠道获取资金支付价款的,这种并购为非杠杆并购。因此,按并购资金来源划分,并购分为杠杆并购和非杠杆并购。

1. 杠杆并购。杠杆并购有广义和狭义之分。广义上,泛指收购方以少量自有资金,以债务融资为主要手段来收购目标公司的全部或部分股权的并购行为。狭义上,它作为收购方,主要通过借债所融资本购买目标公司的股份,从而改变目标公司出资结构、相应的控制权格局以及公司资产结构,并以目标公司未来现金流量来偿还负债。这是在银行贷款或金融市场借款的支持下进行的兼并活动。通常是收购公司先投入资金,专门设立一家"空壳公司",以该公司的资本以及未来买下的目标公司的资产及其收益为担保向银行借款、发行债券,以借贷的资本完成企业并购。由于这种做法只需以较少的资本代价即可完成,故而被称为杠杆并购。

杠杆并购具有以下特征:①收购公司用以收购的自有资金与收购总额相比微不足道,两者比例通常在10%~15%;②绝大部分收购资金通过借贷而来,贷款方可能是金融机构、信托基金、富有的个人,甚至可能是目标公司的股东;③用来偿付贷款的款项来自目标公司营运所得的资金,即目标公司将支付它自己的售价;④收购公司除投入非常有限的金额(自有资金)外,不承担进一步投资的义务,即贷出绝大部分并购资金的债权人,只能向目标公司求偿,而无法向真正的借款方——收购公司求偿。

杠杆并购的兴盛不是偶然的,因为杠杆并购能给交易双方及金融机构带来极高的收益。

(1)杠杆并购可能带来极高的股本收益率,但这里忽略了时间因素对股本收益率的负面影响。通常,在杠杆并购实现后的前两年,股本收益率显得相当之高,然后,股本收益率随着时间的拓展而逐级快速回落。这种趋势的产生并不是因为目标公司在被收购后效益一年不如一年,而是因为随着公司每年产生现金流和偿还债务,公司的资本结构在发生改变,股东权益比率提高和债务资本比率的下降减弱了资本结构的杠杆效应。但无论如何,杠杆并购下的股本收益率还是远高于普通资本结构下的股本收益率。

(2)并购交易的参与者通过杠杆并购可以合法避税,减轻税负。通过杠杆并购获得的公司,其债务往往占公司全部资本的90%~95%。由于支付债务资本的利息可以在计算收益前扣除,故政府相当于间接地给予杠杆并购公司以补贴。再者,目标公司在被收购前若有亏损,这部分亏损也可递延,冲抵被杠杆并购后各年份产生的盈利,减低纳税基础。税收上的种种优惠对收购公司的股本持有者来说非常有利。

(3)杠杆并购带来了经济效率的提高。通过杠杆并购交易,公司经理人员和投资银行在公司中占有的股份增加,提高了其改善经济效率的积极性。

当然,高收益与高风险共存。由于资本结构中债务占了绝大比重,杠杆并购公司的偿债压力也极为沉重。杠杆并购中所需要的大量资本是靠借贷得到的,并购完成之后要出售企业的部分资产以偿还因并购所发生的债务。如果目标公司的资产无法顺利出售,就会影响收购公司的支付能力。鉴于杠杆并购的高风险特性,债务资本供应者皆要求有较高的利率作为补偿,而且附有苛刻的条件。若收购者经营不善,或是收购前规划和收购后现金流规划出现错误,收购者极有可能被债务压垮。

2008年12月9日中国银监会发布《商业银行并购贷款风险管理指引》,允许符合条件的商业银行开办并购贷款业务,规范商业银行并购贷款经营行为,引导银行业金融机构在并购贷款方面科学创新,满足企业和市场日益增长的合理并购融资需求。

2. 非杠杆并购。非杠杆并购是指不利用目标公司的资产及经营所得来支付或担保支付并购价款的并购方式。早期并购中的收购形式多属此类。一些小型的并购交易也往往无须杠杆并购方式,以非杠杆并购交易即可完成。但是,非杠杆并购并不是说收购公司不能举债负担收购价款,只是举债的担保及偿债靠公司自身即可完成。事实上,几乎所有的并购都是利用贷款来完成的,所不同的只是举债规模有大有小而已。

（四）按目标公司对并购的态度划分

在并购过程中，并购公司希望取得对目标公司的一定控制权，目标公司自然有相应的反应：有的觉得实现并购后于己有利，双方能够在友好气氛下进行协商，相互配合完成并购；有的不愿意为别人所兼并，或收购公司提出的条件不能满足自己的要求，往往采取一些反收购的行动。由此，并购按双方对并购的态度是否一致可分为善意并购和敌意并购。

1. 善意并购。善意并购是指收购公司通常能出比较合理的价格，提供较好的条件，主要通过收购公司与目标公司之间的友好协商，取得理解和配合，目标公司的经营者提供必要的资料给收购公司，双方在相互认可、满意的基础上制定出收购协议。善意接管一般先由收购公司发起，即由其先物色被兼并的目标，一旦找到比较理想的目标，就设法与其经营者联系。如果收购公司判断被兼并目标企业会同意接受兼并，便可以直截了当提出兼并或接管建议，包括一些兼并条件。双方协商一致后，制定收购协议。若目标公司对收购条件不完全满意，双方还可以就此进一步讨价还价，最终达成双方都可以接受的并购协议，并经双方企业领导机构（例如董事会）批准。如果是股份制企业或股份公司，则还要经股东大会的特别决议通过，然后办理有关登记变更手续，并购或接管生效。对于一个公开上市公司而言，善意收购必须征得股票发行公司的同意，共同磋商购买条件、购买价格、支付方式和收购后企业的地位及人员安排等问题，双方签订收购要约。

2. 敌意并购。敌意并购通常也称为恶意收购或强迫接管兼并。这是指收购公司在收购目标公司股权时，虽然该收购行动遭到目标公司经营者的抗拒，而收购者仍要强行收购，或者收购者事先未与目标公司经营者协商，而突然直接提出要公开出价收购要约者，均为敌意收购。收购公司的主要手段有发行垃圾债券筹资收购、发出公开收购股份要约、征集目标公司的投票委托书等。如果收购公司获得目标公司股东的投票委托书，只要收购公司掌握的股票权超过目标公司的管理者，就可以改组目标公司的董事会，从而达到兼并的目的。但要在争夺投票权上获胜是要付出代价的，特别是由本企业以外的人来争夺发言权很不容易成功。因此，迫使目标公司就范的另一个办法，就是直接购买目标公司的股票，只要能买下目标公司半数以上的股票，就可以改组董事会，从而最终实现自己的兼并目标，对目标公司实现接管。

收购公司公开收购前，目标公司若有察觉，常采取强硬的反抗措施予以反击，以阻止敌意收购。一旦公开收购要约公布，收购行动开始，目标公司通常采取以下几种方法予以阻止：

（1）不断加强和改善经营管理，提高经济效益。一个经营业绩很好的企业，其股票价格必定较高，收购这类企业需要大量的资金，因而使收购变得非常困难，而且风险也较大。高价收购需要的资金数额较大，如果不成功，损失将很惨重。所以目标公司通过加强和改善经营管理，提高本企业的经济效益，是组织反收购的积极主动的方法。

（2）采取“分期分级董事会”技术方式。这种技术方式规定公司每年只能改选少部分董事。这就增加了收购者对此类目标公司的收购风险，即使收购者持有目标公司一半以上的股权，却仍然无法控制企业，权利仍掌握在对方的董事手中。对此种局面，收购者在短时期内无法改变。

（3）采取“帕克曼”防御法。“帕克曼”防御法（Pacman Defense）的名称取自于20世纪80年代初期美国颇为流行的一种电子游戏。在游戏中，电子动物相互疯狂吞噬，其间每一个没有吃掉敌手的一方反会遭到自我毁灭。这是目标公司先下手为强的反收购策略。当获悉收购方有意并购时,目标公司反守为攻,抢先向收购公司股东发出公开收购要约,使收购公司被迫转入防御。实施帕克曼防御使目标公司处于可进可退的主动位置:进可使收购方反过来被防御方进攻;退可使本公司拥有收购公司部分股权,即使后者收购成功,防御方也能分享部分利益。但是,帕克曼防御要求目标公司本身具有较强的资金实力和相当的外部融资能力;同时,收购公司也应具备被收购的条件,否则目标公司股东将不会同意发出公开收购要约。此种防御性进攻策略风险较大。

(4)借助反垄断法。这种方法主要是目标公司以收购者与被收购者经营业务相同为由起诉,认为此收购行动图谋垄断某行业的生产经营,手续不全,公开内容不足,是不公平竞争,违反了反垄断法,以便收购行为被法院禁止。

(5)股份回购。在收购公司发出收购要约收购目标公司的股票时,目标公司可以用高于收购价格的价格来购回自己的股票,这一方面使收购公司无法收购到足够达到控制权的股票;另一方面又使收购公司不得不提高要约价格来收购股票,从而提高收购公司的收购成本,给收购者造成困难,以此阻止收购的进行。

股份回购的基本形式有两种:一是目标公司将可用的现金或公积金分配给股东以换回后者手中所持的股票;二是公司通过发售债券,用募得的款项来购回本公司的股票。被公司购回的股票在会计上称为"库存股"。股票一旦大量被公司购回,其结果必然是在外流通的股份数量减少,假设回购不影响公司的收益,那么剩余股票的每股收益率会上升,使每股的市价也随之增加。我国《公司法》明文禁止公司收购本公司的股票,但为减少公司资本而注销股份或者与持有本公司股票的其他公司合并时除外。

(6)寻求股东的支持。当目标公司遇到收购公司的袭击时,目标公司的经营者可以公告或信函方式向本公司股东表示反对收购的声明,劝说股东不要接受该项收购要约,向股东们报告公司的财务状况、公司业绩、发展前景等,并许诺给股东们以较丰厚的回报,以此求得股东的帮助和支持,使股东们不愿出售股票,使收购公司知难而退。

(7)借助第三者支持。当收购公司公布公开收购要约后,与目标公司有良好关系的公司以第三者的面目出现,用较高的价格来对付此项收购要约。这样导致目标公司股价上升,迫使收购者收购资金增高,加大其收购难度,有的收购者因不能承受而自动打消收购的念头。该第三者称为"白衣骑士"(White Knight)。

(8)订立不利于收购的合约。目标公司可在发行债券或借贷时订立"毒丸条款",即规定在公司遭到并购接收时,债权人有权要求提前赎回债券、清偿借款或将债券转换成股票。这种"毒丸条款"令债权人得以从较高的收购出价中获得好处,因而能增加债券的吸引力。

目标公司还可采用"黄金降落伞"法(Golden Parachute),即在聘用合同中规定,公司控制权转移时即终止聘用,公司必须付给公司职员巨额补偿金等,使收购公司额外地增加一笔成本费用,以抑制收购。这种安排就像一把降落伞,让高层管理者从高高的职位上安全下来,又因其收益丰厚如金,故名"黄金降落伞"。

由于上述方法旨在使收购公司在收购后面临严重的不利后果,因此又称"毒丸法"(Poison Pill)。

(9)管理层收购。管理层收购(Management Buyout,MBO)本是杠杆收购中的一种类型。有如前述,在杠杆收购中收购者通常利用目标公司的资产及营运所得来申请贷款,获得收购资金。在一般情况下目标公司的管理层对本公司的资产价值或营运状况最熟悉,故有相当比例的杠杆收购系由目标公司的经理发动。管理层为了筹得收购资金,往往会设立一家新公司专事收购，并使目标公司大量举债；管理层也可能自己出资收购，从而令目标公司转变为合作企业。在公司遇有敌意收购时，公司管理层出面收购自然也是解救公司的途径之一。

（10）焦土法。焦土法主要有二种：一是售卖“冠珠”。在并购行当里，人们习惯把一个公司里富于吸引力和具有收购价值的部分称为“冠珠”，它可能是某个下属子公司、分公司或某个部门，可能是某项资产，可能是一种营业许可或业务，可能是一种技术秘密、专利权或关键人才，更可能是这些项目的组合。获得冠珠通常是收购者收购目标公司的真正用意所在，因此，将冠珠售卖或抵押出去，可以消除收购的诱因，粉碎收购者的初衷。二是虚胖战术。一个公司的财务状况好，资产质量高，业务结构又合理，那么就具有相当的吸引力，往往诱发收购行动。在这种情况下，一旦遭到收购袭击，目标公司可以采用虚胖战术，作为反收购的策略。其做法有多种，如购置大量资产，且该种资产多半与经营无关或盈利能力差，令公司包袱沉重，资产质量下降；或者是大量增加公司负债，恶化财务状况，加大经营风险；或者是故意做一些长时间才能见效的投资，使公司在短时间内资产收益率大减。所有这些，使公司从精干变得臃肿，收购之后，买方将不堪其负累。

第二节　兼并收购的程序

公司并购是一个非常复杂的交易过程，涉及很多经济、政策和法律问题，通常表现为以下基本程序。

一、企业并购的一般程序

并购过程一般可分准备阶段、谈判阶段和成交阶段，其具体步骤为：

（一）准备阶段

1. 明确并购动机和目的。企业首先应明确为何要进行并购，通过并购想达到什么目的。企业并购的动机一般不外乎扩大市场份额、排挤竞争对手、提高利润率、分散投资风险、获取品牌和销售渠道等。

2. 制定并购战略。在制定并购战略时，要选定目标公司的行业及其产品、目标公司所在的国家及目标公司的规模（销售额和税前利润），并对目标公司产品的销售市场及产业发展前景进行全面的分析，在此基础上初步设定并购成本，策划一个大致的并购方案，确定并购的方式。

3. 成立内部并购小组。内部并购小组应由公司领导负责、各有关部门领导参与，以保障快速应变和决策及对外联络的畅通。

4. 选择并购投资总顾问。由于公司并购往往涉及股权交易、资产和债务重组、相关的法律和财务等许多方面的专业知识，一般需要选择知名的咨询公司或会计公司律师事务所担任并购投资总顾问（Lead Advisor），如系大型跨国并购，需聘请投资银行担任并购总顾问。

（二）谈判阶段

1. 寻找目标公司。如果收购公司尚无明确的目标公司，一般需与并购总顾问签约，委托其在规定的期限内寻找目标企业。

2. 与并购总顾问讨论初选名单，从中筛选出 3～5 家较为理想的目标公司。

3. 由并购总顾问出面了解目标公司的股东背景、股权分配和董事会意向及心理交易价位等情况，并向股东发出正式的接洽邀请。

4. 聘请税务顾问、审计顾问和律师参加与目标公司的谈判。

5. 签订并购意向书(Letter of Intent)。意向书内容包括并购意向、非正式报价、保密义务和排他性等条款。意向书一般不具法律效力，但保密条款具有法律效力，所有参与谈判的人员都要恪守商业机密，以保证即使并购不成功，并购方的意图不会过早地被外界知道，目标公司的利益也能得到维护。

6. 制定对目标企业并购后的业务整合计划(Business Plan)。整合计划包括对目标公司并购后的股权结构、投资规模、经营方针、融资方式、人员安排等内容。整合计划是否得当是获得政府批准和商业银行贷款的关键因素。

7. 开展尽职调查(Due Diligence)。从财务、法律、技术和税务等方面对目标公司进行资产评估与财务审查，摸清目标公司的负债结构与偿还能力、盈利来源与前景等真实情况，以降低并购风险。

8. 与目标公司股东谈判，讨论尽职调查报告，起草并购协议。

(三)成交阶段

并购双方就并购合同达成一致后，即可安排合同的签署时间和地点等细节。并购合同一经股东大会批准，应在规定时间内到政府有关部门登记，同时存续公司应当进行变更登记，新设公司应进行设立登记注册，被解散的公司应当进行解散登记。只有在政府有关部门登记注册后，并购才正式生效。在德国等西欧国家，并购事项在上报工商注册登记机构后必须予以公布。并购一经登记，因并购合同而解散的公司的一切资产和债务，都由存续公司或新设公司承担。

二、上市公司的并购程序

在西方公司并购活动中，上市公司的并购活动非常活跃，是公司并购的主流。由于并购涉及很多政策、法律、经济问题，如商业交易的基本政策、金融法、公司法、会计法、税法等，因此上市公司并购是一项极其复杂的交易过程，它既要符合有关的法律程序，又要遵守一定的市场交易惯例和规则，同时要适应每项交易的具体要求。关于企业收购尽管由于各国法律规定不尽一致，各个企业采取的手段或策略相异，收购程序也各不相同，但是总的来说大致可以分为以下几个阶段：调查研究阶段、执行阶段和完成阶段。

(一)调查研究阶段

1. 明确并购目的，寻找并购目标和对象。对目标公司的选择，一般是从收购公司发展战略考虑。明确并购目的，有利于进一步制定并购方案，避免并购中的盲目现象。企业并购目标确立与企业财务、生产、销售等具体的行为一样，具有重要的战略意义和指导价值。

并购方在明确并购目的的同时，也确定了选择目标公司的标准。这些标准包括：产业类别、规模、地理位置、市场地位、技术水平等。目标公司的初选就是按照这些标准，寻找那些对自己有价值的目标公司。事实上，收购标准的确定，没有一定的形式。由于收购公司的动机并不一样，因而它要寻求的目标公司也不一样，但是总体来说，具有以下特征的公司最容易被目标公司看中：公司发展前途诱人，但管理班子比较弱；股东在区域上比较分散；高层管理人员掌握股票不多，大量股票分散在机构投资者手中；市盈率较低；公司股票的账面价值高于市场价格；很少或没有在外发行的债券；等等。

企业决策者通常围绕企业发展战略这个中心，通过比较分析，选出几个并购对象，一旦外界环境发生变化，可以有选择余地。

2. 选择中介机构做并购顾问。随着企业并购的市场化，中介机构发挥着越来越重要的作用。中介的领域涉及银行、证券、法律等方面。一个良好的中介机构，在企业并购中能挖掘资金来源；广泛搜集并购信息，为并购活动提供金融、法律、投资等各方面咨询服务；协助处理并购中可能产生的复杂的法律和行政管理事务；参与并购谈判；等等。在国外的企业收购活动中，财务顾问和法律顾问起着相当重要的作用。财务顾问通常由投资银行担任。投资银行一是信息灵通，对企业比较熟悉，具有丰富的收购策划经验；二是财务管理与分析能力强，能确定有利的收购价格；三是信誉高，融资能力强，能为企业收购提供资金保障。由于企业收购在许多方面都涉及国家法律，聘请收购的法律顾问也很重要。律师的首要职能就是确定收购行为适应什么法律、规则和条例，应该受到什么法律保护。聘请中介机构的一个重要前提是应当确信其与收购和兼并各方没有任何联系和利益冲突。通常中介机构与并购方之间的关系应以委托书的形式确立下来，中介机构也可以根据委托书的规定，代表其中一方与另一方进行接触和洽谈，还可以参加准备向股东派发的一切文件和可能需要的收购建议的洽谈与定稿工作。

3. 保密与安全。财务顾问一经确定，进入并购的策划阶段，保密与安全就显得特别重要。财务顾问有义务提醒自己的客户关于并购保密与安全事宜。任何一个参与收购计划并知道开价情况的人都应该严格保守机密，仅在必要的情况并同样保守机密的条件下方可将机密告知他人。所有参与并购计划的人都应谨慎，以便把由泄密而造成的损失减少到最低程度。在并购计划特别是并购价格没有向外界公布之前，执行人不能交易目标公司的股票，也不能建议他人交易目标公司的股票。

4. 预先收购一定份额的股份。通常来说，大多数国家都规定，一个公司若拥有另一个公司足够多的股票（通常是30%左右），由于这可能对目标公司的另一些股东的权益产生影响，因此必须对全体股东发出公开收购要约，进行全面收购，以保证公司股东的权益。经验表明，收购公司先秘密地收购目标公司小部分股份以准备下一步整体报价是十分有利的。该部分股票可以通过第三者谨慎地加以收购，一般不会引起目标公司股票价格的波动，收购公司可以以较低的价格收购目标公司的股票。

不同国家法规对这种收购都有限制。在美国，当持有目标公司股票超过5%时应予以公告；而英国1985年4月公布的对股票增值权利的修订案中规定，在任何7天的时间内收购股份的最高份额不得超过10%，并且收购份额达到30%以后必须提出收购要约。

（二）执行阶段

1. 发出收购要约。如果收购公司持有目标公司的股票达到了法律规定要求提出收购要约的数额，收购公司必须发出收购要约。收购要约是以书面形式向目标公司持有某种股票的非特定股东发出的，规定了价格、数量和期限的求购意思表示。善意收购可向目标公司董事会发出收购要约，敌意收购可直接向股东发出收购要约。收购要约的内容一般包括：收购公司的名称、地址；收购公司的注册资本、注册时间；公司股份的发行情况及已有股份的种类；公司的财务状况；目标公司的情况；收购公司的目的；收购股票的价格；收购的时间、地点；有关收购的其他规定，包括收购失败问题的处理等。

2. 目标公司股东对收购要约的批准。在收购公司的收购要约公开发布以后，如果是善意收购，目标公司的董事会应该为股东利益着想，聘请独立的财务顾问就收购要约是否公平合理等问题向董事会提供意见。董事会将这些意见发送给股东，让股东有充分的依据来决定是否出售股票。如果目标公司董事会中个别董事在收购事件中的利益与公司的利益相冲突，就可以在董事会以外组成独立委员会来执行董事会的职责。同时目标公司有义务在接受收购要约后提供其持有的已发行投票权、已发行股份及未发行但已分配的股份的一切有关资料，以及任何转换、认购或其他权利的详情。在敌意收购中，收购公司可直接向股东发出收购要约，股东根据收购条件自由决定是否出售股票。

（三）完成阶段

收购公司的收购要约发出后，除非有特殊情况，否则收购要约既不能撤回，也不能延长收购期限。收购公司在收购要约期满后，必须发表声明，说明本身或与其一致行动的人士持有或控制目标公司的股份数量，以及接纳收购建议的股东的股份数量。

如果收购公司收购成功，则可以改组目标公司的董事会及管理层，进行业务整合；如果收购不成功，则收购公司在以后一定时间内不能或限制再购买目标公司的股票。

第三节　投资银行在兼并收购中的作用

并购是一项十分复杂且专业技术性很强的工作，投资银行的参与，使并购活动的专业化程度明显提高。投资银行的信息比较灵通，对企业比较熟悉，具有较丰富的并购经验；投资银行的财务管理与分析能力较强，能确定较合理的收购价格；投资银行具有较强的融资能力，能为企业并购提供资金保障。因此在当今的并购中，投资银行已成为不可缺少的角色。通常，并购双方都选择投资银行充当其顾问和代理，但由于处于不同的交易地位，投资银行能担负的职责也不同。

一、为收购公司提供的服务

（一）寻找目标公司

由于收购公司的目的或动机不一样，因而它要寻求的目标公司也有差异。投资银行应帮助收购公司进行外部环境分析和企业内部条件的具体分析，寻找合适的并购机会和合适的目标公司。

（二）提出可行性研究报告

在对目标公司进行了详细的分析之后，投资银行需要做出一份完整的收购可行性研究报告，向并购公司提出收购建议，主要包括：目标企业的选择，适当的收购价格、并购方式、时间、条件、策略的选择，融资计划、收购计划安排和资本结构重组、预测并购影响，等等，促使并购顺利进行。

（三）洽谈收购条款

在并购中，通常选择投资银行与目标公司大股东和董事等接触并参与谈判较为适宜，因为其是中介机构，无任何利益关系的冲突，且投资银行在这类谈判中富有经验和技巧。投资银行在与目标公司谈判前应该准备一份完整的材料，阐明此并购的利弊，并要有详尽的理由和数据说明其标价是公平的。

（四）编制公司公告

投资银行还要参与编制公司公告，详述收购事宜，同时，准备一份寄给目标公司股东和员工的函件，说明收购原因、条件以及对各项事宜的安排。

在正式要约文件公布之前，股东和投资者将通过有关的公告知晓收购存在与否以及收购的进展情况。有关要约的公告应该包括由财务顾问或另一适当的第三方所发出的确认书，证实要约人有充足的资源应付要约全部获接纳时所需。

（五）编制收购财务计划

投资银行还会帮助并购公司编制收购财务计划并着手进行财务安排，以便获得收购资金。通常做法如下：

1. 由投资银行给予过渡性贷款，一般时间不超过 6 个月，利率一般较高。

2. 由投资银行出面安排商业银行贷款，通称举债买企业的贷款。

3. 由投资银行代理兼并企业发售新债券——“次级信用债券”，也称“垃圾债券”（Junk Bond）。

二、为目标公司提供的服务

投资银行为目标公司提供以下服务：

（1）追踪潜在的收购公司，尽早发现企图收购者和收购意图。目标公司成为“猎物”的原因通常是公司本身存在弱点或缺陷，投资银行首先要找到这些弱点或缺陷，并协助目标公司从调整公司组织结构、加强管理、改善财务系统入手进行整顿，制定有效的防御策略，如安排目标公司的分拆或者安排管理层收购的买者。

其次，投资银行可以帮助目标公司选择最佳并购伙伴。一般说来，最佳并购伙伴需具有以下优势：收购企业要有并购能力；收购企业的产品要有竞争力，能扩展市场。

（2）针对善意收购，对收购公司的收购建议做出评价。收购公司确定目标后，投资银行就收购方提出的收购建议，向收购公司董事会和股东做出该建议是否“公平、合理”的判断，并就是否接纳收购建议提出意见。

（3）编制和发布有关公告与文件。收到合约后，投资银行首先要帮助董事会发布新闻公告，表明目标公司董事会对收购建议的初步反应以及对其股东的建议；其次投资银行要协助董事会准备对收购建议的分析说明，呈交董事会决议，寄发公司各股东。

（4）针对敌意收购，帮助制定反收购策略，并具体行动。

三、投资银行并购业务的收费

投资银行从事并购业务的报酬因服务内容而变动，一般没有明确的规定。

（一）按照报酬的形式划分

1. 前端手续费。大型投资银行在接受客户委托订立契约时，通常以先收方式要求一定的费用。前端手续费有两种意义，对于投资银行来说，可以补偿牺牲其他精力的损失，同时又是委托人对于并购抱有坚决意志的证明，因此投资银行才能放心而认真地筹划工作。不管并购成败如何，委托人必须付给投资银行前端手续费。

2. 成功酬金。并购成功后，委托人按照交易额支付。这是对投资银行服务支付手续费的最普遍的方式。

3. 合约执行费用。

（二）按照计费方式划分

1. 固定比例佣金。无论并购交易金额是多少，投资银行都按照某一固定比例收取佣金。固定比例的确定一般由投资银行和客户谈判确定，并购交易的金额越大，这一固定比例越低。

2. 累退比例佣金。投资银行的佣金随着交易金额的上升而按比例下降。累退比例佣金可以通过雷曼公式（Lehman Formula）计算。这种计算方式的特点是收购价格越高，收费百分比越低。通常的做法是，按并购金额计算，第一个 100 万美元收取 5%，第二个 100 万美元收取 4%，第三个 100 万美元收取 3%，第四个 100 万美元收取 2%，剩余部分收取 1%。这就是所谓"5－4－3－2－1 收费结构"。

3. 累进比例佣金。投资银行可以与客户事先对并购交易所需金额做出估计预测，除按此估计交易金额收取固定比例佣金外，如果实际发生金额低于（或高于）估计额则给予累进比例佣金作为奖励。

第四节　兼并收购的法律问题

目前，我国对上市公司的并购活动已形成了一个初步的法律框架。该框架主要由这样一些法律和法规组成：《中华人民共和国公司法》《中华人民共和国证券法》《上市公司收购管理办法》《外国投资者并购境内企业暂行规定》《上市公司章程指引》《股份有限公司国有股权管理暂行办法》，中国证监会《关于规范上市公司重大购买或出售资产行为的通知》《企业国有产权向管理层转让暂行规定》《合格境外机构投资者境内证券投资管理办法》和《反垄断法》等。

一、并购的法律原则

（一）股东平等待遇原则

这方面的具体内容有：

1. 全体持有人规则。在公开要约收购的情况下，收购者必须向所有持有其要约所欲购买股份的股东发出收购要约。

2. 按比例接纳规则。进行部分收购时，当目标公司股东承诺出售的股票数量超过收购者计划购买的数量时，收购者必须按比例从所有同意出卖股份的股东那里购买，而不论股东做出同意出卖其股份的意思表示的先后。

3. 价格平等规则。目标公司股东在收购中平等地享有收购者向任何股东提出的最高价要约。如果收购要约人在要约期间内提高收购价格，那么该价格也必须适用于所有的受要约人，不论受要约人在此之前是否已经做出了承诺，也不论承诺额是否已经达到了收购要约人所支付的价格。

（二）信息披露原则

这方面的具体内容有：

1. 大额持股披露。大额持股披露是指股东在持有目标公司股份达到一定比例时，有报告并披露其股份增减状况和持股意图的义务，并且在持股达法定比例时，有强制收购的义务。

2. 收购要约的披露。收购者收购要约的具体内容是目标公司股东做出投资判断的主要依据，因此有必要做出相关的法律规定，以保护广大股东的合法权益，防止有关人士利用内幕信息从事股权交易。

（三）保护中小股东利益原则

该项原则的主要体现是强制收购要约或称强制购买剩余股票，即当收购者收购股份达法定比例时，强制其向目标公司的剩余股东发出全面收购要约，以防止收购者凭借其控股地位压迫中小股东，从而损害其合法权益。

二、我国的相关法律规定

（一）《公司法》的有关规定

1. 公司合并可以采取吸收合并或者新设合并。一个公司吸收其他公司为吸收合并，被吸收的公司解散。两个以上公司合并设立一个新的公司为新设合并，合并各方解散。

2. 公司合并，应当由合并各方签订合并协议，并编制资产负债表及财产清单。公司应当自做出合并决议之日起 10 日内通知债权人，并于 30 日内在报纸上公告。债权人自接到通知书之日起 30 日内，未接到通知书的自公告之日起 45 日内，可以要求公司清偿债务或者提供相应的担保。

3. 公司合并时，合并各方的债权、债务，应当由合并后存续的公司或者新设的公司承继。

（二）《证券法》的有关规定

1. 上市公司收购可以采取要约收购或者协议收购的方式。

2. 通过证券交易所的证券交易，投资者持有一个上市公司已发行的股份的 5% 时，应当在该事实发生之日起 3 日内，向国务院证券监督管理机构、证券交易所做出书面报告，通知该上市公司，并予以公告；在上述规定的期限内，不得再行买卖该上市公司的股票。投资者持有一个上市公司已发行的股份的 5% 后，通过证券交易所的证券交易，其所持该上市公司已发行的股份比例每增加或者减少 5%，应当依照前款规定进行报告和公告。在报告期限内和做出报告、公告后 2 日内，不得再行买卖该上市公司的股票。

3. 通过证券交易所的证券交易，投资者持有一个上市公司已发行的股份的 30% 时，继续进行收购的，应当依法向该上市公司所有股东发出收购要约。但经国务院证券监督管理机构免除发出要约的除外。

4. 依照前条规定发出收购要约，收购人必须事先向国务院证券监督管理机构报送上市公司收购报告书。

5. 收购人在依照前条规定报送上市公司收购报告书之日起 15 日后，公告其收购要约。收购要约的期限不得少于 30 日，并不得超过 60 日。

6. 在收购要约的有效期限内，收购人不得撤回其收购要约。

7. 收购要约的期限届满，收购人持有的被收购公司的股份数达到该公司已发行的股份总数的 75% 以上的，该上市公司的股票应当在证券交易所终止上市交易。

8. 收购要约的期限届满，收购人持有的被收购公司的股份数达到该公司已发行的股份总数的 90% 以上的，其余仍持有被收购公司股票的股东，有权向收购人以收购要约的同等条件出售其股票，收购人应当收购。收购行为完成后，被收购公司不再满足公司法规定的条件的，应当依法变更其企业形式。

案 例

宝能收购万科

一、宝能举牌万科的背景

自2015年6月起,深圳市宝能投资集团有限公司开始陆续在二级市场收购万科公司股票。从估值来看,2015年万科的每股收益1.64元,市盈率仅为10倍左右,万科的现金流处于历史最好水平,负债率年内略有上升,但仍然稳健,无任何偿债压力。加之万科一直在业内是运作规范、公司治理佳、业绩表现优秀的龙头企业品牌形象,综合来看,万科的股价被严重低估,这也给宝能收购万科带来了动力。

同时,万科股权相对分散。在宝能收购万科之前,截至2015年6月30日,万科的股权结构中前五名分别为:华润股份有限公司,持股14.89%;HKSCC NOMINEES LIMITED,持股11.9%;国信资管计划,持股4.14%;GIC PRIVATE,持股1.38%;刘元生,持股,1.21%。前五名合计持股29.38%,其中第二名所持股份为H股股东合计持股的总和。从股权结构上看,除了第一名华润持股超过10%外,其他股东的持股比例都非常低,导致万科股权相对分散,没有真正意义上的控股股东,加之公司各项经济指标都在房地产行业内领先,因此给宝能并购带来了想象的空间。

此外,从其保费收入看,宝能系中前海人寿的资金主要还是依靠销售"高现金价值保险产品",即万能险。这种产品在做大保费规模的同时,也对公司的偿付能力提出更高要求。前海人寿公布的2015年6月万能险年利率在5%~7%,最高达7.4%,如此高收益的万能险产品要求保险企业有高收益的投资载体,由于负债端的成本倒逼使宝能系用这些险资走上了"短钱长配""风险错配"的高风险投资之路。宝能系也是看到万能险盈利的不可持续性,所以急切地要寻求稳定的长期投资回报。

自2015年7月10日起,宝能系通过下属的前海人寿和钜盛华多次大量买入万科股票,由于买入数量达到相关规定,因而公开宣布举牌。11月27日至12月18日期间,宝能系大量加码买入万科股票,持股比例达到24.26%,成为第一大股东,万科的股价从12.75上升到22.92,涨幅几乎达到80%,股价出现5次涨停。

二、宝能与万科之争

宝能除了收购万科股票,同时还采取了其他试图控制万科的行为。2016年6月26日钜盛华和前海人寿提请召开2016年第二次临时股东大会的议案,要求罢免包括王石、郁亮在内的10名董事、2名监事。万科对此采取了针锋相对的措施。7月1日,万科召开董事会议,以11票赞成,0票反对,0票弃权,通过了"不同意召开临时股东大会的议案"。7月19日,万科发布了《关于提请查处钜盛华及其控制的相关资管计划违法违规行为的报告》,向中国证监会、证券投资基金业协会、深交所、证监会深圳监管局提交。此外,万科还寻求深圳地铁集团作为"白马骑士",协助其反收购行为。2017年3月16日,恒大集团发布公告称,将公司下属企业持有的万科股份(约占万科总股本14.07%)的表决权不可撤销地委托给深圳地铁行使,期限一年。至此,深圳地铁集团持有约32.4亿股股份,占万科总股本的29.38%,成为第一大股东。

三、宝能举牌万科的启示

宝能收购万科股份,万科董事长王石及其管理团队采取了反收购措施,最终华润退出,深地铁接盘,王石退位,董事会重组,万科之争最终落下帷幕。此收购事件虽然已经告终,却引起了社会上各方面的关注,不仅投资者关注,监管部门和学者也高度关注。

第一,通过二级市场实施并购行为需要避免造成股价的过度波动。宝能系的收购行为导致股价大幅度上升,但宝能系继续高举高打,加码买入万科。由此可见,宝能系的出发点并非完全出于收购,没有考虑收购成本,而是试图利用举牌的消息拉高股价,吸引投资者跟风,通过二级市场差价获取巨额盈利,存在扰乱和操纵市场的嫌疑。

第二,收购行为不能以过度扩大企业自身风险为前提。宝能系收购万科的大量资金来源于保费收入,是宝能的负债,相当于用客户的资金收购万科。在这种情况下,如果二级市场股价出现大幅度下跌,宝能系就可能发生流动性危机甚至资不抵债,破产倒闭,最终损失就由客户承担。这不仅导致保险功能失效,而且会引发系统性金融风险。

正是针对上述情况,保监会对时任前海人寿董事长姚振华给予撤销任职资格并禁入保险业 10 年的处罚。

(资料来源:买购网:万科宝能事件始末。)

思考题

1. 并购有哪些类型?
2. 反收购的方法有哪些?
3. 企业并购的具体动因是什么?
4. 企业并购有哪些一般程序?
5. 投资银行在并购中有什么作用?
6. 加强我国并购的立法建设有何重要意义?

第九章

创业投资业务

本章学习重点和要求

- ◆了解创业投资的含义、作用与功能；
- ◆明确创业投资的步骤和特点；
- ◆熟悉创业投资的运作程序；
- ◆分析投资银行在创业投资中的作用；
- ◆理解创业投资与投资银行的分离及原因。

第一节 创业投资概述

一、创业投资和私募股权投资的含义和区别

创业投资(Venture Investment,VC),简称创投,又译风险投资,简称风投,是指投资者将创业资本投向新成立或快速成长的未上市新兴公司(主要是高科技公司),在承担很大风险的基础上为投资者提供长期股权投资和增值服务,培育企业快速成长,数年后再通过上市、兼并或其他股权转让方式撤出投资,取得高额投资回报的一种投资方式。[1]

私募股权投资(Private Equity,PE)是指通过募集资金形成独立资产,交由专门投资管理机构,按照资产组合原理直接投资于特定产业的未上市公司企业,通过投资管理和提供增值服务,对所投资企业进行培育和辅导,使之相对成熟,然后从投资企业中退出,从而获得投资收益的投资方式。

创业投资和私募股权投资都会在适当时机退出投资,以便兑现投资收益,因此有相通之处,但也存在以下区别:

第一,投资阶段存在区别。一般认为,创业投资的投资阶段相对较早,通常是创立不久的公司,但是并不排除中后期的投资,投资期限至少3~5年,甚至可能长达10年以上;而私募股权投资的投资对象主要为拟上市(Pre-IPO)公司,公司的经营已经相对成熟,投资期限相对较短。

第二,投资规模存在区别。创业投资的单个项目投资规模视项目需求和投资机构而定,私募股权投资的投资对象一般已经达到较大规模,因此单个项目投资规模较大。

第三,投资理念存在区别。创业投资强调高风险高收益,既可以进行长期股权投资并协助和参与公司管理,也可进行短期投资后寻找机会将股权出售;而私募股权投资一般是协助投资对象完成上市,然后套现退出。

与创业投资相比,私募股权投资相对比较简单,因此,本章主要讨论创业投资。

二、创业投资的基本特征和组成要素

(一)基本特征

典型的创业投资一般具有以下几个基本特征:①投资对象多为处于创业期的高新技术中小企业;②投资期限至少3~5年,投资方式一般为股权投资;③投资决策建立在高度专业化和程序化的基础上;④创业投资者一般积极参与被投资企业的经营管理,提供增值服务;⑤创业投资者一般会通过上市、兼并收购或其他股权转让方式撤出资本,实现增值。

(二)组成要素

创业投资主要由五大要素组成,即创业资本、创业投资者、投资期限、投资对象和投资方式。

---

[1] 风险投资的字面含义比较宽泛,而且不能突出其主要投资于新创设企业的特性,因此,本书采用创业投资的文字表述。

1. 创业资本。创业资本(Venture Capital)是指由专业投资者提供的投向快速成长并且具有很大升值潜力的新兴公司的一种资本。在通常情况下,由于被投资企业的财务状况不能满足投资者于短期内抽回资金的需要,因而无法从传统的融资渠道获得所需资金,这时创业资本便通过购买股权、提供贷款或二者兼用的方式进入这些企业。

2. 创业投资者。创业投资者(Venture Investor)是创业投资过程中的投资主体。创业投资者的投资目的不是为了控股、获得企业所有权或经营企业,而是要通过投资和提供增值服务把被投资企业做大,然后通过上市、并购或其他方式退出,回收本金和获取收益,在产权流动中实现投资回报。

创业投资者主要包括创业资本家、创业投资公司、产业附属投资公司和"天使投资者"。创业资本家(Venture Capitalist)是向其他企业投资的企业家,他们拥有所投入资本的所有权,通过直接投资来获取利润。他们的投资意向是建立在自己丰富的实践经验和准确的判断力上的,是经过深思熟虑才得以确定的。创业投资公司(Venture Capital Firm)是目前最普遍的创业投资主体,它主要是通过创业投资基金来进行投资,这些基金一般以有限合伙制为组织形式,其合伙人分为有限合伙人和一般合伙人两种。产业附属投资公司(Corporate Venture Investor)往往是一些非金融性实业公司下属的独立的创业投资机构,代表母公司的利益对特定行业进行投资,其目的常含有为母公司开拓市场、发展技术的意味。和专业基金一样,这类投资者通常将资金投向一些特定的行业。"天使投资者"(Angel Investor)是创业企业的第一批投资者,这些投资者在公司产品和业务成型之前就把资金投入进来。天使投资者通常是创业企业家的朋友、亲戚或商业伙伴,其投资大多是出于对创业企业家的信任或其他感情因素,不需对创业企业作太多的考察和评估,而且投资额也不大。由于他们对该企业家的能力和创意较有信心,因而愿意在业务远未开展起来之前就向该企业家投入一定量资金。

3. 投资期限。创业资本从投入被投资企业到撤出投资为止所间隔的时间段即为创业投资的投资期限。作为股权投资的一种,创业投资的期限一般较长,这使得创业投资者和被投资企业必须紧密合作,共同运用自己的专业知识和技巧,为创业企业出策出力,求其发展。

4. 投资对象。这是指创业投资者将创业资本所投入的产业领域。据调查,世界上的创业资本大都投向了软件、通信、医疗保健和生物技术等高新技术产业领域。不过在不同的国家和不同的时期,创业投资的主要领域也略有差异,但都是集中在高科技企业的范围内。这是因为高科技企业获得高速发展和成长的机会较大,从而为创业投资带来巨额回报。

5. 投资方式。这是指创业投资者所采取的资本运作方式。创业投资的方式有三种:直接投资、提供贷款或贷款担保以及这几种方式的共同使用。但不管哪种投资方式,创业投资者一般都附带提供增值服务,促进企业的高速成长。创业投资的进入方式也有两种:分批进入和一次性进入,其中以分批进入最为常见。

三、创业投资的功能

创业投资能够在短短的几十年发展成为一种重要的投资方式,并得到各国政府的大力扶持,说明其对经济和社会的发展具有独特的功能。这种独特的功能是由其特征所决定的,集中一点就是对高新技术产业的发展具有强大的支撑作用,具体表现为如下几方面。

(一)聚资功能

创业投资公司可以采取各种各样的融资方式,大量吸纳社会余资。在国外,私人资本、抚恤基金、学院基金、养老基金等都被创业资本大量吸收。在我国,创业资本来源分为国内资本和海外资本。其中国内资本中占比最大的是非金融类企业,主要由一些工业企业为了自身战略以及业务转型拓展方面的考虑而进行创业投资;政府资金位列第二,在引导创业投资业的发展中发挥了重要作用。另一方面,由于我国对金融机构参与创业投资的法律限制较多,金融机构参与的资金并不多;而且我国富裕的个人家庭数量较少,民众缺乏创业投资的理念,导致个人资金一直较少,但近几年也呈现加快发展之势。

(二)嬗变功能

嬗变是指在融资过程中发生的资金性质的转变。嬗变包括期限嬗变和风险嬗变两种。期限嬗变可使本属于短期性的资金(如缓购性储蓄),转变为可长期使用的资金。风险嬗变可使本属于安全性的资金(储蓄、债券等低风险的资金)转变为可投资于风险较大项目的资金。

(三)资金匹配功能

由于创业投资机构一般都拥有庞大的资金和丰富的投资经验,对吸引资金进入高新技术产业化过程具有较强的示范和吸引作用,因而在高新技术产业化过程中起到种子融资的作用,能够吸引一批资金对创业投资进行匹配。

(四)效益功能

投资行为最基本的动力是经济效益,与以高效益为主的高新技术产业结合在一起的创业投资必然具有较高的效益功能。2009 年,中国大陆创业投资机构获得了 4.08 倍的平均投资回报,年均收益率高达 93.0%,其中投资机构在从创业板退出的 41 起事件中获得 7.19 倍的平均投资回报,年均投资收益率高达 182.2%。

(五)促进高新技术成果转化的功能

高新技术产业化过程由于其风险性过高,所需资金较大,常规的投融资渠道难以解决其资金需求问题。创业投资填补了高技术产业化环节中巨大的资金缺口,对高新技术成果转化有着较强的催化作用,是最佳的投融资方式。

(六)激励创业企业家和高新技术研究人员创业的功能

创业企业家和高新技术研究人员,一般只拥有管理才能和高技术成果,他们无法依靠自身的财力使创业企业迅速成长,如果创业投资家及时介入,进行创业投资,将有力地激发他们的创业热情,促使更多的创业者兴办创业企业。

(七)风险管理功能

创业投资公司之所以敢承担风险,是凭借其卓越的风险管理能力。创业投资公司汇集了各方面的专家,包括金融专家、技术专家、财务专家、企业管理专家和法律专家等,可以适应项目评估、企业咨询和参与企业管理的需要。此外,创业投资公司以减少和分散风险为经营的主要方针,通过严格的项目选择和项目执行过程管理,辅之以强化的技术和市场预测,这些都有助于减少企业的技术风险、市场风险和经营管理风险,从而降低高新技术产业化过程的风险损失。国际经验表明,通过创业投资公司的严格管理,创业投资总体的失败率会大大降低。

(八)推进创业企业规模发展的功能

创业投资一般是待创业企业成为规模企业之后,才撤出投资和获取收益,在此之前一般不取红利,这对处于发展阶段且资金需求旺盛的创业企业来说十分重要,有利于企业将自身有限的资金投入扩大再生产中去,促进创业企业早上规模。

创业投资可以为高新技术产业化活动提供稳定可靠的资金保证,这是由创业投资的收益机制、投入机制、运行机制和资金来源决定的。首先,创业投资最适合于投资高新技术成果转化项目。因为在投入机制上,创业投资确立了风险的概念,正视投资风险的客观性和不可避免性;在收益机制上,创业投资的高风险要求获得高收益,而高新技术成果转化活动为创业投资实现高收益提供了最佳载体;在风险约束上,创业投资找到了最大限度地化解和减少风险的途径。其次,创业投资在运行机制上,可以与常规投资相互融合,保证高新技术产业化过程的各个阶段的资金需求。因此,创业投资正好填补了高新技术产业化活动中常规投资的空白地带,保证了高新技术成果转化的顺利进行。

四、创业投资的步骤

一项高新技术的产业化,通常划分为四个阶段:技术酝酿与发明阶段、技术创新阶段、技术扩散阶段和工业化大生产阶段。每一阶段的完成和向后一阶段的过渡都需要资金的配合,而每个阶段所需资金的性质和规模都是不同的。

(一)创业投资的投入:种子期

种子期(Seed Stage)是技术的酝酿与发明阶段,这一时期的资金需要量很少,从创意的酝酿,到实验室样品,再到粗糙样品,一般由科技创业者自己解决。有许多发明起源于工程师、发明家在进行其他实验时的"灵机一动",但这个"灵机一动",在原有的投资渠道下无法变为样品,无法进一步形成产品,于是发明人就会寻找新的投资渠道。这个时期的创业投资称作种子资本(Seed Capital),其来源主要有个人积蓄、家庭财产、朋友借款、申请自然科学基金,如果还不够,则会寻找专门的创业投资家和创业投资机构。

要得到创业投资者的青睐,仅凭一个"念头"是远远不够的,最好能有一个样品。然而,仅仅说明这种产品的技术如何先进、如何可靠、如何有创意也是不够的,必须对这种产品的市场销售情况和利润情况进行详细的调查和科学的预测,并形之成文,将其递交给创业投资者。一个新兴企业的成功不能仅凭聪明的工程师和睿智的发明家,还必须有懂得管理企业,并对市场营销、企业理财有相当了解的经营者。创业投资者经过考察,若同意出资,就可在此基础上合建一个小型股份公司,创业投资者和发明家各占一定股份,合作生产,直至形成正式的产品。这种企业面临三大风险:一是高新技术的技术风险,二是高新技术产品的市场风险,三是高新技术企业的管理风险。创业投资者在种子期的投资在其全部创业投资额中所占的比例是很少的,一般不超过10%,但却承担着很大的风险,一是不确定性因素多且不易测评,二是离收获季节时间长,因此就需要有更高的回报。

(二)创业投资的投入:导入期

导入期(Start - up Stage)是技术创新和产品试销阶段,这一阶段的经费投入显著增加。在这一阶段,企业需要制造少量产品。一方面要进一步解决技术问题,尤其是通过中试,排除技术风险。另一方面还要进入市场试销,听取市场意见。这个阶段的资金主要来源于原有创业投资机构增加资本投入。这时期投入的资本称作导入资本(Start - up Capital)。如果这种渠道无法完全满足资金需要,可能还需要从其他创业投资渠道获得资金。这一阶段的风险仍主要是技术风险、市场风险和管理风险,并且技术风险和市场风险开始凸现。这一阶段所需资金量大,是创业投资的主要阶段。对于较大的投资项目,单个创业投资机构往往难以满足资金需要,创业投资机构有时还需组成集团共同向一个项目投资,这样做可以分散风险。这个阶段创业投资要求的回报率也是很高的。

一旦创业投资者发现存在无法克服的技术风险,或市场风险超过自己所能接受的程度,就有可能退出投资。这时无论是增加投资还是退出,都要果断,力戒观望。该投资时裹足不前,可能错过一个大好的机会,并且使原有投资前功尽弃;而该退出时犹犹豫豫,食之无味,弃之又嫌可惜,很可能就会陷入无底的深渊。是进入还是退出,除了科学冷静的判断分析外,还要依靠直觉,这就是艺术问题了。这也就是为什么许多创业投资者只爱做自己熟悉的行业。熟悉的行业容易培养直觉,而直觉往往不是数学模型和统计数字所能取代的。当然,这也会局限创业投资家个人的发展,特别是当这个行业不再具有巨大发展潜力时。

(三)创业投资的投入:成长期

成长期(Expansion Stage)是技术发展和生产扩大阶段。这一阶段的资本需求相对前两阶段又有增加,一方面是为扩大生产,另一方面是开拓市场、增加营销投入,最后,企业达到基本规模。这一阶段投入的资金称作成长资本(Expansion Capital),其主要来源于原有创业投资者的增资和新的创业投资的进入。另外,产品销售也能回笼相当的资金,银行等稳健资金也会择机而入。这也是创业投资的主要阶段。

这一阶段的风险主要已不是技术风险,因为技术风险在前两个阶段应当已基本解决,但市场风险和管理风险加大。由于技术已经成熟,竞争者开始仿效,会夺走一部分市场。企业领导多是技术背景出身,对市场营销不甚熟悉,易在技术先进和市场需要之间取舍不当。企业规模扩大,会对原有组织结构提出挑战。如何既保持技术先进又尽享市场成果,这都是市场风险和管理风险来源之所在。为此,创业投资机构应积极评估风险,并派员参加董事会,参与重大事件的决策,提供管理咨询,选聘更换管理人员等并以这些手段排除和分散风险。这一阶段的风险相比前两个阶段而言已大大减少,但利润率也在降低,创业投资者在帮助增加企业价值的同时,也应着手准备退出。

(四)创业投资的投入:成熟期

成熟期(Mature Stage)是技术已经成熟且产品进入大工业生产阶段,这一阶段投入的资金称作成熟资本(Mature Capital)。该阶段资金需要量很大,但创业投资者已很少再增加投资了。一方面是因为企业产品的销售本身已能产生相当的现金流入,另一方面是因为这一阶段的技术成熟、市场稳定,企业已有足够的资信能力去吸引银行借款、发行债券或发行股票。更重要的是,随着各种风险的大幅降低,利润率也已不再处于诱人的高位,对创业投资不再具有足够的吸引力。

成熟阶段是创业投资的收获季节,也是创业投资的退出阶段。创业投资在这一阶段退出,不仅因为这一阶段对创业投资不再具有吸引力,而且也因为这一阶段对其他投资者,如银行、一般股东具有吸引力,创业投资可以以较好的价格退出,将企业的接力棒交给其他投资者。创业投资的退出方式有多种,可以选择,但必须退出,不可犹疑。

由此看来,创业投资的投入有四个阶段:种子期的小投入、导入期的大投入、成长期的大投入、成熟期的部分投入。他们分别对应着产品成长的四个过程。实际上,这四个阶段之间的界限并无那么明显。企业成长的四个过程是产品生命周期理论的观点,而较常用的区分四个过程的方法是以销售增长率的变化为依据。

第二节　创业投资的特点和运作程序

一、创业投资的特点

创业投资具有以下四个特点。

(1)创业投资大都高风险、高收益。创业投资有别于常规投资的首要特征是高风险性。创业投资的高风险性是与创业投资的投资对象相联系的。传统投资的投资对象往往是成熟的产品,生产企业有较高的社会地位和信誉,因而风险很小。而创业投资的投资对象则是高技术中小企业的技术创新活动,它看重的是投资对象潜在的技术能力和市场潜力,因而具有很大的不确定性,即风险性。由于这种风险来源于技术风险和市场接纳风险、财务风险等风险的“串联”组合,因而表现出“一着不慎,满盘皆输”的高风险性。据国外创业投资公司估计,创业投资的失败率高达80%,即使在发达国家创业投资的成功率也只有20%~30%。

与高风险相联系的是高收益性。创业投资是冒着“九死一生”的巨大风险进行技术创新投资的,虽然失败的可能性远大于成功的可能性,但是技术创新一旦成功,由于此时市场上鲜有竞争对手,可以获得超额垄断利润,进而弥补其他项目失败带来的损失。在创业投资领域中就存在着所谓的“拇指定律”(Rule of Thumb),即如果创业投资1年投资10家企业,在5年左右的发展过程中,其中会有3家失败,有3家会停滞不前并最终被收购,有3家公司能够上市,并有不错的业绩,只有一家企业成长迅速并且上市后被投资者看好,成为一颗耀眼的明星企业。这家企业的市值在上市后产生数十倍甚至上百倍的增长,给投资者带来巨额回报。这家明星企业就成为“拇指定律”中的大拇指。

以谷歌为例,在其发展初期,世界著名的两家创业投资企业——红杉资本和KPCB都分别投资了1 250万美元,各占10%的股份。谷歌于2004年8月19日以每股85美元首次公开发行,其后股价一路飙升,红杉资本和KPCB都选择在高位售出了部分股票,两家企业都将其1 250万美元变为50亿美元以上的回报。谷歌就是这两家创业投资机构的“大拇指”。

(2)创业投资大都投向高技术领域。创业投资是以“冒高风险来追求高收益”为特征的。传统的产业无论是劳动密集型的轻纺工业还是资金密集型的重化工业,由于其技术、工艺的成熟性和其产品、市场的相对稳定性,风险相对较小,是常规资本大量集聚的领域,其收益也就相对稳定和平均。这显然不符合创业投资的“口味”。高技术产业由于其风险大,产品附加值高因而收益也高,迎合了创业投资的“本性”,因而也就理所当然地成为创业投资的“绿洲”。美国创业投资主要集中在计算机软件开发、生物技术、互联网、医疗保健、通信等领域,其他国家也大致如此,只有投资侧重点不同。

(3)创业投资具有很强的“参与性”。与传统工业信贷只提供资金而不介入企业或项目管理的方式不同,创业投资者在向高技术企业投入资金的同时,也参与企业或项目的经营管理,因而表现出很强的“参与性”。创业投资者一旦将资金投入高技术创业企业,它与创业企业就结成了一种“风险同担、利益共享”的“共生体”,这样一种“一荣俱荣、一损俱损”的关系,就要求创业投资者参与创业企业全过程的管理。从产品的开发到商业化生产,从机构的设立到人员的安排,从产品的上市到市场的开拓、企业形象的策划等都离不开创业投资者的积极参与和管理。这对于创业投资者自身的素质要求是十分高的,要求创业投资者不仅要有相当的高新技术知识还必须有现代金融知识,不但要掌握现代管理知识,而且必须有丰富的社会经验。

(4)创业资本的再循环性。创业投资是以“投入→回收→再投入”的资金循环运行方式为特征的,而不是以时断时续的间断方式进行投资。创业投资者在企业的创业阶段投入资金,一旦创业成功,他们就会转让股权或抛售股票,收回资金并获得高额利润。创业资本退出企业后,并不会就此罢休,而是带着更大的投资能力和更大的雄心去寻求新的创业投资机会,使高技术企业不断涌现,从而推进高科技产业化的进程,促进整个国家的科技发展和经济繁荣。

二、创业投资的运作程序

创业投资的运作程序通常包括三个阶段:①项目筛选、评价并做出投资决策;②经营和管理投资项目;③投资退出。

具体运行程序如下。

(一)项目筛选、评价并做出投资决策

选择什么样的项目或公司进行投资是创业投资者最为关心的,同时也是衡量投资家眼光和素质的重要指标。创业投资者在分析某个投资建议是否可行时往往依次分析人、市场、技术、管理。

分析“人”,是指分析创业者的素质,需要从各个不同角度对该创业者或创业者队伍进行考察,如技术能力、市场开拓能力、融资能力、综合管理能力等。

分析市场,是因为任何一项技术或产品如果没有广阔的市场前景,其潜在的增值能力就是有限的,就不可能达到创业投资者追求的将新生公司由小培养到大的成长目标,创业投资通过转让股份而获利的能力也就极为有限,甚至会造成失败。

接着是考察产品的技术,判断创业企业(项目)中技术是否原创、是否未经试用或至少未产业化,其市场前景或产业化的可能性如何。一个成功的创业企业必须要有一个好的技术,所以有经验的创业投资者一定会从技术的角度来进行评估。

最后,更为重要的是,是否有能把技术变为产品的卓越管理能力,因为只有良好的管理才能保证产品及时进入市场。因此,创业投资者期望的管理队伍是由一批具有高度成就欲的人所组成,他们都是各自领域,如工程、市场、销售和研究开发等领域的专家和高手。在做投资决策时,经营管理的重要性则是无论如何强调都不会过分的,因为如果在一个低能的管理阶层的管理下,即使是最辉煌的技术或产品也会导致失败,是不可能成为一个有市场竞争力的新产品的。

(二)经营和管理投资项目

风险基金或创业投资公司有别于传统金融机构的最重要特征之一,是创业投资者具有在投资之后介入创业企业经营管理的意愿。创业投资者本身一般是企业管理的专家或与专家有着广泛的联系,特别是在财务、营销方面对创业企业提供强有力的支持;另外,与金融机构的密切关系也为创业企业追加融资提供了来源。创业投资管理可分为两个层次,即对创业投资本身的管理和对创业企业的管理。

1. 创业投资管理的原则。

(1)组合投资原则。即将创业资本按一定比例投向不同行业、不同企业(项目)。创业投资机构通常将资金投放在多个不同的企业,通过在成功的企业上获得高回报来补偿失败项目的损失,以分散风险。

(2)联合投资原则。创业投资者对一个项目,通常是联合其他创业投资者一起进行投资,而不是“一个人吃独食”。这样做的好处除了利益共享、风险共担,还可以发挥集体智慧的力量,由各个创业投资者从各自不同的角度评价企业,从而提高决策的准确性。在被投资企业日后发展过程中,不同的创业投资者能提供更多的资源共享。

(3)分段投资原则。这是根据高新技术企业从初创到长成的五个阶段(设想、萌芽、产品开发、市场开拓、稳定发展)的不同特点,确定适当比例,分期分批投入资金;一旦发现失败将难以避免,就应尽早果断采取措施,切不可优柔寡断、越陷越深。这样做既可以有效地规避风险,又利于资金的周转。分段投资使得创业投资者可以定期对被投资企业进行阶段性再评估,形成对创业者的有效约束,减少因决策不当造成的潜在损失。

(4)分类管理原则。创业投资者需要把创业企业分为成功、一般、失败三类。对于成功企业,加大投资,强化经营管理,促使其尽快成熟,及早在股票市场上公开上市,使收益达到最大化;对一般企业,应保持其稳定发展,促成企业间的收购、兼并活动;对于失败企业,必须尽早提出警告,协助其改变经营方向,或者干脆宣布破产,以把风险降到最低。

2. 对创业企业的管理。创业投资机构在对创业企业进行投资的同时,还派出管理专家参与企业的经营决策,这就为企业管理的现代化提供了可能。通常采用的方法有:

(1)管理制度规范化。当企业发展到一定规模时必须建立一套严格的管理规范,使企业实现由“人治”到“法制”的飞跃,避免高技术企业因迅速发展所带来的管理混乱。

(2)组织结构合理化。企业组织应与企业的发展战略和企业的长期经营目标相适应。高新技术企业具有发展速度快的特点,这就要求企业的组织结构具备充分的柔性、敏感性和适应性,以适应企业快速增长的需要,减少相应的风险。同时,高新技术企业必须突出创新这一基本特征,建立以产品创新为核心的产品制组织结构。

(3)经营决策科学化。首先,要提倡群体决策,充分发挥高技术企业人员素质高的优势;其次,可建立企业信息中心,减少因信息不完全所带来的风险。

(4)项目管理高效化。技术开发是高技术企业的核心,企业要想在瞬息万变的市场竞争中取胜,只有不断开发新产品,提高自己对技术创新的适应能力,做好技术储备。这就要求企业加强从项目的立项、开发、中试到生产等环节的科学、高效管理。

(三)退出

创业投资公司之所以愿意承受高风险,目的在于获取高额资金回报,因而公司在将创业投资注入企业 3 ~8 年后就会带着丰厚的利润将资本撤回。创业投资公司为了防止资金被锁定,一般在契约条款中意向性规定了资金的退出时间和方式。创业投资公司资金退出的方式及时机选择,取决于所投资公司整个投资组合收益的最大化,而不追求个别项目的现金流入最大化。创业资本退出的主要方式有三种。

1. 首次公开发行股票和上市。在美国,企业首次公开发行股票和上市(IPO)是创业投资资本最常用的退出方式之一,大约 30% 的创业投资的退出采用这一方式。IPO 退出指创业投资者通过将创业企业股份公开上市,从而创业资本的持股变成可流通的股票,在证券市场变现,实现退出。IPO 的退出渠道包括多层次的资本市场,如在我国包括主板市场、创业板市场、代办股份转让系统和境外资本市场等。IPO 有着令人骄傲的历史记录。苹果公司首次发行获得 235 倍的收益,莲花公司是 63 倍,康柏公司是 38 倍(均以 VC 入股价格和 IPO 上市首日收盘价计算收益倍数)。

对于创业投资,首次公开发行股票通常是最佳的退出方式,因为这是股票市场对该公司经营业绩的一种确认。公司的管理层也很欢迎首次公开发行股票,因为这种方式保持了公司的独立性,同时,首次公开发行的公司还获得了在证券市场上持续筹资的渠道。

不过,首次公开发行股票也受到一些限制,并非完美无缺。IPO 存在的局限性在于:

(1)上市成本很高,具体表现在三个方面:一是由于 IPO 的条件很严格,上市耗费时间长,有可能影响公司的正常运作;二是上市费用十分昂贵,发行企业要负担数额较大的承销费用(一般为所获投资总额的 5% ~10%)以及未来比较昂贵的维持上市地位的费用;三是上市后企业的信息披露要求更充分,公众监督更广泛,公司必须更加规范地运作,实际上失去了公司部分控制权和灵活性,也可能增加运作成本。

(2)创业企业必须具备首次公开发行的必要条件(为达到上市标准,企业可能会在上市前“拼增长”和“拼利润”,而在上市以后企业的成长速度反而下降),并且 IPO 后创业投资者作为原始股东有一个股票限制出售期(或称“禁售期”),限制出售期内并不能实现股权的流动性和收益性,这会延长创业投资的退出时间。

(3)不利于创业企业原有大股东保持控制权。企业上市即意味着原始大股东持股比例的稀释,另外上市后也存在被敌意收购的可能性。

2. 出售。考虑到创业投资者在股票首次公开发行后尚需一段时间才能完全从创业企业中退出,那些不愿意忍受首次公开发行的种种约束的创业投资家们可以选择以出售方式退出。出售包含两种形式:售出和股权回购(图 9 –1)。售出又分两种:一般收购和“第二期收购”。一般收购主要指公司间的兼并与收购。“第二期收购”是指由另一家创业投资公司收购,接受第二期投资。这里最重要的是所谓一般收购。在退出方式中,出售要比首次公开发行使用得更多,但在收益率上大约仅是首次公开发行的 1/5。近年来,随着美国和欧洲的所谓五次并购浪潮的发展,并购在创业投资退出方式中的比重越来越大,作用也越来越重要。对于创业投资家和有限合伙人来说,出售是有吸引力的,因为这种方式可以立即收回现金或可流通证券,也使得创业投资家可以立即从创业公司中完全退出。

但是公司管理层并不欢迎收购方式,因为公司一旦被一家大公司收购后就不能保持其独立性,公司管理层的地位就会受到影响。股权回购退出是指企业或者创业家以现金或其他可流通证券的形式购回创业投资公司手中的股份使创业投资资本退出的方式。股权回购对于大多数投资者来说,是一个备用的退出方法。当投资不是很成功时就采用这个方式。股权回购包括两种方法:一是按事先确定的执行价格买入看跌股票期权,必要时就可卖出股票;二是股权的强制购回。股权回购是对投资收益的一项重要保证措施。股权回购具有其他退出方式不具备的独特优势。首先,股权回购只涉及创业企业与创业投资公司两方当事人,产权关系明晰,操作简便易行;其次,股权回购属于双方民事交易行为,几乎不受管制,创业资本可以迅速退出,并取得合法、客观的收益;最后,股权回购可以将外部股权重新内部化,使创业企业保持充分的独立性。

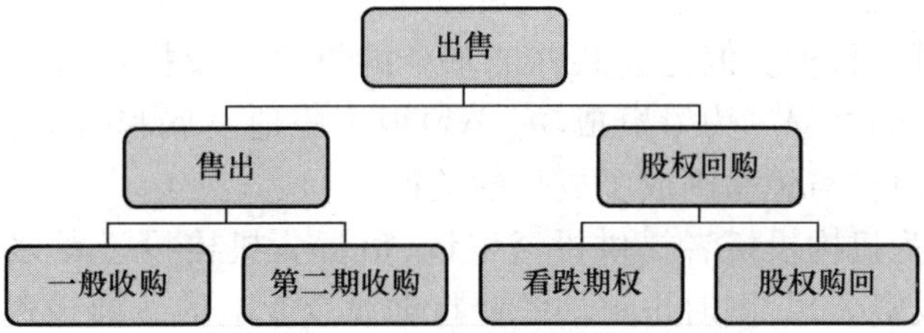

图 9 –1　创业投资的退出:出售

3. 清算或破产。有很大一大部分的创业投资不是很成功,创业投资的巨大风险反映在高比例的投资失败上。越是早期阶段的创业投资,失败的比例越高。因此,对于创业投资者来说,一旦确认企业失去了发展的可能或者成长太慢,不能给予预期的高回报,就要果断地撤出,将能收回的资金用于下一个投资循环。创业资本以清算形式退出的损失程度按具体情况高低不等,一般而言,创业投资者能收回的投资占初期投资的比例大约在20% ~60%。清算方式的退出是痛苦的,但是在很多情况下是必须断然采取的方案。即使是仍能正常经营的项目,如果成长缓慢,收益很低,一旦认定没有发展前途,也要果断行动,立即退出,不可动作迟缓。沉淀在这一类公司中的投资资本的机会成本巨大,创业投资者一般不愿意承担这样巨大的投资成本。

第三节 创业投资中的投资银行

一、投资银行在创业投资中的作用

在创业投资过程中,投资银行起着举足轻重的作用。投资银行凭借其人力资本和信息优势,可以通过以下几种方式参与创业投资的不同阶段。

(一)创业投资的融资中介

创业投资主要是从私人权益资本市场筹集资金,而该市场存在严重的信息不对称、信息流转慢的制度性缺陷。尽管各种创业投资机构的出现一定程度上弥补了这些缺陷,但是随着市场容量的扩大,各市场主体为处理其业务所需的信息和交易成本远远超出了其自身的能力。他们既缺乏必要的人力和信息,也缺乏相应的经验。投资者很难对市场上的各种投资机构做出准确的分析,而随着其筹资规模的扩大,创业投资机构过去那种与各种潜在的投资者直接接触的方式成为极其不经济的行为。因此市场双方都急需一个第三方,以便提供必要的咨询服务,通过分工来降低交易费用,提高市场效率。而投资银行则自然地承担了这一融资顾问的角色。

首先,投资银行作为创业投资公司的筹资代理人,帮助其筹集必要的创业资本。在美国,这种代理业务兴起于20世纪80年代。传统的创业投资公司很少用代理人来筹资,但是20世纪80年代后,一方面出现了大批百万级创业投资基金,管理着超过2亿美元的创业资本,每次投资至少100万美元。到1994年,它们尽管在公司数量上只占15%,但所控制的资本额却占美国创业资本总额的63%。这些创业投资公司往往需要筹集大规模的资金,这超过了其独立操作的能力。另一方面,20世纪80年代后,大批机构投资者纷纷涌入创业投资业,尤其是公共养老基金在20世纪80年代后成为私人权益资本市场的最大投资者,也就成了创业投资公司的筹资目标。但是公共养老基金的投放涉及投资官员、受托人、顾问三方,其决策是一个很复杂的过程。为筹资成功,必须很小心地发展和有关各方的关系。在这一过程中,投资银行的声誉与经验则成了成败的关键。

其次,投资银行为机构投资者提供投资咨询,负责为机构投资者评估和推荐投资对象,即业绩优良的创业投资公司,同时也评估一些在创业企业上的共同投资机会,其主要客户是养老基金、捐赠基金及其他基金。

投资银行对目标创业投资公司的评估包括:①对公司管理人记录的审查;②检查目标公司的组织结构和激励机制,尤其是要看创造了过去高回报率的创业投资家是否还在该创业投资公司中。

有时投资银行也向客户提供谈判服务。近几年,在美国,随着竞争的加剧,投资银行也被迫扩展其服务范围,新的服务包括对国际有限合伙公司出售的评估、对创业企业直接投资的评估、对有限合伙公司股份一次出售的评估。

(二)创业投资的退出中介

创业投资是一种周期性投资方式,在所投企业成熟时,必须适时退出,以保证高额的投资收益率和连续投资的能力。尤其在有限合伙公司中,普通合伙人要在合伙契约中承诺在一定时间以一定的方式结束对创业企业的投资和管理,收回现金或流动性的证券,给有限合伙人即投资者带来丰厚的利润。因此,创业投资者必须构思一个清晰的退出路线,以使投资安全退出,完成整个创业投资计划。

为实现成功的退出,创业投资在首次公开发行和出售过程中都需要有投资银行的参与,由其提供相应的证券承销或企业并购服务。

1. 投资银行是首次公开发行成功的关键。在美国,首次公开发行是创业投资最常用的退出方式,它往往能够使创业投资实现最大化收益。投资银行在首次公开发行过程中的关键作用主要表现在以下几个方面:

(1)确定上市时机。投资银行在为创业企业承销股票时,其对上市时机的建议尤其重要。选择错误的上市时机会导致股票价格下跌或根本售不出去。这不仅影响创业企业的顺利上市及创业投资的成功退出,而且使大量证券滞留在投资银行,给投资银行带来损失。需要注意的是,并非只有牛市才能成功地发行股票和上市,即使在股市萧条时,那些特别有创意的公司仍可以找到市场。这就取决于投资银行的经验和把握市场时机的直觉。

(2)确定股票发行价格。在首次公开发行的过程中,股票定价则是另一个至关重要的问题。股票的定价既要保证发行的成功及发行后市场的稳定,又要协调好发行人与投资银行之间的利益关系。如果定价过高,虽然发行人可能获取较大的利益,却会给发行带来困难,而且使投资银行面临较大的风险。因为在包销方式下,较高的发行价格使投资银行可获取的差价很小,甚至有损失的风险。如果定价过低,虽然使股票易于发行,而且投资银行可能获取较高的差价,但是发行人的利益就受到了损失。

一般而言,在确定股票发行价格时,先根据可比公司定价法或现金贴现法计算出股票的价值,然后根据市场的行情及市场对公司潜在成长性的认同程度,确定价格。通常情况下,主承销商将以略低于计算结果的价格为股票定价,以使股票价格在发行后仍可预期有10% ~15%的上升空间,保证自身和分承销商有一个乐观的收益。虽然这可能给创业投资者造成一定的损失,但是它预示如果股票在二级市场表现良好的话,未来创业投资公司出售其余股票时将被顺利接受,从而实现成功退出。因为根据各国证券法规的规定,股票公开发行时,创投公司只能出售一小部分股票,在一定时间后,才解除对出售其余股票的限制。因此,如果由于定价过高而使股票在二级市场上表现不佳,则会给创业投资的退出带来困难。

(3)稳定股票价格。创业企业首次公开发行股票最重要的一环是稳定股票在市场中的价格,以免上市后股票价格下跌,影响公司的声誉,以致潜在的投资者失去兴趣,使此次发行和以后创业投资公司出售其余股票变得困难。因此投资银行要使用所谓"稳定价格技巧",以承销团成员身份来维持股价稳定。

新发行股票的价格通常通过由主承销商代表承销团分配份额的办法保持平稳，这样就能有效地制造这种股票的空头。具体做法是在分销创业企业的股票时，分配给各分销商的股票数量要比原先规定的数量少。例如，原先邀请分销 50 000 股的分销商在承销日可能只得到 45 000 股。这样，如果该分销商已将预计的50 000股卖出，则其必须进入市场买入另 5 000股以弥补其空头。这样，股票价格就会稳定在发行价格之上。

另一种常被采用的是运用于售后市场的稳定价格技巧。售后市场价格是在新股宣告发行之后产生的市场价格，有时也称作灰色市场(Gray Market)，但是售后市场这一概念更为美国金融界所接受。售后市场价格可以与承销团成员试图出售新股的价格不同。在这种情况下，主承销商可以在承销团中报出一个略低于发行价的买入价。售后市场中任何该股票的卖家都可以按照这个报价出手股票。这个报价就能支持该股票的价格直至发行完毕。

当价格稳定期结束时，新股的付款日也到了，这时新股可以在二级市场上自由买卖，在技术上成为一只成熟股。一旦它进入二级市场，就不再允许任何稳定价格的行为继续存在。投资银行也就完成了整个首次公开发行操作过程。

2. 投资银行是创业企业出售的代理人。出售是创业投资退出的另一种方式。在美国，这种方式在20 世纪80 年代比较流行，但到了20 世纪90 年代，由于股市的强劲势头，创业投资的退出都采用了首次公开发行方式。但由于这种方式费用较低，条件比较灵活，因此仍然是一些创业投资的退出方式。

在出售过程中，创业投资公司一般情况下自行操作，只是在一些涉及规模较大的案例时，才聘用投资银行作为出售代理人，以投资银行的人力、信息优势和丰富经验实现最大的投资利益。投资银行主要负责寻找收购公司、准备出售书、代理谈判等，有时也运用自己的资金帮助并购活动顺利进行。

(三)创业投资的投资者

投资银行一方面通过向创业投资主体提供金融服务间接参与创业投资，另一方面，由于创业投资业的丰厚利润以及创业投资业务和投资银行其他业务的相关性，许多投资银行纷纷斥资直接参与创业投资。其通常的方式是通过由其控制的创业投资公司对创业企业进行投资。但是，除了少数比较有冒险精神的投资银行介入早期投资外，大部分投资银行所支持的创业投资公司偏向于晚期投资。晚期投资的风险相对较小，周期短，而且能与投资银行的证券承销及并购等业务直接联系起来。

二、创业投资与投资银行的分离

自 20 世纪 80 年代以来，在美国，投资银行对创业投资的参与发生了巨大的变化，其总的趋势是：投资银行作为创业投资市场上金融服务中介的角色不断加强，而且服务范围日趋扩大，而作为创业资本的供应者则日趋淡化，即投资银行的参与日趋间接化。而在直接创业投资方面，投资银行与创业投资日趋分离，形成这种趋势的原因主要有以下几个方面。

(一)依附性创业投资公司的内在缺陷

投资银行一般是通过由其控制的创业投资公司对创业企业进行投资。这种依附型的创业投资公司在运作中存在许多缺陷。

首先，依附于投资银行的创业投资公司的投资活动受到投资银行其他业务的牵制，不具有独立性和灵活性，难以与私人独立的合伙公司相竞争。

其次，依附于投资银行的创业投资公司，其资本来源存在单一性和不稳定性的缺陷。投资银行为保持对创业投资公司的控制地位,不会向其他投资者出让过多股份;同时,其他投资者由于该投资公司依附于投资银行,其业务活动为投资银行其他业务服务,存在利润转移,因此其他投资者也不愿意向这种依附型创业投资公司投资。所以这种创业投资公司的资本只能依赖于投资银行这一单一来源。而投资银行的生存及资本供应能力在很大程度上取决于资本市场是否繁荣。在繁荣时期,投资银行的资本比较充裕,就会增加对创业投资公司的注资,一旦资本市场开始冷却,走向萧条,其创业资本的供应将会枯竭。这种资本供应的不稳定性和单一性严重限制了创业投资公司的生存与发展。

最后,依附型创业投资公司难以培育出优秀的创业投资家。创业投资者的素质往往是创业投资成败的关键。依附于投资银行的创业投资公司的管理者往往在投资银行内部调配,他们虽然是出色的投资银行家,但是很难具有优秀的创业投资者所需的技术、管理方面的综合素质。而且他们的行为受到投资银行其他业务部门的牵制,这既使他们难以独立行事,也难以依据创业投资的收益率来评价其业绩,导致市场竞争机制对其监督作用削弱。

(二)内部交易的风险

投资银行的其他业务部门与其所附属的创业投资公司存在内部交易的风险。双方的业务是上、下游关系,都服务于同一主体,为了获取总体利润最大化,很可能出现内部交易,这种交易可能危及创业企业管理层的利益和投资者的利益。这种内部交易存在的可能性,使创业投资公司的业务开展变得困难,限制了其发展。

由于以上两个因素,在美国,20 世纪 80 年代后,养老基金大量涌入,私人或独立的有限合伙公司兴起,立刻使这种依附型的创业投资公司失去了竞争力,投资银行也逐渐退出了这种业务,开始专注于向创业投资提供金融服务。投资银行参与创业投资间接化的趋势,是一国创业投资业发展到成熟阶段的反映,也是创业投资发展到一定规模后专业化分工的要求。

三、我国证券公司的股权投资

由于目前监管部门将国内证券公司直接投资业务的范围限定为对拟上市公司股权(PE),即 Pre – IPO 的投资,并初步设定了“投资期限不得超过 3 年”等相关规则,证券公司并不会参与针对初创期和成长期企业的投资,而是更多地在即将上市的股权投资方面进行操作。

2012 年 11 月,中国证券业协会正式公布实施《证券公司直接投资业务规范》,标志着券商直投业务正式纳入自律管理,直投基金改为事后备案制,直投业务范围扩大到股权投资基金、创业投资基金、并购基金、夹层基金等直投基金及以上述基金为主要投资对象的直投基金。

截至 2015 年 6 月,中国大陆共有证券公司直投机构 33 家,注册资本共计 638.5 亿元人民币(见表 9 – 1)。除了投资拟上市公司股权以外,直投子公司及其下属机构、直投基金在有效控制风险、保持流动性的前提下,还可以以现金管理为目的,将闲置资金投资于依法公开发行的国债、央行票据、短期融资券、投资级公司债、货币市场基金及保本型银行理财产品等风险较低、流动性较强的证券以及证券投资基金、集合资产管理计划、专项资产管理计划,或进行债券逆回购。

表9-1　我国证券公司下属直投公司

序号	券商名称	直投公司名称	成立时间	注册资本(亿元)
1	中信证券	金石投资有限公司	2007.10	72
2	中金公司	中金佳成投资管理有限公司	2007.10	4.1
3	国信证券	国信弘盛投资有限公司	2008.08	40.5
4	华泰证券	华泰紫金投资有限责任公司	2008.08	60
5	海通证券	海通开元投资有限公司	2008.10	106.5
6	平安证券	平安财智投资管理有限公司	2008.09	6
7	国泰君安	君安创新投资有限公司	2009.05	49
8	光大证券	光大资本投资有限公司	2008.11	20
9	中银国际	中银国际投资有限责任公司	2009.05	6
10	广发证券	广发信德投资管理有限公司	2008.12	28
11	申银万国	申银万国投资有限公司	2009.04	5
12	国元证券	国元股权投资有限公司	2009.08	10
13	招商证券	招商致远资本投资有限公司	2009.08	17
14	长江证券	长江成长资本投资有限公司	2009.12	28
15	银河证券	银河创新资本管理有限公司	2009.10	10
16	东海证券	东海投资有限责任公司	2009.12	10.2
17	东方证券	上海东方证券资本投资有限公司	2010.02	40
18	西南证券	西证股权投资有限公司	2010.03	8
19	宏源证券	宏源创新投资有限公司	2010.03	3
20	第一创业	第一创业投资管理有限公司	2010.02	11
21	东北证券	东证融通投资管理有限公司	2010.11	6
22	山西证券	龙华启富投资管理有限公司	2011.02	10
23	东莞证券	东证锦信投资管理有限公司	2011.06	2
24	渤海证券	博正资本投资有限公司	2010.10	2.5
25	方正证券	方正和生投资有限公司	2010.08	9
26	安信证券	安信乾宏投资管理有限公司	2010.06	8
27	兴业证券	兴证创新资本管理有限公司	2010.05	7
28	齐鲁证券	鲁证投资管理有限公司	2010.05	22.2
29	华西证券	华西金智投资管理有限公司	2010.03	2
30	国联证券	国联通宝投资管理有限公司	2010.01	2
31	东吴证券	东吴投资有限公司	2010.01	12
32	中投证券	瑞石投资管理有限公司	2009.09	5
33	中信建投	中信建投资本管理有限公司	2009.07	16.5
	合计			638.5

案　例

创业投资退出案例——搜房网

2010年9月17日，中国房地产门户网站搜房控股有限公司（以下简称“搜房网”）在纽约证券交易所正式挂牌交易，交易代码为“SFUN”. 在此前的IPO中，该公司成功融资1.247亿美元。搜房网最终以73.5美元报收，较发行价上涨73%。这也是自2008年以来美国资本市场IPO上市首日表现最佳的中国公司。IDG、高盛、澳大利亚电讯等投资者获益颇丰。

一、借助天使投资生存

1999年，莫天全正式创立搜房网，致力于用“房地产+互联网+资讯”模式来打造一个权威的信息平台。成立之初，网站仅有的是概念，缺人更缺钱。在那个时代，互联网的创业成本远比现在高得多，网络基础设施性能落后，费用却又相当昂贵，而且人才奇缺。市场也对“互联网+房地产”的业务组合感到有些陌生，网站的数据库、信息和报告并不怎么受市场欢迎。苛刻的生存环境下，搜房网每天都需要资金输血。

在互联网风光的年代，也许是因为搜房网的概念确实诱人，著名创业投资机构IDG资本向莫天全提供了100万美元的天使资金，换取了搜网房20%的股份。IDG的支持使得搜房网度过了互联网泡沫崩溃的艰难岁月。实际上，在合作过程中，IDG提供的不仅是资本，在搜房网的发展战略和融资等方面，IDG都给予不少战略性的建议。在创业初期，有一个能够满足各方面战略需求的投资人，会给企业带来难以量化的财富。

事实证明，这是一个双赢的合作。2006年6月，澳洲电讯注资搜房网时，IDG向澳洲电讯转让了搜房网超过10%的股份，套现4 500万元。剩余不到10%的股份，IDG一直持有至上市。按照搜房网发行价的市值估算，这部分股权大约价值1.5亿美元。再加上每年的股权分红，粗略计算IDG已在搜房网商获利2亿美元，资本增值约200倍。

二、借助高盛扩张

房地产的地域性比较强，以房产信息为主营业务的搜房网注定要向各地城市扩张布局。抢在同行之前抢占一些重点城市，占领制高点，既可以压制对手的生存空间，又能通过规模效应来提升业绩。莫天全圈出北京、上海、深圳、重庆等大城市，计划在这些城市进行一轮扩张。但是IDG投入的100万美元只能让搜房网启动北京的业务，再融资势在必行。

最初，关联产业的上市公司是莫天全的首选融资对象，因为上市公司通常都急需好的项目来做大业绩。莫天全怀揣搜房网的发展规划图，走访了许多上市公司。但是这张标注详细的地图没有起到效果，在香港转了一圈，莫天全没有拿到一分钱。

这时候，IDG建议让莫天全去寻找专业的投资机构。大环境不好的情况下，产业资本只会更为小心谨慎，而专业的投资机构却乐于在退潮的时候寻找最漂亮的贝壳。此番建议激发了莫天全的商业能量，他把目标从上市公司转向了知名的投资机构：高盛、摩根士丹利……莫天全感到，既然“拿着地图讲故事，描述尚未实现的远景”这种手段不易得到投资，那么如果地图标注的都是既成事实，搜房网已经是个全国布局的房地产网站，再去找投资商还有什么心虚呢？于是莫天全飞赴各地，用3个月内资金到账的承诺，企图收购一些知名的房地产网站，并且承诺，3个月之后如果资金不到账，网站仍归对方，莫天全还要做出赔偿。这对收购对象来讲，只要自己想卖，那是稳赚不赔的生意。

于是国内几家较大的地产网站都到了搜房网的名下，搜房网成了理所当然的行业第一。莫天全再找到投资机构，将公司的规模与实力一一展示，再加上对搜房网全国远景的描述，投行们的胃口顿时被吊了起来。一个月之后，高盛注资搜房网 500 万美元，收购 30% 的股份。

搜房网随即启动了第一轮扩张，北京、上海、深圳、重庆、香港、天津等地的分公司相继成立，网站已经具备了大型地产门户的雏形。高盛的投资让搜房网的商业模式逐渐明晰，并且在一线大城市当中站稳了脚跟。2002 年，高盛全球战略收缩，撤出了对阿里巴巴、搜房网、硅谷动力的投资，莫天全与其他股东回购了搜房网的股份。此次投资，高盛的获利情况并没有对外透露。除了此次套现之外，高盛还是搜房网 2010 年 IPO 的承销商，这两项收益加起来绝对不会是个小数目。高盛的注资对搜房网的最大意义不是"雪中送炭"，而是"高盛把搜房网带进了投行的圈子"，各大投资机构都已经注意到了莫天全和搜房网，这为搜房网的日后融资提供了诸多便利。

三、聪明人的对赌

2005 年，房价在国家政策的调控下不降反升，房地产业正在激发着中国经济的一轮牛市。这一年搜房网斥巨资买下网易地产频道的经营权。此举既是借门户网站之力提高自己的影响力，又是顺便减少竞争对手，甚至将合作方的地产业务实力大幅削弱的有效措施。只是地域和传播渠道的扩张又给搜房网带来了资本压力。

此时，着眼于全国布局的莫天全头脑很清晰，搜房网此时的需求不只是资金，而且需要与规模扩张相伴随的人才资源，更需要与扩张相匹配的战略合作伙伴。能够带来商业理念和战略支持的投资方是莫天全的搜寻目标。

"和优秀的人一起共事"是莫天全的习惯。物以类聚，人以群分，他很自然地被介绍到了一个聪明人的饭局上：John Mcbain，全球最大的分众广告传媒企业 Trader Classified Media 的老板。在莫天全的眼里，John Mcbain 是世界上最聪明的企业家之一："我和 John 在很多问题上的看法是一致的，思维方式也相似，但是我们在做事的风格上却是互补的，我更喜欢专注踏实地做一件事，而 John 想法多，行动力强，是一个很有速度的人。"两人脾气相投，一见如故。两人见面的第一天，就像莫天全以前画图给 IDG 一样，Mcbain 也在餐桌上画起图来，而且画的是一张很大的饼——搜房网全球架构图："我可以把 20 多个国家的房地产业务全部并入搜房网，把搜房网做成全球性公司，然后拿到纳斯达克上市，搜房网的价值一定会剧增。"乍听此言，正在考虑规模扩张的莫天全一下子就兴奋起来，按照 Mcbain 的设想，搜房网似乎一下子就可以实现全球化。

领导人的脾胃相投，企业间的战略协作空间巨大，两家企业走到一起做"搜房全球"似乎是水到渠成的事情。但是，仔细想一下，这张饼画得太大了。搜房网在国内都没有完全做好，哪有精力再去管理国外的项目？在人才与资金双双匮乏的情况下，规模的过度扩张不会给搜房网带来任何好处。莫天全拒绝了这种合作方式，但是处在关键成长期的搜房网需要一个能够提供公司治理、长远发展和战略规划建议的合作伙伴。像 Trader 这种具备全球传媒视野的企业能够为搜房网提供战略、技术还有资金的支持，一旦错过了就十分可惜。更何况头脑灵活富于创新的 Mcbain 更是深深吸引着莫天全。他并不知道 Mcbain 和 Trader 以后会给搜房网带来什么，但是他有一种商人的直觉："和优秀的人、优秀的公司合作，总会有好处。"

在合并和拒绝之间有没有一条中间路径？2005 年 7 月，Trader 公司以 2 250 万美元获得搜房网 15% 的股权，外加一纸有利于己方的“对赌协议”，Mcbain 本人进入董事会。双方约定如果搜房网在未来 18 个月内没有上市，允许 Trader 在两年内再投资 1.7 亿美元，增持搜房网股份至 100%。如果搜房网在此期间上市，Trader 将以同样价格得到 45% 的股份。做了这么大的让步是为了让 Mcbain 能够为搜房网倾力投入，出更大的力气，莫天全这次押了一宝。当时有人认为莫天全可能有了将搜房网上市套现走人的打算。

牺牲个人权益也好，套现走人也罢，无论怎样，莫天全此举让搜房网的成长有了质的飞跃。Trader 的注资让搜房网启动了第四轮扩张，郑州、合肥、厦门等地的分公司相继成立。搜房网在全国各地的大城市都渐渐成长为主流的地产信息平台。

不过在签订协议后的 18 月内，搜房网并没有上市，搜房网的股份也没有完全被 Trader 收购，一场规模更为巨大的融资将这次对赌化于无形。

四、没有控制权的大股东

2006 年年初，搜房网已经在 40 多个城市设立全资分公司。这一年，搜房网正在执行“百城战略”：2008 年之前，在国内 100 个城市覆盖到位，而且不是简单的网站覆盖到位，还包括地面信息搜集、运营管理以及客户服务团队的完善。

专注新房、二手房信息、市场数据的同时，搜房网又进入了家具建材领域，围绕房产进行多元化经营。一张遍布全国大中城市的网，一条纵向的房产信息产业链正织就着搜房网的未来格局。此时的 Mcbain 却萌生去意。也许是他感觉到自己对中国市场难以驾驭，也许是莫天全所说，Mcbain 已决定从商业抽身，全力投入非洲的公益事业。总之，Mcbain 在对赌未完成之时就提前离场——这次三方共赢的收购让他满意离去。

Mcbain 有意为搜房网引入一个新的投资方——澳洲电讯，澳大利亚最大的电讯公司和唯一的国有企业。当时，澳洲电讯亦打算在中国投资一批垂直门户网站，但是要求对搜房网进行绝对控股，以便将其纳入自己的全球商业体系，进而谋划在中国的整体布局；聪明人 Mcbain 则是想把自己的股份全部卖给澳洲电讯，自己抽身退出，专心致力于慈善事业；莫天全却是想引入澳洲电讯的资金、技术以及战略扶持，顺便摆脱掉与 Mcbain 的“对赌协议”。澳洲电讯提供了一个让莫天全很难拒绝的报价：2.54 亿美元，即使按照搜房网当时的业绩规模来上市，搜房网也不容易拿到如此数额的资金。

一番协调后，最终的结果是，澳洲电讯用 2.54 亿美元收购了搜房网 51% 的股份，取得绝对控股地位；Mcbain 将手中的股份卖给澳洲电讯，套现 9 000 万美元，获 4 倍收益，同时“对赌协议”作废；莫天全出让部分股权，但在董事会手握两票，带领中方团队掌握公司的控制权。

在这笔交易中，莫天全对未来做了布局。虽然失去了控股地位，但当初对赌输给 Mcbain，结局也不过如此，通过新股东的引入，则借机重新敲定了大股东的注资条件，做出确保控制权和单独上市的约定。前者是为了避免被资本挟持的被动局面，后者则是给包括澳洲电讯在内的投资方一个退出的机制，为 4 年后精彩的 IPO 运作留下一个伏笔。

在大股东的资金、技术支持下，搜房网的扩张势如破竹。2006 年开始，中国的地产行业渐渐步入了一个高潮期，搜房网紧接着进行了第 5 和第 6 轮的全国扩张，已经在全国近百个城市开设了分公司，成为国内著名的地产信息平台。

五、退出：一次成功的 MBO

“它可能是最最成功的 MBO（管理层收购）”，知名创业投资人熊晓鸽这样评价搜房网的 IPO。

澳洲电讯和莫天全对搜房网的发展计划发生了矛盾,双方在静静地等待着分手的催化剂。2010 年,国美、阿里巴巴、智联招聘等几家企业与资方的争执,也给莫天全心里投下了一丝阴影:“我们基本上没什么分歧,但总像是一个定时炸弹。”同时,澳洲电讯也被政府强制拆分,对全球业务的部署开始有所调整,充满着不稳定因素。莫天全还是希望给自己的控制权加个保险,最好的结果莫过于通过 IPO 引进新的投资人,削弱澳洲电讯的影响力,重新夺回控股权;而澳洲电讯全球业务被打乱后,在中国的多项投资也不见起色,开始逐渐萌生退意,通过搜房网 IPO 在高位退出,是其最佳选择。

2010 年 9 月 17 日,搜房网于美国纽交所成功上市,发行价 42.50 美元,上市首日开盘价 67 美元,收盘价 73.50 美元,较发行价上涨 72.9%。

搜房网的 IPO 包含了三个过程,一个是 IPO,一个是 MBO,还有一个是引入新的私募股权投资机构的谈判。澳洲电讯和泛大西洋资本、安佰沉基金及莫天全达成协议,澳洲电讯分别出售给前两者各 15 347 720 股 A 级股票,以及向莫天全出售 888 888 股 A 级股票,转让将在 IPO 中生效。

在 IPO 之后,莫天全持股比例约为 30%,泛大西洋资本和安佰深基金则各以 20% 的持股比例并列第二。澳洲电讯账面套现 4.387 亿美元,净赚 1.847 亿美元。简而言之,整个 MBO 的过程就是,搜房网管理层通过 IPO 的综合资本安排,以近 5 亿美元的价格,收购了澳洲电讯在搜房网的股份,成功地实现了 MBO。

莫天全不仅让自己重新回到了大股东的地位,而且让各投资方顺利套现退出,各方面各取所需。熊晓鸽评价说:“这是能写到教科书里的成功 MBO 案例,没有造成社会负面影响的 MBO 案例。”

六、与 PE 投资者的共赢

从前期股权投资的 4 家投资机构,到 IPO 的承销商瑞士银行、摩根大通、美林和德意志银行,再到后期的机构股东泛大西洋资本、安佰深基金,搜房网与大多数世界知名投资机构都有过深度合作。在合作的过程当中,搜房网让出过控股地位,也搞过有惊无险的“对赌协议”,既能借资本之力强势崛起,又能在与“野蛮人”合作中进退自如。

一切合作都要在既定的游戏规则下展开。当澳洲电讯成为搜房网大股东的时候,莫天全与其事先约定,自己在董事会中要手握两票。如此一来,莫天全和其他中方代表在董事会实力占优,公司的控制权和管理权仍旧由搜房网原有的团队掌握。这就保证了投资方不会随便按照自己的意志来驾驭公司。此外,搜房网日后单独上市的约定,也为双方的好聚好散铺就了基础,规避了澳洲电讯一夜之间将公司吞掉的风险。

“要跟投资方的决策人保持畅通的联系。”要跟决策者打交道,通过中间人来沟通的方式会带来诸多不便,沟通效率低下,而且沟通内容容易被曲解。从 IDG 的周全,到 Trader 的 Mcbain,再到澳洲电讯的前后两任 CEO,莫天全都与他们保持良好的私人关系,重要的事情往往都是一对一坐下来直接沟通。双方的专业水准都在同一高度,彼此一讲大家都会明白,省去了很多不必要的麻烦。投资方也能够很快明白对企业什么时候该出手援助,什么地方却绝对不能插手干涉。

“要耐得住煎熬,要学会忍耐和等待。”莫天全给搜房网做了如此总结。搜房网在壮大的过程中,在 2004 年、2006 年、2008 年都有机会上市,但是因为种种原因都放弃了。与澳洲电讯相处的 4 年中,观念的分歧终究难免,但莫天全 4 年来一直在和他们谈判,谈 IPO 的价格,谈 MBO 的方式。等到 IPO 的时机到了,也就熬到头了。“我们是熬出来的,也是等出来的,这个熬加上等,等于我们和平发展”,莫天全如此概括搜房网 11 年的发展历程。

最根本的是要把公司的业绩做好,给投资方收益。在搜房网的分红面前,投资方没有一点脾气,和搜房网合作的投资方都赚了。IDG 获得了 200 倍的收益,Trader 的 2 250 万美元翻了 4 倍,澳洲电讯分红加套现,获利超过 2 个亿。

(资料来源:A5 创业网。)

思考题

1. 创业投资的主要组成要素是什么?
2. 创业投资在高科技发展中主要起什么作用?创业投资在经济和社会发展中的主要功能是什么?
3. 一项创业投资一般要经过哪些步骤?
4. 创业投资的特点是什么?
5. 简要说明创业投资的运作程序。
6. 举例说明投资银行在创业投资中所起的作用。
7. 结合实际谈谈创业投资在中国的产生与发展。

第十章

金融工程业务

本章学习重点和要求

◆了解金融工程的含义、金融工程的基本组成及其与其他学科的关系；

◆明确金融工程的发展前景和金融工程工具的内容和类别；

◆把握金融工程技术的应用范围；

◆熟悉各种金融衍生工具及其在风险管理中的应用。

第一节 金融工程及其工具

一、金融工程概述

（一）金融工程的含义

金融工程（Financial Engineering）一词虽然早在20世纪50年代就曾出现在有关文献中，但直到20世纪80年代后期，动态套期保值策略——组合保险的创始人李兰德（Leland）和鲁宾斯坦（Rubinstein）才开始讨论“金融工程新科学”。1988年，美国金融学教授约翰·芬纳蒂（John Finnerty）在《公司理财中的金融工程综观》一文中首次给出了金融工程的正式定义，即金融工程包括新型金融工具与方法的设计、开发与实施以及为金融问题提供创造性的解决办法。

一般说来，金融工程的概念有狭义和广义两种。狭义的金融工程主要是指利用先进的数学及通信工具，在各种现有基本金融产品的基础上，进行不同形式的组合分解，以设计出符合客户需要并具有特定收益性和流动性的新的金融产品。广义的金融工程则是指一切利用工程化手段来解决金融问题的技术开发，它不仅包括金融产品设计，还包括金融产品定价、交易策略设计、金融风险管理等各个方面。可以看出，金融工程是将工程思维引入金融领域，综合地采用数学建模、数值计算、网络图解、仿真模拟等各种工程技术方法，进行设计、开发和实施新型的金融产品，创造性地解决各种金融问题。

（二）金融工程的基本组成

金融工程是金融业不断进行金融创新，提高自身效率的自然结果，其原因在于金融工程的应用范围来自金融实践且全部应用于金融实践。概括地说，金融工程应用于三大领域：一是新型金融工具的设计与开发；二是新型金融手段和设施的开发，其目的是为了降低交易成本，提高运作效率，挖掘盈利潜力和规避金融管制；三是为了解决某些金融问题，或实现特定的财务经营目标制定出创造性的解决方案。金融工程的组件是各种现有的金融工具和金融手段。再复杂的金融产品和工具，都可以分解成各种基本的金融工具。如果把传统的金融产品（如股票、债券）及其衍生金融工具（如远期、期货、期权、互换等）比作建筑房屋用的基础材料的话，那么各种新型金融产品就是这些简单基础材料组建的楼房和大厦。不同的结构组合就会形成结构造型不同的高楼大厦。

目前已成熟的金融产品大体可分为股权类、债权类、衍生类和合成类四种，其中最主要的是目前大量涌现的衍生证券工具。合成类金融产品是一种跨越了利率市场、外汇市场、股票市场和商品市场中两个以上市场的产品。证券存托凭证、股指期货等均属此类。

金融工程的运作具有规范化的程序：诊断→分析→开发→定价→交付使用。其中从项目的可行性分析，产品的性能目标确定，方案的优化设计，产品的开发，定价模型的确定，仿真的模拟试验，小批量的应用和反馈修正，直到大批量的销售、推广应用，各个环节紧密有序。目前，大部分的创新金融产品都已成为运用金融工程创造性解决其他相关金融财务问题的工具，即组合性产品中的基本单元。

金融工程的诞生,使得我们需要对金融机构重新做出定义。金融机构的传统定义是指在资金剩余方和资金短缺方之间发挥中介职能的机构,但随着金融机构服务品种的大量增加,并逐步转向主动吸引客户的经营策略,金融机构的更确切定义应该是开发、研制、生产和销售金融产品的机构。

金融工程的核心在于对新型金融产品或业务的开发设计,其实质在于提高企业效率,它包括:①新型金融工具的创造,如创造第一个零息债券,第一个互换合约等;②已有工具的发展应用,如把期货交易应用于新的领域,发展出众多的期权及互换的品种等;③把已有的金融工具和手段运用组合分解技术,复合出新的金融产品,如远期互换、期货期权和新的财务结构的构造等。

金融工程的一切设计原则常呈现出如下的特点:①剥离与杂交。这是运用尖端技术对风险和收益进行剥离、分解或杂交而创造出新的风险与收益关系,如将附在国债上的息票从本金上剥离下来成为一种新的产品单独出售,之后又将其互换结合产生了另一种新的产品。②指数化与证券化。指数化是将一些基本的金融工具的价值同某些市场指标,如股价指数、伦敦银行同业拆借利率(LIBOR)等挂钩,为避免市场反向变动的损失,常将其设计成期权的形式。证券化是以原来缺乏流动性的资产,如不动产、不良债权、垃圾债券等为基础发行新的证券,如资产支持债券(Asset Backed Bond)或资产互换证券。③保证金机制。严格的保证金制度使交易双方违约风险下降,确保交易公平,同时使金融机构资金占用大大降低。④业务表外化。随着金融监管机构对商业银行资本充足率要求的不断提高,商业银行不得不利用金融工程开发出众多不在资产负债表上反映的业务,即所谓的表外业务,以增加收益、改善资产负债结构或提高效率。

二、金融工程工具的含义

金融工程师要为客户解决金融实际问题,必须使用一套工具。马歇尔(Marshall)和班塞尔(Bansal)将金融工程工具分为概念性工具和实体性工具两大类。概念性工具是对金融工程中所使用的手段和方法的学术性概括和总结。对于这些概念性工具,金融工程师必须达到非常熟悉的程度。这方面的理论包括定价理论、证券组合理论、套期保值理论、会计关系以及各种不同企业的税收待遇等。实体性工具是经过专门的设计和组合而用以实现某一特定目的的金融工具和手段。从一个很宽的层面看,这些金融工具包括固定收益证券、股权类证券、远期、期货、期权、互换以及由这些基本工具形成的许许多多变种。

金融工程工具既是金融创新的主体,也是创新的结果。运用金融工程工具,金融工程师就可以大量进行金融产品的创新。按照金融工程的先驱者之一约翰·芬纳蒂的观点,金融创新产品大体有 11 个方面的意义:降低交易成本;减少代理费用;风险的重新配置;增加流动性;合理避税;规避监管;改变利率水平及其波动性;改变价格水平及其波动性;学术上的意义;会计方面的好处;技术进步和其他方面的意义。其中,避税和规避监管是商业性金融机构金融工程师的主业。同样,金融工程也可以帮助税务和监管部门发现问题和堵塞漏洞。

三、概念性金融工程工具的发展

金融理论的发展是金融工程得以确立的基础。一个世纪以来许多经济学家和金融学家丰富和发展了金融理论,为金融工程的发展奠定了理论基础。

1896 年,美国经济学家欧文·费雪(Irving Fisher)提出了关于资产的当前价值应等于其未来现金流量贴现值之和的思想。[1] 这一思想对后来资产定价理论的发展起到了奠基石的作用。1934 年,被认为是美国 20 世纪最伟大的投资理论家本杰明 · 格雷厄姆(Benjamin Graham)出版了《证券分析》一书,开创了证券分析史的新纪元,其建立的价值投资理论被当时的证券业奉为圭臬。格雷厄姆的学生——美国最著名的证券投资大师沃伦 · 巴菲特(Warren Buffett)正是因为运用了价值投资理论而获得了巨大成功。1938 年,弗里德里克 · 麦考利(Frederick Macaulay)提出了“久期”的思想。所谓久期,是指资产持有人得到全部货币回报的平均时间,它事实上是一个加权平均数,其权数是证券有效期内各笔收入的现值相对于证券价格的比例,它对于债券投资具有十分重要的意义。麦考利提出的久期概念现在已经得到证券投资界和学术界的广泛接受和运用。1952 年,哈里 · 马科维茨(Harry Markowitz)发表了著名的论文《证券组合选择》,为衡量证券的收益和风险提供了基本的思路,从而为证券投资学奠定了基础。马科维茨因此获得了 1990 年诺贝尔经济学奖。1958 年,莫迪利亚尼(F. Modigliani)和默顿 · 米勒(M. H. Miller)在《美国经济评论》上发表了著名的论文《资本成本、公司财务和投资理论》,提出了现代企业金融资本结构理论的基石——MM 定理(Modigliani - Miller Theorem),这一理论成为现代金融理论体系的三大支柱之一。20 世纪 60 年代,约翰逊(L. Johnson)和斯坦因(J. Stein)采用资产组合的理论解释套期保值行为,使之得以纳入理论分析轨道。另外,马科维茨的学生威廉 · 夏普(William Sharpe)提出了马克维茨模型的简化方法——单指数模型。接着,他又和简 · 莫森(Jan Mossin)、约翰 · 林特纳(John Lintner)一起提出了资本资产定价模型(Capital Asset Pricing Model, CAPM),这一理论成为现代金融理论体系的第二大支柱。20 世纪 70 年代初,罗伯特 · 默顿(Robert Merton)提出了基于连续时点的动态资产定价模型。1973 年,费雪 · 布莱克(Fischer Black)和麦隆 · 斯克尔斯(Myron Scholes)在《政治经济学杂志》发表了著名论文《期权定价与公司债务》,成功推出期权定价的一般模型,即布莱克—斯克尔斯模型,从而为期权在金融工程领域的广泛应用铺平了道路。该理论也成为现代金融理论体系的第三大支柱。雷洛伊(LeRoy,1973)、鲁宾斯坦(Rubinstein,1976)和卢卡斯(Lucas,1978)先后发展了跨期 CAPM 模型,为发展资产定价模型做出了重大贡献。20 世纪 70 年代中期,考克斯(Cox)、罗斯(Ross)和鲁宾斯坦三位教授考虑了布莱克—斯克尔斯模型中许多没有考虑的因素,提出了著名的二项式期权定价模型(Binominal Option Pricing Model)。1979 年,哈里森(Harrison)和克莱珀斯(Kreps)构建了动态资产定价理论(Dynamic Asset Pricing Theory)的基本框架。

上述理论的发展,极大丰富了概念性金融工程工具,为金融工程的发展提供了重要的理论指导。

四、实体性金融工程工具的发展

实体性金融工程工具主要以金融衍生工具(又称衍生产品)为主。虽然金融衍生工具的起源可追溯到古希腊时期,但正规的金融衍生工具却是在 20 世纪 70 年代才开始迅猛发展的。

美国的投资银行学专家查里斯 · R. 吉斯特(Charles R. Geisst)将衍生工具分为两代。第一代产生于后布雷顿森林体系时代,主要是股票期权和货币与利率期货。第二代产生于

---

[1] 贴现,又称折现,系同义词。

20 世纪 80 年代初期，主要是名义利率互换、货币互换和商品互换。[1]

1972 年 5 月 16 日，美国芝加哥商业交易所（Chicago Mercantile Exchange，CME）的货币市场部在固定汇率制崩溃，国际外汇市场动荡不定的情况下，率先创办了国际货币市场（IMM），推出了英镑、加拿大元、德国马克、日元、瑞士法郎、法国法郎、墨西哥比索 7 种货币期货合约，标志着金融期货的正式诞生。[2] 1973 年 4 月，芝加哥期权交易所（CBOE）成立，正式推出股票期权买卖，标志着金融期权的诞生。1975 年，芝加哥期货交易所（CBOT）陆续推出联邦抵押协会存单（GNMA CBRS）和国库券期货，由此诞生了利率期货。1981 年，美国所罗门兄弟公司成功地为美国商用机器公司（IBM）和世界银行进行了美元与德国马克及瑞士法郎之间的互换，标志着互换的诞生。1982 年，美国堪萨斯农产品交易所（KCBT）率先推出股价指数期货（简称股指期货或期指），将欧洲美元期货采用的现金交割方式加以推广，这带来了衍生交易的一场重大变革。美国著名期货专家利奥 · 梅拉杜德评论说："现金交割解除了期货业最沉重的羁绊。这个羁绊曾像围绕着期货业的一堵不可逾越的围墙。现金结算代替实物交割使我们能够考虑和探索一些以前在期货交易中行不通的观念和非实体物品，如指数在市场上应用的可能性。这种无限潜力甚至对于最激进的市场革新者的头脑无疑也是一种挑战。"在衍生工具的发展过程中，股票期货、股价指数期权、利率互换以及更新的衍生工具不断出现。更多的国家、更多的交易所加入了衍生交易的行列。英国、荷兰、加拿大、澳大利亚、法国、新加坡、中国香港地区、日本、印度、巴西等遍布世界各地、发展程度不同的国家或地区相继加入了发展衍生交易的行列。

不仅如此，衍生工具的品种也不断推陈出新。目前，一些大的金融机构几乎都能根据客户的任何要求"量身订造"任何品种的衍生工具并为之创造市场，所以今后衍生工具的品种还将不断增加。

同时，衍生交易不再仅仅局限于其发源地——芝加哥。各种新兴的金融衍生工具交易所在世界各地相继建立，如 1980 年建立了纽约期货交易所（NYFE）；1982 年建立了伦敦国际金融期货交易所（LIFFE）；1983 年建立了新加坡国际货币交易所（SIMEX）。1985 年法国国际期货交易所（MATIF）也推出了金融期货交易。1990 年郑州商品交易所成立，这是我国首家期货市场试点单位，3 年后正式推出期货交易。1993 年大连商品交易所成立，是中国最大的农产品期货交易所。2006 年中国金融期货交易所成立，是专门从事金融期货、期权等金融衍生品交易与结算的公司制交易所。目前，遍布全球的交易所都在进行高风险高收益的金融衍生工具交易，至于场外交易的地点更是不可胜数，参与者也遍布社会生活的各个领域。

---

[1] 虽然远期早就是重要的金融衍生工具，但在 20 世纪 70 年代之前，由于缺乏其他金融衍生工具的配合，因而只是金融工程的史前产品。

[2] 芝加哥商业交易所（CME）于 2006 年 8 月 27 日在其 GLOBEX 电子交易系统上推出了人民币兑美元、人民币兑欧元、人民币兑日元的期货和期权交易，每份合约的标定资金量为人民币 100 万元，大约 12.5 万美元，每合约最小价格变动单位为 10 美元，日内交易的最小变动单位为 5 美元。交易的月份为当前月开始的连续 13 个自然月和这之后的两个 3、6、9、12 周期月。由于境外居民获得人民币的途径很不充分，因此这 3 对人民币衍生品以无本金交割的形式推出，即交易双方并不进行人民币交割，而是在每个月的最后一个交易日，以现金结算方式平衡交易的损益。

第二节　金融工程工具简介

一、概念性金融工程工具简介

概念性工具是金融工程的灵魂，在概念性工具的指导下，金融工程师们进行不断的创新，从而使金融工程思想得到具体的应用。

作为一名金融工程师，必须很好地立足于理论。金融工程师应该掌握的理论包括基础的经济学和金融学理论以及在应用方面的高级金融理论。基础的经济学和金融学理论包括价值与财富的来源、价值与收益的度量、各种识别和衡量风险的方法及其适用性、基本的证券组合理论、基本的套期保值理论、基本的定价理论、风险和收益以及投资者满意程度三者的关系、代理成本的根源，以及其他被合理安排的金融学位课程所普遍涵盖的一些理论和学说。而且，伴随专业化分工的深入，金融工程师往往还需要某些高度细分的领域的高级理论知识。

（一）估值关系及应用

估值就是估算资产的价值。由于所有的投资和融资决策都会产生现金流，这些现金流发生在不同的时点上，故而不能直接相比较或者相加减。所以借助于适当的贴现率，我们可以通过把现金流变成其现值的方法在时间上标准化。一旦现金流转换为现值，它们就可以加总来确定投资或融资选择的当前价值，这个总和称为被选择的金融工具的现值。现值被认为是“公平”的价值。

现值对贴现率的选择十分敏感，而且在现值和贴现率之间存在着一种相反的变动关系。与现值概念密切相关的是终值的概念。现值计算使我们能把未来的现金流转换为当前价值，而终值计算则使人们能确定当前数额将来的或最终的价值。

尽管利率这个字眼常用来描述计算资金未来值的增长率，实际上在利率和贴现率之间并无根本的差别，所以实务人员常用利率一词来代替贴现率。

在确定投资的有效利率时，复利起着重要的作用。在其他条件相同的情况下，对于给定的名义利率，复利的计息频率越高，有效年利率便越大。随着复利计息频率不断提高，有效年利率逐渐趋于一个极限值，这个极限值就是连续复利所达到的利率。

区分绝对价值和相对价值也很重要。绝对价值表述的是一项投资机会的美元（或其他货币单位）价值。相对价值指某个目前可采用的金融工具（或财务选择方案）相对于另一个金融工具（或财务选择方案）的价值。对相对价值的估值几乎与对绝对价值的估值一样重要，因为相对价值在融资成本比较，尤其是在金融工程经常使用的套利活动中得到广泛应用。

估值计算的应用范围极其广泛。估值算法可以用来给普通股、优先股、债券、抵押贷款以及不动产交易等各种形式的金融资产定价，还被用于公司财务方面进行资本预算的决策，被投资银行家用来估算兼并与收购交易，被银行业用于制定分摊时间表和为价格互换及其他风险管理工具定价。实际上，上述用途与估值计算的诸多用途相比，仍不过是九牛之一毛。估值计算已成为目前一切金融交易的财务计算基础。

（二）收益的度量

度量收益似乎简单，但在实际运作中却十分复杂，尤其是当现金流不确定时，收益更难以度量。

投资收益的度量方法主要有两种：一种是直接用货币单位来度量，另一种是用百分率的形式，即收益率来度量。以货币单位的形式表示收益虽然很直观，但却不如百分率的形式更适合于分析、相互比较和做出决策。相当抽象的经济学中的效用与不很抽象的关于现值的金融概念之间有着密切的联系。在许多金融方面的工作中，效用函数及其特性有着重要的意义。它们解释了投资者和其他金融从业人员是如何进行金融决策的。现值的概念也能较为圆满地解释市场中相同的行为。根据给定的不同情况，我们可以在效用和现值这两个概念间进行选择。

最常见的收益率度量是内部收益率，这在大多数固定收益证券的分析中也被称作到期收益率。但在某些特定的情况下，用实现了的复利收益率或赎回收益率代替内部收益率更加合适。另外，我们还必须区分税前收益和税后收益。在金融决策时，我们不但要考虑适用的税率，还要考虑履行纳税义务的时间安排。许多金融工程活动的努力，无非就是为了改变履行纳税义务的时间。

投资注资期的时间长度以及重复计息的频率对于理解收益也非常关键。而且，以连续复利为基础度量收益率常常要比以有效利率为基础度量更有意义。从分析的角度看，连续复利收益尽管对于大多数人来说难以从直觉上理解，却比有效收益具有更好的统计特性。

（三）风险：投资组合的考虑、投资的注资期和金融杠杆

企业和金融机构的财务业绩都会在一定程度上受一种或多种价格的影响。这些价格包括利率、汇率、股价、债券价格等金融产品的价格，也包括与这些企业和金融机构相关的商品价格。由价格的波动所带来的风险可被统称为价格风险或市场风险。根据理性假设，人们通常都不喜欢风险。因此，必须研究价格风险的来源，并对价格风险进行度量和管理。

价格风险来源于其波动性。我们通常把价格风险定义为未来价格偏离其期望值的可能性。对期望价格的偏离不一定变得不利。事实上，如果预期是无偏的，发生有利偏离的可能性和发生有害偏离的可能性是相等的。价格风险的定义提出了一种对其进行度量的方法。由于价格风险是以偏离期望值的形式出现的，价格波动性越大，暴露于风险中的各方所承担的价格风险就越大。这种波动性可借助于规范的统计学的度量加以量化。这些度量最为常用的是方差和标准差。在实际工作中，人们常把波动性与标准差二者等同对待。

投资者通常都不只持有一种投资资产。他们往往持有一个资产的集合，这被称为资产的投资组合。于是就存在这样的可能性：投资组合中的单项资产都具有相当大的个别风险，而投资组合从总体上却有低风险的特征，即通过组合投资降低了风险。影响投资组合的风险的关键因素是：①投资组合中各种不同资产的相关程度；②相关关系的符号（+或-）；③投资组合中不同资产的权重。证券组合理论就是研究证券组合与系统风险和非系统风险的关系，从而得出有效率的证券组合和最优组合。

在对投资组合建模时有一个被长期忽视但却极其重要的问题——投资注资期的长度。在其他所有条件均相同的情况下，对于既定的有风险的投资组合，注资期短的投资者会比注资期长的投资者承担更大的风险。这说明，那些为客户构造投资组合的金融工程师（财务计划人员）必须不仅要考虑客户对风险的承受程度，而且要考虑客户的投资注资期。

如果我们把风险定义为偏离预期收益的可能性，那么便不存在对于所有投资者来说都

无风险的资产。原因很简单,不同投资者的投资注资期不同。在大多数情况下,某个投资者的无风险资产是具有与投资者的投资注资期相等的到期日的零息票债券。任何其他的金融工具都不是完全无风险的。

在大量的金融工程活动中,金融杠杆都起着相当重要的作用。保证金交易的普遍使用使杠杆比率往往很大。杠杆在放大可能的财务收益的同时也放大了相应的财务风险。使用杠杆的目的在于不增加投资的同时增加收益,当然也需要承担更大的风险。获取杠杆作用的途径有很多,最为广泛使用的有三种:①用借款购买资产(例如融资购买股票);②持有具有杠杆作用的合同而非现货合同(如做期货交易);③购买一些“或有权利”(如做期权交易)。

管理金融风险,包括价格风险的方法主要有:购买保险;使用资产负债管理技术;使用套期保值策略。由于大多数金融风险是不可保的,所以老练的风险管理人员常用资产负债管理技术和套期保值策略,而且两者同时使用。这两种方法有很密切的联系,但前者通常涉及资产负债表内项目的头寸,而后者则可以涉及表外项目的头寸。

资产负债管理技术在管理利率风险方面发展得最为成熟,其中现金流匹配策略和风险免疫策略是常用的方法。资产负债管理也常用于汇率风险管理。在管理汇率风险时,资产负债管理的方法是尽可能匹配每个币种的资产和负债。但资产负债管理并不能完全解决风险问题。在许多情况下,资产负债管理的方法会导致丧失比较有吸引力的投资或融资机会。此外,实施资产负债管理策略常需要很长时间。在上述两种情况下,管理人员通常会考虑使用套期保值策略。

套期保值(Hedging)是当事人为了避免已有的头寸,如资产(债权)或负债(债务)在到期时因价格的变动而面临风险,因而在市场卖出或买进未来日期办理交割的标的物,使头寸实现平衡的交易。此后,如果价格变动使原有的头寸在到期时发生损失,但其在市场上的交易会产生收益,从而抵消了损失。同理,如果市场上的交易因价格变动而出现亏损,则原有的头寸反而获利,同样可抵消损失。可见,只要市场上的交易与原有头寸因价格变动而发生相反的结果,相互间的盈亏就恰好能够抵消。最广泛使用的套期保值工具就是远期、期货、期权、互换等金融衍生工具。

(四)利率和汇率理论及风险防范

一项债务工具代表了一种借贷双方之间的关系。债务工具最基本的特征包括利率、到期期限、收益率以及债务摊还的方式。债务工具常包含一些特殊规定,都以条款方式写在契约中。这些特殊规定包括可赎回性、可转换性以及偿债基金的安排等。

一项债务工具的价值可以借助现值计算来确定。如果忽略影响其价值的那些特殊规定,一种债务工具的价值只是该债务工具预期提供的所有未来现金流的现值的总和。由于收益率通常被当作贴现率来使用,所以在贴现过程中收益率起了关键作用。

在其他影响收益率的因素保持不变时,收益率曲线是描述债务工具的收益率和到期期限之间关系的一种图形表述。其他影响收益率的因素包括各种类型的风险,尤其是违约风险、税务状况以及有关抵押品的规定。一种债务工具相对于收益率变化的价格敏感性受四种因素影响:到期日、息票利率、当前收益率、息票利息支付的频率。这四种因素的影响可以用一个单独的测量手段来度量,这就是久期。更加直观的度量价格敏感性的方式是一个基本点的货币价值,它可以把所有的利率风险暴露转换成某种基本等价物,从而构筑非常有效的套期保值策略。

除了管理利率风险这种由于债务工具相对于收益率变化的价格敏感性所产生的风险之外，债务工具还可管理违约风险、再投资风险、赎回风险、提前偿付风险和购买力风险。

在国际贸易与融资飞速发展的今天，汇率风险日益增大。金融工程师对于汇率理论及汇率风险的防范也要有足够的了解。根据汇率理论，即期汇率可以用购买力平价来解释。购买力平价理论又可由一价定律推得。一价定律则很简练地指出，某一地点货物的价格在除去两地间运输成本的情况下不可能高出另一地点的价格，因为套利活动会拉平价格差异。

（五）投机、套利和市场效率

大量的金融工程活动是在利用资产定价的错误、价格联系的失常以及其他的市场缺乏效率的机会而展开的。对这些机会进行投机和套利，从而使市场效率得到提高。

按照马歇尔的观点，投机是根据市场预期来构筑头寸获利，也就是为了获取价格因时间变化而发生变动的收益。一般说来，投机是建立在预期的基础上的。投机者本质上是预测者，通过适时的贱买贵卖，获取投机差价。投机活动的分析方法不外乎基本分析和技术分析两种。实际上，投机者往往都是综合使用这两种方法来达到其目的的。套利则是同时在两个或更多的市场上构筑头寸来利用不同市场定价的差异获利。这与投机行为主要从价格变化中获取收益有所不同。最早的套利形式是地点间的套利，后来出现了时点间的套利形式。只要不同地点间的同一资产差价超过两地间的运输成本、有关交易费用和由于市场标准不同而出现的转换费用，则地点间的套利就是有利可图的。只要即期与远期之间的差价超过持有成本（仓储成本与费用的总和），则时点间的套利也是有利可图的。

在投机和套利活动中，金融工程师们表现非常活跃。其频繁的买卖行为可使市场价格迅速趋于均衡，而均衡价格又成为引导经济资源有效配置的“看不见的手”。但是，投机、套利和其他形式的金融活动常被误解，有些人从效率市场的角度加以指责。事实上，投机者和套利者在利用市场的无效率赚取利润的同时，也在消除其赚取利润的机会，因为他们进行的投机和套利活动最终使市场变得更有效率。

（六）公司财务风险管理

公司和企业的价格风险一直是普遍存在的。利用金融工程活动，可以使公司财务主管利用企业报表和所附的报表注释来发现企业的价格风险。

风险管理一般有四个步骤：①判明企业所面临的风险；②将风险量化；③确定所求结果的形式；④设计或构造一个策略，把风险转变为所希望的结果。

20 世纪 70 年代以后，汇率、利率、商品价格、证券价格等都进入了大规模波动状态。这使得风险管理成为一种非常重要的活动。要管理好风险，必须先判明风险。公司财务主管必须通过各项财务报表来辨识风险并将其量化，然后根据不同的风险暴露去寻求解决办法，再将之转换为所希望的结果。实际上，在风险度量、风险管理策略等方面，一般要利用金融工程寻求解决办法。

二、实体性金融工程工具简介

实体性金融工程工具是指经过组合以实现某一特定目的的金融工具和手段，主要指金融衍生工具。

（一）金融衍生工具的概念与种类

《新帕尔格雷夫货币金融辞典》中衍生产品这一词条虽有两页纸的解释，但主要是介绍衍生产品的历史和定价方法，对衍生产品的定义只用了一句话：“衍生产品是采用契约或其他一些显见形式的某种资产或有价证券，其价值取决于被称作基础因素的一种或更多的其他基本变量”。美联储的定义也与此类似：“衍生工具是某种金融契约，其价值取决于一种或更多的基础金融品种”。国际会计准则委员会对金融工具的定义也值得参考：“一项金融工具是使一个企业形成金融资产（已经确认或尚未确认）的任何合约”。

综合各种观点，我们可以这样定义金融衍生工具：金融衍生工具是从另一（或另一些）基础性金融工具中派生出来的，以这些基础金融工具为买卖对象，价格也由这些基础金融工具决定的金融工具。金融衍生工具是20世纪七八十年代全球金融创新浪潮中的高科技产品，是金融创新工具的重要组成部分。它是在传统金融工具（如货币、外汇、股票、债券等）基础上衍生出来的，通过预测股价、利率、汇率等未来行情走势，采用支付少量保证金或期权费签订远期合同或互换不同金融商品等交易形式的新兴金融工具。

能够产生衍生工具的传统金融工具被称为基础工具。金融衍生工具按照基础工具的种类、交易形式以及自身交易方法的不同而有不同的分类。

按照基础工具的种类划分，金融衍生工具有如下几种：

1. 股权衍生工具：是指以股票或股价指数为基础工具的金融衍生工具，主要包括股票期货、股票期权、股价指数期货、股价指数期权以及上述合约的混合交易合约。

2. 货币衍生工具：是指以各种货币作为基础工具的金融衍生工具，主要包括远期外汇、货币（外汇）期货、货币期权、货币互换以及上述合约的混合交易合约。这里的货币包括不同的币种，相当于外汇。

3. 利率衍生工具：是指以利率或利率的载体，如债券为基础工具的金融衍生工具，主要包括远期利率协议、利率期货、利率期权、利率互换以及上述合约的混合交易合约。

按照基础工具的交易形式不同，可有如下两种分类：一类是交易双方的风险收益相互对称，都负有在将来某一日起按一定条件进行交易的义务。属于这一类的有远期合约（包括远期外汇合约、远期利率协议等）、期货合约（包括货币期货、利率期货、股价指数期货等）、互换合约（包括货币互换、利率互换等）。另一类是交易双方风险收益不对称，合约购买方有权选择履行合约与否。属于这一类的有期权合约（包括货币期权、利率期权、股票期权、股价指数期权等），另有期权的变通形式如认股权证（包括非抵押认股权证和备兑认股权证）、可转股债券、利率上限、利率下限、利率上下限等。

按照金融衍生工具自身交易方法及特点，可分为四个基本类：金融远期、金融期货、金融期权、金融互换。这四类衍生工具中，金融远期合约是其他三种衍生工具的始祖，其他衍生工具均可认为是金融远期合约的延伸或变形。

值得一提的是，上述分类并不是一成不变的，随着金融衍生工具日新月异的发展，上述的分类界限正在模糊，由两种、三种甚至更多不同种类的衍生工具及其他金融工具，经过变化、组合以及合成创造出来的再衍生工具和合成衍生工具正在出现，使衍生工具的传统分类模糊难辨。如由期货和期权合约组成的期货期权；由期权和互换合成的互换期权；由远期和互换合成的远期互换等。这些都使刚刚确立的衍生工具分类方法受到挑战。

（二）金融远期

远期合约，简称远期，是指交易双方达成的，在将来某一确定的日期按照事先商定的价格（如汇率、利率或股票价格等），以预先确定的方式买卖某种金融资产的合同。作为金融衍生工具的远期合约有远期外汇合约、远期利率协议和远期股票合约等。

远期外汇合约是指外汇交易双方成交时，双方约定将来某日交割的币种、金额、适用汇率及日期、地点等,并于将来某个时间进行实际交割的远期合同。其特点是在交易时就确定将来实际交割时的汇率,交割时间、地点、数量可由买卖双方直接商定。将来实际交割的汇率称作远期汇率。远期汇率一般由即期汇率加远期升水或贴水而得,升水或贴水的大小取决于相关货币之间的利差。

有一种远期外汇交易称作无本金交割远期(Non - deliverable Forward,NDF),是指合约到期后,交易双方并不进行合同基础货币即本金的交割,而是根据合同确定的远期汇率与合约到期时即期汇率的差额,以可自由兑换货币(通常是美元)进行差额支付的交易。实际上,无本金交割远期就是一笔远期合约,只是交割时不必交易本金,而只需支付合同的盈亏差额。❶

远期利率协议是一种利率的远期合同。买卖双方商定将来一定时间的协议利率并规定以何种利率为参照利率,在将来清算日,按规定的期限和本金额,由一方或另一方支付协议利率和参照利率利息差额的贴现金额。外币交易的参照利率通常是结算日前两个营业日的伦敦银行同业拆借利率(London Interbank Offered Rate,Libor);人民币交易则参照上海银行间同业拆放利率(Shanghai Interbank Offered Rate,Shibor)。如果清算日的参照利率高于协议利率,远期利率协议的买方从卖方处得到利差数;如果参照利率低于协议利率,卖方将从买方处得到利差数。远期利率协议是管理利率变动风险的最新金融工具。它实质上相当于一种不通过交易所而只在场外交易市场成交的金融期货,不同之处就在于无法集中交易对冲,每笔交易都是相对独立的,到期时只能履约或与另一笔远期利率协议调换。远期利率协议的报价及交付金额根据利率及贴现利率公式计算得出。

远期股票合约是指在将来某一特定日期按特定价格交付一定数量单个股票或一篮子股票的协议。其条款包括:①以某种货币表示的票面价值或作为该远期基础工具的股票数量;②远期的结算日期;③在结算日的特定价格。

金融远期一般在将来某日按事先确定的价格进行实际交割,远期价格都是在即期价格的基础上确定下来的。做远期交易的目的主要是在即期交易中确定将来交割的实际价格,以便"锁定"成本或收益,达到保值的目的。正因为如此,很多人在探讨衍生工具时根本不把金融远期列入讨论之列,因为它没有其他衍生工具虚拟交易、风险巨大的特点。但金融远期不仅具备衍生工具的由基础工具衍生,价格根据基础工具价格决定等基本特点,金融远期还是其他衍生工具的基础。如期货交易就是在远期交易的基础上产生的,只不过是将远期合约加以标准化进行集中交易,由此而形成了不同于远期交易的功能和经济作用。期权交易的对象实际上也是标准的远期合约,都同样规定将来某种品种的固定价格,只不过金融远期合约中称远期价格,而期权合约中称执行价格(Executive Price),又译协定价格或敲定价格。互换交易双方互换的也是将来进行清算的远期合约。由此可见,远期合约不仅是一种重要的衍生工具,而且还是其他衍生工具的基础。

由于金融远期合约一般是买卖双方直接商定,采取场外交易形式,故合约条件可充分协商,能够充分满足交易双方的需求,具有"量体裁衣"的特性。而且,金融远期交易基本上都是为了规避风险而达成的,涉及风险极小,故在金融市场上具有重要地位。

(三)金融期货

金融期货的交易对象称为金融期货合约,即买卖双方在有组织的交易所内以公开竞价

---

❶ 详见奚君羊主编:《国际金融学》第四章第四节,上海财经大学出版社,2013 年版。

方式达成的，在将来某一特定时间交割标准数量特定金融商品的协议。

当今世界上金融期货按交易对象不同主要分为三种：货币期货、利率期货和股价指数期货。另外，新出现的还有股票期货等，但规模较小。有人将黄金期货、白银期货也都列为金融期货，但由于白银早已退出货币流通领域，黄金目前虽然仍是金融市场上的重要商品之一，但早在1978年已由国际货币基金组织宣布非货币化，废除了黄金的货币职能。目前黄金主要作为工业原材料和高档饰品，故严格而言，黄金期货应列为商品期货中的贵金属期货。下面讨论三种主要的金融期货。

1. 货币期货。货币期货主要以各种可自由兑换货币作为交易对象，故又称外汇期货。货币期货在1972年美国芝加哥商业交易所的国际货币市场诞生，是最早的金融期货。此后，伦敦国际金融期货交易所也开始交易货币期货，澳大利亚、新加坡等地也相继推出货币期货交易。目前全球的货币期货交易主要集中在芝加哥商业交易所的国际货币市场、新加坡国际商品交易所和伦敦国际金融期货交易所。

2006年8月28日（中国时间）美国芝加哥商业交易所推出了人民币对美元、欧元及日元的期货交易。该交易以美元结算差价，不办理人民币交割，故也称NDF（Non－deliverable Futures）。

2. 利率期货。利率期货以各种利率的载体作为合约标的物。债券是利率的主要载体，故利率期货实际上是附有利率的债券期货。最早的利率期货是1975年美国芝加哥商业交易所推出的美国国民抵押协会抵押证期货，随后，利率期货在英国、法国、日本、澳大利亚等国家迅速开展。现在利率期货已是交易量最大的期货品种。

3. 股价指数期货。股价指数期货全称是股票价格指数期货，可以简称为股指期货甚至期指。股价指数是当期股票价格平均值与基期平均值相比较得来的。股价指数本身并不是实实在在的金融资产，但却是可以用作期货交易的特殊商品。由于股价指数本身无法交割，故其交易采用的是现金交割，又称现金结算的方式。股指期货可以使投资者在整体上对构成股价指数的样本股而非单个股票进行投资，避免了构建证券组合投资的麻烦。股指期货在1982年由美国堪萨斯农产品交易所推出后，在伦敦、悉尼、中国香港、新加坡、东京、大阪等地纷纷开办，发展十分迅猛。

股指期货通常具有以下特征：①提供较方便的卖空交易条件；②交易成本相对较低；③杠杆比率较高；④市场的流动性明显高于现货市场。

股指期货由于采用了现金交割的方式，避免了实物交割的不便，实现了衍生交易的重大变革。但股指期货合约标的物和现货市场并不一致，因为股指期货的合约标的物反映的是股价指数，而现货市场投资者买卖的是单个股票或股票组合。个股价格和股价指数变动的相关性并不充分。据有关专家测算，这两者的相关性在0.5至0.7之间。这种差异使得股指期货不能实现完全套期保值，造成市场参与者中套期保值者偏少、投机者偏多，有时甚至出现过度波动，进而引发股票现货市场的大幅度波动。

1993年3月10日，我国海南证券交易报价中心就在全国首次推出了股指期货交易。由于当时股票现货市场自身的发展还不成熟及相应监管体系不健全，违规操作屡见不鲜。1993年9月9日，中国证监会通知各证券公司未经批准不得开办指数期货交易业务。海南的股指期货也在当年10月暂停。2010年4月16日，经过批准，沪深300股指期货合约在中国金融期货交易所正式上市交易，首批上市合约为2010年5月、6月、9月和12月合约。沪深300股指期货的推出，有利于完善我国证券市场的功能体系，推动资本市场健康发展；有利于规避股票市场系统风险,保护广大投资者利益;有利于丰富投资工具与避险工具,创造性地培育机构投资者;有利于稳定市场,缓和股价指数的波动幅度;有利于增强股市与经济运行的关联程度,发挥股市作为经济"晴雨表"的功能;有利于完善我国金融市场体系,提高宏观调控能力;有利于提升我国证券市场的国际竞争力。

金融期货具有套期保值和价格发现两大基本功能。由于期货价格和现货价格的平行变动性和合二为一性,使得期货和现货之间逆向操作的套期保值成为可能;由于交易所集中了四面八方的交易会员,带来了成千上万种关于合约标的物的供求信息并在交易所内公开竞价,使得未来价格得以揭示,价格发现功能得以实现。这样,期货市场就有了预先锁定成本价格、稳定生产及经营利润、有效引导社会资源合理配置等诸种积极作用,已成为市场经济不可或缺的导向和活性剂。

同时,由于期货市场保证金比较低,杠杆比率较大,盈亏放大现象突出,也为投机提供了一定条件。合理的投机承担了套期保值者转嫁的风险,活跃了期货市场。但因市场交易制度不完善或外部环境不适应导致的过度投机则会扩大期市风险,甚至破坏金融稳定。

期货和远期之间的比较如表 10 - 1 所示。

表 10 - 1　远期和期货比较

名称	期货	远期
交易场所	场内,即交易所	场外
标准化合约	是,由交易所推出产品	否,交易方自主约定
违约风险	无,不存在信用风险,但存在价格波动风险	有,存在信用风险,但无价格风险
价格确定方式	公开竞价	交易双方协商
合约双方关系	履约不取决于对方,而只取决于交易所或清算公司	履约依赖于对方的信用度
结算方式	实物交割比例极低,大多在到期前对冲,交易价格受最小价格变动单位限定和日交易振幅限定	实物交割比例极高,远期合约如要中途取消,必须经双方同意
保证金制度	交易双方按规定比例缴纳保证金	由交易双方确定,无统一性

(四)金融期权

期权是经济生活中正当的"钱权交易",参与交易的买方以合法的形式用金钱(期权费)向期权卖方买得一种权利,有权决定是否在将来一定时间以一定价格买卖某物。在整个权利期间,买方有权履约,也有权"违约"。但对于卖方,在买方要求执行权力时必须负有履约的义务。

1. 期权的分类。按照不同的依据,期权可分为多种类型,如表 10 - 2 所示。期权按照交易方式可有两类最基本的划分:看涨期权和看跌期权。看涨期权的购买者获得在未来一定日期或日期内根据合同规定的价格购买某种特定金融工具的权利。看跌期权的购买者获得在未来一定日期或日期内根据合同规定的价格出售某种特定金融工具的权利。

表 10－2 期权的类型

分类依据	期权类型
购买者权利	看涨期权、看跌期权
行权时间	欧式期权、美式期权
标的资产	现货期权、期货期权、期权的期权
交易场所	场内期权、场外期权
执行价和市价之间关系	虚值期权、平价期权、实值期权
应用领域	实物期权、金融期权

按照期权权利行使时间，期权还可划分为欧式期权和美式期权两种。美式期权在期权有效期内任何交易日均可行使权力；而欧式期权则只有在到期日才能履约。

按照期权交易环境和方式，期权可分为场内期权和场外期权。场内期权又称交易所期权，和期货一样是一种标准化的期权，即期权的到期日、执行价格、合约金额、交割地点等都是由交易所规定的，买卖双方能够决定的只有期权费。场外期权与外汇远期一样，是通过电子通信网络或者交易双方协商在柜台上进行交易的期权。场外期权与场内期权最大的区别就是非标准化，它不是已经设计好的合约，而是买卖双方一起商定的合约，合约金额、价格、到期日和期权费等都可以由买卖双方协商制定，所以是一种"量身定做"的期权。

按照表现形式的不同，期权可分为标准期权和嵌入期权。标准期权是指交易的相关内容直接表现为期权特性且不包含非期权特性的期权，是一个独立的期权。嵌入期权（Embedded Option）是在其他金融工具中嵌入期权特性而形成的金融工具，是期权特性与非期权特性融合的产物，不是一个独立的期权。如可转股债券虽然形式上直接表现为债券，但买方获得了按事先确定的价格和期限将债券转化成股票的权利，因而是一种嵌入期权。

2. 期权与期货。期权与期货和远期相似，同样也有套期保值和价格发现的功能。由于期权的价格，即期权费同样也是随现货市场供求状况和对将来价格预期的变化而变化，所以通过期权市场和现货市场的相应操作同样可以起到套期保值的效果。期权的套期保值功能可以实现在不增加风险的情况下仍可抓住市况变化有利于自己的盈利机会。而且，期权的基本操作方法十分简便，只需做一笔买入看涨期权或看跌期权，与期货有时要做两笔交易，即平仓才能达到套期保值效果相比，在操作上要简便得多。同样，由于期权的价格来自所有市场参与者对未来价格的预期，同样也发现了未来价格。在投机的操作上，期权的费用（由买方支付）和保证金（由卖方向交易所缴纳）的变化范围很大，更能满足不同投机者的需要。

在交易组织、市场功能、运作方法等方面，期权与期货有诸多相近之处，但两者仍然存在很大的差别。

首先，期权交易是非对称的风险收益机制，而期货交易则是对称的风险收益机制。在期权的运作中，买卖双方的权利义务并不对称，期权买方有权决定履约，也有权"违约"，而期权卖方根据随机原则或先进先出法被抽中履约后，别无选择，只有履约；买卖双方遭受损失的风险也不对称，卖方可能受的损失比买方大得多；获取的收益也不对称，买方可能获得收益数额比卖方大得多；获取收益的可能性也不对称，在期权的设计上由于卖方承受的风险很大，为取得平衡，其获利的概率要比买方大得多。正是由于这种不对称性，有人称期权合约为单向合约，期货合约为双向合约。可见，期权的非对称性收益机制比期货更为灵活，买方可随时根据价格走势决定履约与否，而且正是由于这种不对称性，使期权满足了对风险和收益有不同要求的各类投资者的需要，比期货交易更能吸引众多的投资者。[1]

其次，期权在合约商品的创造性上大大优越于期货。期权合约因种类、到期月份和执行价格不同，可以通过组合搭配创造出比期货多出数倍甚至数十倍的合约。比如，S&P 100 指数期权在同一市场价格下能创造出 72 种期权合约商品。而同一市场价格下的 S&P 100 指数期货则只能因到期月份不同创造出 3 种合约商品，期权合约的创造力是期货的 24 倍。由同一种商品创造出的这 72 种期权合约商品，能够演变出几百种期权投资策略，可以提供几百倍于期货的交易机会。况且在实践中，有以期货作为合约标的物的期权（如各类期货期权），却没有以期权作为合约标的物的期货，这也使期权的标的物选择范围比期货多得多，创造出的合约商品比期货多得多。

另外，期权到期交割的价格在期权合约推出上市时就是敲定不变、不容更改的，是合约的一个常量。标准化合约的唯一变量是期权费，而期权费又是由内涵价值和时间价值两部分组成的。内涵价值是由标的物市价与执行价格相比而得的，只有时间价值捉摸不定，难以把握，是交易各方注意的焦点，被称为是“投机的权利金”。而期货到期交割的价格是个变量，这个价格的形成来自市场上所有参与者对该合约标的物到期日价格的预期，交易各方注意的焦点就是这个预期价格。

其实，从历史渊源上讲，期权与期货也是不同的。期权早在古希腊时期就已出现，并首先在欧洲发展，最终传播至全球各地，至今已有两三千年的历史；而期货是 19 世纪上半叶在美国芝加哥这个农产品交易集散地出现的，至今不过 150 年的历史。

期权发展至 20 世纪八九十年代，花样层出不穷，品种不断翻新，除了较正式的期货期权、互换期权外，还创造出了奇异期权、两面取消期权、走廊式期权等。

（五）金融互换

金融互换是指两个或两个以上的当事人按照商定的条件，在约定的时间内，交换一系列支付款项的金融交易。

互换是20 世纪 80 年代初期在平行信贷的基础上发展而来的，在20 世纪 80 年代的中期得到迅猛的发展，并正式成为各国银行、国际组织、跨国公司积极参与运用的新型金融工具，而且形成了有着独立标的物和交易程序的规模庞大的互换市场，被认为是 20 世纪 80 年代最重大的国际金融创新工具之一。

20 世纪 70 年代以来汇率、利率、证券行情的频繁波动，使得整个社会的任何企业和个人随时随地暴露在风险之中，资产负债管理便显得日益重要，且日趋复杂。通过货币和利率互换，可以合理地安排负债期限长短的比重、债务的货币结构，大大降低筹资成本，因此对资产负债管理的重视客观上促进了互换的发展。

互换的基本原理在于利用互换双方在不同金融市场上的比较优势进行以套利为目的的金融债权或债务的相互交换，其动因在于消除、减少或预防金融风险，降低融资成本，增强金融资产的流动性，改善和重构企业的资产负债结构，提高有关国际金融市场投资活动的收益率。

互换主要有两种方式：货币互换和利率互换。

1. 货币互换。伴随世界经济活动的国际化，企业活动普遍不再仅仅局限于国内，但不

[1] 详见奚君羊主编：《国际金融学》第 70、71 页，上海财经大学出版社，2013 年版。

论是经营进出口业务还是进行跨国投资，汇率风险都是影响收益的首要因素。因此，为了规避汇率风险，货币互换在20世纪80年代初被首次采用。货币互换的原则是以一种货币表示的一定数量的本金及在此基础上产生的利息支付义务，与以另一种货币表示的相应的本金以及在此基础上产生的利息支付义务进行相互交换。因此，货币互换的前提是要存在两个在期限和金额上利益相同而对货币需求则相反的伙伴，然后双方按照预先约定的汇率进行不同币种本金的互换。完成互换后，每年以约定的利率和本金进行利息支付的互换，协议到期时，则按原约定汇率再将不同币种的本金换回。

世界上第一笔正式的货币互换是1981年美国所罗门兄弟公司为IBM公司和世界银行安排的一次互换。当时IBM公司绝大部分资产以美元构成，另一方面，世界银行希望用瑞士法郎或德国马克这类绝对利率最低的货币进行负债管理。同时，世界银行和IBM公司在不同市场上有比较优势：世界银行通过发行欧洲美元债券筹资，其成本要低于IBM公司筹措美元资金的成本；IBM公司通过发行瑞士法郎筹资，其成本也低于世界银行筹措瑞士法郎的成本。于是，通过所罗门兄弟公司的撮合，世界银行将其发行的2.9亿欧洲美元债券与IBM公司等值的德国马克、瑞士法郎债券进行互换，各自达到了降低融资成本，解决各自资产负债管理需求与资本市场需求矛盾的目的。

2. 利率互换。利率互换是在货币互换业务发展的基础上产生的，是将计息方法不同（如一方以固定利率计息，另一方以浮动利率计息）或利率水平不一致的债权或债务进行转换。与货币互换的不同之处在于，利率互换在同一种货币间进行，并且利率互换一般不进行本金互换，而只是以不同利率为基础的资本筹集所产生的一连串利息的互换。

利率互换可分为定息—浮息利率互换（即息票利率互换）和浮息—浮息利率互换（即基础利率互换）。浮动利率一般以LIBOR作为计息基础，有时会参照美国商业票据浮动利率。

假设有A、B两家公司，A公司信誉好、信用评级高，B公司信誉较差、信用评级较低。A、B两家公司面临的借款利率如表10-3所示。

表10-3 A公司和B公司的借款利率 单位：%

	信用等级	浮动利率	固定利率	利差比较
A公司	AA	Libor+0.3	10.0	
B公司	BB	Libor+1.1	11.4	
利差		0.8	1.4	0.6

A公司虽然在浮动利率和固定利率贷款方面都占有优势，但是B公司在浮动利率贷款方面占有相对优势，A公司在固定利率贷款方面占有相对优势。所以，A公司借入固定利率贷款，B公司借入浮动利率贷款，然后双方以某银行作为中介商安排进行互换。经过这样的互换可获得的总收益为（11.4% - 10.0%）-（1.1% - 0.3%）= 0.6%，扣除银行赚取的20点利差，两个公司各得收益：（0.6% - 0.2%）/2 = 0.2%。

互换和期权一样，具有巨大的灵活性和变通性。所以除了和其他衍生工具组合成如远期互换、互换期权外，还出现了分期摊还互换、指数互换、可展式互换、卡特尔互换等多种形式。

（六）其他实体性金融工具

随着金融自由化和金融创新浪潮的深入，金融工程工具的类型也日新月异。除了上述四种基本的衍生工具外,大量的“特制产品”纷纷出现。这些产品大多为场外交易工具,其设计更为复杂,采用技术更为高超。但多是在上述四种衍生工具的基础上进一步发展或相互合成得来的,有些是与其他传统金融工具结合而来的“边缘产品”。这些衍生工具可统称为“再衍生工具”或“合成衍生工具”。

从远期合约市场再发展出来的衍生工具有“可变式远期外汇合约”“分利式远期外汇合约”“定幅式远期外汇合约”等。

从金融期货市场发展出来的有“防范投标风险期权”“投标期间买汇期权”“投标中分担权益期权”“圆筒式定顶顶底期权”“价障期权”“复合期权”“亚洲式期权”“复合货币期权”“回顾期权”“延迟约价期权”“梯式期权”“择式期权”。

从互换市场发展出来的有“可展期互换”“可取消互换”“差额互换”“区间互换”“互换期权”“远期互换”“分期摊还互换”“指数互换”“零息票债券互换”“多边互换”“卡特尔互换”等。

第三节　金融工程技术的应用

一、金融工程技术应用概述

套期保值是各市场交易的一个基本动因。这也是新的金融工具创新的一个动力。人们面临着种种风险,投资者大都是风险厌恶者,这时他们就会希望通过一种或几种套期保值工具,人为构造一个相反的头寸来消除风险。例如,某公司出口一批货物,2 个月后收汇,这时公司就面临本币升值、外币贬值的风险。该公司可以通过卖出远期外汇的方式现在就锁定这笔交易的利润。在这个例子中,不管将来汇率怎样变化,该公司均可按当前确定的远期汇率折算为本币收入。这时,这个套期保值工具的风险头寸与原来的风险头寸方向相反,其余方面完全吻合,风险可以完全消除,这被称为“完全套期保值”。

在现实世界中,原始风险与套期保值工具间在金额上完全匹配的情况并非始终存在。有时套期保值工具只是抵消掉超过某一特定水平的风险,而这种套期保值工具往往对其有利的变动不加干预。大致情况是,期权类保值工具给我们的往往就是有上限的风险头寸,而远期利率协议、远期外汇协议、互换等工具则能够提供完全的套期保值。

投机是市场参与方使用金融工具、推动金融市场发展的另一个基本动因。投机可简单理解成利用市场波动来赚取收益的行为。投机者往往拥有某一金融工具或几种工具的多头或空头头寸,他们以此来创造风险头寸。

大多数衍生金融工具都具有惊人的杠杆效应。有些衍生工具采取保证金的交易方式,有些可不用存入现金,而可以存入有价证券代替,这就节约了利息成本。杠杆效应的另一个来源是这些衍生产品价格变动往往几倍或几十倍于基础产品价格的波动,而使用基础金融工具是很难达到“以小博大”这一目标的。

把衍生工具作为基本构造的材料,可以创造出经过精心“裁剪”的风险来。例如,投资者可以就某两国的利差进行判断并进行相应的投机活动,也可以就某两种浮动利率基础的基差变动进行投机,或者构造特定的头寸从市场价格某一波动范围进行投机获利。换句话说,若投机者对市场波动有了一些复杂的判断而不是简单的升跌判断,衍生工具能帮助其进行“印证”,而基础金融产品往往力不能及。

衍生工具具有突出的投机特性。有些衍生工具,如期权能对市场波动程度而不是波动方向进行投机,传统金融工具就难以进行此类投机。

金融产品相互之间有着极强的内部联系,其定价往往遵循某种数学关系。因此,定价理论是金融工程的一个核心领域,这也是金融工程需要“火箭科学家”,需要高智力人才的一个重要原因。当然,金融市场是波动不定的,这些金融产品往往围绕“数学平价关系”上下波动。这就使套利者有了用武之地,他们高抛低吸,理论上并不承担风险。正是套利使价格有了有机的联系并能迅速恢复均衡状态。套利行为增加了金融市场的流动性,同时也使金融产品向“合理定价”回归。这两个功能正是套利者对金融市场做出的贡献。

金融工程技术的一个重要应用就是对某一交易或风险头寸进行重构。例如,某银行以浮动利率贷款,以固定利率吸收存款,这时该银行可以利用互换方式支付浮动利息,收取固定利息,这样就解决了其资产负债的利率敏感度不同的问题。这个过程最大的特点就是针对需求者不同的现金流量和金融风险,利用合理的金融工程技术,构造出符合需求的金融复合结构。正是这个原因,这个领域的创新十分频繁。

二、远期外汇交易的应用

布雷顿森林体系崩溃之后,国际汇率制度进入了浮动汇率状态。在浮动汇率条件下,进出口贸易过程中由签订合同到最终发货、付款往往需要较长一个时期,进口商面临本币贬值,成本上升的风险,而出口商面临本币升值,收益减少的风险。

这时,贸易商可以求助于远期外汇交易这一金融工具。我们可以从两个角度来考察远期合约给贸易商带来的影响。例如,一个出口商卖出一份交割日期就是出口货款收到日期的远期合约。在那天,他收到外汇,然后履行远期合约,以远期合约履行的汇率办理交割。这时,该时点的汇率对其并无影响,这也正是发挥了远期合约的避险功能。

进出口商通常是与银行订立外汇远期交易合约的。银行外汇买卖在日期、数量上不一定完全匹配。有可能某一日期银行对某种货币的买入多于卖出,形成“超买”(Overbought),或者卖出多于买入,形成“超卖”(Oversold)。对于这部分头寸,银行也面临汇率风险,因此银行也需要到外汇市场上进行远期外汇交易,以消除手中的风险头寸。

在实践中,进出口商很难确切知道哪一天进行外汇交割。这时远期外汇交易的一种变异形式就能派上用场了,这就是远期交易择期合同。这种合同的特点就是合同买方可以在签订合同后选择具体交割日期。实际上非贸易活动,如国际投资也面临着汇率风险。我们把贸易商的外汇收支换成另外一笔单独的外汇收支业务,把它与远期合约结合起来,这就形成了掉期。掉期指两笔同时进行、金额相同、方向相反、交割日期不同的外汇交易。一般一笔是即期外汇交易,另一笔是远期外汇交易,也有不同期限的远期对远期的掉期。

三、外汇期货交易的应用

标准化的期货合同形式,使拥有巨额外汇交易量的银行和其他金融机构管理货币汇率风险的形式简化了,效率也大大提高。不同的市场对合约的有关规定是不同的。大多数货币期货的报价均采用单位外币和多少美元来标价。大多数的期货合约的价格都以 12.5 美元为单位变动或以 12.5 美元的整倍数变动。应该说在本质、功能、盈亏分析上,外汇期货与外汇远期并没有多大的区别。当然,二者也存在一些形式上的差别:①外汇期货合约一般在交易所内交易,而远期合约在场外市场上交易。②每张期货合约的金额都是固定的,而远期合约的金额为双方商定。③期货合约一般以清算所为交易对手,对手信用风险较小,而远期合约中对手信用风险较大。当然清算所也往往有保证金的要求,而且采用"逐日盯市"的结算方法。④期货合约的实际交割率低,常通过反向交易来对冲掉原有头寸。只有极少数期货合约是以最后实际交割结算的。外汇远期流动性差,难以转让,一般会执行实际交割。

货币期货是标准化合约,它在获得更多流动性的同时也付出了一些灵活性方面的代价:①交易数额难以与现实所需数额完全吻合。②由于合约通常以单位货币和多少美元标价,这就使得有非美元外币收入或支出的公司、个人难以通过一次性的货币期货交易来防范货币风险,而必须通过两次货币期货的交易来达到保值的目的,即本币和外币都需要各自转换成美元,这称为交叉货币保值。

四、期权的应用

假设一个欧洲公司 6 个月后要支付 100 万美元,其面临的是欧元贬值、美元升值的风险,这时,最容易回避风险的措施就是购买 6 个月期的美元看涨期权。现在要决策的是选择适当的协议价格。假设远期汇率是 1 美元兑换 0.813 5 欧元。我们来看一下期权费为 0.044 欧元、协议价格 1 美元兑换 0.769 2 欧元的极度实值看涨期权。0.769 2 加上 0.044 等于 0.813 2,也就意味着该欧洲公司能以 0.813 2 欧元的价格买到 1 美元。这个总成本比 0.813 5 欧元/1 美元的远期汇率还低。而且该笔期权交易还保留了欧元升值赢利的可能性。然而,我们还应考虑这样一个因素,也就是期权费在购买期权的时候就要支付,而购买美元的费用是在期权期满时支付。为了科学地进行比较,我们应考虑这 6 个月的时期内,预付期权费的时间价值。假设欧元利率为 8%,则 0.044 欧元的期权费的 6 个月的时间价值是 0.001 76 欧元。这时该期权的实际成本是 0.044 加上 0.001 76 为 0.045 76 欧元,这时执行期权的总成本实际上是 0.814 96 欧元。这与 0.813 5 欧元的远期汇率相比有 0.001 46 欧元的差额,这便是对欧元坚挺的获利可能性所付出的成本。

我们再看一下极度虚值的情况:协议价格为 1 美元兑 0.867 4 欧元,期权费较低,为 0.009 欧元。期权费虽然低了,但它只能提供较少的保护。换句话说,执行期权的可能性较小,期权费虽低,但"浪费"(即不执行)的可能性较大。实际上在极度实值与极度虚值之间有许多的协议价格可选。我们要记住的是,越是极度实值的期权,越接近于购买远期进行保值,越是极度虚值的期权,越接近于公司的原始风险。因此,在我们比较各种协定价格的期权时很难说某一种方式就一定优于另一种。极度实值期权提供了较大的保护,但成本也相应较高。虚值期权费用较低,但其保护性也相应较差。选择哪种期权保值,往往取决于决策者的偏好。当然,也许较平衡的选择是平价期权,也就是协议价格等于远期汇率。它的时间价值最高,所有的期权费都是时间价值。

总而言之,很难说某个基本的期权套期保值方案就是完美的方案,我们往往要在保护程度与费用成本间找到一个均衡点。也就是说,不同的套期保值目标往往决定不同的套期保值的方案。

案 例

沪深300股价指数期货

沪深300股价指数期货是中国金融期货交易所在2010年4月开办的金融期货品种，其合约的基本条款主要包括合约标的、合约乘数、报价单位、最小变动价位、合约月份、交易时间、每日价格最大波动限制、最低交易保证金、最后交易日、交割日期和交割方式等。

一、合约标的

沪深300股指期货合约以中证指数公司编制的沪深300指数作为标的指数。该指数以2004年12月31日为基日，基日点位1 000点，选取上海和深圳两个交易所上市的300只A股作为样本，其中沪市有179只，深市121只样本，选择标准为规模大、流动性好的股票。沪深300指数样本覆盖了沪深市场六成左右的市值，具有良好的市场代表性。该指数借鉴了国际市场成熟的编制理念，采用调整股本加权、分级靠档、样本调整缓冲区等先进技术编制而成。首个股指期货合约以沪深300指数为标的物，主要是基于以下考虑：

第一，市场检验表明，自2005年4月8日该指数发布以来，沪深300指数一直具有较强的市场代表性和较高的可投资性。第二，沪深300指数市场覆盖率高，主要成分股权重比较分散，能有效阻止市场可能出现的指数操纵行为。第三，沪深300指数成分股行业分布比较均衡，抗行业周期性波动较强，以此为标的的指数期货有较好的套期保值效果，可以满足投资者的风险管理需求。

二、合约规格

沪深300股指期货合约乘数为每点300元，也就是说，期货价格每变动1点，合约价值变动300元，1手沪深300股指期货合约的价值等于该合约的报价乘以300元，最小变动单位为0.2点。合约到期月份为当月、下月及随后的两个季月，季月是指3月、6月、9月和12月。交易时间为9:15－11:30和13:00－15:15，当月合约最后交易日交易时间为9:15－11:30和13:00－15:00，与现货市场保持一致（见表10－4）。这种交易时间的安排，有利于股指期货实现价格发现的功能，方便投资者根据现货股票资产及价格情况调整套保策略，有效控制风险。

表10－4 沪深300股价指数期货的交易规则

合约标的	沪深300指数
合约乘数	每点300元
报价单位	指数点
最小变动价位	0.2点
合约月份	当月、下月及随后两个季月
交易时间	上午:9:15－11:30,下午:13:00－15:15
最后交易日交易时间	上午:9:15－11:30,下午:13:00－15:00
每日价格最大波动限制	上一个交易日结算价的±10%

续表

合约标的	沪深300指数
最低交易保证金	合约价值的12%
最后交易日	合约到期月份的第三个周五，遇国家法定假日顺延
交割日期	同最后交易日
交割方式	现金交割
交易代码	IF
上市交易所	中国金融期货交易所

股指期货增加了市价指令，要求尽可能以市场最优价格成交，这是国外交易所普遍采用的交易指令。交易保证金不低于合约价值的12%。最后交易日是合约到期月份的第三个周五，遇国家法定节假日顺延，交割日期同最后交易日。交割采用现金交割的方式。交割结算价采用到期日最后两小时所有指数点位算术平均价。在特殊情况下，交易所还有权调整计算方法，以更加有效地防范市场操纵风险。最后结算价的确定方法能有效确保股指期货、现货价格在最后交易时刻收敛趋同。

三、风险控制制度

沪深300股指期货采取了有针对性的严控措施和风险防范制度安排，确保市场安全稳妥运行。

一是保证金制度。保证金是交易所有效控制市场风险的重要手段。通过调整股指期货合约的保证金水平，可以大大降低股指期货交易的杠杆比率，减小市场风险，将股指期货交易量控制在一个合理水平。例如，如果沪深300股指期货合约的面值约为100万元，保证金比例为15%，那么一手合约的交易保证金需要15万元。

二是涨跌停板制度。每日价格最大波动限制为上一个交易日结算价加减10%，季月合约上市首日涨跌停板幅度为挂牌基准价的加减20%。上市首日成交的，于下一交易日恢复到合约规定的涨跌停板幅度；上市首日无成交的，下一交易日继续执行前一交易日的涨跌停板幅度。对股指期货合约每日的交易价格的波动设置涨跌幅限制是有效控制市场风险的手段之一。在设计股指期货合约涨跌停板制度时，充分考虑了相应证券现货市场价格限制，将股指期货合约的每日价格涨跌停板幅度规定为上一交易日结算价格加减10%，与目前现货指数日内波动最大幅度相当，从而保证股指期货与相关现货指数理性联动，有效发挥价格发现等市场功能。同时，考虑季月合约上市首日的当月合约到期日的波动可能性较大，将季月合约上市首日和当月合约到期日的涨跌停板分别定为挂牌基准价和上一交易日结算价的加减20%。

三是持仓限额制度。股指期货实行严格的持仓限额制度，即交易所对其会员和客户可以持有的某一期货合约单边持仓量设置一定的额度限制，防止会员或者客户的持仓量过大或者持仓过度集中，从而防范股指期货交易出现交易风险或者价格操纵风险，保证股指期货交易的平稳运行。

四是大户持仓报告制度。大户持仓报告制度是股指期货重要的风险控制措施之一。交易所根据市场风险情况设定并公布大户报告标准，要求达到报告标准的会员或者客户报告其交易情况、实际控制人等信息，交易所据此及时、全面了解客户的交易情况，进一步分析挖掘关联账户及账户实际控制人等信息，分析评估市场风险，实施有效的风险控制管理。

五是强行平仓制度。强行平仓制度是及时化解市场风险的有效风险控制措施之一。当会员出现资金结算风险，或市场出现违规违约、违规持仓等情况时进行强行平仓，及时防范和化解风险，阻止违规违约行为产生进一步后果，保障市场恢复到平稳、有效的运行状态。以做多一手沪深300股指期货为例，假设合约面值为100万元，保证金为15万元。如果市场下跌6%，投资者亏损6万元，当日结算后投资者需要往资金账户中补6万元保证金，若投资者不能补足交易保证金，则该头寸将会强行被平仓以止损。

六是强制减仓制度。强制减仓制度是指当某一期货合约价格出现单边极端行情时，根据规则对亏损达到一定程度的持仓与盈利持仓进行平仓处理，及时化解市场极端情况下的风险防范措施。2008年我国商品期货市场受金融危机影响出现连续跌停，各商品交易所综合运用了强制减仓等风险防范措施，迅速化解了因国际金融危机传导到国内的系统性风险。

七是结算担保金制度。结算担保金制度是期货市场良性运作的重要保障之一。引进结算会员联合担保机制，可以增加交易所应对风险的财务资源，建立化解风险的缓冲区，为进一步提高市场整体抗风险能力提供有力保障。

八是风险警示制度。股指期货交易实行风险警示制度以警示和化解风险。交易所在必要时可以采取要求会员和客户报告情况、谈话提醒、书面警示、发布风险警示报告等措施，对违规行为及时进行威慑，制止违规行为。

此外，在参与模式上，规定股指期货经纪业务由期货公司专营。这一制度安排在期货业务和证券业务之间建立了一道防火墙，可有效隔离期货市场和现货市场的风险传递。在结算模式上，实行分层结算制度，通过提供结算会员的资格标准，使得只有实力雄厚的机构才能成为结算会员，其他不具备结算会员资格的交易会员必须通过结算会员进行结算，从而形成多层次的风险管理体系，提高市场抗风险能力。

思考题

1. 金融工程的含义是什么？
2. 金融工程业务开发主要有哪几种形式？
3. 结合实际谈谈金融工程的发展前景。
4. 试简述概念性金融工程工具发展历程，并说明概念性金融工程工具主要包括哪些？
5. 试简述实体性金融工程工具发展历程，并说明实体性金融工程工具主要包括哪些？
6. 在实际操作中，金融工程主要有哪几方面的应用？
7. 金融风险主要包括哪几种？
8. 试比较远期外汇交易、外汇期货交易、期权交易在外汇风险管理中的应用。

第十一章

其他投资银行业务

本章学习重点和要求

◆明确租赁的概念，包括经营租赁和融资租赁；

◆掌握租赁的各种风险以及风险的防范；

◆了解各种咨询业务，包括风险管理、投资咨询、信息咨询、调查研究服务等；

◆重点掌握资产证券化的原理、运作机制、基本过程、信用评级与信用增级、种类、风险等；

◆熟悉资产管理的主要内容；

◆知晓其他投资银行业务，如证券保管业务、证券抵押业务、通用信托业务。

第一节　融资租赁

租赁是指出租人根据契约将财产租给承租人使用，按期收取租金，出租人保留所有权，承租人享有使用权，其实质是一种信贷，租金在性质上是一种利息。

在经营租赁业务的金融机构中，投资银行和保险公司控制着规模较大的租赁业务，而商业银行经营和控制着规模较小的租赁业务。租赁业务虽然与中期信贷极其相似，但是租赁业务的办理却比信贷要复杂得多。对一笔租赁的盈利性的评价，要涉及利率、税率、折旧、税收减免、杠杆比例以及设备的使用期限及其残值等的计算和分析。投资银行一般都有专门的机构和训练有素的专门人才办理租赁业务。

现代租赁形式多种多样，各国的做法和对其分类也不尽相同，加上租赁业务的不断发展，因此，各国至今没有形成统一的划分标准。一般来说，租赁有经营租赁、杠杆租赁、融资租赁等类型。

一、经营租赁

经营租赁亦称“操作性租赁”或“服务性租赁”。这种租赁方式通常适用于一些需要专门技术进行保养、技术更新较快的设备，所有保养、维修、管理等工作都归出租人负责。承租人提前通知后，可以中途解约，租期往往比设备的预期使用寿命要短一些。由于出租人要承担设备老化、不续租或不留购或承租人提前中断契约的风险，故经营租赁的租金通常要较融资租赁高。经营租赁的出租人往往将各类待出租的设备按不同的租期和支付方式，分别列出固定租赁费率，供承租人选择。承租人只需填具一份表格或简单的租约即可。然后，出租人交货、收租、到期收回所租物品。

二、杠杆租赁

杠杆租赁也称为“平衡租赁”或“代偿货款租赁”，是从融资租赁派生出来的一种租赁方式。在杠杆租赁中，设备购置成本的小部分由出租人投资负担，大部分通过银行或非银行金融机构提供贷款筹集。

杠杆租赁的主要特点如下：

（1）出租人只需付出购买设备价格的20%～40%，其余部分向银行或保险公司筹措。

（2）杠杆租赁的标的物都是价格昂贵的设备，且筹资的对象往往不是一家，而是由许多银行组成银团筹资，因此，涉及的当事人较多，关系复杂。

（3）在承租人因意外情况不能支付租金时，贷款人不能向出租人追索欠款，只能会同出租人停止租赁，索回设备，转租他人。

（4）这种租赁形式能以较小的投资享有全部的加速折旧和投资减免税优惠，这不仅扩大了出租人的投资能力，而且能取得较高的投资收益，租金往往低于其他租赁形式。

三、融资租赁

（一）融资租赁的概念

融资租赁又称“设备租赁”或“现代租赁”，是指出租人根据承租人对租赁物件的特定要求和对供货人的选择，出资向供货人购买租赁物件，并租给承租人使用，承租人则分期向出租人支付租金，在租赁期内租赁物件的所有权属于出租人所有，承租人拥有租赁物件的使用权。融资租赁是指实质上转移与资产所有权有关的全部或绝大部分风险和报酬的租赁。世界各国对融资租赁的定义表述各异，以国际统一私法协会在 1987 年 4 月 30 日通过的《国际融资租赁公约草案》中的定义为例，其表述为：“在融资租赁交易中，一方当事人（出租人）：(a) 依照另一方当事人（承租人）提供的规格，与第三方（供应商）订立一项协议（供货协议），根据此协议，出租人按照承租人在与其利益有关的范围内所同意的条款取得工厂、资本货物或其他设备（简称设备），并且（b）与承租人订立一项协议（租赁协议），以承租人支付租金为条件授予承租人使用设备的权利。”

根据以上定义可知，融资租赁涉及三方当事人的权利、义务关系。首先，承租人指定设备和选择供应商主要是根据自己的判断，而不是依靠出租人。其次，出租人所取得的设备主要和一项租赁协议关联，该协议在出租人和承租人之间订立。另外，协议所规定的应付租金是固定的。

实务中，对融资租赁的判断主要依据风险和报酬的转移情况。具体来讲，满足下列条件之一，可以判断为融资租赁：一是租赁期占租赁开始日该项资产尚可使用年限的 75% 以上；二是支付给租赁公司的最低租赁付款额现值等于或大于租赁开始日该项资产账面价值的 90% 及以上；三是承租人对租赁资产有优先购买权，并在行使优先购买权时所支付购买金额低于优先购买权日该项租赁资产公允价值的 5%；四是承租人有继续租赁该项资产的权利，其支付的租赁费低于租赁期满日该项租赁资产正常租赁费的 70%；五是租赁资产性质特殊，如果不做较大改造，只有承租人才能使用。

融资租赁具有融资融物的双重职能。在租赁期内，出租人对租赁设备享有所有权，承租人对租赁设备拥有使用权，因此是在使用权和所有权相分离的基础上融资和融物相结合的一种信用。

经营租赁和融资租赁的比较参见表 11－1。

表 11－1　经营租赁和融资租赁的区别

区别	经营租赁	融资租赁
当事人	出租方、承租方	出租方、承租方、供应商
租期	临时性，短	长，接近租赁物寿命
租约	可撤销	不可撤销
维修责任	出租方	承租方
折旧计提	出租方	承租方
租赁期满	出租方收回	很少回收
租赁实质	风险报酬未转移	风险报酬已转移

融资租赁可以分成以下几类：

1. 从承租人在租赁期满后能否取得租赁物品所有权角度看，分为资本性租赁和信贷性租赁。资本性租赁是一种在租赁期满后租用人可以依照合同规定取得租赁物品所有权的租赁。信贷租赁是指出租人向承租人提供信贷，并在租赁项目的使用年限即将结束时，把租赁项目的所有权转移给承租人的一种交易方式。

2. 根据出租人在一项租赁设备中的租赁比例，可以分为单一投资者租赁和杠杆租赁。单一投资者租赁是指在租赁交易中，全部设备购置成本由出租人独自承担，否则即为杠杆租赁。

3. 从出租人设备贷款的资金来源和付款对象来看，可分为直接租赁、转租租赁和回租租赁。直接租赁是指出租人直接向厂商支付货款，购进设备，出租给承租人的形式。转租租赁是指出租人由一家租赁公司或厂商租进设备后转租给承租人的形式。回租租赁是指由设备物主将自己拥有的资产卖给租赁公司，然后再从租赁公司租回使用的租赁形式。

4. 按交易方所在不同地域分，有国内租赁和国际租赁。

5. 另有一种租赁称"营业收入合成租赁"，承租人只需向出租人按营业收入的一定比例支付租金。这种形式主要用于矿山设备租赁。

（二）融资租赁业务的主要特点

1. 融资租赁是一项涉及三方当事人——出租人、承租人和供货商，并至少由两个以上合同——买卖合同和租赁合同构成的自成一类的三边交易。

2. 拟租赁的设备系用户选定的特定设备，租赁公司只负责按用户要求融资购买设备，因此，被免除设备缺陷、迟延交货等担保责任和维修保养义务，承租人不能因此拖欠或拒付租金。

3. 在基本租期内，租赁双方一般无权取消合同。

4. 设备所有权与使用权分离，法律上所有权属于出租人，经济上使用权属于承租人。

5. 基本租期结束时，承租人一般对设备有留购、续租和退租三种选择。

（三）投资银行在融资租赁业务中的作用

在融资租赁市场上，投资银行一般充当租赁经纪人的作用。投资银行本身不经营租赁业务，而只是代表出租人或承租人寻找交易对象，并代表委托人与对方磋商租赁条件，促成交易，从中收取一定的佣金。租赁经纪人作为承租人与出租人的中间人，从事安排租赁合同起草、寻找有利借款来源、组织促成租赁合同签署等工作，在租赁交易的发起准备阶段起重要作用。其业务主要表现为：

1. 接受承租人委托。投资银行作为经纪人要与未来承租人联系，签署一项具有承诺性质的委托书，列出主要条款，如每期支付的租金及每期租金的间隔时间等。

2. 寻找股权投资人和债权人。投资银行与承租人签署委托书后，一边与其他未来投资人联系安排进行"股权承诺"，一边与未来债权人联系贷款。若租赁设备的交货期较长，相关的借款安排可推迟到交货期前进行。

3. 物色物主受托人和合同受托人。投资银行要为物主出租人与承租人物色一个物主受托人。若有多个债权人，则还要选定一个合同受托人。

4. 组织技术和商务谈判。在这一过程中，投资银行作为经纪人以委托人代表的身份，应用一套行之有效的策略和方法，进行价格竞争，努力促成租赁合同的签订。

5. 代办事务。投资银行作为租赁经纪人可以接受委托人的委托，代为办理一些与租赁交易有关的手续等业务，为客户提供周全的服务。

6. 收取佣金。投资银行作为租赁经纪人为租赁交易提供中介服务是有偿的，必须收取手续费、服务费作为报酬。经纪人的佣金一般是向租赁交易的委托方收取，但也有向交易双方同时收取的，另外还有按件计收、按成交笔数计收佣金的。佣金收取一般以交易成交额为基数采用一定的费率计算而得，费率的标准一般由政府有关部门确定一个限度或区间，并有一定的浮动范围，通常佣金不超过第一个月的租金。

投资银行除办理租赁经纪业务外，还作为投资人之一与承租人签订租赁合同，因此租赁风险的预测和防范对投资银行而言也是重要的。

四、租赁风险及其防范

租赁业务比较复杂，它不仅涉及租赁三方当事人甚至更多的人，而且涉及外贸、金融、交通、保险、运输、物资供应等许多环节。这其中的每一当事人或环节都有可能出现问题，从而引起风险损失。对作为经纪人的投资银行从事租赁安排影响最大的应是汇率风险和利率风险。

（一）各种租赁风险

1. 当事人违约的风险。在执行合同过程中，三方当事人（出租人、承租人、供货人）之间顺利圆满完成合同的固然是大多数，但也有少数合同发生一方当事人违约的行为。

（1）承租人拒付租金或要求退货、撤销合同的风险。若供货人未能按照购货合同规定时间发货交货，所交货物本身存在瑕疵（包装瑕疵、技术瑕疵）等，承租人就要受到损失，影响到承租人与出租人之间租赁合同的履行，可能发生承租人拒付租金或要求退货、撤销合同的危险。虽然补救的办法是在租赁合同和供货合同中订有义务为这一索赔提供方便，但在实践中，经常由出租人去索赔，会发生索赔的时间、劳动服务、费用、利息损失等问题。

（2）承租人违约的风险。即由于承租人经营不善，资金周转不灵，发生延付或不付租金行为。这种信用风险在发生经济萧条、经济危机时尤为突出，租赁公司也自然要被波及。为了避免、减少和分散风险，租赁公司在接受租赁项目前必须认真对项目进行研究分析，对承租人的信用、财务状况、经营能力慎重调查，进行评价，做出接受与否的判断。在国外，租赁公司对承租人按信用评价分成不同等级，按照不同的信用等级，收取不同租赁利率计算的租金以补偿其所承担的风险。为了减轻风险，租赁公司可以向承租人收取一定的保证金，要求承租人提供经租赁公司认可而且可靠的经济担保人。

此外，出租人还可能遭受承租人侵犯出租人租赁财产所有权的行为，如发生越权抵押、转让或处分，或遭受在租期内因承租人使用租赁资产侵害第三方，或按承租人的其他要求处分租赁财产时，因而增加了出租人的风险。

（3）出租人违约的风险。在租赁交易中，承租人也会面临出租人的违约行为，例如，出租人资金不足，未能按购货合同条款如期开出信用证而造成供货人拒绝或推迟交货，使承租人蒙受损失。也有因出租人的工作疏忽、过失，如不及时向运输公司订船舱，搞错装货卸货港口等使承租人不能及时使用，或第三方因出租人行使担保权益而使承租人受到损害等。

2. 利率变动的风险。融资租赁的特征之一是租金固定，而租金所包含的因素，除租赁设备的货价外，主要是融资利率。货价在购货合同签订后是不变的，融资利率也是如此，因此，除非租赁公司向银行或其他融资机构所融通到的资金利率也是固定的，贷款还本付息时间和收取租金时间是同步的，否则，如果在租赁期间利率发生不利变动，租赁公司的利润就会受到影响。为了避免或减轻风险，一般在租赁合同中作租金变化条款的规定。如我国的租赁公司经营人民币项目，规定如银行调整利率，按调整利率相应调整租金。在国际租赁中，因美元利率不稳定，一些租赁公司和银行对美元租金和贷款要求按浮动利率计算订约。

3. 汇率变动的风险。国际性的融资租赁交易由于涉及不同国家的货币，因此，随着汇率的变动，经过汇率折算后的租金和其他成本变量和收入变量也会相应发生变化，以致给交易双方带来不利影响。

（二）各种风险的防范措施

1. 信用风险的防范。为了减少和防止信用风险，投资银行应在租赁交易成交之前，利用各种信息和咨询渠道，进行深入细致的信用调查。在签订租赁合同时，要严格规定约束条件和责任条款。如果出租人是外国的租赁公司，则应利用多种渠道对外咨询，借以评估对方资信。当出租人要求预付定金时，承租人可以就此要求出租人开立可以接受的不可撤销的保函，对其物品予以量和质的担保。出租人也应要求承租人开立按期支付的信用保函，并可要求提供经济担保等。

2. 利率风险防范。租赁公司在筹集资金时，一般的选择标准是，当国际金融市场利率处于下降趋势时，应力争以浮动利率筹措资金；当国际金融市场利率处于上升趋势时，以固定利率筹措资金；当利率变动捉摸不透时，应采用浮动利率。在采用浮动利率时，在贷款合同中应向贷方声明，在整个信贷期间保留一次调整为固定利率的权利，以避免因利率上升而遭受损失。

3. 汇率风险防范。主要措施有：一是选择合适的币种，如在收款时选择硬通货，保持币值稳定，而在付款时选用趋于贬值的软通货，或硬软货币搭配使用。二是使用外汇保值条款，把签订合同之日的汇率固定，以避免汇率风险。三是利用远期外汇交易套期保值，即与银行签订合同，约定未来某一时间按约定汇率买卖外汇。四是参与期权交易，利用一些期权工具达到保值目的，从而避免汇率风险。

第二节　咨询业务

咨询业务是指投资银行为客户提供各类意见、建议等，并收取一定费用的服务。咨询业务的范围很宽，如在证券发行中融资方式、期限的设计，兼并收购中帮助寻找目标公司，基金管理中担任投资顾问。这里我们介绍的是投资银行仅仅作为咨询机构提供的咨询服务，如风险管理、信息咨询和出售调查研究报告等。

投资银行提供的咨询服务多种多样，例如，为那些着眼于资产负债管理或避免风险目的而进行重组的客户提供建议；对一些可选择的方案进行咨询以使客户获得所需的融资形式，如融资期限、利率特征（固定或浮动）；选择债券的币种、面值等；为那些寻求兼并收购意向的客户提供收购目标或反收购策略；针对不同的形式提供评价意见；为公有企业私有化、为私有企业公有化提供咨询；帮助进行资产剥离和获得破产企业清算资产；提供减少纳税的组织或交易等方面的咨询。

投资银行提供咨询服务一般是以收取咨询费的方式创利，当然，咨询有时候是免费的，目的是为了与客户建立业务关系，并为下一步创利打好基础。咨询费一般是单独支付的，这笔咨询费又被称为组织费或工程费。下面，我们分别探讨这些投资银行提供咨询服务的领域。

一、风险管理

从一家企业来说，不管其大小都是以股权或负债融资的形式形成总资产。资产是创造收益的基础，但与之对应的负债使企业承担了成本，股权回报等于资产收益与负债成本的差额。因此，从某种程度上来说，如果 1 美元资产产生的利润高于 1 美元债务的成本，就能产生净收益。在这种条件下，使用债务的杠杆作用是增加企业利润的一条重要途径。

负债如同资产一样是包含风险的，从一定程度上讲，资产面临的风险与负债承担的风险可以相互抵消，这可使企业免于损失。所以，通过帮助企业管理资产、负债风险，就可以使企业获利，这就是资产负债管理。简单地说，资产负债管理的目标就是组织资产组合和负债组合使其风险相互抵消。

一个优秀的资产负债管理者需要对金融风险有充分的理解和认识。有些风险是简单直接的，如与商品存货有关的价格风险，与资产、负债的固定或浮动利率的错误配对有关的利率风险。有些风险却是非常复杂的，例如，资产负债表有时受期权结果的严重影响，这些期权有时是企业明确的资产或负债，但有时则隐含在其他工具里。所以，估价这些期权及有关风险需要非常专业化的金融工程技巧，而这方面恰恰是许多企业管理人员所缺乏的。另外，资产和负债的计价货币也使风险复杂化，特别是企业的业务活动日益全球化，资产负债及现金流之间的计价货币的错误搭配往往使外汇风险大幅度上升。

投资银行在风险管理领域的作用，主要是帮助企业分析资产负债表、分析利润来源、认识期权、发现风险等，通过减少风险、增加收益来改善其财务状况。从某种程度上讲，由于契约承诺，一些资产负债组合虽不恰当但不能改变，在这种情况下，投资银行家会提供套期保值策略；有些策略需要运用衍生工具方面的技巧，这往往又涉及咨询过程。

风险管理很少会使投资银行与客户利益产生冲突，只有当投资银行将其用于管理风险的金融工具实际出售时，才有可能产生利益冲突。例如，如果投资银行要把一些具体的衍生工具从其账面上转让出去，或者使其衍生工具的结合更完善，那么它会推出一系列解决方案。这时，投资银行与客户作为买卖双方有可能产生利益冲突。如果投资银行的作用只限于咨询，那么它是不会与客户发生利益冲突的。

二、投资咨询

（一）债券投资咨询业务

1. 帮助客户选择债券投资券种。一般而言，国债的优点是安全性好、收入稳定、变现能力强，但无资本增值，且通常无法抵御通货膨胀和利率变动风险。地方政府债券的收益率较高，且有税收优惠，安全性虽不及国债但由于常有地方征税权作担保而较高，然而其流动性较差。公司债券通常收益较高，但安全性较低，变现力也不强。国际债券收益水平高低不一，且一般存在着较大的汇率风险及政治、经济风险。因此，对各种债券品种的投资要因人因时而异。

经纪商在推荐债券投资品种时也可参考有关机构进行的债券评级。著名的债券评级服务机构有美国的穆迪公司、标准普尔公司，英国的惠誉国际公司等。这些评级服务机构的评级结果，包括债券发行后的修正结论，具有较高的参考价值，且对所评级的债券的价格走势和定位有着重大影响。

2. 帮助客户进行价格选择。债券的价格与其收益率密切相关。在债券发行时，经纪商根据不同的发行价格计算出相应的收益率水平，供投资者参考。债券的转让可以通过债券市场进行，也可以协议转让，但前者的流动性往往要高于后者。因此，投资银行不仅应计算出当前价格水平下的收益率，而且要针对债券的质量、期限、流动性和市场利率的走势等提出投资建议，以便投资者能够综合判断。

3. 帮助客户分析债券投资风险。债券投资也具有风险，这一点常因债券有固定的收益而被许多投资者所忽略。债券的投资风险主要有政治风险、经济风险、通货膨胀风险、再投资风险、违约风险等。投资银行不仅要引导投资者改变追求高收益、不顾高风险的观念，而且要帮助投资者有效地规避风险。这方面的主要方法有：①提供各券种的风险分析报告，进行债券评级，帮助投资者做出正确的决策。②指导客户分散投资，确定各券种的投资比例，以分散风险。③指导客户进行组合投资，对债券的期限、收益率、安全性和变现能力进行组合。④指导客户对债券投资采取套利的方法，利用市场期限差价来谋求收益。

但是，投资银行给投资者提供分析服务本身也是有风险的。如果风险分析严重失误，那么就会给投资者造成很大损失。因此，投资银行应尽力提高从业人员素质，保证其咨询服务的高质量。

（二）股票投资咨询业务

1. 帮助客户分析股票市场行情。股票市场变化不定，投资者常常不知所措。因此，投资银行通常下设专门的部门对股票市场行情进行动态跟踪和分析评论，然后通过新闻媒介、交易网络和传真等方式提供给其机构客户和大众投资者。投资分析的内容主要有：①基本分析，包括对政治、经济因素，产业因素，区域因素及公司因素的分析。政治因素是指重大的政治事件和政府的法规、政策；经济因素是指宏观经济的周期性变动和利率、汇率等国家重大经济政策的调整；产业因素是指产业生命周期的阶段性质及产业的发展前景；区域因素是指区域经济的特征及发展态势；公司因素则指公司的盈利能力、财务状况，及其管理、人才、科技等方面的实力。②技术分析，主要是运用各种技术分析方法对股市的交易量和走势做出解释。投资银行要在上述分析和预测的基础上提出相应的操作建议，供投资者参考。

由于投资者形形色色，有重视基本面的，也有重视技术面的；有价值型的，也有趋势型的；有自上而下的宏观主导型的，也有自下而上的微观主导型的，因此，投资银行对股市的分析要适合投资者的操作风格，做到有的放矢。

2. 帮助客户树立正确的投资理念。股市的波动所涌现出来的无数商机容易使投资者产生一些不良心态，如急于求成、贪得无厌、盲目跟风等。具有这种心态的投资者常常容易被市场投机气氛所感染，发出错误的操作指令，频繁地短线操作，从而可能造成损失。投资银行应帮助投资者克服不良心态，进行理性投资，在充分分析基本面因素的基础上获得经济发展和公司成长所带来的巨大利益，避免过于频繁操作所引起的高昂的交易成本。

投资银行经纪业务的收入来源于代理客户投资者进行交易所收取的佣金。正常情况下，客户的交易越多，投资银行的佣金收入越多。所以，帮助客户树立正确的投资理念与投资银行扩大利润在短期内存在一定的矛盾。但是，真诚的服务会给投资银行带来丰满的市场形象及无形资产，从而稳定和扩大客户群，并由此产生长远财源。

3. 指导客户形成正确的投资方法。在股票投资中，投资方法是与投资分析相辅相成的重要一环。如果没有有效的投资方法进行资金管理，一着不慎就会导致投资的满盘皆输。因此，投资银行应帮助投资者选择适合自己的投资方法。

三、信息咨询

随着社会的发展，当代经济活动中信息量的比重越来越大，信息对经济活动的影响也越来越大。在这样的环境下，信息完全可能成为一种商品，也有可能通过提供信息、加工信息而获得收益。投资银行也可开展有关信息的服务，根据客户要求的不同而提供信息咨询业务。

（一）评审类信息评估

评审类信息咨询业务主要包括：技术改造项目评估、企业信用等级评估、信用评估、审核工程预算、验证企业注册资金等。

1. 技术改造项目评估。对技术改造项目的评估，是进行投资决策的重要依据，是保证项目改造方案实现、提高投资效益的重要手段。技术改造项目评估的依据主要是委托单位提出咨询委托书和其他评估依据，包括项目建议书、项目可行性研究报告等。

2. 企业信用等级评估。投资银行开展企业信用评估业务，准确地反映企业的信用等级，不仅可成为重要的利润来源，为投资者提供有益的参考，同时也是促进企业提高经营管理水平的重要措施。

为了全面反映企业的信用状况，应以企业的资金信用、经济效益、经营管理、企业发展前景四个方面确定具体的评估标准和分值。

企业信用等级的评分办法为：

（1）参照值的选择。为了能够对企业的信用作全面、综合和准确的评价，本着必须选择符合实际的标准作为评审依据的原则，一般按四个标准作为参照值，即：① 同行业平均水平；② 本企业历史最高水平；③ 企业目标水平；④ 企业历年数据的环比情况。

（2）评分办法。

- 若以同行业平均水平作为参照值，则按各个项目计算结果高出、接近或低于参照值的程度不等给予不同分值。
- 若以企业历史最高水平或企业目标水平作为参照值，则按项目计算结果达到、接近或低于参照值的程度不等给予不同分值。
- 若以企业历年数据的环比为依据，则可按企业历年数据的增减情况酌情打出不同分值。

在评估企业的信用等级时，一般以企业评估期前 3 年的经营活动情况、评估年度的计划安排为素材，按信用评估标准为依据进行评估，写出评估报告。评估报告的内容大体上包括七个部分：企业概况（包括评估年度各类基本经济指标计划安排情况，以及这一年度的基本经济指标实际数）；资金信用评估；经济效益评估；经营管理能力评估；企业发展前景预测；企业信用状况总评价；各类与评估报告有关的文件及说明。

3. 验证企业注册资金。投资银行信息咨询部门办理的验证企业注册资金的业务，既包括新办企、事业单位和个体工商业申请开业登记时注册资金的验证，也包括对各企、事业单位确认和变更注册资金时的验证。

（二）委托中介类信息咨询

1. 资信咨询。为了适应商品购销双方在交易中及时了解对方信用、支付能力和交货情况等要求，信息咨询部门开办了资信咨询业务。

这种业务的范围包括先货后款资信咨询和先款后货资信咨询，以及签订合同、横向联合、投标、投资等资信的咨询。投资银行在进行这类咨询时，既可以进行一般的资信咨询，即只为委托单位提供交易双方的经营状况、付款（货）信用能力，也可以进行风险性资信咨询，即除对委托单位提供交易双方一般资信资料外，还负有监督、保证按期付款（货）的经济责任。

投资银行在承办资信咨询业务时，要求委托方必须签订咨询委托书，并提供有关资料，以明确咨询内容和要求、商品经济责任和收费标准。投资银行按合同要求签发《资信证明》。如果投资银行在接受单位资信咨询委托后，需要代办单位代办时，应将咨询内容和有关资料通过函电（代协议）传递给代办方，代办方答复承办后，此项业务即告成立。代办方接受转托后，负有进行资信调查、对风险性资信咨询以及监督保证按期付款（货）的经济责任。投资银行在收到代办方的复电、函后，即转知委托单位，收取咨询费，并按分成比例划转代办方。

2. 专项调查咨询。专项调查咨询是根据特定的目的和要求，在指定的范围内，由咨询部门组织力量，运用科学的方法，收集情况材料，通过加工整理出咨询报告，为经济领导部门当参谋，为工商企业搞活生产和流通出主意的业务。

专项调查是一种适应性很强的业务，题目可大可小，范围可广可窄。调查的主要内容有：

（1）行业或产品供销现状和趋势的调查；

（2）行业或产品供销中某一特定问题的调查；

（3）投产某个商品的市场销售、经济效益、资金需求等调查；

（4）横向经济联合项目的调查；

（5）补偿贸易的可行性调查；

（6）其他有关经济问题的调查。

3. 委派集体或个人常年咨询顾问。有的客户往往委托咨询部门对其日常经营管理提供咨询服务，由于这种需要具有经常性和重复性的特点，所以咨询部门通过委派顾问的方式满足客户的需要。委派的咨询顾问可以是“群体”顾问，也可以是个人顾问。“群体”顾问就是以咨询机构集团的名义作为客户的顾问团。个人顾问就是以咨询机构委派在职的咨询专家进驻客户单位参与日常经营管理活动。

（三）综合类信息咨询

综合类信息咨询业务，主要包括管理咨询和常年经济信息咨询。

1. 管理咨询。企业管理咨询是由专门人员根据企业的要求，运用科学方法，经过调查研究，对企业经营管理中存在的问题进行定性和定量分析，提出切合实际的改善企业管理状况的建议，并可在实施中进行指导的活动。这是一种以提高企业管理素质和经济效益为目的的创造性劳动和服务性工作。

管理咨询按咨询对象分类，可分为行业咨询和企业咨询。按咨询时间分类，可分为短期咨询和长期咨询。咨询的内容既可以是综合性的，对企业经营管理过程或其经营方针进行咨询；也可以是专题性的，对企业经营管理的一个方面、一个系统，如企业组织机构设置、应用计算机进行经营管理、生产作业管理、市场营销和新产品开发、财务与成本管理、产品质量管理等进行咨询。

2. 常年经济信息咨询。为了发挥投资银行拥有专业人员的优势，投资银行可为客户提供金融信息、经济信息、承办常年信息咨询业务。

（1）提供经济信息的内容：

• 综合金融信息，其内容主要是：金融形势、金融政策、金融法规，以及资金供求、货币流通、资金市场和外汇行情等金融动态，并介绍金融业务、金融知识。

• 宏观经济信息，主要包括：经济形势、经济政策，以及财政、税收、物价等经济信息。

• 行业产品信息，包括市场预测、市场分析、供求信息、价格行情、海外市场、经营策略、新产品开发、新技术、商品知识。

（2）咨询方式：

• 提供金融、经济信息专刊，投资银行将经过加工处理后的信息，运用刊物载体转播给咨询客户，以满足客户经营管理的需要。

• 召开信息发布会。

• 举办业务技术辅导讲座。业务技术辅导讲座是金融咨询服务的重要内容，对提高各经济单位财务人员业务素质，改进企业经营管理，有着积极的作用。

四、调查研究服务

投资银行的咨询业务还通常涉及一般的经济咨询，如就宏观经济形势、行业环境、投资方案和产品开发的可行性出具咨询意见。

投资银行从事证券的自营买卖业务，必然会关心诸如经济增长、通货膨胀率、货币发行量及政府宏观经济政策对证券市场造成的影响。同时他们对各类行业的发展前景、竞争状况、主要成员的经营业绩进行跟踪调研，因为他们手上持有大量属于不同行业的公司股票，是购买、持有还是抛出，在某种程度上取决于其对公司行业背景的基本分析。为了从事风险投资业务，投资银行必然会关心新产品、新市场，所以投资银行就上面这些信息提供咨询完全是驾轻就熟的。

关于投资银行咨询业务的收费，一般有两种情况：一种是咨询业务包含在其他业务之中，如承销证券时设计融资方案、兼并收购中担任顾问等，其报酬包含在整笔业务的收费中，不单独计算；另一种情况是提供某类咨询业务，其收费通常由投资银行根据该项目所花的人工决定；对于个人客户的咨询服务则由投资银行按小时计算酬金。然而有时投资银行并不向客户收取咨询费用，其目的是与客户建立良好的关系，以便争取到后续业务的委托。

专栏 11－1　　投资银行的机构咨询服务

在证券市场，人们通常将证券公司称作卖方，将基金、保险、信托专户等机构投资者称为买方。在二级市场交易中，作为买方的机构投资者要借助券商的交易所席位进行证券买卖，需要支付给券商交易佣金。交易佣金构成券商营业收入的主要组成部分。随着金融市场的发展，机构投资者的崛起，证券公司数量的增加，证券公司之间对交易佣金展开激烈的竞争。为获取更多经纪业务市场份额，证券公司发力于投资咨询服务，依靠专门投资咨询子公司（通常称作研究所），为机构投资者提供高质量、全方位的投资咨询服务，以使基金、保险等买方在投资交易中选择特定证券公司的交易席位。基金等买方在季度末对卖方的服务质量进行量化性综合评价，证券公司据买方的评价，综合其他因素，确定交易佣金分割给研究所的比例，满足研究所的日常运营和员工薪酬开支。

证券公司研究所内部会对投资咨询服务进行分工，大致分为机构销售和研究两大类。研究可以为宏观研究、策略研究、行业研究等。宏观研究着眼于经济发展大趋势，为行业研究定下基调，具体研究内容包括货币供求、利率、汇率、大宗商品、PPI、CPI、PMI 等宏观经济因素和指标。策略研究着眼于中观层面，主要研究内容是资产配置、行业比较、主题投资。行业研究具体到不同行业内的上市公司，根据上市公司所处行业，大致可分为上游资源行业、中游制造行业、下游消费行业、金融和物流服务业。上述行业还可细分，如上游资源行业可细分为石油化工、煤炭开采、钢铁、有色金属四个子行业，不同子行业由相对应的研究团队负责。

卖方研究员的职责是为机构投资者判断趋势、提供策略和证券研究，完善机构投资者的决策思路，帮助机构投资者尽量周全地衡量各种市场信息，从而争取最有利的投资布局，并提前做好风险控制和应对。证券研究员具体工作包括调研、报告、路演三部分。调研是研究员去上市公司实地调查和采访，了解公司的实际运营情况，检验自己对行业和公司的预测和判断。研究报告（简称研报）是研究员研究成果的体现，可以分为宏观报告、策略报告、行业报告和公司报告。研究员完成研究报告后，往往会针对高端的机构投资者进行投资标的的推荐。研究员对上市公司和机构投资者之间的沟通起到桥梁作用，可以帮助市场发现价格，减少信息不对称，提高整个金融市场的效率。

证券公司研究所的核心竞争力在很大程度上取决于是否拥有强大的研究团队和明星研究员。我国证券行业研究员 3 000 人左右，分别在不同研究所负责相应的研究工作，其中不乏各个行业的明星研究员。优秀的研究员需要具备全面客观的观察能力、缜密细致的分析能力和善言雄辩的表达能力。对卖方研究员的评价，以新财富杂志推出的“最佳分析师”评比最为知名。新财富的评比结果由机构投资者投票决定，评比结果可以客观反映市场对研究员研究能力的认可度。新财富上榜的研究员可以说是证券研究行业这座王冠上的宝石，当然光环的背后是研究员孜孜不倦的工作和辛勤的付出。

（资料来源：高善文：《卖方分析师是干什么的?》，安信证券，2011。）

第三节　资产证券化

证券化是近 40 年来世界金融领域最重要的金融创新之一，对国际金融市场和世界经济的发展产生了积极而深远的影响。从形式上分，证券化可以分为融资证券化和资产证券化两类。所谓融资证券化就是指资金短缺者采取发行证券的方式而不是采取向金融机构借款的方式筹集资金，也就是西方国家出现的所谓“非中介化”或“脱媒”倾向。融资证券化极大地削弱了商业银行作为存贷中介的作用，迫使商业银行转向证券市场发展投资银行业务。本节主要讨论资产证券化。

一、资产证券化的原理与运作机制

资产证券化是指将一组流动性较差的金融资产经过一定的组合，使这组资产所产生的现金流收益比较稳定并且预计今后仍将保持稳定，再配以相应的信用担保，把这组资产所产生的未来现金流的收益权转变为可在金融市场上流动、信用等级较高的债券型证券的技术和过程。其实质是资产证券的发行者将被证券化的金融资产的未来现金流收益权转让给投资者。其核心是设计和构建一个严谨有效的交易结构来保证融资的成功。

从获得很大成功的美国资产证券化运作机制看，其基本交易结构由原始权益人、特设信托机构和投资者三类主体构成。原始权益人将自己拥有的特定资产以“真实出售”的方式过户给特设信托机构，特设信托机构获得了该资产的所有权，发行以该资产的预期现金收入流为基础的资产支持证券，并凭借对该资产的所有权确保未来的现金收入流首先用于对证券投资者还本付息。要保证这一基本交易结构严谨、有效，必须满足五个条件：第一，即将被证券化的资产能产生固定的或者循环的现金收入流；第二，原始权益人对资产拥有完整的所有权；第三，该资产的所有权以真实出售的方式转让给特设信托机构；第四，特设信托机构本身的经营有严格的法律限制和优惠的税收待遇；第五，投资者具备对资产证券化的知识、投资能力和投资意愿。这五个条件中的任何一个不具备，都会使资产证券化面临很大的风险。

为了使这一机制更有效运作，除了具备基本交易结构的五个条件外，还要特别强调的是：①原始权益人要确定资产证券化目标，组成资产池。一般情况下，还要使资产池的预期现金收入流大于对资产支持证券的预期还本付息额。②一旦原始权益人发生破产清算，资产池不列入清算范围，从而达到“破产隔离”的目的。这样，投资者对资产支持证券的投资就不会再受到原始权益人的信用风险影响。③为吸引更多的投资者，改善发行条件，特设信托机构必须提高资产支持证券的信用等级，即必须进行“信用增级”。信用增级的方式主要有破产隔离、证券分类和金融担保等三种。

二、资产证券化的基本过程

（一）选购可证券化的资产并组成资产池

尽管证券化是以资产所产生的现金流为基础，但并不是所有能产生现金流的资产都可以证券化。一般应该选择未来现金流量稳定、风险较小的资产。不同类型的资产有不同的特征，其产生的现金流的特征也都不同，所以对资产的选择和组合是从源泉上来为现金流的质量构建了第一道防线。

适宜证券化的资产具有的基本特征是：

1. 资产可以产生稳定的、可预测的现金流收入。
2. 原始权益人持有该资产已有一段时间，且信用表现记录良好。
3. 资产具有标准化的合约文件，即资产具有很高的同质性。
4. 资产抵押物易于变现，且变现价值较高。
5. 债务人的地域和人口统计分布广泛。
6. 资产的历史记录良好，即违约率和损失率较低。
7. 资产的相关数据容易获得。

一般来说，那些现金流不稳定、同质性低、信用质量较差且很难获得相关统计数据的资产不宜被直接证券化。

（二）建立特设机构

特设机构（Special Purpose Vehicle，SPV，又译特殊目的载体）是专门为资产证券化设立的一个特殊实体，一般采取公司形式，是资产证券化运作的关键主体。组建SPV的目的是为了最大限度地降低发行人的破产风险对证券化的影响，即实现被证券化资产与原始权益人（发起人）其他资产之间的“破产隔离”。SPV是一家没有破产风险的实体。这可以从两个方面来理解：①本身的不易破产性；②通过证券化资产从原始权益人向SPV的真实销售而与其实现破产隔离。为了实现本身的不易破产性，对SPV有如下要求：①限制其目标和权力；②债务限制；③维护投资者利益的独立董事；④分立性；⑤不得进行重组兼并。

（三）资产的真实出售

证券化资产从原始权益人（如住房抵押贷款的发行银行）向SPV的转移，是证券化运作流程中非常重要的环节。这个过程会涉及许多的法律、税收和会计处理问题。其中一个关键性问题是，一般都要求这种转移是“真实出售”。但问题的关键其实不是资产转移的形式，而是转移的本质和目的是为了使证券化资产做到与原始权益人之间的破产隔离，即原始权益人的其他债权人在其破产时对已证券化资产没有追索权。只要能做到这一点，其实不一定需要进行“真实出售”。

（四）SPV以资产为支持发行证券

经过前三个阶段，证券化交易就进入了核心环节，即发行得到资产支持的证券。这个阶段又可以再细分为以下几个步骤：①SPV与原始权益人或指定的资产池服务商签订《资产池汇集与服务协议》，由后者负责收取资产产生的现金流，并通过某些账户将扣除了服务费以后的现金流“转移”给SPV或SPV指定的受托机构。②建立证券结构的架构。一般要考虑资产池产生的现金流的特点、投资者的偏好、如何使税收成本最小化、如何进行信用增级以获得较高的信用评级等问题。③SPV邀请信用评级机构对证券化产品进行评级。评级机构将对证券化的各环节以及设计好的资产支持证券进行各种分析，以确保每个环节都与所获得的信用级别相称。信用等级越高，表明证券的风险越低，从而使发行证券筹集资金的成本越低。一般地，大部分证券化产品都能获得不低于投资级的信用评级。为了获得所需要的信用级别，需要对证券化交易进行信用增级，包括内部信用增级和外部信用增级。④证券承销商通过公募或私募的方法承销证券化产品，发行完毕之后还可以挂牌上市以增加证券的流动性。

（五）资产支持证券的偿付

向投资者偿付本息所需的资金直接来源于证券化基础资产产生的现金流。这个环节看似简单，但却有两个问题对证券化交易来说是致命的。一是证券化基础资产债务人的早偿行为导致的风险；二是提前摊还触发事件及提前摊还。一般地，向证券投资者的偿付过程是由服务商将其收到的现金流转移给某家受托机构，再由该受托机构向投资者偿付。利息通常是定期支付的，如每月、每季或每半年一次。本金的偿还日期及顺序则各不相同。

三、信用增级与信用评级

（一）信用增级

资产支持证券的市场在很大程度上是信用等级为 AAA 的市场。换句话说，资产支持证券至少会得到一家（经常是两家，但有时是三家）权威信用评级机构的最高信用评级。但是，资产支持证券也会在 AA、A 或 BBB，甚至有时在非投资级或未接受评级的情况下发行。但为了使应收款组合能够支撑高等级的固定收益的证券，信用增级通常是必需的。

从直观上来讲，信用增级都会增加金融资产组合的市场价值，成为资产证券化这个点金术的关键所在。几乎毫无例外，非政府信用的资产证券化都包括某种形式的信用增级。信用增级或者包含一个由第三方提供的信用担保或者利用基础资产产生的部分现金流来实现自我担保。但大多数交易利用了内部和外部信用增级相结合的方式，至于选择哪种增级工具将取决于在融资成本的约束下如何使增级成本最小化。

资产支持证券化中第三方提供的信用增级工具包括专业保险公司提供的保险、企业担保、信用证和现金抵押账户。

在外部信用增级中，最简单的形式是专业保险公司所提供的保险。这类保险公司必须为每笔投保的交易保留一定的资本以保护投资者。对一个被保险的 AAA/Aaa 信用等级的资产支持证券来说，专业保险公司为投资者及时得到利息和最终偿还本金提供了充分的担保。但是，专业保险公司只为投资级，即信用等级为 BBB/Bbb 之上的交易提供保险。

与专业保险相似，企业担保是企业保证使具有完全追索权的债券持有人免受损失。企业担保可以针对整个交易，也可以针对交易中的某个档级。在许多交易中，发行人自己为某些较低信用等级的档级提供担保。与专业保险不同，企业担保可以适用于投资级以下的交易。

信用证（Letter of Credit，LOC）实际上是由金融机构发行的保险单。在 LOC 的保护下，当损失发生时，金融机构必须按某一指定的数额提供补偿。

现金抵押账户（Cash Collateral Account，CCA）在信用卡应收款中是非常普通的信用增级形式。CCA 是向发行信托机构提供的再投资于某些短期合格投资的贷款。贷款金额可以通过从交易中获得的额外利差来偿还。所有由 CCA 担保的档级的损失将由账户中的收入来弥补。

大多数外部信用增级工具的主要缺点是容易受信用增级提供者的信用等级下降的影响。像前三种增级方式都受到信用增级提供者自身信用等级的限制，不可能达到比自身信用等级高的信用评级，因此证券的信用评级直接取决于信用增级提供者的信用状况。但是，CCA 则不同，因为对证券提供担保的是现金账户，所以证券的信用评级不受担保人的影响。

内部信用增级则避免了该类风险，信用增级是由基础资产中所产生的部分现金流提供的。内部信用增级的方式有建立次级档（Senior/subordinate Structure）、超额抵押以及利差账户（Spread Account）等，具体内容如下：

（1）优先/次级结构是常用的内部信用增级手段。简单说来，优先/次级结构就是将资产支持的证券分为不同信用品质的档级。不同档级的偿还顺序可以是按比例偿还，也可以是根据将损失先分配给次级档的顺序偿还。近年来，金融界出现了高档级的支持档，又被称为夹层档。由于这种结构建立了对优先档的额外支持，所以称为超级优先/次级结构。

（2）超额抵押是另一种常用的信用增级形式。超额抵押的信用增级结构利用了额外利差来支付债券本金。额外利差是在支付了所有费用和债券息票成本之后的金额。这种支付结构也称为涡轮结构，因为它加速了债券本金的偿还从而为损失建立了一个超额抵押的缓冲。

（3）以超额抵押作为信用增级的一种替代方法是使用利差账户。与超额抵押的结构相似，通过交易中的额外利差，利差账户的金额会上升至由评级机构确定的预先决定的水平。与超额抵押结构不同，额外利差是以现金形式在账户中积累起来并且以某些短期合格投资的形式进行再投资。

在实践中，大多数发行人通过内部的或外部的信用增级手段相结合实现信用增级。例如，超额抵押和利差账户都可以使现金流获得投资级的信用评级，然后再利用专业保险公司提供的保险就可获得 AAA 的信用评级。

（二）信用评级

信用评级是依据发行人、会计人员和其他专业人士所提供的各种现在的信息和历史记录，依据对发行人的审查，以及在资产支持的证券化中对发起人和基础应收款的服务商的审查、对基础资产的分析的基础之上进行的。当存在一种或多种形式的信用增级时，评级时也必须对信用增级的提供者进行分析。

在资产证券化交易中，信用评级机构通常要进行两次评级：初评与发行评级。初评的目的是确定为了达到所需要的信用级别必须进行的信用增级水平。在按评级机构的要求进行完信用评级之后，评级机构将进行正式的发行评级。

尽管不同的信用评级机构声称具有独特的评级方法，但实际上它们所采用的方法是类似的。下面以银行抵押贷款支持的证券（Collateralized Loan Obligation，CLO）交易为例来说明评级机构的评级标准和程序。

首先，评级机构要对基础资产，即银行抵押贷款的信贷质量进行评定。这是评级过程中的关键部分。具体说来，评级机构要考察银行贷款发放的标准、借款人的信用状况、贷款的地理分布和贷款组合的多元化程度等。由于对每笔贷款进行综合信用评级对证券化来讲是非常困难的，所以评级机构开始将信用评级体系与银行内部的信贷体系结合起来。尽管第一次从事银行抵押贷款支持的证券交易的银行可能会把大量的时间花费在与评级机构建立这种关联上，但与考察每笔贷款相比，花费的时间可大量减少。

其次，评级机构要对相关的参与人和交易的结构进行考察。服务商和受托人在证券化过程中是不可或缺的角色，因此对其信用状况也要进行考察。另外，交易的信用增级方式、流动性额度和触发事件的设计等结构设计上的问题也要接受审查。

最后，评级机构要将上述的审查结果输入自己的模型以满足预期的损失水平，并且考察在发生了最坏的情形后的损失水平，这称之为“压力测试”或“最坏情形测试”。多数评级机构都将 20 世纪 30 年代的大萧条作为最坏的情形。

另外，评级机构要对一些法律问题取得满意的答复。这些法律问题包括真实销售、破产隔离、完备性等重大的法律问题。在对证券化全过程进行了详细的审查之后，评级机构会公布得到的评级结果，也就是最终的信用等级。

四、资产证券化的种类

国际市场上的资产证券化产品基本上可以分为房屋抵押贷款证券（Mortgage Backed

Securities，MBS）和资产支持证券（Asset Backed Securities，ABS）两大类。ABS 又可以分为狭义的 ABS 和 CDO（Collateralized Debt Obligation，担保债务证券）两类，前者包括以信用卡、学生贷款、汽车贷款、设备租赁、消费贷款、房屋资产抵押贷款（Home Equity Loan）等为标的资产的证券化产品，后者是近年内迅速发展的以银行贷款等为标的的资产证券化产品。

（一）住房抵押贷款证券化

一般认为，资产化最初出现于 20 世纪 70 年代初的美国住房抵押贷款市场。20 世纪 70 年代之前，美国的利率水平较低，利率的波动幅度也相对较小，因此金融机构的资金来源比较稳定。1969 年开始，美联储为了控制通货膨胀，不得不采取高利率政策，使市场利率水平不断上升，而商业银行和储贷协会等金融机构却受到《Q 条例》存款上限的限制，其存款利率水平与市场利率水平的差距拉大，因此造成其竞争力的下降，经营状况恶化。为了摆脱这一困难局面，从事存贷款的金融机构不得不一方面出售一部分债权（主要是住房抵押贷款的债权），以改善经营状况；另一方面又尽力拓展思路、进行创新，寻找一种成本较低且较稳定的资金来源。同时，美国的三大抵押贷款公司：政府国民抵押协会（Ginnie Mae）、联邦国民抵押协会（Fannie Mae）与联邦住房贷款抵押公司（Freddie Mac）已经从金融机构的手中收购了大量的住房抵押贷款，并且为许多金融机构的住房抵押贷款提供担保，为住房抵押贷款的证券化提供良好的环境。为了转嫁利率风险，获取新的资金来源，上述三大公司和从事住房抵押贷款的金融机构纷纷将其所持有的住房抵押贷款按期限、利率等组合，并以此组合为担保或抵押，发行抵押债券，从而实现了住房抵押贷款的证券化。

住房抵押贷款证券化是一个复杂的金融创新工程，其参与主体众多，功能特殊且涉及面广，操作环节复杂，运行过程中潜伏着多种经济风险与金融风险，需要有相应的法规配套与政策支持，形成较大规模的住房抵押信用市场和较为完善的金融体系以及发达的抵押贷款信用担保与保险市场。

1. 传递证券（Pass - Through）。传递证券是房地产抵押贷款支持证券的一种，其发行者或证券服务者每月将借贷方的定期还本付息现金流传递给投资者。由于绝大部分的传递证券由机构（Ginnie Mae，Fannie Mae 或 Freddie Mac）发行或担保，传递证券的信用等级一般都是 AAA 级，被认为是投资风险较小的证券。

2. 抵押担保债券（Collateralized Mortgage Obligation，CMO）。抵押担保证券的产生源于投资者对各种投资期限和现金流稳定性的要求。传统传递证券的期限一般随房屋抵押贷款而定，大致在 10 ~ 12 年。现金流也呈现房屋抵押贷款还本付息的特性：本金随时间由小变大，利息由大变小。20 世纪 80 年代推出的 CMO 是以发行的传递证券或者房屋抵押贷款为标的资产，在此基础上发行了一系列不同期限、不同层次（Tranche）且依次偿还的债券。因此，与传统传递证券相比，CMO 具有投资期限灵活、收入稳定的特点。由于 CMO 用以作标的资产的传递证券或房屋抵押贷款通常是由机构（Ginnie Mae，Fannie Mae 或 Freddie Mac）发行或担保的，因此 CMO 具有较高的信用等级，最高可获得 AAA 信用等级。

（二）资产支持证券化

住房抵押贷款证券化之后，证券化技术被广泛运用于抵押债权以外的非抵押债权资产，由非抵押债权为担保发行的证券一般被称作资产支持证券，具体有下述几种：

1. 汽车贷款的证券化。汽车贷款证券化的思路与住房抵押贷款完全一致，也是金融机构盘活自身资产、获取新资金来源的手段。在证券化之前，汽车贷款的资金几乎完全由商业银行等存贷机构提供，而现在仅有1/4的汽车贷款仍由存贷机构提供，其余3/4的市场则依靠发行资产支持证券支撑。

2. 信用卡贷款的证券化。20世纪80年代中期是资产证券化取得飞速发展的时期，这很大程度要归于信用卡贷款的证券化。在1986年之前，除了持有直至借款人还款外，对信用卡贷款的处理方式一般是将其出售给某些金融机构，即将债权转让。从某种意义上讲，这种贷款出售也是一种简单而原始的证券化形式。这种证券化在1986年以后开始得到迅速发展。

3. 应收账款的证券化。在成功地将信用卡贷款和其他分期还款的贷款证券化之后，金融机构接下来便开始尝试将其余的资产组合证券化。首先取得突破并大规模发展的是应收账款的证券化。应收账款证券化一般由专门的中介机构即所谓SPV进行，它介于投资人与借款人之间，负责购买组合应收账款，寻找途径使之信用等级得到提升，想方设法提高流动性，并委托投资银行证券承销，这是应收账款证券化过程的核心。最具代表性的应收账款证券化形式是资产支持商业票据。

4. 基础设施收费的证券化。采取基础设施收费证券化的方式为基础设施建设融资是近几年来兴起的一种融资方式。基础设施收费证券化是指以基础设施的未来收费所得产生的现金流入为支持发行证券进行融资的方式。由于基础设施的收费所得通常具有能在未来产生可预测的稳定的现金流和可预测的缴费拖欠比例等特点，是很适合采取证券化融资的资产。

（三）银行贷款证券化

银行贷款证券化一般采取以下步骤：

1. 确定证券化目标，确定贷款的数量和结构，组成资产池。在贷款证券化的过程中，并非所有的贷款都能证券化，证券化的贷款首先应该考虑的是那些流动性不高，但具备稳定现金流、信用度高、且数额小、易组合的银行贷款。此外，也可以有重点地选择一些可以变现的不良贷款进行证券化，以发挥资产证券化的积极作用。在对不良贷款证券化时要更加谨慎，严格把关。

2. 对证券化资产进行风险分析。对数量大但相对规模却较小的贷款的风险分析应考虑这样几个因素：一是基础资产的评估标准；二是资产服务的特征和质量；三是历史的、可比的贷款损失和失误情况；四是其他可能影响支付行为的因素。对数量小但相对规模较大的贷款的风险分析一般根据资产集合不同部分的分析而综合确定，同时考虑其他可能影响资产现金流支付行为的因素。

3. 对实行证券化的贷款进行合理定价。对信贷资产的估价是资产证券化的核心问题，是资产证券化得以顺利运作的关键因素。对于优良资产可以其账面价值或高于账面价值进行定价。对于不良贷款则按实际价值进行定价，一般要打折扣，低于账面价格，对损失部分采取挂账计息，逐年归还。总之，对信贷资产定价的原则是落实在买方能够介入的价位上。

4. 对证券化资产进行信用增级。对证券化资产进行一定风险分析后，就需要对一定的资产集合进行风险结构重组，并通过额外的资金流来源对可预见的损失进行弥补，以降低可预见的信贷风险，这就是信用增级。信用增级分为内部信用增级和外部信用增级，内部信用增级主要有直接追索、超额抵押、购买或保留从属权利三种方式。外部增级是第三方为资产支持证券提供金融担保，从而增加资产支持证券的信用等级。目前，我国还缺乏外部信用增级机制，要推进我国的资产证券化，必须对我国资产证券化进行信用增级。对中长期债券应取得银行信用证明担保、第三方担保、保险公司保险和第三方抵押进行信用增级，加强其信用度，增强投资者的信心。

五、资产证券化的主要风险

（一）债务风险

债务风险是指基础资产（即被证券化的资产）的债务人不履行其债务责任的风险。这种风险可以在很大程度上通过以下方法予以回避：即设定一个合格条件，只有资产符合这样的条件，资产证券化专设机构（唯一业务是购买资产并发行资产证券）才能购买。这个条件应该是一个最低的要求。一个合约资产如果在某种条件下不被执行，或者被某个第三方索取权利或者牵涉到破产或被接管的某一方的索取权，对于这样的合约资产，发起人要向资产证券化专设机构说明并保证不提供给 SPV 购买。为了避免坏债风险，还可以由资产证券化专设机构从发起人那里收购更多的资产，使之超过对投资者支付的需要。对于公司应收款证券化项目来说，由资产证券化专设机构收购的构成这个项目主体的应收款应按照低于面值购买，这等于确保项目有超额的流动性，超过了满足融资成本的需要。对发起人而言并没有其他方法抵补坏债风险，如果想把这种风险完全转移，只有按照非追索条款出售资产。

（二）流动性风险

这是指证券化资产的收入不能由资产证券化专设机构在规定的时间内收到并支付给投资者。就 SPV 来说，显然答案是保证收入流和支出流相匹配。但这不能根本解决问题，比如突然的高违约率会造成突然的现金不足。在这种情况下，可以由发起人抵补现金短缺，但是不能因此造成发起人重新承担证券化资产的风险和损害资产证券化专设机构融资的表外特征。在这种情况下，由发起人提供给 SPV 的任何保障都仅仅和现金短缺有关，而这种现金短缺不是由于证券化资产的违约引起的。例如，在证券化项目开始时，发起人可以给予资产证券化专设机构一笔一次性的贷款，目的是抵补流动性风险。这个贷款是长期的、附属的，只有在资产证券化专设机构的其他所有债权人全部都得到偿付以后，并且证券化项目已经结束以后，才获得偿还。对于其他由于证券化资产的违约造成的现金短缺，一般由第三方信用增级者提供保护条款。

（三）基础风险

这是指证券化资产的利率风险，即基础资产的利息收入少于应该支付给投资者的利息。这种风险的可能性取决于证券化资产的种类。在完全由应收款进行的融资中，基础资产中没有利息收入。如果生息资产被证券化，如房地产抵押证券（MBS），其基础风险远比汽车或信用卡应收款证券的风险要大，因为从经验来看，汽车或信用卡应收款的利息率远高于抵押贷款利率，一般是在 LIBOR 或其他基准利率基础上加上一定的差幅，称为加息率（Spread 或 Margin）。对于融资采用固定利率，而基础资产是浮动利率的情况，也需要考虑基础风险。一种解决办法是进行利率互换，可以由发起人与 SPV 签订互换协议，但发起人不能重新承担基础资产的风险，这就要求互换协议按正常的商业条件来签订。

（四）再投资风险

这种风险也是特别针对生息资产的。这是指原先的高息资产在某一时间被提前偿还，而在当时的市场上无法使这些新偿还的资金重新获得类似的高利率。如果SPV的融资结构是按照名义的偿还贷款预付率设计的，而实际的偿还贷款预付率却远远超过原先设计，同时生息资产的市场收益率又出现下降（即用新释放出来的资金重新投资基础资产也无法获得高收益率），那么，由按照名义预付率计算的SPV融资的利息支付就无法满足了。这种风险可以通过几种方法解决，例如利率互换、安排第三方的担保投资合约（Guaranteed Investment Contract，GIC），或者对于资产证券一开始发行时就设计出快速偿还档和慢速偿还档等多档结构。多档次的发行不仅解决了利率不匹配风险和再投资风险，也对更广泛的投资者产生了吸引力。

（五）管理风险

如果某个发起人被任命为出售给资产证券化专设机构的证券化资产组合的管理人，这个发起人在不通知基础资产债务人的情况下擅自将资产风险予以转移，从而利用资产证券化逃脱了责任，结果，他人的利益就受到了损害，这就是管理风险。

除了上述几种风险之外，还存在一些其他风险，诸如政策风险、财产和意外风险、合同协议或证券失效风险、对专家的依赖风险等。所有这些风险都不是彼此独立地存在着，而是相互联系的。这些证券化风险的影响及发生的可能性因交易的不同而有所区别。因此投资者必须识别这些风险，分析其规模，审查减少风险的方法，以及正确估计那些减少风险的手段的有效性。

六、资产证券化与次贷危机

2007年爆发的美国次贷危机不仅使美国经济受到极大冲击，也对全球经济的稳定产生了不利的影响。从表面上看，这次危机是由抵押贷款利率上升和房价下跌引起的，但危机发生的根本原因是证券化的过程加剧了信息不对称，导致各种激励机制的扭曲和“流动性幻觉”的出现。

次级抵押贷款是向缺乏良好信用记录和财务状况的高风险借款人提供的抵押贷款。这些借款人具有财富少、信用得分低、收入不稳定等风险特征，违约的可能性很大，因此，要比优质借款人支付更高的首付款或更高的利率。次债抵押贷款引入了许多不同的价格档次和产品类型，使抵押贷款市场更接近于以风险为定价基础的价格配给。1980年美国实施的《存款机构非管制化和货币控制法案》取消了利率限制，1982年颁布的《选择性抵押交易公平法案》允许抵押贷款人发放利率和最终付款数目都可调整的贷款。1986年颁布的《税收改革法案》更是大大增加了借款人对抵押贷款的需求，这个法案禁止消费贷款的利息从应税收入中扣除，但允许第一套住宅和第二套住宅的利息从应税收入中扣除，这使得房屋抵押贷款比其他消费贷款更有吸引力。同时，随着银行管制的逐步取消与信息技术推动下金融创新的加速，美国银行业的竞争也日益激烈，开始进入综合经营时代。一些优质金融公司开始收购主要的次债机构，以实现所谓的“功能化增长”。

资产证券化无疑是过去20多年最大的金融创新。美国抵押贷款证券化开始于20世纪70年代，目前美国住房抵押贷款中的70%都已经通过证券化在二级市场出售。次级抵押贷款证券化的过程是：潜在的购房者直接向次级放款人申请贷款，贷款标准一旦被借款人接受，次级放款人便提供购房贷款，然后把以房屋作为抵押的贷款卖给银行和金融机构，销售收入被次级放款人用来提供新的抵押贷款。购买次级贷款的机构可以有几种选择：一种是担保抵押证券（CMO），一种是担保债务证券（CDO）。一旦证券池子组合好了，金融机构就可以通过风险分析来决定如何最好地把这个池子分成若干部分，然后由信用评级机构对每个部分进行评级。随后，经过信用评级的证券被推向市场，满足不同投资者的需求。

通过证券化，抵押贷款的风险不再集中在贷款发放部门，而是分散到了愿意通过承担风险获得更高收益的投资者手中，这就大大增加了放款人的放款意愿，由此导致资本市场资金的增加。在证券化市场的推动下，市场上逐渐出现了独立的抵押金融公司。竞争加剧了兼并和收购，导致次级贷款市场的集中度上升。

美国次级贷款证券化过程中出现的问题，首先是证券化导致贷款标准的恶化。贷款发起人的收益与贷款数量紧密联系，这样的激励机制虽然增加了贷款数量，但却不能保证贷款质量成为放款人的首要目标。在美国资产证券化的初期，贷款购买人有权利把那些“违约贷款”退回给发起人，并通过某些合约条款对贷款过程实施影响，但由于发起人自有资本很少，在违约率大幅上升时并不能承担回购的义务，加上贷款购买人能够通过证券化把风险转移给华尔街的投资者，对贷款过程也就缺乏监督激励。尤其是在低利率的环境下，出于对债券的强烈需求，一些放款人明显放松了贷款标准。其次，证券化加剧了信息不对称，作为抵押贷款的住房贷款有相当大的比例是通过代理机构发放的，发放贷款越多，收入越多，而这些代理机构并不会考虑放款人的风险。再次，证券化使不同层次的信贷市场更加紧密地相互依存，但同时也“分割”了信用和流动性。既然信贷被更多的投资者分担，单个投资者便会误以为整个金融体系更强劲有力，这反过来又为进一步冒险提供了激励。而当市场环境开始逆转时，首先遭受损失的投资者也更容易从一个市场转到另一个市场，通过动态对冲来防止未来的损失，从而加剧了市场的价格波动。最后，证券化可能导致“流动性幻觉”，一旦幻觉破灭，就有可能引发系统性金融风险。

美国的次贷危机并不意味着资产证券化本身存在某种内在的致命缺陷，更不能就此认为中国应当放弃资产证券化的尝试。我们应该吸取美国次贷危机的教训，在资产证券化过程中加强制度建设和风险防范。首先要建立有效的信息披露制度，使资产支持证券的投资者对基础资产的风险和收益有充分的认识，这一方面可以减少贷款出售方对投资者的误导，另一方面也可以缓解信息不对称可能产生的“市场稀薄”问题。其次，中央银行应强化对银行贷款质量的监管。再次，在提高信用评级机构公信力的同时，从制度上规范其行为。最后，建立有效的金融体系监管制度。

七、投资银行在资产证券化中的作用

（一）优化各种资产

缺乏流动性的资产种类很多，但并非都能证券化。为了保证证券化的成功实现，投资银行必须对发起人拟出售的资产进行详细分析、评价，选择出适合的资产，并进行优化组合。评判用于证券化的资产标准是看其是否具有以下特征：

首先，被剥离的资产未来能产生可靠的、可预测的现金流，并且这种资产权益相对独立，可以同其他资产所形成的现金流相分离。

其次，资产的现金流收入在资产存续期内能够分期实现，且资产存续期在 1 年以上，资产获取偿付的拖欠率和违约率维持在一个较低的水平。

再次，资产的债务人有广泛的地域和人口分布，能使意外事件发生的概率降低，能保证资产的现金流收入。

最后，证券化的资产有较高的变现价值。

（二）创立证券化载体

如果资产证券化业务主要由投资银行来实施，通常情况下，投资银行会创建 SPV（特设机构），以 SPV 为载体来收购资产并构建资产池，再以该资产池的未来现金流收入为担保发行证券。

SPV 是为了最大限度地降低信贷资产证券化发起人的破产风险对证券化的影响而建立的一个空壳公司，具体采用何种形式，取决于资产的特性和风险、相关的法律法规、税收以及资金筹措者的目的。SPV 购买的资产是一种“真实销售”，在法律上不再与发起人的信用相联系，它是一种有限或无追索权的交易活动。因此，在资产证券化发起人破产时，被证券化的资产不作为清算资产，这样就可以有效地保护投资者的利益。而且，SPV 本身是一个没有破产风险的实体，因而形成了破产隔离机制，即资产证券化发起人的破产不会影响 SPV 和投资者的财务状况。

（三）重新包装现金流

在有些情况下，SPV 会重新包装来自基础资产的现金流，包装者通常是一家投资银行，投资银行将 SPV 购买的资产划分为不同期限，分次发行债券。例如，一个快速还本档，一个中期还本档，一个长期还本档，每个档反映了预期基础抵押贷款的还本模式。当贷款被借款人归还时，本金首先流入第一档，直到第一档全部还本结束时为止，然后第二档开始进入还本序列，依此类推。

将现金流包装成具有不同期限、不同提前偿还风险特征的档次，满足了不同投资者的需要。例如，一个储蓄机构可以购买短期档债券，而一个长期投资者如养老基金则可以购买一个更长期的档，因而现金流再包装便创造了价值增值。

（四）承销证券

在资产证券化的过程中，证券发行人可以选择由投资银行承销，可以公开发售，也可以采用私募方式发行。但不论采取哪种形式，投资银行都可以自始至终参与其中，也可以参与其中的某些环节。

发行证券是资产证券化的关键环节。SPV 以发行证券所募集的资金购买证券化资产，基础资产的原始持有人因此而获得高流动性的货币资金。

SPV 发行的证券一般由投资银行来承销。投资银行承销工作的质量直接关系到资产证券化的进程以及证券化活动的成功与否。由于证券承销是投资银行的传统业务，在正常情况下，投资银行均能圆满完成承销任务。

（五）基金管理

投资银行可以作为委托管理人，即当证券化资产的债务人向 SPV 支付本金和利息时，SPV 将其存入信托账户，由投资银行（委托管理人）负责支付给投资者，如果存入资金不必立即支付给投资者，投资银行则要负责对其进行再投资。投资银行作为委托管理人，还应判断 SPV 提交的各种报告是否充分地披露了相关信息，并将符合要求的报告转交给投资者。最后，当 SPV 因各种原因不能履行其义务时，投资银行应能够承担 SPV 的全部义务。从这个意义上来说，投资银行是证券化交易中 SPV 和投资者、信用担保人和投资者联系的桥梁。

（六）充当咨询顾问

投资银行在证券发行过程中，会帮助发行人一起策划组织证券化交易，对基础资产的现金流进行分析和评估，选择出适合的资产，进行优化组合，确定收益和风险，同时也要保证整个资产证券化的过程符合相关法律法规等方面的要求。

（七）为证券提供信用增级

投资银行在承销资产担保证券时，为了增加证券的吸引力，往往要对资产担保证券提供信用担保，以增加其信用级别。

第四节　资产管理业务

本节的资产管理业务是指资产委托管理业务。

一、资产委托管理业务的含义

资产委托管理是指委托人将自己的资产交给受托人（如投资银行），由受托人为委托人提供理财服务的行为。资产管理业务是投资银行在传统业务基础上发展起来的新型业务。国外较为成熟的证券市场中，投资者大都愿意委托专业人士管理自己的财产，以取得稳定的收益。投资银行通过建立附属机构来管理投资者委托的资产。投资者将自己的资金交给训练有素的专业人员进行管理，避免了因专业知识和投资经验不足而可能引起的不必要风险，对整个证券市场发展也有一定的稳定作用。

二、一般运作程序

对投资银行而言，办理资产委托管理业务通常包括如下的程序：

（1）审查客户申请，要求其提供相应的文件，并结合有关的法律限制决定是否接受其委托。资产管理的委托人可以是个人，也可以是机构，但我国的商业银行由于受法律限制不能从事信托和股票业务，因此不得成为委托人。此外，资产委托管理还有一些其他的基本要求，如个人委托人应具有完全民事行为能力，机构委托人须合法设立并在有效存续期内，对其所委托资产拥有合法所有权，一般还须达到受托人要求的一定数额。一些按法规规定不得进入证券市场的资金，如信贷资金、上市公司募集资金和政府指定专款专用的资金都不得用于资产委托管理。

（2）签订资产委托管理协议。协议中将对委托资金的数额、委托期限、收益分配、双方权利义务等做出具体规定。

（3）管理运作。在客户资金到位后，便可开始运作。操作中应做到专户管理、单独核算，不得挪用客户资金，不得骗取客户收益。同时还应遵守法律上的有关限制，防范投资风险。

（4）返还本金及收益。委托期满后，按照资产委托管理协议要求，在扣除受托人应得的管理费和报酬后，将本金和收益返还委托人。

国际上对证券经营机构从事资产委托管理业务都有较为严格的规定。目前，我国对证券公司从事资产委托管理业务方面的法律法规正在不断完善，主要包括《证券法》《证券公司客户资产管理业务管理办法》《证券公司集合资产管理业务实施细则》。

三、投资银行资产委托管理业务创新方向

1975 年美国废除了股票交易固定佣金制度，各投资银行由此展开了激烈的价格竞争。在这种情况下，资产委托管理业务作为以收费为基础的业务创新，使得投资银行得以摆脱传统的以交易为基础的经纪业务的限制，成为投资银行收入的重要来源。2002 年以来我国证券公司面对着同样的情况。在新的市场形势下，曾经是证券公司重要利润来源的资产委托管理业务也面临着越来越大的压力：一方面，原有的盈利模式已不再适应新形势的变化；另一方面，随着金融改革及金融创新的加快，资产管理业务不再是国内证券公司的垄断业务，同时还面临着外资公司、基金公司、信托公司以及私募基金等方面的竞争。

（一）目前证券公司资产委托管理业务创新的难点

1. 金融品种较少，难以抵抗市场风险。我国资产委托管理的投资范围被限定为国内依法公开发行上市的股票、债券、基金及中国证监会允许的其他金融工具，同时，市场上缺乏金融衍生产品以及卖空机制，因此很难抵抗市场风险。

2. 规则的限制。欧美国家对金融创新实行鼓励的政策，法规无明文限制即视为许可，给金融产品的开发者很大的创新空间。相比之下，我国留给证券公司的产品开发空间却很小，任何新的产品未经批准均不得投放市场，而批准过程又极为繁琐。

3. 投资者不成熟，风险承受能力较弱。在我国，不论是机构投资者还是个人投资者，都缺乏长期的投资理财观念，基本上不愿意主动承担风险，普遍要求保本收益。而产品创新的内容之一是根据投资者的不同风险偏好设计不同的产品。如果投资者的风险偏好趋于一致的话，创新的空间也就非常小了。

（二）证券公司资产委托管理业务创新的建议

1. 法律定位上，明确证券公司资产管理业务适用《信托法》，为证券公司资管业务创造公平统一的竞争环境。我国现行《信托法》借鉴了英美信托的定义，在司法实践过程中，在明确业务性质、拓展业务范围、避免业务纠纷等方面发挥了积极的作用。信托制度财产独立、破产隔离以及所有权与经营权分离等功能，对于资产管理业务有十分重要的意义。

《证券法》虽然规定了资产管理业务是证券公司业务之一，但是没有任何法律、法规明确规定资产管理业务的法律属性，委托人、受托人、受益人权利义务不清晰，产品创新常常受到阻碍。

证券公司资产管理业务引入信托制度，可以起到如下作用：①为资产管理业务建立起财产独立和破产隔离的法律保障，吸引高端客户和机构客户的增量资金。②将资产的所有权与管理人的管理控制权分离，发挥资产管理人专业、勤勉的信托责任。③ 资产管理产品可以作为法律主体开展业务，解决财产权利登记和权利的行使主体不明的问题。④在包括信托、银行、基金的大资产管理领域建立统一的游戏规则，构建公平竞争和有效竞争的竞争秩序。

一直以来，证券公司资产管理业务的相关法律法规，受证券投资基金相关运作规范的影响较深，尽管这一立法思路曾经有力地推动了证券公司资产管理业务发展，但考虑到证券公司资产管理业务的私募性质，证券公司资产管理业务应追本溯源，明确其信托法律关系的本质，并以此为立法基础，明确包括证券公司资产管理在内的金融机构资产管理业务

均适用《信托法》。通过立法层面的推动为证券公司在资产管理业务方面参与市场竞争创造公平统一的条件。

2. 行业定位上，坚持私募为主、公募为辅，以差异化发展为创新的突破口。证券公司在长期的发展过程中，积累了大量的直接客户。这些客户，随着证券市场交易手段、交易品种的不断丰富与完善，其直接参与市场投资的能力与愿望被不断削弱，迫切需要证券公司提供与其需求相适应的理财产品，通过购买理财产品的方式，间接分享市场发展的成果。因此，证券公司资产管理完全可以发挥证券公司经营历史较长、业务门类齐全的综合经营特色，发挥能及时捕捉客户需求的优势，坚持私募为主、公募为辅的经营定位，围绕客户需求，加快产品创新，通过为中、高端客户提供特色化、定制化的一揽子服务，形成与其他资产管理主体的错位竞争，实现业务的新突破，最终实现“产品系列化、服务定制化、管理平台化”的发展目标。

3. 业务定位上，以资产管理业务为抓手，促进证券公司业务全面转型。证券公司应以资产管理业务为核心，整合经纪业务、承销业务、直投业务、金融研究业务等内部资源，构建“大资产管理平台”。

一是以资产管理业务推动证券公司盈利模式转型。通过完善产品线，努力增加产品销售收入和管理收入，替代佣金收入，进而摆脱对传统股票基金交易和通道业务的过度依赖。二是以资产管理业务促进经纪业务由通道式向财富管理模式转型。通过“服务手段”“管理能力”的产品化，为有自主投资能力的客户提供咨询服务，为没有自主投资能力的客户提供有针对性的理财产品。逐步形成普通客户集合化、高端客户定向化、私人银行客户资产配置化的产品层级。三是以资产管理业务促进传统投行业务向综合金融服务转型。为企业提供包括现金流管理、融资解决方案、战略规划、本外币资产配比等在内的综合金融服务，全方位介入企业资产配置与资产增值的全过程。

4. 落实以客户需求为中心的经营理念，努力打造不同风险收益配比的完整产品线。在竞争激烈的理财市场中，作为证券公司资产管理业务的主力的集合资产管理产品的规模较小，与公募基金、银行理财及信托产品存在较大的差距。究其原因，多样化的投资标的是不可忽视的重要因素。

从投资标的上看，相对于证券公司的集合理财产品，公募基金可以进行部分债券正回购，银行理财产品能够进行商业票据、银行票据、信贷资产和私募股权等的投资，并且能够通过银信合作的方式进行信托贷款，而信托产品的投资标的限制更少，类型更丰富。证券公司集合理财产品中高风险产品占比过大，以二级市场股票投资为主的股票型和混合型产品的比例已经超过75%。当证券市场低迷时，一方面，新产品发行难度较大，无法带来新的收入增长点；另一方面，股票型、混合型产品均以收取业绩报酬作为收入的重要来源，存续期产品也无法产生收入贡献。由此导致证券公司资产管理行业发展与二级市场的表现高度相关，一旦二级市场的行情趋于疲软，整个行业就会举步维艰。

5. 提高证券公司资产管理产品交易便利度，尝试开展集合理财份额转让。目前证券公司集合理财产品只能通过申购和赎回的方式参与或退出，产品的流动性受到较大的限制。为此，可以通过在交易所层面上进行客户间柜台转让来增加流动性。虽然把证券公司资产管理产品直接挂牌交易所，在所有客户间自由买卖并不合适，但是，在交易所层面设立一个综合业务市场，由交易所组织、证券公司协作，让特定的有风险承受能力的签约客户参与证券公司资产管理产品的份额转让则是可行的。

证券公司资产管理产品的份额转让，一方面可以促进证券公司资产管理快速发展，更加有利于促进产品创新业务的拓展，丰富资产管理产品类型，为投资者提供结构清晰、特色鲜明的理财产品；另一方面也为投资者提供了流动性，方便投资者参与和退出集合理财，减少交易成本和提高市场效率。

此外，随着合规客户的大量积累和证券公司创新产品的陆续面市，势必提高交易所资产管理类产品交易的活跃性。特别是多种交易工具的综合运用，将基金产品和证券公司产品结合，能够创造出多样的投资策略，增加交易所现有基金产品的活跃度。

6. 建立严格、充分的信息披露制度，有效防范信息不对称导致的对投资者的利益侵害。信息披露制度，是科学监管的基础。在强调契约自由的同时，应进一步严格规范信息披露制度，包括披露的内容、时效以及相应的罚则等。证券公司应该及时、准确、全面、完整地披露有可能影响委托人做出决定的所有信息，避免资产管理业务中由于信息不对称导致的对委托人的利益侵占和欺诈。

7. 进行严格的投资者适当性管理，确保将合适的产品销售给合适的客户。在服务方式上，国外投行基于客户结构的细分，分别为高端客户提供私人理财服务，为一般客户提供直销和投资顾问服务，为大型和机构客户提供全球综合投资咨询服务。

促进证券公司资产管理业务的发展必须对目标客户进行细分、制定差异化价值定位，并通过内部组织架构、绩效考核、产品服务管理、渠道建设和支持系统建设等多方面内部驱动力共同作用，实现产品和服务与客户需求的不断对接，为客户提供全面的资产管理和差异化的增值服务。

8. 加强内部风险管控，发挥行业自律作用。长期以来，监管部门高度重视证券行业的风险防控工作，特别是综合治理以来，监管部门都强调以“风险防控为主”。事实证明，这一监管思路有效降低了系统性风险，使证券行业得以持续、健康发展。

建立严格的内部风险识别与评估体系，包括技术监控手段、风控指标体系、业务操作规范等，确保经营风险整体上可测、可控、可承受。通过强化常规监管、过程监管和事后问责，并积极发挥证券业协会行业自律组织的作用，变传统的外部监管模式为主要依靠证券公司自省自警、行业组织自律自纠为主的新型监管模式，在严格信息披露监管的前提下，适度鼓励跨部门、跨业务条线的信息共享和业务合作，适当降低资产管理业务与经纪业务之间的跨墙限制。

随着相关法规的完善以及监管部门“加强管理，放松管制”的监管理念的转变，在监管机构的引导下，证券公司资产管理业务将迎来发展之春。证券公司的资产管理业务将从机制、产品到服务都迎来重大的变革，切实把握客户需求，适应市场变化，通过创新开拓市场，实现证券公司资产管理的跨越式发展。

专栏 11－2　　我国投资银行资管业务的发展

随着我国经济的发展，居民收入水平的提高、理财观念的增强，金融科技的进步以及相关政策法规的不断完善，我国资产管理规模实现快速增长，已经进入大资管时代。据前瞻产业研究院统计，2012 年我国资产管理规模为 27 万亿元；到 2016 年资产管理规模已达到 116 万亿元。按现有复合增长率预测，到 2020 年我国资产管理业务总规模将突破 200 万亿元。资管业务的角逐者主要包括商业银行、基金公司、信托公司、证券公司、保险公司、期货公司，其中基金公司可细分为公募基金、私募基金、基金子公司。在 2016

年资管业务存量市场中，商业银行理财产品余额为29.05万亿元，占比25.06%；基金公司合计管理资产规模为26.05亿元，占比22.47%；信托公司管理的资产规模为20.22亿元，占比17.44%；证券公司资管业务规模为17.31万亿元，占比14.93%；保险公司资管产品存量为15.11万亿元，占比13.04%。

受益于监管层对金融创新的大力支持，证券公司的资产管理业务迅猛发展，资产管理业务规模从2011年的2 818.68亿元飙升至2016年的17.31万亿元，资产管理规模占比由1.6%提升至14.9%。证券公司的资产业务可分为三个阶段：2012年前为探索阶段，彼时证券公司资管业务主要作为对接银行资金池工具；2012—2016年上半年为快速发展阶段，受益于集合资管计划由行政审批制改为发行制及投资标的和投资比例的放宽等监管红利释放，资金池业务和通道业务的快速崛起，券商资管规模高速增长，年均复合增速高达45%；2016年下半年起，随着金融行业去杠杆和金融监管的加强，证券公司进入调整转型阶段。

证券公司的资产业务分为定向资管计划、集合计划和专项资管计划，其中集合计划以主营监管套利的资金池业务为主，定向计划以辅助银行资产移表的通道业务为主，专项资管计划则主营资产证券化等创新业务。就目前来看，证券公司资管业务资产端的投资标的主要是非标准化资产和债券。非标准化资产是指未在银行间市场及证券交易所市场交易的债权性资产，负债端的资金来源主要是商业银行和信托公司。

2017年4月证监会对证券公司的资金池业务提出限制产品规模、限制投资范围、控制久期错配、控制杠杆倍数等要求。2017年5月证监会发言人首次提出全面禁止通道业务。由于受到金融监管方面的限制，证券公司的资管业务发展相应受挫，根据证券投资基金业协会披露，2017年一季度证券公司资管的资产规模为18.77万亿元，增速显著回落，委外业务、通道业务、资金业务和结构化产品发行与创设都受到影响。面对大资管行业的发展机遇，着眼未来，证券公司应清理资金池，放弃监管套利发展方式，摆脱同质化严重的通道业务，消除非标转标，回归资产管理业务本源，在规模增量受限情况下，增强主动管理能力，盘活存量资产的业务机会，依靠多样化产品和精准性服务满足客户多元需求，促成资金回流到优质资产，服务于实体经济。

（资料来源：任泽平，《券商资管传记：“银行的影子”和监管套利》，方正证券，2017年。）

第五节　从属业务

投资银行的从属业务是指其在开展主要业务过程中附带的、收入比重较小的业务。这些业务主要有以下几种。

一、证券保管业务

证券保管是指投资银行根据客户的要求，为其保管证券，并收取相应手续费的业务活动。

有价证券，尤其是不记名证券，一旦发生遗失、火灾、被盗等不测事件，就很难挽回损失，于是在无形中增加了投资风险。若将证券交给投资银行保管，一方面，无论证券的数量是多少，投资者只需一张投资银行出具的凭证；另一方面，若凭证遗失，可向投资银行挂失，减少不必要的损失，降低投资风险。此外，证券交易时，如果采用实物交割的办法，每次买进或卖出都需要反复的交接和清点，如果是异地交割更增加了交通运输的困难。投资银行开展保管业务以后，证券交割可采用保管单交割的方式完成，降低了交易成本，提高了交易效率。

（一）证券保管业务的基本要求

投资银行开展证券保管业务，必须首先注意以下的内容：保管的标的物必须完整无损，必须具有法律上的证据效力；保管的标的物必须是托管人所有，并且没有经济纠葛；投资银行必须为托管人保密；保管标的物的损失责任必须明确。

（二）证券保管业务的具体操作

1. 业务办理程序。托管人必须持有效证件，即法人资格证明或自然人身份证明，到投资银行的营业场所办理证券保管的登记手续，双方应当面验明标的物，由投资银行开具保管凭证，办理交割手续，投资银行开设专户立账，并封存标的物。当保管期满时，托管人出示证件，履行手续，双方互相交还保管凭证和标的物。

2. 保管单的内容。保管单是由投资银行交给客户的证券保管凭证。一张合格的保管单，必须具备较为完整的要素，一般应包括：托管人的姓名、地址、通讯方式，保管的券种、数额和期限，保管证券的支付日期、印鉴、证件和方式，保管单的编号，受理保管日期及挂失等有关事项，保管单位和经办人员的印鉴等。在保管单上，应明确双方的权利和义务，以免发生纠纷。

3. 业务的期限档次。证券保管的期限以 1 个月为起点，一般期限为 1 年，最长 3 年。托管方可根据具体情况，灵活掌握托管的期限。当保管的证券满一个期限以后，托管人可要求续保，办理延期手续，另行交费。保管的证券期满不取的，要加倍收费。若托管人提前取回保管物，保管费不退还。

4. 保管证券的收费标准。保管证券业务从办理开始，一次性收取保管费。费用收取的方法采用累进式收费方式，期限越长，费率越高。一般来说，保管费的收费率按票面金额的 0.1% ~0.6% 计收。

二、证券质押业务

有的投资者急需现金，但又不愿卖出手中持有的证券，投资银行提供的证券质押业务解决了这一问题。

证券质押业务是指投资者将持有的可交易的有价证券提交给投资银行作质押，投资银行收到质押证券后给予一定数额资金的融资行为。

（一）证券质押的作用

证券质押业务是一种资金融通行为，这与通过证券转让得到资金的行为不同。作为证券质押，投资者只要如约履行质押条件，其对该证券还拥有所有权，只有当违约到一定程度时，才会丧失这种所有权。

（二）证券质押的操作

证券质押的业务程序与抵押贷款的程序类似，但投资银行开展此项业务时，还应注意以下问题：

1. 被质押的证券必须是可供交易的证券，不能转让的证券不宜作为质押品，因为一旦投资者到期无力偿还，可交易的证券即可迅速地转让、变现。

2. 要确定一个合理的质押率。所谓质押率，一般指证券的面值或市场价值与所融通资金之间的比率。一般情况下，股票的质押率由质押期限的长短和市场收益率等因素决定；债券的质押率由待偿期的长短、票面利率和流通市场收益率等因素而定。

3. 在办理证券质押业务时，应事先明确规定证券所有权的转移等问题，明确规定双方未履行质押条款时的处理办法，记名证券应办妥证券过户的手续。投资银行应该对证券质押品逐一进行登记，并妥善保存，以保证质押品的完整。

三、通用信托业务

通用信托（General Trust）是指那些既可以由个人作委托人，也可以由法人作委托人的信托形式。最早的信托是为了帮助个人管理土地等私人财产而设立的，以后随着公司法人组织的大量涌现，并逐渐在社会经济生活中占据主导地位，法人信托成为信托的主要业务。由于要接受法人的信托业务，个人作为受托人已经不能适应信托业务的要求，于是法人组织的信托机构就应运而生。信托机构是以盈利为目的的服务性单位，为了扩大业务范围，就要根据不同的社会需求创造各种新的信托方式。有些可以信托的财产不仅企业法人拥有，个人也拥有；有些信托业务法人需要办理，个人也需要办理。于是信托机构在某些信托业务中既接受法人委托又接受个人委托，从而开创了通用信托业务。最典型的通用信托如投资信托、社会公益信托，都是以金钱为对象的信托形式。对信托机构而言，不论是个人委托人的资金还是法人委托人的资金都具有同样的投资功能，接受通用信托业务并不影响信托财产的有效运用。通用信托自产生以来，逐渐超过信托机构的其他信托业务。

投资银行目前开展的通用信托业务主要有以下几种。

（一）投资信托

投资信托实际上就是投资基金，即集合众多不特定的投资者，将资金集中起来设立投资基金，委托具有专门知识和经验的投资专家经营操作，共同分享投资收益的一种信托形式，基金投资对象包括有价证券和实业。19 世纪中期，英国的许多中小投资者为了分享海外投资的丰厚利润而创设了投资信托，委托专门的机构代为运用资金。百年之后，投资信托在美国盛行，1940 年，美国制定了《投资公司法》，真正确立了保障投资人利益的体制，使投资信托迅速发展起来。目前，投资信托不论在法律形态上还是在实务操作中日趋成熟。

（二）不动产信托

不动产信托是委托人将土地或房屋的财产权转移给信托机构，由信托机构根据信托契约进行管理和运用，所得收益扣除各种费用之后分配给指定受益人的一种信托形式。信托机构办理的不动产信托方式有多种，可以代为出租，也可以代为出售，有些国家还利用不动产信托来改造旧城区。

（三）公益信托

公益信托是指将不同委托人提供的资金合理而有效地运用于公共福利事业的一种信托方式。由个人或法人单独捐助的款项，或通过募集方式获得的款项，只要是为了公益目的，都可以委托信托机构代为管理或运用。在这里，捐款人即为委托人，作为受托人的信托机构必须充分尊重捐款人的意愿，使该笔资金得以有效地运用于某项特定公益事业。公益信托的资金相当于社会公款，它不仅受有关法律的约束，而且还接受社会公众的监督。

（四）管理破产企业的信托

管理破产企业的信托，是为了保障债权人的利益、合理处置债务人的财产的一种信托业务。凡是出现债务负担过重、资金周转不畅、不能及时偿还债务本息的，甚至出现资不抵债、需要解体清算的企业，都可以申请该项信托。信托机构作为受托人主要受理破产企业的财产处理事务。首先，信托机构必须清查债务人的破产财产和债务人的债权债务情况，然后接管破产人的财产并进行必要管理，最后为了保障债权人的合法利益，还需将信托财产进行拍卖，以便于抵偿债务，并将所得款项在所有债权人之间进行分配。在整个信托过程中，信托机构以自己的名义，执行债权催收、债务清偿、财产分配之职责，并且负责随时向债权人会议报告有关破产事务执行情况。信托机构的具体职责包括：①划分债务人的权限和债务状况；②清算债务人的财产；③管理破产企业的财产；④保障债权人的合法权益；⑤处理并分配财产，依据破产法规定的顺序依次向债权人偿还债务。

（五）处理债务信托

当一个债务人对许多债权人负有债务，在其出现支付困难而且又想避免“破产程序”时，可采用这种信托方式以达到清偿债务的目的。其具体做法是：债务人将其财产的全部或一部分移交给信托机构，由信托机构再按信托契约将所得价款用于清偿委托人的各项债务。这种信托业务与执行破产程序相比，具有许多优越性：①如果债务人宣告破产，其破产财产必须立即拍卖处理，但财产立即出售可能无法办到，或者只能以非常低的价格出售，从而使债务人蒙受无谓的损失。通过处理债务信托方式，将财产交给信托机构处理，就有一段时期来出售财产，因而获得较为有利的价格条件，减少债务人的损失。②按破产程序清偿债务，将有损于债务人的信誉，况且，经过一段时期后，债务人的偿付能力完全有可能得到改善，通过债务信托，既有利于债务人的声誉，又可使其继续经营，这对债权人和债务人都是有利的。

四、现金管理

现金管理或现金管理服务（Cash Management Service，CMS），是投资银行为客户提供的一种创新服务。现金管理的目的是为了解决企业在日常经营中不得不持有大量现金资产而产生的流动性和盈利性之间的矛盾，即让企业在能够保持其金融资产足够流动性的前提下，将其因持有现金资产而带来的机会成本降低到最低限度，以获取较大的资产收益。现金管理为企业提供了一条不需要任何额外资本的获利生财之道，也给投资银行等金融机构增加了新的收入来源。一般来说，在发达国家，如果企业接受现金管理的总金额为1亿美元，那么现金管理一年可使企业获得100万美元的收入。当然，投资银行也根据绩效获取相应管理费收入。现金管理现已遍及西方各国。

现金管理的通常手法是由一家投资银行先对企业有关的财务统计数据进行分析和预测，利用计算机建立有关数学模型，确定企业日常经营活动中应保留的最佳现金存量；制订有关现金收支计划，对企业财务收支实行动态管理，通过收账业务（早收迟付）、减少短期债务等手段，尽可能增加企业闲置（可用现金）余额。在上述基础上，投资银行为企业建立一种最佳现金流动性组合。该流动性组合能在保证企业主管业务需要资金时立即将组合中的资产变现，并使该组合在风险一定的情况下实现收益最大化。在进行实际的投资组合之前，投资银行要为企业制定现金组合管理的指标。

这些指标通常包括：①可以投资于货币市场的金融工具；②在每一种金融工具上投入的资金比例限度；③现金组合的期限和范围；④是否可以投资于欧洲货币金融工具和外国金融工具；⑤是否可以运用期货和期权交易；⑥所投资的金融工具的信用风险限制；⑦是否可以进行卖空证券交易或回购证券交易等。影响上述指标的主要因素包括预期的企业现金流，企业流动性资产的数量，客户对不稳定收入的承受能力，最终的投资范围，以及企业现金头寸的性质和管理目的等。

案　例

招商银行信贷资产支持证券

2008 年 11 月 20 日，招商银行宣布首期 40.92 亿元信贷资产支持证券成功发行，实现了贷款出表，释放资本金，增加中间业务收入三项既定目标。

一、交易结构

在此次的信托交易结构中，招行为发起机构、委托人、交易安排机构和贷款服务机构，中信信托为受托机构和发起人，其他参与本次交易的中介机构还包括：资金保管机构中国工商银行，交易管理机构华宝信托，信用评级机构联合资信评估，财务顾问渣打银行(香港)，会计顾问德勤华永会计师事务所，法律顾问北京市中伦金通律师事务所，主承销商中国国际金融有限公司。

根据《信托合同》规定，招商银行作为发起机构以信贷资产及相当于信托（流动性）储备账户和信托（服务转移和通知）储备账户的资金期限的资金作为信托财产委托给受托人，以中信信托有限责任公司为委托人，设立一个专项信托。

受托人向投资人发行本期证券，并以“信托财产”所产生的现金为限支付本期证券的本息和其他收益。“受托人”所发行的证券分为三级，分别为 A 级“资产支持证券”（包括：A1 级“资产支持证券”和 A2 级“资产支持证券”）、B 级“资产支持证券”和“高收益资产支持证券”。

证券的发行由“主承销商”组建的“承销团”来完成。“受托人”委托“贷款服务机构”对于“信托财产”的日常回收进行管理和服务。对于“信托财产”所产生的现金流，“受托人”委托“资金保管机构”提供资金保管服务。“受托人”委托“交易管理机构”提供与“信托财产”有关的各项交易管理服务。“受托人”委托中央国债登记结算有限责任公司（作为“登记托管机构”和“支付代购机构”）提供“资产支持证券”的登记托管和代理兑付服务。

二、资产池

资产证券化项目的资产池规模为 409 237 万元，包括 33 个借款人的 50 笔贷款。借款人分布于合肥、深圳、济南、郑州等 20 个省区，涉及行业包括道路运输业、铁路运输、有色金属、房地产等 21 个行业，资产池的加权平均信用级别 AA－/A＋，加权剩余平均期限为15个月。

三、资产支持证券设计

根据招行与中信信托的《信托合同》规定，在信托财产交付日，招行将上述贷款组合作为信托财产委托给中信信托，发行总额为409 237万元的资产支持证券，采用优先/次级权益的结构方式发行，分别为优先A1级资产支持证券、优先A2级资产支持证券、优先B级资产支持证券和高收益级资产支持证券。

在组合中，优先A1级证券信用评级等级为AAA级，为固定还本计划固定利息证券，发行规模15亿元，占发行总量的36.65%，发行利率为4.26%；优先A2级证券信用评级等级为AAA级，为转手浮动利率证券，发行规模192 941万元，占发行总量的47.15%，发行利率为一年期定期存款利率上浮140个基点（Basis Point或Pips，也称BP）；[1] 优先B级证券信用评级等级为A级，发行规模45 016万元，占发行总量的11%，发行利率为一年期定期存款利率上浮235个基点；次级证券未予评级，发行规模21 280万元，占本期证券发行总量的5.2%。

在此次信托成立的当日，招行就可以终止已信托予受托人的40.92亿元贷款，腾出等额贷款规模；资本消耗大幅度降低；此外，招行还可以通过提供贷款服务和持有高收益证券的方式，获得一定的贷款服务费收入和证券投资收益，预计贷款服务费收入约为2 000万元。

思考题

1. 租赁有哪些主要类型？
2. 投资银行在融资租赁业务中有哪些作用？
3. 如何防范租赁风险？
4. 投资银行的咨询业务主要包括哪些部分？
5. 资产管理业务包括哪些内容？
6. 阐述资产证券化的发展过程。
7. 资产证券化有哪些风险？

[1] 基点是最小变动单位，即报价的最后一位数。在表示利率时，一个基点即为0.01%。

第十二章

投资银行业务的国际化

本章学习重点和要求

◆了解投资银行业务国际化的表现；

◆理解投资银行业务国际化的背景；

◆明确投资银行业务国际化的原因；

◆掌握有关外资股的基本知识，尤其是外资股的申请条件与发行准备；

◆熟悉国际推介与询介、国际分销与配售的过程；

◆知晓国际债券的有关内容。

第一节 投资银行业务国际化概述

一、投资银行业务国际化的表现

投资银行业务国际化主要表现在以下几个方面。

（一）业务机构的全球化

在20世纪60年代以前，投资银行的国际业务尚未大规模展开，所以除了极少数投资银行拥有海外分支机构外，投资银行主要通过与国外代理行合作的方法开展国际业务，双方之间并不存在隶属关系，只是通过协商谈判确立了一种佣金分享、互相合作、互相独立的关系。1927年野村证券设立纽约代表处，但是在第二次世界大战期间关闭。由于没有自己的分支机构，因而国际业务经营难免受制于人，独立的国际业务并没有得到有效的发展。

20世纪六七十年代，投资银行业务迅速发展，为了有效地开展国际业务，同时参与国际市场竞争，投资银行纷纷在海外设立分支机构。1964年，美银美林设立日本代理处。1970年，高盛在伦敦设立办事处。由于国际经济形势的变化使国际投资业务越来越多，也由于对信息收集和市场调研的要求进一步提高，代理制已经不再适应形势，于是海外分行制应运而生。1967年，摩根士丹利在法国巴黎成立摩根·哈杰斯·希公司。许多投资银行已经在世界所有的国际或区域金融中心设立了分支机构，国际业务规模迅速膨胀，纽约、伦敦、巴黎、东京、日内瓦等地接纳的国外投资银行分支机构数目大幅上升，且占据业务量龙虎榜的前列。

除此之外，投资银行还通过兼并收购的方式在短期内迅速增加海外业务机构，扩充业务，增强竞争实力。美林、第一波士顿、所罗门兄弟、雷曼兄弟、高盛、野村、山一、日兴、大和等各大投资银行无一不是并购的产物，而许多20年前存在的中小投资银行如今都已难觅踪影。1998年2月，美林公司花费3亿美元购买了已倒闭的日本山一证券公司的30余家分公司；法国兴业银行收购了山一投资顾问公司85%的股份；瑞士联合银行收购了山一证券信息公司。在东南亚金融危机中受到冲击的东盟国家金融机构也成为跨国投资银行收购的对象。新加坡发展银行收购了泰国的达努银行，因金融危机而于1998年1月挂旗清盘的香港最大的投资银行——百富勤集团，也被法国巴黎国家银行（BNP）并入麾下。2001年，瑞士联合银行集团以120亿美元的价格收购美国著名的投资银行普惠公司，并将其改组为瑞银普惠。2008年次贷危机发生后，野村证券收购雷曼欧洲和亚洲业务，加速并购整合过程的进行，保证其投行业务在全球的发展。

与海外业务网点的扩充相适应，投资银行对国际业务的管理机制已经比较完善，全球投资银行都有了负责协调和管理全球业务的专门机构，如摩根·斯坦利公司的财务、管理和运行部（Finance, Administration & Operation Division），高盛公司的全球协调与管理委员会（The Global Compliance and ControlCommittee）等。

（二）业务内容的国际化

从某种意义上说，投资银行在发展的最初阶段就和国际业务结下了不解之缘。早在18

世纪美国从法国手中购买路易斯安那州时，就得到过英国巴林银行的财务支持；许多美国铁路债券也在伦敦上市。这些都是最早的投资银行国际业务。

但是，20 世纪 60 年代之前，金融界并没有形成真正意义上的国际投资银行。这主要表现在投资银行的国际业务规模较小，业务种类也很单一，基本上还仅限于帮助本国公司在海外推销证券，或帮助外国公司在本国推销证券，或者帮助国外投资者介入国内市场，帮助国内投资者介入国外证券市场。国际投资的咨询服务、风险控制服务、欧洲债券业务、大规模的国际承销、国际资产组合管理等均没有发展起来。

20 世纪 60 年代以后，随着欧洲债券市场的兴起，投资银行国际业务不断发展，业务内容也不断创新。第一次典型的欧洲债券发行是 1963 年 7 月由英国商人银行华宝设计并作为主承销商为一家意大利国营控股公司进行的。这一新兴的国际金融工具在开创伊始就因其高度的保密性（投资者的姓名保密）、较好的收益性（免除利息预扣税，因而收益较高）和较强的市场流动性等优势受到了投资者的普遍欢迎，迅速发展壮大起来，并使投资银行国际业务出现了比较明显的分工：投资银行致力于欧洲债券和欧洲股票业务，而商业银行则更侧重于欧洲货币市场的借贷业务。一些新兴的业务是由原有的国内业务发展而来，但已具有了完全不同于国内业务的特点，而一些业务则一开始就是国际性的，如存托凭证。

进入 20 世纪 80 年代以来，随着经济全球化的趋势，资本的跨国流动达到了一个新的高潮。尤其是 20 世纪 80 年代末以来的企业跨国并购热潮，更为国际投资银行业务提供了新的发展契机。在 20 世纪 80 年代末美国经济不景气时，日本三洋公司、松下公司、三菱公司、本田公司等大举进军美国，收购了包括洛克菲勒中心在内的大量地产及部分传媒业。1996 年 2 月，英国石油公司与美国美孚石油公司宣布合并，组成新的石油公司，一举改变了著名的“石油七姐妹”的座次。1997 年 2 月美国普强制药公司与瑞典法尔玛西亚医药公司的合并，交易额高达 130 亿美元。2004 年 12 月联想以 12.5 亿美元购入 IBM 的 PC 业务，成为全球第三大个人电脑公司。2009 年 8 月中石化以 72.4 亿美元完成收购 Addax 公司，实现海外油气勘探开发的跨越式发展。2010 年 8 月吉利以 15 亿美元收购沃尔沃，成功进入高端汽车市场。2016 年荷兰皇家壳牌集团以 530 亿美元收购英国天然气集团，成为全球最大液化天然气公司。

投资银行作为资本运作的专业化中介服务机构，在这次跨国并购浪潮中一方面向收购方提供有关被收购企业情况的咨询服务，向被收购方提供有关产权转让方面的咨询服务，为并购提供融资咨询；另一方面，投资银行还在有关的交易中扮演主人的角色，如向收购方承诺提供贷款，这种贷款可以是投资银行的自有资金，也可以是投资银行作为受托人管理的资金。通过这些服务，投资银行迅速拓展了自己的业务范围，把触角伸向了世界各国的资本市场，从而完成了其国际业务的多样化、一体化。

同时，投资银行还利用其海外子公司和附属机构的抵押便利，使融资工具全球化、多元化。例如，摩根士丹利在美国的经纪交易商子公司——摩根士丹利国际公司握有大量抵押的便利，这种抵押的便利能使摩根士丹利国际公司获得贷款安排、信用证或其他融资渠道。而摩根士丹利公司在英国的经纪交易商子公司——摩根士丹利国际公司则通过提供回购协议抵押获取银行贷款。雷曼兄弟公司则利用其设在纽约、伦敦、东京、香港和法兰克福的子公司或附属机构从银行界、长短期投资者处获取全球融资，使其融资渠道国际化、融资品种多样化。

经过数十年的发展，如今投资银行不仅经营着证券承销、分销、代理买卖和自营等传统业务，而且在国际上从事兼并收购、资产管理、财产咨询、证券清算、风险控制、资金融通等活动，成了国际金融市场尤其是证券市场上的“国际百货公司”。这些大型的投资银行拥有大量国外资产，在国际范围内从事资产组合管理和风险控制等活动。

（三）金融市场全球化

投资银行开展其国际业务的市场已经全球一体化。随着金融自由化的深入，各国金融市场之间的联系日趋紧密。由于国际经济关系日益紧密，也由于世界各地的金融业务在地理条件、历史沿革、管理制度、机构设置等方面有着各自的不同，国际金融市场的业务活动实际上错综复杂、互相渗透，已经成为一个有机整体，其实际运作已打破了时间和空间的限制。国际金融市场处于昼夜不停的运作中，各种交易活动连环运作、此起彼伏，从而构成了庞大的、循环不息的国际性的金融交易系统。特别是由于投资银行国际化业务的推广，以前在业务上和地理上彼此分割的一些西方主要金融市场已进一步紧密地联系在一起，它们互相影响、互相促进，共同处于一个大市场中。

（四）金融工具的国际化

股票和债券是投资银行传统的业务工具。在投资银行业务国际化的过程中，传统的债券和股票被改良成欧洲债券、欧洲股票、全球存托凭证、全球债券等新型的国际金融工具，即金融工具的国际化。

欧洲债券是指借款人在其本国以外的市场上发行的以第三国货币为面值的国际债券。为了摆脱美国金融当局对债券市场的严格控制，20 世纪 60 年代在伦敦首先出现了以美元为面值的欧洲美元债券。20 世纪 70 年代，以西德马克、瑞士法郎和日元以及特别提款权和欧洲货币单位等为面值的欧洲债券比重上升，包括直接债券、浮息票据、可转股债券、附认股权证债券、合成债券等。随着市场的发展，1993 年英国在伦敦证券交易所首次发行了欧洲美元股票，宣告了欧洲股票的诞生。采用欧洲金融工具的形式发行的债券和股票，一般在多个国家的市场上同时进行交易，并由国际性的投资银行组成一个国际承销团进行跨境承销和包销，以求在国际范围内形成广泛的持股基础。

在投资银行的各项国际业务工具中，尤为值得一提的是全球债券的兴起。1988 年 9 月，两名世界银行分析家针对当时国际债券市场各部分之间被隔离的状态，提出了打破各市场的限制，在全球发行具有高度流动性的债券的建议。世界银行接受了这个提议并在欧洲、北美和亚洲各主要债券市场同步发行了 15 亿美元的世界银行债券，揭开了这种被称为全球债券的发行序幕。

全球债券的发行自 1989 年开始至今一直呈现上升的势头。从全球债券发行人的角度分析，在全球各地的主要金融中心同步发行债券，既能够通过这些金融市场之间的竞争而有利地募集资金，又可以提高发行者的国际知名度，日后可以借此进一步在国际金融市场上获得所需的经济资源。从全球债券的投资者的角度看，全球债券的设计创造了无与伦比的流动性。另外，它通过欧洲清算系统（Euroclear）和塞德尔清算系统（Cedel）以及美国的联邦电报系统（Fed Wire）清算，便利了各个市场的转移和交易。正是由于具备了上述优点，全球债券已成为一个迅速发展壮大的全球投资工具。

在国际资本市场上通过存托凭证融资也成为证券融资的重要方式。

1927 年美国金融业巨头 JP 摩根创建了存托凭证（Deposit Receipt，DR），是以被金融机构（主要是银行）托管的某种股票或债券为基础而发行的有价证券。因此，存托凭证实际上是一种托管凭证，而且也可以上市交易。JP摩根创设存托凭证的出发点是为了便于美国投资者购买外国股票。后来，欧洲、中国香港和新加坡等地也开始允许存托凭证的发行和交易。存托凭证根据其发行和上市的地点可分为：美国存托凭证（ADR）、欧洲存托凭证（EDR）、香港存托凭证（HKDR）、新加坡存托凭证（SDR）和全球存托凭证（GDR）。其中的英文字母A、E、HK、S和G分别是American、European、Hong Kong、Singapore和Global的首字母。美国存托凭证市场是目前世界上最大的市场。

存托凭证可以同时在几个国家上市流通，因而是多方位的融资工具。利用存托凭证融资具有很多优势：①由于存托凭证的发行和上市的条件限制比较宽松，因而可避免发行股票和债券所遇到的障碍；②克服有些国家限制本国养老基金等机构投资者直接购买外国股票的障碍；③手续简便易行。

美国存托凭证代表可在美交易的外国公司股票的所有权，多数非美公司通过获得美国存托凭证的方式实现在美国上市。存托凭证由存券银行、托管银行、存券信托公司三大主体完成运作。存券银行作为存托凭证的发行人和市场中介，为存托凭证持有者和基础证券发行人提供信息和咨询服务。托管银行保管存托凭证所代表的基础证券。存券信托公司一般为中央保管和清算机构，负责存托凭证的保管和清算工作。

最后需要格外强调的是金融衍生工具中的货币互换、货币掉期、利率互换、利率掉期等。它们不仅为国际债券、国际股票的发行和流通提供了很好的汇率、利率避险功能，成为交易的润滑剂，而且其本身也越来越多地成为跨国投资银行的交易对象。

二、投资银行业务国际化的原因

投资银行业务走向国际化，既是全球经济发展的必然结果，也是其自身发展的内在要求。

（一）竞争的压力迫使投资银行业务国际化

随着世界范围内金融资本的实力不断增强，新的金融工具、新的业务领域、新的金融市场、新的金融体制使投资银行业经历着一日千里的变化，尤其是开拓性的业务和日新月异的环境，更使之成为21世纪变化最快、最具革命性也最富挑战性的行业之一。有雄心、有实力的机构和个人纷纷投身其中，百舸争流，竞争日趋激烈。同时，商业银行和其他金融公司也绕过传统的严格的管理壁垒，渗透到投资银行的业务领域，侵蚀其地盘。金融竞争日益白热化，投资银行的平均利润率不断下降。在这种情况下，面对日渐饱和的国内市场，发达国家的各大投资银行纷纷转而进军国际市场，积极开发新兴国家或地区的证券市场，如墨西哥、新加坡、韩国、中东乃至中国的香港、台湾及大陆地区，并取得了可观的成绩。

从投资银行自身的主观要求来讲：①拓展国际业务有益于投资银行获取更多的利润来源，突破相对狭小的国内市场的限制，从而在竞争中占据有利地位。②通过国际业务，投资银行可以获得更多、更迅捷、更准确的信息，从而改善对本国客户的服务质量，满足国内外客户的需求。③由于金融管制在国内、国际的平衡性，金融管制过严的国家在国际竞争中处于不利地位，从而丧失了竞争能力和在国际市场上的份额。这样，开展投资银行的国际业务，就成了避开管制、寻求更宽松的投资环境的一种迂回方式。④将业务领域拓展到新兴工业国家和迅速发展的发展中国家，可以分享这些国家经济起飞时所带来的巨大利润。因此，在追求最大限度利益这一动机的驱使下，投资银行具有向外扩张的内在要求和动力。

（二）投资银行业务国际化是组合投资的需要

资本获利的前提是对风险和收益的有效搭配。进行国际投资组合实际上反映了“分散投资、降低风险”的投资思想。“不要把所有的鸡蛋放在一个篮子里”这句投资格言就是告诉人们要进行适当的资产组合，以降低风险，提高收益。现代投资理论也证明了这一投资理念的正确性。随着全球经济一体化，作为资本管理者和所有者的投资银行也必然要在全球范围内进行组合投资。从理论上讲，如果国际、国内证券市场的波动完全一致，也就是两者的收益率具有同步性，那么，投资于国际证券市场便不能起到降低风险的作用，进行国际证券投资便完全没有必要。但是，实际上，各国证券市场由于法律、制度、习惯等多方面的原因而保持着各自的独立性。在可预见的将来，这种相对独立性将依然存在。因此，国际资产组合可以起到有效分散风险的作用。

（三）跨国套利的需要促使投资银行业务国际化

由于各国的经济周期变化和政策偏好的差异，各国货币当局所奉行的政策往往有重大差别，这便造成了各国利率和汇率波动、资本市场的牛熊转换，这在客观上为投资银行提供了诱人的套利机会。

举例来说，20 世纪 90 年代初期，各个发达国家的经济处于相对不景气的阶段，市场利率大幅度下降，导致了资金大量流向各个发展中国家寻求更高的投资回报。例如，从 1990 年开始，美国的短期利率水平持续下降，到了 1992 年，3 个月国库券的利率降到 3%，资本追逐利润的本性，促使大量资本转向经济发展迅速的发展中国家寻找更好的投资机会，各大投资银行的业务和资产也相应地进行了国际化转移。随着发达国家在 20 世纪 90 年代中期经济的复苏，在 1994 年，美国的利率水平逐渐回升，3 个月的国库券利率由 1992 年的 3% 上升到 1995 年的 5% ~6%，资金又再度从发展中国家流向西方发达国家。

（四）金融壁垒的拆除和游戏规则的全球化，为投资银行业务国际化创造了条件

随着全球经济一体化程度的加深，国际资本跨国转移愈加频繁，规模日渐增长，迫使各主要市场经济国家不得不放松管制，金融自由化成为不可逆转的趋势。全球市场的更加开放，客观上推动了投资银行业务的国际化趋势。

从 20 世纪 70 年代末起，各国相继拆除了金融壁垒，使投资银行的全球化成为可能。1979 年，英国由于经常项目的持续顺差而取消了外汇管制。1979—1980 年，瑞典也放弃了外汇管制。1980 年，日本修订了《外汇管制法》，为外资金融机构进入日本市场打开了方便之门。同时，日本又批准外国投资银行在日本设立分支机构，开展某些业务。1981 年，联邦德国取消了对非本国居民购买本国债券的限制。1984 年，美国在继 1975 年向海外投资银行开放纽约证券交易所席位之后，废除了对非本国居民投资本国政府或公司债券征收的利息预扣税，大大加强了美国金融市场对海外投资者的吸引力。1986 年，英国推出了深刻影响金融市场的“大爆炸”（Big Bang）改革措施，彻底改变了伦敦金融市场以往僵化、落后的运行制度和经营作风，从根本上促进了英国金融市场的国际化。英国的这一举措极大地影响着世界各国金融监管机构，它们纷纷效尤，开放本国金融市场，使金融国际化成为一股不可抗拒的历史潮流，也使各大投资银行如愿以偿，得以方便地开拓国际市场。

1997 年 12 月 13 日，世界贸易组织经过长期的谈判达成《全球金融贸易服务协议》。这项协议的内容包括：允许外国在国内建立金融服务公司并按竞争原则运行；外国公司享受同国内公司同等的进入市场的权利；取消跨边界服务限制；允许外国资本在投资项目中所占比例超过 50%。这项新协议在 1999 年最终签署。这项协议以前所未有的速度推进金融市场的开放。此协议涉及全球 95% 的金融服务贸易领域。该协议中，世界贸易组织的 102 个成员国做出了在金融服务部门开放市场的承诺。据统计，共有 58 个国家和地区在保险市场上允许外资比以前有更大的市场准入范围，其中包括过去有严格限制的泰国、菲律宾及南美诸国。同时，59 个国家和地区允许外资银行可以在当地拥有全资附属公司及分行，44 个国家和地区允许外国证券商在当地设立全资附属公司及分支机构，全球金融市场的开放程度进一步提高。这为各国投资银行大踏步拓展其国际业务提供了充分的条件。

1999 年 11 月美国国会通过了《金融服务现代化法案》，废除了 1993 年《格拉斯—斯蒂格尔法》和 1956 年《银行控股公司法》的部分内容，取消了在金融领域内有关分业经营的限制性规定，允许银行、证券公司、保险公司相互兼并并且进行综合性金融服务。这是一项具有里程碑意义的金融法案，有助于促进金融业的竞争，加速金融服务系统的现代化，提高美国金融业在国际上的竞争力，推动美国金融业迈入一个崭新的时代。美国花旗集团和旅行者集团的合并，成为银行与非银行合并的重要模式，为新法案形成提供了现实的听证材料，对加速《金融服务现代化法案》的形成有积极影响。以华尔街大投行为主体的投资银行凭借雄厚的资金优势、人才优势和服务体系优势，经过对大量商业银行、保险公司和财务公司的整合，一跃成为航母巨轮。2008 年次贷危机的爆发使得美国大投行的规模和业务范围大幅收缩，但并没有改变美国投行的多元化业务结构和混业、集团化经营模式。

（五）国际融资证券化和创新金融工具的运用，增加了资产的国际流动性

按照罗伯特·索贝尔的定义，融资证券化包括融资手段证券化和贷款债权的证券化。融资手段证券化是指由传统的通过银行来筹集资金的方式开始逐渐向通过金融市场发行证券转变。这主要表现为商业票据、债券、股票等有价证券市场的扩大以及国际证券市场融资比重的上升。贷款债权证券化是指金融机构以贷款债权作担保的证券发行，即以证券交易转让贷款债权，使债券具有流动性。此外，不少国际间的债券和票据逐渐规范化和标准化，在品种、规格、收益计算、交易方式上都逐渐统一，出现了“同质化”的特征，在各国的金融市场上都可以买卖这些同质的金融衍生产品，使投资银行的债权证券化业务更趋于国际化。

（六）信息技术的飞速发展，为投资银行业务国际化提供了物质技术基础

长期以来，由于信息技术的落后导致国际清算的时效性和精确度差，曾是许多交易失败的原因所在。各国市场之间缺乏交易联网的技术手段，使每个国家坚持按其自有的一套结算程序规则办事。例如，德国的公司证券是在交易的 2 个营业日后结算；美国公司证券的结算是在交易的 5 个营业日后进行；而法国的证券结算则是每月一次。这种缺乏标准化的现象降低了交易撮合的精确度并增加了交易成本。此外，交易与结算相隔的时间越长，交易一方违约的风险就越大。随着证券交易额的上升，交割和清算制度的落后就越显突出。这种情况一直持续到 20 世纪 60 年代末，并对投资银行业的发展造成了严重伤害。1968 年 12 月，美国未交割证券金额达 41 亿美元，清算的差错率高达 25% ~40%，人工交割的落后和未交割业务的堆积使 100 多家投资银行倒闭。

这种情况促使了证券业电子技术的普遍运用。快捷的微型信息处理器和电信设备的广泛运用，使投资银行业开始有能力处理大量交易，并且不再局限于地域的限制。不仅加快了信息的传输，而且使交易的撮合变得更加便利。特别是20世纪80年代以来，卫星通信技术和微电子网络技术的兴起，不仅使国际间的资金结算划拨程序简化、成本大大降低，而且更重要的是使各国金融市场通过电话、电传、互联网等方式进行的无形交易不断增加，使全世界的金融中心和金融机构更加紧密地联系在一起，并最终促使了交易的国际联网。

1971年2月美国创建了纳斯达克股票市场，依靠信息技术成为世界上成长速度最快的市场，作为全世界第一个采用电子交易并面向全球的股市，它在55个国家和地区设有26万多个计算机销售终端。2006年纳斯达克首创世界上最高级别的初次上市标准，设置纳斯达克全球精选市场，将交易市场分为全球精选市场、全球市场和基本市场三个层次。纳斯达克股票市场凭借精确的市场定位、灵活的市场机制和先进的交易系统，促进了投行公司承销保荐业务的开展，如微软、苹果、谷歌、Face book、网易、京东等互联网科技公司完成了在纳斯达克市场的挂牌交易。

总之，现代科技的发展为以前隔离的各国金融市场能够紧密地联系在一起创造了必要的条件。在全球紧密联系的今天，融资活动完全可以建立在全球24小时交易基础之上，从而缩小了各个国家不同市场因时间、货币以及交易规则上的差别而带来的差异。同时，在全球市场上发行证券可以使得发行人和投资者相互寻找到其认为最有利的机会，证券公司或投资银行更须致力于为其客户在全球寻找合适机会，将业务触角伸向国际市场。

三、投资银行国际化的经验教训

风险管理是投资银行业永恒的主题。虽然国际业务的迅速发展给投资银行业带来了巨大的利益，但是投资银行所面临的风险并未因为业务的国际化而消除。跨国投资银行经营范围广，分支机构多，某一个环节发生问题都可能对整个投资银行产生重大的影响。但是全球性的金融监管机构却没有形成，国际金融市场因此而更显动荡不安。例如，具有悠久历史的英国巴林银行，因为年轻交易员的不正常操作而轰然倒塌，香港最大的投资银行——百富勤集团在东南亚金融危机的冲击下被迫清盘，这些都说明，在投资银行业务国际化的过程中，风险管理依然是投资银行的重要任务。西方国家投资银行业务国际化开展较早，其经验教训能给予发展中的我国投资银行业以启迪和警示。

（一）合理安排全球战略，处理好海外各附属机构、各业务层次之间的关系

国际化业务虽然给投资银行带来了巨大的利益，但同时也提出了新的要求。其中，最关键的一点是一定要合理安排全球战略，协调处理好各海外机构的业务活动。否则，在高收益的国际业务背后，可能隐藏着极大的风险，使庞大的国际投资银行毁于一旦。

合理安排全球战略，应注意处理以下几个方面的关系：

1. 处理好各海外分支机构的关系。投资银行一方面要根据业务需要，本着风险与收益相权衡的原则，合理设计各海外分支机构与母公司之间的组织结构形式；另一方面要根据集权和分权相结合的方针，加强对海外机构业务活动的控制和管理。在这方面，一个典型的例子是英国的巴林银行。由于其新加坡分行的一位年轻交易员——尼克·里森的疯狂冒进，竟使有200多年历史的巴林银行一夕覆灭。究其原因，根源就出在巴林银行对海外

分行的监控不力，没有合理确定责任与权限的分配。巴林银行总部允许其新加坡分行交易员里森一人身兼清算部负责人和交易部负责人两职，又没有设立一个独立的风险控制部门对里森的行为进行检查和监控，使他不仅很容易通过做假账的方法来掩盖其所遭受的亏损，而且能够以虚假信息挟制总部不断为他追加巨额资金。所以，在管理上，巴林银行不但没有很好地将海外分行业务纳入总部的全球战略体系，反而造成了海外分行对总行的资金“倒逼”，最终以巨额亏损将总行拖入破产。此外，该银行在组织形式上也缺乏科学设计。巴林银行若将其新加坡分行注册为有限责任公司，作为其全资子公司而不是分公司，里森的操作不当也不至于令整个巴林银行全军覆灭。

2. 处理好各业务层次之间的关系。西方投资银行几十年国际化发展的实践留下这样一个启示：以往那种全面出击的做法被实践证明是低效率的，根据自身优势和经营风格制定重点发展、特色经营的战略，应是投资银行开拓国际业务时的理性选择。投资银行应当客观判断自身的优势和不足，根据各项业务的进入成本和投资回报，相应调整向不同业务领域的投入，力求达到最佳的业务利润构成。

投资银行在突出业务重点的同时，还应注意适当的分散化经营，尤其是现代金融市场的游戏规则已经超越了投资银行传统的中介角色。例如，清盘前的香港百富勤集团，为东南亚尤其是印尼的多家企业安排发行了大量以美元计的企业债券和票据。作为发行商，百富勤集团只是融资的中介，本身不须承担赎回的责任。但按照市场规则，发行商有坐盘做市的义务，以保证债券和票据可随时成交。此外百富勤集团还一直为持仓的亚洲货币债券做掉期买卖。1996 年年报显示，百富勤集团该方面的持仓为 73.1 亿港币，占百富勤集团资产的三成多。1997 年公司进一步扩大这方面的业务，用于坐盘的债券、票据持仓额更是大幅度地上升。由于东南亚金融危机，大部分发行美元债券、票据的企业根本无力以美元赎回其债务，未对冲的持仓票据、债券对百富勤集团造成了致命的打击，坏账损失超过 110 亿美元。

2008 年美国出现次贷危机，房地产泡沫破裂，参与次级住房按揭贷款业务的美国投行巨头接连重挫甚至破产。2008 年 3 月美国华尔街第五大投资银行贝尔斯登公司被摩根大通收购。2008 年 9 月，拥有 158 年历史的美国第四大投资银行雷曼兄弟公司，由于深陷信用违约掉期合约（CDS）和担保债务凭证（CDO）产生的巨额亏损，宣布破产。同月，美国第三大投资银行美林公司因次贷危机，被美国银行作价 500 亿美元收购。2008 年 9 月五大投行中最后两家银行高盛和摩根士丹利向美联储申请转为银行控股公司，借此渡过次贷危机的难关。

（二）密切关注被投资国的宏观经济情况，防范系统性的国家风险

宏观经济的系统风险，是投资银行在决定其国际业务发展策略时首先要考虑的。失衡的国民经济结构必然会导致资本流向的扭曲，从而在金融部门累积大量的风险，为投资银行的国际化业务带来潜在的危机。尤其是这种风险一旦爆发，将导致该国整个金融系统的瘫痪，国内的各金融机构和各重要的金融市场的连锁反应，对包括国际投资银行在内的各部门造成的连带损失是极大的。因此，投资银行在选择其业务的地理指向时，不能不慎之又慎。特别是发生在东南亚的金融危机和美国的次贷危机，更让许多国外投资者在对外国市场，特别是新兴国家市场进行投资时多了一种顾虑。

（三）统一外汇管理，加强对外汇风险的控制

从理论上说，外汇风险是不可能绝对消除的，这涉及一国经济对内平衡和对外平衡的关系。众所周知，一国经济很难同时达到对内平衡和对外平衡的理想状态（绝对最优状

态)，一国政府只能根据自己的实际情况来选择一种“次优”的政策定位，或者优先保证对内平衡而放弃对外平衡，使本币币值上下波动；或者优先保证对外平衡而牺牲对内平衡，保卫固定汇率而放弃国内经济发展。所以，从这个角度上说，汇率风险和宏观经济风险是一对对立统一的矛盾结合体。

从当今国际金融市场发展状况看，国际金融体制自由化、市场化发展趋势，使得汇率、利率等经济指标变动越来越频繁，各国投资者对各种经济指标和经济事件反应越来越敏感，这又会进一步引起汇率、利率的波动，形成互相促进、互相推动的因果链。只要各国采用不同的货币，实行不同的货币政策，投资者在对外贸易、国际资本流动等国际交易中就会存在汇率风险，各国资本、资产定价就会存在不一致。因此，在各国开放资本市场情况下，出于投机目的而引起的资本流动难以完全避免。在这种情况下，对投资银行的外汇业务操作压力很大。

投资银行业务的汇率风险是因为投资于国外证券时须将本国货币兑换为外国货币，而将投资收益汇回国内时还需将外国货币兑换成本国货币，这两次货币兑换过程之间很可能发生市场汇率变动，这样便会影响证券投资能获得的本币收益，从而加剧了国际证券投资的风险。从理论上说，汇率的变化从两方面给国际证券组合带来了风险。一方面，汇率本身的波动可能使证券组合的本币收益率低于预期水平；另一方面，汇率波动会在一定程度上加剧证券市场的波动，即外汇市场与证券市场的波动之间存在着相关性。投资银行必须时刻密切监视各种外币币值的波动及其风险暴露，相机采取应对措施，以降低这些波动对公司业绩的影响。

(四) 加强对金融衍生工具的风险管理

20 世纪 70 年代以来，以固定汇率为特征的布雷顿森林体系崩溃，石油的两次大提价以及随后的利率频繁变动，使得传统的金融业务面临极大的利率、汇率等价格变动的风险。于是一些金融创新工具如利率期权、利率互换、货币互换等被当作套期保值的工具开始流行起来。最近几年，一些金融机构更是不遗余力地推出新的组合衍生工具，如封顶、保底、加圈、互换期权、汇价幅度期汇等，同时还开拓了新的衍生业务，如不动产类衍生工具、通货膨胀衍生工具等，使衍生工具交易迅速扩张。

金融衍生工具交易蕴含着高风险，投资银行在其国际业务的操作中，应对衍生产品业务进行严格的风险管理。具体可以从以下两个主要方面入手：

1. 对衍生业务投资的风险控制。这主要包括：根据资本多少确定持仓限额，以避免内幕交易和操纵市场的事情发生；制定适当的资本充足标准，以避免信用风险的发生；合理制定并及时调整保证金比例，以避免发生连锁的合同违约风险；加强清算、结算工具的流动性和变现能力；改革传统的会计记账方法和原则，参考主要针对衍生产品业务的财务会计准则委员会（FASB）的 105 号文件中对衍生工具风险衡量标准的规定，建立科学、合理的风险控制系统，降低风险发生的可能性。

2. 衍生工具交易的管理。这主要包括：交易员应本着严格按董事会批准的风险管理和资本政策操作的原则行事；交易员应根据市场的价格变动，及时、准确地向管理层和客户报告情况，并确定合理的止损标准，严格控制损失幅度；重视内部结算系统和价格管理，将风险管理与交易严格分开。

此外，还可以从加强对衍生业务市场的调查统计、完善外部人审计制度等方面进行配套监控。

第二节　外资股的发行和上市

我国经济的改革开放采取了适合我国国情的渐进模式，因此，我国证券市场的开放也采取了按照条件的逐步成熟而分阶段实施的步骤。采取外资股方式正是我国证券市场走向国际化的重要举措。

一、外资股的种类

外资股是指由我国的股份有限公司向国外或者港澳台的投资者发行的，以外币认购和交易的股票。此类股票以人民币标明面值，又称为人民币特种股票。

外资股大体可分为两类：①在境内证券交易所上市的外资股，即B种股票（简称B股）。②在境外证券交易所上市的外资股，包括H股、N股、S股和代表外资股的美国存托凭证等。

B种股票，是指以人民币标明面值，专供境外投资者用外汇折合成人民币认购，并用外币进行买卖的记名式股票。B种股票在上海和深圳两地的证券交易所挂牌交易。H股是指以人民币标明其面值，供香港和其他海外投资者以港币进行认购和买卖，在香港联合交易所上市的记名式股票。N股是指专供美国及其他海外投资者在纽约以美元认购和买卖的记名式人民币特种股票。S股是在新加坡发行和交易的股票。

外资股的发行方式大体可分为两种：

（1）公开发行。由于公开发行的股票要在证券市场上流通转让，因而发行人必须按照一定的法律手续向公众投资者提供法律规定的信息资料。

（2）定向发行。这是指发行人直接向与发行人经营业务有密切关系的特定的境外法人发行的股票。这种发行方式的发行对象不仅必须经过我国证券主管机构的认可，而且其数量也非常有限。

二、外资股的发行申请

（一）B股

1. 根据国务院证券委1996年1月25日颁布的《关于股份有限公司境内上市外资股的规定》及其1996年5月3日颁布的《实施细则》的规定，B种股票的发行主体限于《股票发行与交易管理暂行条例》第7条限定的股份有限公司，其中既包括已经依法注册设立的股份有限公司，也包括经批准拟“以募集方式设立”的股份有限公司，即实际上是处于募集设立状态的股份有限公司，上述两类公司在发行B股时，都应具备以下条件：

（1）所筹资金用途符合国家产业政策。

（2）符合国家有关固定资产投资立项的规定。

（3）符合国家有关利用外资的规定。

（4）符合国务院证券委员会规定的其他条件。

2. 此外，根据《关于股份有限公司境内上市外资股的规定》第9条，已设立的股份有限公司增加资本，申请发行B股时还应符合以下条件：

（1）公司前一次发行的股份已经募足，所得资金的用途与募股时确定用途相符，并且资金使用效益良好。

（2）公司净资产总值不低于1.5亿元人民币。

（3）公司从前一次发行股票到本次申请期间没有重大违法行为。

（4）公司最近3年连续盈利；原有企业改组或者国有企业作为主要发起人设立的公司，可以连续计算。

3. 根据《关于股份有限公司境内上市外资股的规定》第8条，募集设立中的股份公司发行B股还应具备以下条件：

（1）发起人认购的股本总额不少于公司拟发行股本总额的35%。

（2）发起人出资总额不少于1.5亿元人民币。

（3）拟向社会发行的股份达公司股份总数的25%以上；拟发行的股本总额超过4亿元人民币的，其拟向社会发行股份的比例在15%以上。

（4）改组设立公司的原有企业或者作为公司主要发起人的国有企业，在最近3年内没有重大违法行为。

（5）改组设立公司的原有企业或者作为公司主要发起人的国有企业，最近3年连续盈利。

（二）H股

根据我国证券监管机构与有关国家和地区证券监管机构签署的联合监管纪录，境外上市公司的外资股发行、上市、交易、信息披露和收购活动将受到我国和上市地监管机构双重监管，按照我国的有关法规，股份有限公司发行H股应具备的申请条件包括：

1. 其生产经营符合国家产业政策。

2. 急需建设资金，尤其是进入国家立项的企业，同时该行业或企业应是允许外商投资的，有经准许的引进项目、急需外汇资金的企业。

3. 一般情况下募集后股本总额应在4亿元人民币以上，募集后公有股占50%以上，募集前的股本面值应在2亿元人民币以上，募集的H股面值应在1亿元人民币以上。

4. 按33%的所得税税率和12倍市盈率计算的市值，按发行后的股本均摊后，每股价格应至少高于每股净资产。原则上，年创汇能力应高于H股股本面值的10%。

（三）N股

人民币特种股票N股的发行受中国和美国证券管理部门的双重监管。按照我国的有关规定，到欧美募股并上市的企业，募集前的股本面值应在10亿元人民币以上，募集的外资股股票面值应在8亿元人民币以上。此外，N股在美国发行及上市还必须满足美国相关法律的规定，主要有四个方面的要求：

1. 满足证券交易委员会发行注册登记的条件，其中主要是F-1表格的内容。

2. 满足上市注册登记的条件，其中主要是20-F表格的一、二和四共三部分内容。

3. 满足注册登记后申请上市的条件，主要是20-F和6-K表格，即年度报告和中期报告的披露承诺。

4. 满足证券交易市场上市的条件，对N股而言，也就是纽约证交所的上市条件。

2001年3月28日中国证监会发布了《上市公司新股发行管理办法》，对新股的发行做了新的规定，并明确说明境内上市外资股（B股）公司发行B股原则上也按照该办法执行。

三、国际推介与询介

主承销商在国有企业股份制改造中起绝对主导作用，其工作效果直接关系到企业重组和上市的效果。国际推介和询介就是主承销商发挥其作用的两个重要方面。

国际推介的内容包括为发行公司确立公司形象，以吸引投资者；与发行公司的管理层及聘请的公关公司保持密切联系，以商讨股票定价并提供有关上市事宜各方面的资料，包括市场策略的制定、推介对象的确立、发布新闻，并向机构投资者、金融分析师及传播媒介进行推介。

国际询介的内容包括：保证发行公司的上市符合具体上市交易所的上市规则的规定，如发行公司的某些条件不符合上市规则的规定，主承销商要提出处理意见；提出选择其他专业人士的意见和建议；对公司的现状进行分析，并根据企业重组的原则和模式，提出最利于提高发行市值的重组方案；对发行公司的会计、税务、公司形象、未来发展等提出建议；根据行业情况、市场情况及宏观、微观经济形势提出有关发行事宜的定价、不同地区的上市方式及上市时间等。其中许多问题还须由主承销商与发行公司协商后具体决定。

四、国际分销与配售

国际分销，主要是指以下几种情况：若发行的认购额不足，主承销商要按其负责的股数比例认购股份；组织强有力的承销团，于发行范围内发行股票；通过推介、非正式会议或洽商向机构投资者介绍发行公司；对机构投资者及个人投资者开展分销活动。

国际配售是指由发行公司或中间人把证券主要出售给经过选择和批准的人士或主要供这些人士认购。通常只有市值较小的证券，为了节省开支，能被允许采取配售方式发行证券，如果公众人士对该证券的需求很大，则交易所也许不会批准在买卖开始前就对证券出售做出初步安排和进行配售，因为交易所通常都设有“任何种类的上市证券无论在什么时候都必须满足有某个最低百分比被公众人士所持有”的规定。

五、外资股的上市

1999 年 7 月 14 日，中国证监会发布了《关于企业申请境外上市有关问题的通知》，对外资股的发行和上市做了新的规范，其主要内容如下。

（一）公司申请境外上市的条件

1. 符合我国有关境外上市的法律、法规和规则。
2. 筹资用途符合国家产业政策、利用外资政策及国家有关固定资产投资立项的规定。
3. 净资产不少于 4 亿元人民币，过去一年税后利润不少于 6 000 万元人民币，并有增长潜力，按合理预期市盈率计算，筹资额不少于 5 000 万美元。
4. 具有规范的法人治理结构及较完善的内部管理制度，有较稳定的高级管理层及较高的管理水平。
5. 上市后分红派息有可靠的外汇来源，符合国家外汇管理的有关规定。
6. 证监会规定的其他条件。

（二）公司申请境外上市须报送的文件

1. 申请报告。内容应包括：公司演变及业务概况，重组方案与股本结构，符合境外上市条件的说明，经营业绩与财务状况（最近三个会计年度的财务报表、本年度税后利润预测及依据），筹资用途。申请报告须经全体董事或全体筹委会成员签字，公司或主要发起人单位盖章。同时，填写境外上市申报简表。

2. 所在地省级人民政府或国务院有关部门同意公司境外上市的文件。

3. 境外投资银行对公司发行上市的分析推荐报告。

4. 公司审批机关对设立股份公司和转为境外募集公司的批复。

5. 公司股东大会关于境外募集股份及上市的决议。

6. 国有资产管理部门对资产评估的确认文件、国有股权管理的批复。

7. 国土资源管理部门对土地使用权评估确认文件、土地使用权处置方案的批复。

8. 公司章程。

9. 招股说明书。

10. 重组协议、服务协议及其他关联交易协议。

11. 法律意见书。

12. 审计报告、资产评估报告及盈利预测报告。

13. 发行上市方案。

14. 证监会要求的其他文件。

（三）申请及批准程序

1. 公司在向境外证券监管机构或交易所提出发行上市初步申请（如向香港联交所提交 A1 表）3 个月前，须向证监会报送上述第（二）部分所规定的 1 至 3 文件，一式五份。

2. 证监会就有关申请是否符合国家产业政策、利用外资政策以及有关固定资产投资立项规定会商国家计委和国家经贸委。

3. 经初步审核，证监会发行监管部函告公司是否同意受理其境外上市申请。

4. 公司在确定中介机构之前，应将拟选中介机构名单书面报证监会备案。

5. 公司在向境外证券监管机构或交易所提交的发行上市初步申请 5 个工作日前，应将初步申请的内容（如向香港联交所提交 A1 表）报证监会备案。

6. 公司在向境外证券监管机构或交易所提出发行上市正式申请（如在香港联交所接受聆讯）10 个工作日前，须向证监会报送上述第（二）部分所规定的 4 至 14 文件，一式二份。证监会在 10 个工作日内予以审核批复。

第三节　合格境外投资者及合格境内投资者

我国目前仍然实行较严格的资本管制，一方面限制了国内投资者在境外投资外币资产，同时也限制了境外的投资者在我国投资人民币资产。然而随着我国证券市场的不断发展和日益成熟，资本市场对外开放的需求不断加强。由于我国股票市场和国内其他金融市场发展都尚不成熟，国内货币体系存在一定脆弱性，因此完全开放资本项目，充分实现货币自由兑换的条件尚不成熟。出于保护我国较为脆弱的金融市场的目的，有限度地放松资本管制才是具有可操作性的方式。因此，合格境外机构投资者制度（Qualified Foreign Institutional Investor，QFII）及合格境内机构投资者制度（Qualified Domestic Institutional Investor，QDII）成为我国目前实现有限度开放资本市场的方式。

一、合格境外机构投资者（QFII）

（一）概述

QFII 是一国在货币没有实现完全可自由兑换、资本市场尚未开放的情况下，有限度地引进外资的一项过渡性的制度。QFII 只涉及外资流入内地证券市场，所牵涉的范围和问题较少，政策和监管方式的确定也相对简单，所以市场的政策预期相对较高。2002 年 7 月开始实施的关于允许外资参股证券和基金公司的规定，使我国在市场开放的道路上迈了一大步，也为未来 QFII 制度的引进和实施，提供了更积极的政策环境。

2002 年 11 月 5 日中国证监会和中国人民银行联合发布了《合格境外机构投资者境内证券投资管理暂行办法》，标志着 QFII 制度正式在我国开始实行。首家进入中国证券市场的 QFII 是瑞银华宝。2003 年 7 月 9 日，瑞银华宝下单买入宝钢股份、上港集箱、外运发展和中兴通讯这四只股票，标志着合格境外机构投资者正式进入我国证券市场。此后，又有高盛、盖茨基金、美国景顺资产管理公司、法国兴业银行等境外机构进入我国证券市场。其后我国证监会又于 2006 年发布了《合格境外机构投资者境内证券投资管理办法》，取代《合格境外机构投资者境内证券投资管理暂行办法》。2009 年 9 月国家外汇管理局制定了《合格境外机构投资者境内证券投资外汇管理规定》，在吸引中长期资金、便利投资运作和风险控制、强化资金汇兑管理与统计监测三个方面进行了充实和完善。2012 年 5 月，监管部门放宽 QFII 申请限制，允许同一集团多家机构申请 QFII 资格，允许已发行结构性产品的 QFII 增加投资额度；放宽对 QFII 投资比例的限制，不再要求 QFII 的股票投资比例不低于 50%；QFII 可根据自身投资计划，灵活对股票债券等资产进行配置，但现金比例仍不能高于 20%。2012 年 12 月，国家外汇局规定主权基金、央行及货币当局等机构的投资额度上限可超过等值 10 亿美元，但其他 QFII 仍受此 10 亿美元额度的约束。2015 年 3 月，外管局取消所有 QFII 10 亿美元额度上限，富达基金（香港）获得 12 亿美元的 QFII 投资额度，成为首家突破 10 亿美元额度限制的非主权基金、央行及货币当局的市场化机构。截至 2016 年年底，通过证监会资格认定的 QFII 已达 308 家，获批额度为 873. 10 亿美元。

（二）申请条件

1. 申请人的财务稳健，资信良好，达到中国证监会规定的资产规模等条件。

2. 申请人的从业人员符合所在国家或者地区的有关从业资格的要求。

3. 申请人有健全的治理结构和完善的内控制度，经营行为规范，近 3 年未受到监管机构的重大处罚。

4. 申请人所在国家或者地区有完善的法律和监管制度，其证券监管机构已与中国证监会签订监管合作谅解备忘录，并保持着有效的监管合作关系。

5. 中国证监会根据审慎监管原则规定的其他条件。

上述第 1 条所指的资产规模等条件是：资产管理机构需经营资产管理业务 2 年以上，最近一个会计年度管理的证券资产不少于 5 亿美元；保险公司需成立 2 年以上，最近一个会计年度持有的证券资产不少于 5 亿美元；证券公司需经营证券业务 5 年以上，净资产不少于 5 亿美元，最近一个会计年度管理的证券资产不少于 50 亿美元；商业银行需经营银行业务 10 年以上，一级资本不少于 3 亿美元，最近一个会计年度管理的证券资产不少于 50 亿美元；其他机构投资者（养老基金、慈善基金会、捐赠基金、信托公司、政府投资管理公司等）需成立 2 年以上，最近一个会计年度管理或持有的证券资产不少于 5 亿美元。

（三）投资范围

1. 在证券交易所交易或转让的股票、债券和权证。
2. 在银行间债券市场交易的固定收益产品。
3. 证券投资基金。
4. 股指期货。
5. 中国证监会允许的其他金融工具。

合格投资者可以参与新股发行、可转换债券发行、股票增发和配股的申购。

（四）托管人的条件

1. 设有专门的资产托管部。
2. 实收资本不少于 80 亿元人民币。
3. 有足够的熟悉托管业务的专职人员。
4. 具备安全保管合格投资者资产的条件。
5. 具备安全、高效的清算、交割能力。
6. 具备外汇指定银行资格和经营人民币业务资格。
7. 最近 3 年没有重大违反外汇管理规定的纪录。

外资商业银行境内分行在境内持续经营 3 年以上的，可申请成为托管人，其实收资本数额条件按其境外总行计算。

（五）托管人的职责

1. 保管合格投资者托管的全部资产。
2. 办理合格投资者的有关结汇、售汇、收汇、付汇和人民币资金结算业务。
3. 监督合格投资者的投资运作，发现其投资指令违法、违规的，及时向中国证监会和国家外汇局报告。
4. 在合格投资者汇入本金、汇出本金或者收益 2 个工作日内，向国家外汇局报告合格投资者的资金汇入、汇出及结售汇情况。
5. 每月结束后 8 个工作日内，向国家外汇局报告合格投资者的外汇账户和人民币特殊账户的收支和资产配置情况，向中国证监会报告证券账户的投资和交易情况。
6. 每个会计年度结束后 3 个月内，编制关于合格投资者上一年度境内证券投资情况的年度财务报告，并报送中国证监会和国家外汇局。
7. 保存合格投资者的资金汇入、汇出、兑换、收汇、付汇和资金往来记录等相关资料，其保存的时间应当不少于 20 年。
8. 根据国家外汇管理规定进行国际收支统计申报。
9. 中国证监会、国家外汇局根据审慎监管原则规定的其他职责。

二、合格境内机构投资者（QDII）

（一）概述

QDII 是在一国境内设立的机构，经该国有关部门批准，有控制地投资境外市场的股票、债券等有价证券投资业务的一项制度安排。设立该制度的直接目的是为了“进一步放松资本管制，以创造更多外汇需求，从而减少国际收支顺差，促进人民币汇率趋于均衡，并鼓励国内更多企业走出国门，充分利用国外的发展机会”。

2003 年 6 月，保监会[1]发布了《关于保险外汇资金投资境外股票有关问题的通知》，保险外汇资金可投资境外成熟资本市场证券交易所上市的股票，投资品种仅限于中国企业在境外发行的股票。同年 8 月，保监会、人民银行发布了《保险外汇资金境外运用管理暂行办法》，首次允许保险公司在核准制下在境外运用外汇资金对银行存款、债券、票据等金融工具进行投资。2006 年 5 月，《全国社会保障基金境外投资管理暂行规定》正式开始实施，拥有 2 000 多亿元人民币资产的中国社会保障基金正式启动海外投资。2006 年 4 月，《商业银行开办代客境外理财业务管理暂行办法》发布，QDII 完成了从试点到制度的转变。2007 年 5 月，中国银监会颁布了《关于调整商业银行代客境外理财业务境外投资范围的通知》；2007 年 6 月，中国保监会会同中国人民银行、国家外汇管理局制定的《保险资金境外投资管理暂行办法》正式实施；2007 年 7 月，中国证监会颁布的《合格境内机构投资者境外证券投资管理试行办法》以及《关于实施有关问题的通知》正式实施。至此，我国 QDII 进入了规范和加速发展阶段。

2006 年 11 月华安基金公司推出首只 QDII 产品，2007 年证监会发布 QDII 规范文件，QDII 产品获得投资者热捧。但是，首批次 QDII 海外市场投资经验不足，在 2008 年金融危机中损失惨重，QDII 市场发展遭遇重挫。随着投资经验的积累，进入 2010 年后 QDII 市场出现回暖。2014 年 11 月沪港通和 2016 年 11 月深港通相继开通，使得境外投资者可以通过香港利用沪股通和深港通参与沪深交易所的交易，境内投资者则可以通过沪深交易所的港股通参与香港证券市场。这些跨境投资渠道促进了 QDII 类基金的发展，使 QDII 在种类和规模上得到迅速增长。截至 2016 年年底，具有 QDII 资质公司的机构共有 132 家，其中投资银行有 48 家，累计获得 899. 93 亿美元额度。2017 年 5 月国外外汇管理局发布数据，2016 年年末我国对外证券投资资产（不含储备资产）3 596 亿美元。其中，股权类投资 2 057亿美元，债券类投资 1 540 亿美元。

（二）申请合格投资者的条件

1. 申请人的财务稳健，资信良好，资产管理规模、经营年限等符合中国证监会的规定。
2. 拥有符合规定的具有境外投资管理相关经验的人员。
3. 具有健全的治理结构和完善的内控制度，经营行为规范。
4. 最近 3 年没有受到监管机构的重大处罚，没有重大事项正在接受司法部门、监管机构的立案调查。
5. 中国证监会根据审慎监管原则规定的其他条件。

上述第 1 条所指的资产规模等条件是：基金管理公司的净资产不少于 2 亿元人民币，经营证券投资基金管理业务达 2 年以上，在最近一个季度末资产管理规模不少于 200 亿元人民币或等值外汇资产；证券公司的各项风险控制指标符合规定标准，净资本不低于 8 亿元人民币；净资本与净资产比例不低于 70%，经营集合资产管理计划业务达 1 年以上，在最近一个季度末资产管理规模不少于 20 亿元人民币或等值外汇资产。

（三）投资范围

除中国证监会另有规定外，基金、集合计划可投资于下列金融产品或工具：

---

[1] 现为银保监会。后同。

1. 银行存款、可转让存单、银行承兑汇票、银行票据、商业票据、回购协议、短期政府债券等货币市场工具。

2. 政府债券、公司债券、可转换债券、住房按揭支持证券、资产支持证券等及经中国证监会认可的国际金融组织发行的证券。

3. 在已与中国证监会签署双边监管合作谅解备忘录的国家或地区证券市场挂牌交易的普通股、优先股、全球存托凭证和美国存托凭证、房地产信托凭证。

4. 在已与中国证监会签署双边监管合作谅解备忘录的国家或地区证券监管机构登记注册的公募基金。

5. 与固定收益、股权、信用、商品指数、基金等标的物挂钩的结构性投资产品。

6. 远期合约、互换及经中国证监会认可的境外交易所上市交易的权证、期权、期货等金融衍生产品。

前款第1项所称银行应当是中资商业银行在境外设立的分行或在最近一个会计年度达到中国证监会认可的信用评级机构评级的境外银行。

（四）禁止投资的范围

除中国证监会另有规定外，基金、集合计划不得有下列行为：

1. 购买不动产。

2. 购买房地产抵押按揭。

3. 购买贵重金属或代表贵重金属的凭证。

4. 购买实物商品。

5. 除应付赎回、交易清算等临时用途以外，借入现金。该临时用途借入现金的比例不得超过基金、集合计划资产净值的10%。

6. 利用融资购买证券，但投资金融衍生品除外。

7. 参与未持有基础资产的卖空交易。

8. 从事证券承销业务。

9. 中国证监会禁止的其他行为。

（五）托管人的条件

境内机构投资者开展境外证券投资业务时，应当由具有证券投资基金托管资格的银行负责资产托管业务，托管人可以委托符合下列条件的境外资产托管人负责境外资产托管业务：

1. 在中国大陆以外的国家或地区设立，受当地政府、金融或证券监管机构的监管。

2. 最近一个会计年度实收资本不少于10亿美元或等值货币或托管资产规模不少于1 000亿美元或等值货币。

3. 有足够的熟悉境外托管业务的专职人员。

4. 具备安全保管资产的条件。

5. 具备安全、高效的清算、交割能力。

6. 最近3年没有受到监管机构的重大处罚，没有重大事项正在接受司法部门、监管机构的立案调查。

（六）托管人的职责

1. 保护持有人利益，按照规定对基金、集合计划日常投资行为和资金汇出入情况实施监督，如发现投资指令或资金汇出入违法、违规，应当及时向中国证监会、国家外汇局报告。

2. 安全保护基金、集合计划财产，准时将公司行为信息通知境内机构投资者，确保基金、集合计划及时收取所有应得收入。

3. 确保基金、集合计划按照有关法律法规、基金合同和集合资产管理合同约定的投资目标和限制进行管理。

4. 按照有关法律法规、基金合同和集合资产管理合同的约定执行境内机构投资者、投资顾问的指令，及时办理清算、交割事宜。

5. 确保基金、集合计划的份额净值按照有关法律法规、基金合同和集合资产管理合同规定的方法进行计算。

6. 确保基金、集合计划按照有关法律法规、基金合同和集合资产管理合同的规定进行申购、认购、赎回等日常交易。

7. 确保基金、集合计划根据有关法律法规、基金合同和集合资产管理合同确定并实施收益分配方案。

8. 按照有关法律法规、基金合同和集合资产管理合同的规定以受托人名义或其指定的代理人名义登记资产。

9. 每月结束后 7 个工作日内，向中国证监会和国家外汇局报告境内机构投资者境外投资情况，并按相关规定进行国际收支申报。

10. 中国证监会和国家外汇局根据审慎监管原则规定的其他职责。

三、合格境外个人投资者及人民币合格境外投资者

目前，中国证监会正在研究将 QFII 规模扩大，并推广到个人投资者层面，也就是合格境外个人投资者（Qualified Foreign Individual Investor，QFII2）。合格境外个人投资者制度可以看作是合格境外机构投资者的升级版。此外，我国还允许合格境外机构投资者用人民币在中国进行投资，即所谓的人民币合格境外投资者（RMB Qualified Foreign Institutional Investors，RQFII）。RQFII 境外机构投资人可直接使用人民币或将批准额度内的外汇结汇兑换成人民币投资于境内的证券市场。2011 年 12 月，证监会、央行、外管局联合发布《基金管理公司、证券公司人民币合格境外机构投资者境内证券投资试点办法》（下文简写为《试点办法》），允许符合条件的基金公司、证券公司香港子公司作为试点机构开展 RQFII 业务。该业务初期试点额度约人民币 200 亿元，试点机构投资于股票及股票类基金的资金不超过募集规模的 20%。

根据《试点办法》，试点机构应具备如下资格条件：在香港证券监管部门取得资产管理业务资格并已经开展资产管理业务，财务稳健，资信良好；公司治理和内部控制有效，从业人员符合香港地区的有关从业资格要求；申请人及其境内母公司经营行为规范，3 年未受到所在地监管部门的重大处罚；申请人境内母公司具有证券资产管理业务资格。在资产托管方面，试点机构开展境内证券投资业务应当委托具有 QFII 托管人资格的境内商业银行负责资产托管业务。在投资运作方面，试点机构可以在经批准的投资额度内投资于人民币金融工具，为控制风险，不超过募集规模 20% 的资金投资于股票及股票类基金，其可投资范围包括：① 在证券交易所交易或转让的股票、债券和权证；② 在银行间债券市场交易的固定收益产品；③ 证券投资基金；④ 股指期货；⑤ 中国证监会允许的其他金融工具。此外，人民币合格投资者可以参与新股发行、可转换债券发行、股票增发和配股的申购。在监督管理方面，证监会依法对试点机构的境内证券投资实施监督管理，央行依法对试点机构在境内开立人民币银行账户进行管理，外管局依法对香港子公司的投资额度实施

管理，央行会同外管局依法对资金汇出入进行监测和管理。截至 2013 年 3 月，RQFII 总投资额度已达 2 700 亿元人民币，已有 27 家基金管理公司、证券公司香港子公司获得 RQFII 资格，合计获批投资额度 700 亿元。其中，24 家试点机构获批额度合计 270 亿元，用于发行债券类产品；4 家试点机构推出 RQFII－ETF 产品，累计获批额度 430 亿元，境外投资者认购积极，净汇入资金近 400 亿元，全部投资股票，其他试点机构正在向香港证监会申请发行 RQFII－ETF 产品。

第四节 国际债券的发行

一、国际债券的种类

由外国政府、外国法人或国际机构发行的债券称为国际债券。国际债券的特点是发行人和投资者分属不同的国家，国际债券的发行人可以是各国政府，也可以是各国的工商企业。

国际债券分为外国债券和欧洲债券两大类。

（一）外国债券

外国债券是指一国发行人在某个外国发行的以该外国货币为面值的债券，如中国在日本发行的日元债券就属于外国债券的范畴。外国债券的担保和发售也是由债券市场所在国的投资银行负责承销，而且主要在该市场内分销出售。发行外国债券要得到市场所在国的同意，并受该国金融法令的管理。如在日本或其他市场发行以日元计值的外国债券须得到日本大藏省的批准，在美国发行外国债券要在美国证券交易委员会注册。

外国债券市场是一种传统的债券市场，早在 19 世纪就已存在，英国伦敦就曾是最大的外国债券市场。随着主要发达国家货币国际地位的改变和国际金融中心的变迁，现今形成了主要四大外国债券市场——美国、瑞士、德国和日本。其中外国筹资者在美国发行的美元债券称为扬基债券（Yankee Bond），在日本发行的日元债券称为武士债券（Samurai Bond），在英国发行的英镑债券称为牛头狗债券（Bulldog Bond）。

外国债券的发行方式分公募发行和私募发行两种，以公募发行为多。发行后便转入流通市场进行自由买卖和转让，其交易和清算一般通过“欧洲清算系统”和“塞德尔清算系统”进行。

（二）欧洲债券

欧洲债券是指某一国发行人在另一国发行的以第三国货币为面值的债券。如英国某家公司在法国发行以美元为面值的债券即为欧洲债券。它的特点是债券发行人、债券发行地点及债券面值所使用的货币分别属于 3 个不同的国家。

通常根据面值货币的种类，欧洲债券可做进一步的细分。如果面值货币是美元就叫欧洲美元债券，是德国马克的就叫欧洲德国马克债券，是瑞士法郎的叫欧洲瑞士法郎债券。以此类推，还有欧洲英镑债券、欧洲荷兰盾债券、欧洲日元债券等。

欧洲债券的特点是：①投资资金安全，收益率较高；②债券种类和货币选择性强；③流动性强，容易转手兑现；④免缴税款和不记名；⑤市场容量大而且自由灵活。第一笔欧洲债券是1961年2月1日在卢森堡发行的。随着欧洲债券的发行和交易不断扩大，终于在1963年1月形成欧洲债券市场。20世纪80年代以来，欧洲债券有了更快的发展。目前，欧洲债券已成为在国际金融市场上筹措资金的一个重要手段。

二、发行市场的构成

（一）发行人

债券的发行人是指为满足某种资金的需要而通过发行债券的形式筹集资金的法人。一般来说，各国债券市场对债券的发行都有一定的规定，只有财务状况良好，经营业绩稳健，并经过金融机构担保后的企业方可进入市场发行债券筹措资金。扬基债券的发行人以国际机构、外国政府以及政府机构居多，纯民间企业很少。此外，还有商业银行、储蓄银行和人寿保险公司这三大金融机构经常充当扬基债券的发行人。武士债券的发行人大多是需要在东京市场进行连续筹资的国际机构和一些要发行10年以上的长期筹资者以及大量的发展中国家。而欧洲债券的发行人，一半以上是各国政府、国营事业单位及国际性组织；其次是公司及金融机构，且以美国公司为主体。

（二）受托公司

受托公司又称代理发行公司，是指债券发行市场中的中介机构。从法律意义上说，债券发行公司是委托公司，代理发行的发行中介机构为受托公司。

受托公司一般由投资银行、证券公司或证券承销商担任，其主要职责是印制债券的本券；办理包括缴款在内的各种有关募集债券的事务手续；履行债券条款中所规定的保护投资者的有关义务。

（三）承销团

承销团是指由投资银行、债券公司或其他金融机构所组成的债券承销联合体。当一次发行债券的数量很大，并远远超过了一个承销商独自承销的能力时，为迅速销售巨额的债券，并分散承购责任，减少发行风险，许多投资银行、债券公司联合起来组成承销团。承销团的成员少则二家，多则几十家，最初的承销商（即发起人）是承销团的管理人。从法律意义上讲，承销团是一个以契约为基础的临时组织，因而各成员银行（或公司）所负有的债务和风险仅以其包销部分为限。承销团现已成为当今世界各国较流行的承销组织。

（四）财务代理人

财务代理是指接受发行人的委托，负责向投资者，即债券持有人支付本金和利息的代理机构。在日本，通常选择20家左右的银行和10家左右的证券公司，通过其分支机构在全国范围内定期向债券持有人还本付息。财务代理人的手续费规定为所支付利息的0.3%，所支付本金的0.2%。

（五）律师

律师是债券发行过程中不可缺少的人物。在债券发行的实际业务中，要制定许多合同文件，其中有很多问题要在法律上加以明确。因此，必须请专门从事这项工作的律师协助，以避免或减少法律方面的漏洞。债券发行人既可以在国内也可以在国外聘请律师。出色的律师能和发行人密切合作，在合同文本方面严格把关。

（六）有关管理当局

无论在哪国发行债券，都必须取得所在国金融管理机构的允许，才能进入市场筹措资金。例如，在发行武士公募债券时，要与日本的大藏省和东京证券交易所联系。

（七）投资者

国际债券的投资者主要来自银行或其他金融机构、各种基金会、工商财团以及广大个人投资者等。

三、发行条件

债券的发行条件是债券发行过程中的一个重要因素。发行条件的好坏直接影响着债券发行人的筹资成本。对于承销商来说，债券的发行条件关键是能否顺利推销所发行的债券，对购买债券的投资者来说，发行条件是比较各种债券吸引力的标准。债券的发行条件主要包括以下几项内容。

（一）信用评级

信用评级是指对偿还债务本金和利息履约的可靠性的测定，换言之就是测定不履约债务造成债券的本金和利息不能偿还的违约程度。信用评级的目的是把所测定的债券还本付息的清偿能力的可靠程度公布于投资者，以保护广大投资者的利益。债券的信用等级即为按时还本付息的相对可能性的指标。

债券的信用评级是债券发行和流通中的一个重要环节，通过提供风险信息，可使债券市场的顺利运营得到维护；通过专门的资信评级机构的评级，可以节约大量收集信息的费用。

（二）发行数量

确定债券的发行数量需要考虑以下因素：资金需要量、发行市场的具体情况、发行人的信誉水平、债券的种类、承销公司的承销能力等。一般来说，发行数量的确定主要应由承销商根据自己的专业性判断向发行人提出建议。发行过多往往会造成销售困难，甚至会影响将来的偿还能力；发行过少则不能获得足够的资金。发行数量一般都是事先商定的，但由于市场的行情经常发生变化，有时临近发行的最后阶段，也有进行增减变更、调整计划发行额的现象。在日本，债券市场还明文规定了一次发行债券的最高限额，如对世界银行规定为300亿日元，AAA级债券为200亿日元。

（三）偿还期限

债券发行人在确定债券的偿还期限时，主要考虑三个因素：

1. 发行人对资金需求的性质。发行不同期限的债券，主要是为了满足不同的资金需求。如果为兴建某建设项目筹集资金，债券的期限要随项目建设时期的长短而定。一般来说，偿还期限都确定在项目投产盈利之后。

2. 对未来市场利率的预测。如果预测市场利率今后要下降的话，发行人就要考虑尽量多发行短期债券。反之，筹资人就要考虑发行长期债券，这样既可以避免利率的风险，又可以减少市场利率上升所引起的筹资成本的上升。

3. 流通市场的发达程度。如果流通市场发达，投资者就敢于购买长期债券，即使遇到不测时也能够很方便地将其变现。

此外，投资者的心理状况、消费倾向、物价状况以及市场上其他债券的期限构成也是发行人在确定偿还期限时要考虑的重要因素。

（四）票面利率

债券的票面利率是指利息占票面金额的比率。票面利率的高低直接影响着债券发行人的筹资成本，这是债券发行条件中的重要内容。

票面利率的水平由债券发行者根据债券本身的性质和对市场的分析来确定，主要依据有：①债券期限的长短；②投资者的可接受程度；③债券的信用级别；④计息的方法；⑤证券主管部门对债券票面利率的现行规定。

一旦债券的票面利率被确定之后，便被正式印在债券的票面上，在债券的有限期限内，无论市场上发生什么变化，发行人都只能按确定的利率水平向债券持有人支付利息。

（五）发行价格

债券的发行价格是指从发行人手中转移到初始投资者手中的转让价格。简单地讲，由于债券的票面利率和实际收益率并不一定完全相等，所以债券发行价格的确定，除了债券期限这一既定的条件外，主要取决于债券的票面利率水平和发行时的市场收益率水平。

债券发行价格的一般计算公式为：

$$发行价格 = (票面额 + 票面额 \times 票面利息 \times 期限)/(1 + 市场收益率 \times 期限)$$

（六）认购价格

债券的认购价格，是指投资者购买债券所付的金额，在数值上等于发行价格。

（七）偿还方式

债券的偿还制度是为了提高偿还的确定性，保护投资者利益以及为发行人减轻偿还负担而制定的。国际债券的偿还方式通常分为两大类：

1. 期满偿还，是指在债券所规定的偿还本金的到期日偿还。

2. 期中偿还，是指在债券规定的最终偿还期以前偿还。期中偿还又可分为定期偿还、选择偿还和买入注销。定期偿还，是指债券发行一段时间后，每隔半年或一年偿还一定的金额，到期满时还清全部余额。选择偿还，是指在债券到期之前，发行人可以有选择性地偿还其债券的一部分或全部。买入注销，是指发行人从市场上或从债券持有者手中赎回其所发行债券的全部或一部分以注销其债务。

四、发行与承销方式

（一）发行选择

20 世纪 80 年代以来，西方各个主要的金融市场都得到了迅猛发展，国际化程度越来越强。但债券发行人究竟选择哪一个市场去发行债券却需要经过多方面考虑，反复衡量。一般来说，国际债券的发行要选择社会条件较好的国家作为其市场，这些国家要具备如下条件：

1. 政局比较稳定，能确保债券投资的安全；
2. 经济比较发达，金融市场上资金充足，有利于债券的发行和销售；
3. 债券交易市场活跃，能保证债券的流通性，交易方便，能促进债券的发行销售；
4. 货币信誉较高，从而使以这种货币标价的债券有较高的资信。

（二）发行方式

国际债券的发行方式主要分为以下两种：

1. 公募发行。这是向社会公众公开发行债券的方式。公募发行债券被认购以后，可以上市自由买卖，进行流通。目前大部分国际债券的发行都属于公募发行。

2. 私募发行。这是指以某些有限的特定投资者为对象发行债券的方式。私募发行债券一般不能上市流通，不超过一定时间不能转让给他人。

（三）承销方式

国际债券的承销与一般的股票和债券的承销一样，分别可采取代销和包销的方式。

五、我国国际债券的发行情况

1982 年 1 月 22 日中国国际信托投资公司（中信公司）首次进入日本东京债券市场成功发行了 100 亿日元私募债券，此后，我国的国际债券发行规模逐渐扩大。在 20 世纪 80 年代，我国发行的外币债券主要集中在日本、中国香港、法兰克福和伦敦。1993 年，中信公司首次在美国发行债券成功。1994 年 1 月，我国财政部由美国美林证券公司代理，在美、欧和亚洲债券市场发行了 10 亿美元的全球龙债，这是我国有史以来发行额最大的一笔国际债券。综合分析我国的实践可以看出，我国发行外币债券有以下一些特点：

（1）发行市场主要集中在日本东京债券市场，面值以日元为主；

（2）债券利率种类以固定利率为主，固定利率债券超过 90%，浮动利率债券较少；

（3）偿还年限在 5～15 年，其中 10 年期的为最多，基本上属于中长期债券；

（4）发行机构以中国银行和中国国际信托投资公司为主。

我国发行国际债券基本上是成功的，反映了我国已具备这方面的条件。由发行国际债券筹集到的资金绝大部分投放在国内重点、骨干项目建设上，如煤炭、港口、电讯设备安装、基础原材料、工业技术改造等，对加快我国经济发展起到了显著作用。

六、主要国际债券简介

（一）美国债券的发行

在美国债券市场发行美元债券，从开始筹划到正式发行大约需要 6 个月的时间。其具体步骤为：

1. 外国债券发行人首先向美国的信用评级公司，如穆迪投资服务公司和标准普尔公司等提供资料，以便调查和确认债券发行人的债券信用等级。

2. 债券发行人完成向美国证券交易委员会呈报注册文件工作。

3. 美国证券交易委员会对注册文件进行审查，并发出关于注册文件的评议书。

4. 债券发行人根据评议书中提出的意见完成注册文件的修改工作。

5. 债券发行人选择一名主承销商来负责组织承销团，从事承销及有关工作；主承销商提出发行债券的初步方案，广泛征求意见，以使债券发行人和债券投资者双方都能满意。

6. 发行债券，每次发行额一般 1 亿美元左右，发行期限 5～20 年不等。

（二）日本债券的发行

1. 日元私募债券的发行手续。

（1）发行人确定发行债券，选择主承销商。

（2）主承销商通过信用评级机构，对发行人进行信用评级，在认为可以接受该委托时，与发行人签订承销协议。

（3）主承销商为债券发行设立登记代理、支付代理、组织分销商，并代发行人办理各项官方手续。

（4）决定发行条件和认购人。

（5）日元私募债券正式发行，主承销商在规定的日期内向发行人缴款。

（6）债券持有人登记债券。

2. 日元公募债券发行的步骤。日元公募债券的发行手续比私募债券更为复杂，时间也比较长，通常需要3~4个月。发行的具体步骤如下：

（1）发行人选择主承销商、支付代理人，并计划发行债券的各项工作。发行人为主承销商编写有价证券申报书，主承销商向大藏省申请以及准备起草有关合同文件。

（2）有关文件起草完毕后，集体讨论有价证券申报书和其他合同文件。

（3）主承销商将讨论后的有价证券申报书及其定稿的合同文件印刷成册。

（4）向日本大藏省提交签字生效的有价证券申报书。

（5）由主承销商着手组织承销团，由发行双方共同确定承销团成员。

（6）根据外汇法，主承销商代表发行人向日本银行提交呈报书，申请批准支付日元投资资金。

（7）主承销商向承销团成员分发临时有价证券发行说明书，向投资者介绍发行人情况。

（8）根据外汇法，发行人向大藏省提交外汇申报书。

（9）发行双方开始交涉发行条件。

（10）最后决定发行条件，主承销商与其他承销团成员签订分销合同。

（11）根据募集生效的申请书，发行人签订承销合同，募集委托合同、登记合同和支付合同。将这些合同作为附件，第二次向大藏省提交有价证券申报书。

（12）有价证券申请书批准生效。

（13）开始销售债券。销售结束，投资者在规定日期内向发行人缴款。两个月后，债券在东京证券交易所上市。

（三）欧洲债券的发行

欧洲债券的发行方式分为公开发行和非公开发行。所谓公开发行是指债券在一个公认的证券交易所登记上市交易。欧洲债券多在伦敦或卢森堡证券交易所登记，亚洲债券在新加坡或香港证券交易所登记，德国马克债券则多在法兰克福证券交易所登记。经过公开登记的债券，通过证券交易所挂牌，得以定期提供投资者的市场价格信息。非公开发行是指债券不在任何证券交易所登记上市，手续简单，费用较公开发行方式低。推销过程大致是由几家国际性的金融机构、投资公司、保险公司、特别基金联合买断，销售网络较公开发行范围小。

欧洲债券的发行手续从时间上进行排列，可分为以下几个步骤：

1. 决定发行形式。根据欧洲债券市场的行情，决定债券的期限，决定发行固定利率债券还是浮动利率债券。

2. 选择有关发行单位。债券发行人要选定一家资金雄厚、经验丰富、信誉卓著的投资银行充当主承销商，由其负责组织一个国际性干事团、一个国际性承销团和一个国际性的销售团。这三组成员的职能是销售和代销。

3. 制定有关发行文件。制定募集和销售债券时所需要的发行说明书和承销合同等必备的文件。

4. 决定发行条件。由主承销商召集干事团推销和宣传将要发行的债券，并向承销团和销售团分发临时说明书，但说明书内不写明利率和发行额等最后的发行条件。

5. 合同签字。一般来说，由发行人、干事团和财务代理人的代表出席签字仪式，在承销合同和财务代理人合同上签字，签字后，即刻印刷附有最后发行人条件的正式发行说明书。

6. 交割。签字后，可向销售团分摊债券，并分发正式说明书。签字的 10 日之后进行交割仪式。

7. 上市。发行的债券在证券交易所挂牌上市。

七、熊猫债券和点心债券

（一）熊猫债券

2005 年 10 月，国际金融公司（IFC）和亚洲开发银行（ADB）分别获准在我国银行间债券市场发行人民币债券 11.3 亿元和 10 亿元，发行利率分别为 3.4% 和 3.34%，期限都是 10 年。这是中国债券市场首次引入外资机构发行主体，也是中国债券市场对外开放的重要举措和有益尝试。按照国际惯例，外国债券通常都有一个特别的称谓，故当时的中国财政部部长金人庆将国际多边金融机构首次在华发行的人民币债券命名为“熊猫债券”（Panda bond）。

一般来讲，大多数国家对外国债券的发行都实施更加严格的监管，如对票面利率、期限设计及发行者信誉等条款都有严格的制度规定，目的是保护本国投资者。所以，在国际金融公司和亚洲开发银行发行熊猫债券之前，中国人民银行、财政部、发改委和证监会于 2005 年 2 月 18 日联合发布了《国际开发机构人民币债券发行管理暂行办法》。国际金融公司和亚洲开发银行本次发行熊猫债券，比照中国人民银行在银行间债券市场发行金融债券审批项目办理，必须在我国银行间债券市场发行，发行利率也由发行者参照同期限金融债券的收益率水平来确定。

中国允许国际机构在国内市场上发行人民币债券具有重要意义。首先，这有利于推动我国债券市场的对外开放。在我国债券市场上首次引入国际发行机构，这是继当年我国银行间债券市场引入第一家境外机构投资者——泛亚债券指数基金后又一创新之举，标志着我国债券市场对外开放又跨出了坚实的一步。吸引国际发行机构发行人民币债券，不仅可以带来国际上债券发行的先进经验和管理技术，而且还将进一步促进中国债券市场的快速发展与国际化进程。

其次，有助于改善我国目前对民营企业的直接融资比重过低的现状，并将有利于降低国内贷款企业的汇率风险。按照目前获得的信息，本次 20 亿元熊猫债券的筹资用途将偏向于对国内民营企业的贷款。以往，国际开发机构主要通过在国外发行外币债券，将筹集的资金通过财政部门或银行以外债转贷款方式贷给国内企业。因而，企业因汇率波动而面临汇率风险。现在，国际开发机构直接在中国发行人民币债券，并贷款给国内企业，从而可以降低企业原来购汇还贷时所承担的汇率风险。

最后，尽管本次熊猫债券的发行规模还比较小，但有业内分析专家认为，允许境外机构发行人民币债券，标志着我国在放开资本管制进程中迈出了尝试性的一步。

（二）点心债券

自 2007 年 6 月起，中国境内的金融机构经中国人民银行和国家发改委批准后，允许在香港发行人民币债券。由于香港的人民币债券市场规模与内地相比明显偏小，从而限制了其发行数量，所以只能称作“点心”，而不是“正餐”。因此，凡在香港发行的以人民币计价的债券就被称为点心债券（Dim Sum Bond）。

2007 年 7 月，中国国家开发银行成为第一个点心债券的发行人。2008 年 12 月，中国开始允许在中国内地有较多业务以及在岸金融机构在香港发行人民币债券，这意味着在华外资银行法人银行也可以进入香港离岸人民币债券市场。2010 年 2 月，香港金融管理局宣布，只要符合现有的规定，且不涉及资金汇回中国内地，所有金融机构均可以在香港自由发行人民币债券。这一举动加快了点心债券的发行步伐。从 2010 年 7 月以来，该市场已经取得长足进展，截至 2011 年 3 月 1 日，已经发行未偿清的债券金额达到 740 亿元人民币。

和中国境内的债务类金融工具不同，点心债券的发行在所受管制方面比较宽松，无论是发行主体还是债券定价都没有严格限制。但如果要将发行所得的人民币资金进入内地境内使用，则需要得到中国境内相关的监管机构的允许。

麦当劳于 2010 年 8 月成为第一个发行点心债券的外国公司，这就使得点心债券具有了某种欧洲债券的特性。在人民币存在强烈升值预期的情况下，持有人民币负债显然面临很大的汇率风险。然而对麦当劳而言，发行人民币债券却有以下好处：

第一，点心债券的利率很低，三年期债券的年利率仅 1% 略多一点，而当时中国境内三年期的存款利率都高达 4.75%。点心债券的利率之所以如此之低，是因为香港的人民币存款利率更低，还不到 1%。多年以来，香港积累了大量人民币，但是投资获利的渠道很少，人民币资金供大于求，形成了低利率的人民币市场。

第二，麦当劳将发债本金用于中国境内的运营，能够达到资产负债货币相互匹配，降低汇率风险。麦当劳在中国境内的资产、收益等都是以人民币记账的，但是麦当劳美国总部对其投资却以美元记账。人民币对美元升值使麦当劳在中国的运营直接享受到汇兑收益的好处。但是一旦人民币贬值，也会使其在中国的收益受到不利影响。出于稳健考虑，麦当劳宁愿放弃人民币升值时候的收益，换取贬值时候的低风险。发行人民币债券后，如果人民币升值，麦当劳的资产、债务同增，反之同降，不会因汇率波动而盈亏。

第三，麦当劳的发债本金，得到中国监管机构的允许，可以调配回境内使用。这样，本金不必在境外闲置。允许人民币资金回流中国境内，有可能导致中国境内的流动性增加，加大通胀压力。显然，中国政府为了推进人民币的国际化和香港的人民币离岸中心建设，宁愿付出一定的代价。

虽然中国政府对发行点心债券筹措的人民币资金回流境内还有限制，但仍然有一些迂回的途径可以规避这种限制。例如，点心债券的发行人可以将人民币本金兑换成美元，然后通过现行 FDI 途径对境内外商投资企业进行注资，或者也可以股东贷款的形式回流境内。随着这种做法开始流行，在香港用人民币换美元的需求急剧上升，香港的可交割人民币（CHN）兑美元的汇率突然大幅度下跌，甚至低于境内的可交割人民币兑美元汇率。需要人民币的一方主要是拥有境外人民币结算业务试点的境内出口企业，因为这些企业可以用人民币收取出口货款，而且仍然能够获得出口退税。

八、中国内地与香港的“债券通”和“北向通”

截至 2017 年 5 月，在中国金融监管框架下，主要有三条途径供境外投资者进入中国内地债券市场，分别为合格境外机构投资者（QFII）、人民币合格境外机构投资者

（RQFII）以及三类符合资格的机构直接进入内地银行间债券市场（CIBM）计划[1]。这些开放渠道主要适应于对中国债市较为了解、能够承担较高的运作成本参与中国债市的外国央行和大型机构，而为数众多的中小机构投资者往往因为不熟悉中国交易和结算习惯等原因而找不到适合自己的投资渠道。正是在这样的背景下，债券通应运而生。

2017年5月31日，中国人民银行发布《内地与香港债券市场互联互通合作管理暂行办法》，建立了所谓的债券通，即香港及其他国家与地区的境外投资者经由香港与内地基础设施机构之间在交易、托管、结算等方面互联互通的机制安排。债券通包括“北向通”及“南向通”。“北向通”是指境外投资者参与内地银行间债券市场；“南向通”指境内投资者参与香港债券市场。“南向通”的有关办法目前还在制定之中。

“北向通”投资银行间债券市场的标的债券为可在银行间债券市场交易流通的所有券种，没有投资额度限制。境外投资者可使用自有人民币或外汇进行投资。使用外汇投资的，在其投资的债券到期或卖出后，原则上应兑换回外汇。

案　例

全球监管环境变化下的中资银行国际化经营

2008年国际金融危机以来，各国监管机构不断加强金融监管，以提升全球金融体系的安全稳健性。这对银行国际化的节奏和方向都产生了新的影响。在新形势下，中资银行业需要准确认识全球金融监管演变趋势，明确未来银行国际化发展方向，努力提升自身的全球竞争力。

一、国际金融危机以来的全球金融监管

从全球金融发展史看，每一次金融危机都会推动金融监管模式发生深刻变化。后危机时代，全球金融监管呈现出整体趋严的倾向，主要表现在以下三个方面。

（一）监管架构更加完善

国际金融危机之后，国际社会对危机成因和教训进行了深刻反思，认为需要从宏观视角防范和化解系统性金融风险，以弥补传统货币政策工具和微观金融监管的不足。由此，全球金融监管合作进一步加强，各国金融监管架构亦有所调整。

1. 优化全球金融监管架构。G20取代G7主导全球金融监管改革方向。2009年4月在伦敦举行的G20领导人峰会确立了全球金融监管改革方案，涉及领域包括传统金融机构监管、影子银行监管、衍生品市场改革、应对金融体系的顺周期性问题、缓解“大而不能倒”潜在道德风险、强化金融市场基础设施、改革国际会计准则等诸多方面，以增强全球金融体系的安全及稳健性。伦敦G20峰会将G7主导的金融稳定论坛（FSF）扩员改组为G20主导的金融稳定理事会（FSB），并使其成为全球金融监管改革的重要协调平台。

2. FSB的职能包括监控全球金融体系的发展、评估全球金融体系的脆弱性、协调不同金融部门的监管政策、监督并评估所有成员国实施金融监管国际标准的进展。国际监管机

[1] 三类机构是指境外中央银行或货币当局，香港、澳门地区人民币业务清算行，跨境贸易人民币结算境外参加银行。

构推进改革并加强与各国协调。巴塞尔银行监管委员会、国际清算银行等国际监管机构和各国监管机构加强协调，推进现有监管体系改革，推动各国实现一致的监管水平，做好国际监管标准的修订和全球推广。

3. 调整各国金融监管架构。各主要经济体金融危机后进行了监管架构的调整，主要包括：强化中央银行在宏观审慎政策框架中的核心地位，强调其拥有对系统重要性金融机构和重要金融基础设施的监管权；不同程度体现了宏观审慎视角下的审慎监管 + 行为监管的“双峰监管”理念；为有效防范系统性风险而设立“超级金融监管机构”，如美国、欧盟、英国和中国分别设立了金融稳定监督委员会、欧洲系统性风险委员会、金融稳定理事会和金融稳定发展委员会。

（二）监管要求更加严苛

以巴塞尔协议Ⅲ的发布为标志，全球金融监管对资本、杠杆率、流动性等一系列核心监管指标的要求全面趋严，以强化金融机构的风险应对能力。各国也出台相应政策，提出更为严格的监管要求。

1. 对资本提出更严格的监管要求。巴塞尔协议Ⅲ要求资本充足率新增留存资本缓冲和逆周期资本缓冲，其中留存资本缓冲需增加至银行风险资产的2.5%，逆周期资本缓冲需增加0~2.5%；全球系统重要性银行不但需提高资本充足率1%~3.5%，还计划实施总损失吸收能力（TLAC）要求。如我国需从2023年起满足TLAC监管要求，静态测算四大行TLAC工具缺口约为2.8万亿元；2018年拟实施的IFRS9，因新金融工具相关准则可能导致会计拨备增加，将对资本充足率造成不利影响。

2. 提出杠杆率监管指标。巴塞尔协议Ⅲ提出了杠杆率监管指标，以有效应对资本监管套利，防止银行过高的杠杆率带来的系统性风险。杠杆率指标有两个目标，一是通过采用简单透明、基于风险总量的指标对资本充足率进行补充，设置额外的缓冲，从而减少模型风险和计量错误带来的影响；二是为银行系统杠杆率累积设置底线，降低银行业整体风险水平。

3. 建立起流动性监管框架。巴塞尔协议Ⅲ首次将流动性风险监管提升到与资本监管同等重要的位置，强调风险的可计量性和可操作性，建立了统一的国际监管标准，引入了流动性风险监管的两个量化指标。一个是已实施的流动性覆盖率（LCR）指标，商业银行LCR应于2014~2018年年底分别达到60%、70%、80%、90%、100%，另一个是拟实施的净稳定资金比例（NSFR）指标。

（三）监管力度更加强化

国际金融危机后全球金融监管要求更加严格，合规风险防控形势更加严峻，监管力度明显加强，监管处罚不断升级，中资银行受关注度提高。

1. 重点领域监管日趋严格。各国监管日趋严格的重点领域主要集中在反洗钱与反恐怖融资、IT管理及网络安全、规范市场行为及保护消费者合法权益、董事会与高管层个人责任，尤其是反洗钱监管趋严较为突出。国际反洗钱和反恐融资领域的权威机构——金融行动特别工作组（FATF）持续推进国际反洗钱标准的建立和实施。该机构组织的洗钱风险互评估工作，通过率仅有15.4%。在FATF的趋严导向下，各国纷纷出台或更新反洗钱监管标准，金融机构反洗钱义务负担日渐繁重。

2. 监管处罚力度不断加大。据波士顿咨询公司统计，从2009年到2016年底，全球银行业因合规、反洗钱等问题而遭受处罚的总金额达3 210亿美元。2017年上半年，国际同业银行发生的典型监管处罚事件共计30笔，处罚金额总计高达近160亿美元，涉及20多家同业机构。国际监管处罚力度不断增强，特点包括处罚机构数量多、处罚金额大、影响面广、处罚手段形式多样、处罚领域有所延展。在监管处罚加强的背景下要重点关注两个变化：由单一关注行为违规转变为关注机构合规及反洗钱资源配置的充分性与工作机制的有效性，由处罚违规个体转变为向集团总部追责。

二、主动应对监管变化，加快中资银行国际化发展

尽管全球监管环境变化将对中资银行的国际化经营带来影响，但从长期看，这有助于进一步完善全球金融监管体系，提升金融机构的风险抵御能力与安全稳健性。新形势下，中资银行需要主动适应全球金融监管新体系和监管新要求，抓住“一带一路”建设、人民币国际化以及中国金融市场开放不断深化带来的机遇，不断提升自身的本地化服务能力，服务好中国经济全面开放的新格局。

（一）切实加强国际化经营的合规管理和风险管控

合规经营和风险防范是国际化经营的重中之重，要着力优化境外合规与反洗钱管理组织架构，加强管理机制和人才队伍建设，形成符合属地化标准的内控和反洗钱安排，并建设一体化风险控制体系，提高银行整体风险管控的系统性和前瞻性。

1. 把防控合规和反洗钱风险放在首位。在合规投入方面，提前主动的合规投入比接受监管处罚后被动整改和投入的代价和成本要小得多。如前所述，中资银行在合规投入方面与外资银行仍有不少差距，应持续加大对境外合规人员、系统等的资源投入，让境外机构具备与其业务规模、发展速度和风险程度相匹配的合规防控能力。业务定位和选择方面，审慎做好战略定位、业务准入和区位选择，坚持有所为有所不为，有进有退，时刻牢记合规为先。有效构建合规管理三道防线，要使三道防线融为一体，有效衔接。管理机制建设方面，充分发挥中资银行总行对境外机构合规管理的主导和监督作用，学习外资同业的先进经验，探索合规管理的区域化布局，指导境外机构推进合规与反洗钱管理专业化、精细化发展。队伍建设方面，落实境外合规官准入、考核和监督机制，用好管好合规官，储备和培养一批与国际化发展相适应的集团合规人才队伍。

2. 更加重视管好境外流动性风险和信用风险。流动性风险管理方面，指导境外机构合理把握资产增长速度，优化资产负债结构，严控期限错配，夯实存款基础；密切跟踪境外监管政策变化，督促境外机构在流动性监管指标上达标。信用风险管理方面，加强境外信贷区域、行业、客户结构的顶层设计，细分全球市场，有序退出不符合战略定位特别是有风险苗头的融资；加强境外信贷组织架构、岗位设置、人员配备、资质要求、履职标准等的管理要求，推动境外信贷人员队伍建设，加强专家治贷。

（二）加强资本管理并加快发展低资本消耗型业务

1. 优化资本规划和资本补充机制。统筹考虑风险、资本和收益，有效提升并保持资本充足水平。加快巴塞尔协议Ⅲ实施相关成果在信贷审批、限额设定、风险定价、绩效管理等领域的应用，通过精细化管理节约资本。积极研究资本工具创新，争取先行先试，发行满足巴塞尔协议Ⅲ要求的资本工具。

2. 主动调整业务模式，加快发展低资本消耗型业务。以打造重点产品线的全球服务能力为抓手，为跨境及本土客户提供包括跨境人民币、投资银行、金融市场、资产管理、全球现金管理等高附加值、低资本消耗型业务在内的一揽子本地化综合金融解决方案，增强核心业务竞争优势，推动境外机构可持续发展。

抓住人民币成为SDR篮子货币和境内金融市场持续开放的机遇，加快发展跨境人民币相关代理投资、债券承销、资产管理、资产托管、跨境电商，以及汇率、利率、商品交易等业务线。紧跟“一带一路”建设机遇，抓住已“走出去”的中资企业、外资企业境外总部、跨国公司等客户，加快发展财务顾问、并购融资等投行业务和全球现金管理业务。探索建立境外资产管理业务平台，提升产品创新、销售、投研和风控实力，推动境外资产管理和资产托管等业务发展。

（三）加快境外机构本地化发展，提升自主发展能力

1. 境外机构加快本地化发展和业务转型。加快拓展本地化公司客户，提升本地客户覆盖率和业务渗透率，尤其要主动营销驻在国的世界500强公司总部，加速拓展与中国有较多业务往来的大型跨国公司客户，以及价值贡献潜力大的当地和全球客户。加快拓展非公司类客户，抓住人民币入篮和境内金融市场开放契机，深入拓展境外代理行、非银行金融机构和境外主权机构客户，发挥集团整体优势，为其提供代理交易、“熊猫债”承销、资产管理、资产托管、投行等服务，推动境外机构经营转型与本地化发展。

2. 提升境外机构自主筹资能力。境外机构应进一步加强自主筹资能力，优化资产负债结构，减少对集团资金的过度依赖。进一步完善外汇资金管理机制，引导境外机构主动灵活争取外汇资金来源，加大存款吸收力度，夯实负债基础，主动提高存款在境外负债中的占比和境外机构自主筹资比例，发挥集团合力，做好重点客户外汇存款营销与服务，提升存款业务竞争力。在产业不断创新发展、智能融合、技术推动的新形势下，数据、场景、流量是金融科技未来发展的基石，在这一基础上延伸出的智能解决方案、智能风控、反欺诈、智能营销、智能催收、智能投顾等业务百花齐放。虽然过程坎坷起伏，但终点明确又清晰。未来，金融科技将成为金融产业下一阶段竞争的核心生产力。

（资料来源：胡浩：《全球监管下的中资银行国际化》，《中国金融》2017年第24期）

思考题

1. 投资银行业务国际化主要表现在哪几个方面？
2. 试简述投资银行业务国际化的背景。
3. 促使投资银行业务国际化的动因是什么？
4. 从西方投资银行国际化发展中我们可以吸取什么经验教训？
5. 外资股的含义是什么？申请发行外资股须具备什么条件？
6. 试分析QFII制度的实施效果，并说明原因。
7. 什么是国际推介、国际询介、国际分销、国际配售？这四者有什么联系与区别？
8. 什么是国际债券？发行国际债券须具备什么条件？国际债券的发行与承销方式有哪些？
9. 我国投资银行国际化的内涵是什么？结合实际谈谈我国投资银行国际化的现状与发展前景。

第十三章

投资银行的内部控制和外部监管

本章学习重点和要求

◆明确投资银行财务管理应遵循的原则；

◆熟悉财务管理的主要内容；

◆把握投资银行业务风险的来源及风险管理工具在投资银行业务中的运用；

◆了解投资银行内部控制的目标、原则、要素、内容和基本要求；

◆掌握投资银行外部监管的目的、原则、主体以及投资银行资格监管、业务监管、保险制度的内容；

◆理解投资银行证券监管的国际合作。

第一节 投资银行的财务管理

投资银行的主要功能是为其他企业提供融资中介和公司理财，但作为现代企业，其自身的财务管理同样重要。成功的财务管理是投资银行对其他企业开展业务活动的前提条件和基础。

一、投资银行的财务管理概述

（一）基本概念

投资银行财务管理是以筹资、投资和资金分配为主要内容的管理工作。投资银行的财务管理主要有三方面：第一是投资银行关于资产方的决策，称作公司的投资决策，这决定了公司的钱花在哪里，获得哪些资产；第二是投资银行关于负债方的决策，称作融资决策，这关系到公司如何获得资金来维持其投资；第三是财产管理，投资银行为了保证其各项业务活动顺利进行，必须加强对其财产如现金、证券资产的管理。

（二）财务管理的目标

投资银行财务管理的目标是使公司价值最大化，或者说是使股东财富最大化，而股东的财富是由公司的普通股的市场价值来代表的。以最大化股东的财富为投资银行财务管理的目标具有以下优点：第一，考虑了决策的时间和风险因素；第二，从原则上能够用来评价投资银行决策的优劣，即任何决策若能增加股东财富，也就可以使股票增值，就是好的决策；第三，最大化股东财富的目标是非个人化的目标，任何人对投资银行的政策不满意，都可以在适当的时机出售股票并投资于其他实业。股票持有人实际是用手中的股票对公司的决策投票。公司的股价上涨，股东财富自然增加。因此，股东和投资银行之间不存在私人关系，这使最大化股东财富作为财务管理的目标变得简单明确而客观公正。

（三）财务管理的原则

投资银行的财务管理一般应遵循以下原则：

1. 盈利原则。任何一个企业的经营目标都是利润最大化。投资银行也不例外，其经营的中心目标是盈利。如何通过种种手段实现企业短期盈利与长期利润的结合是投资银行盈利性原则的具体体现。投资银行是股份制的金融组织，股东要求对其投资给予回报。企业必须保持较高收益水平，才能维持资本的稳定增长，才能增强企业竞争力并吸引更多投资。

2. 稳健原则。投资银行在经营过程中不仅要追求自身利益，而且要顾及客户利益。在制定财务制度时，应采取谨慎的态度，使自己的资产、信誉、利润以及经营、生存、发展的条件免遭损失，避免市场风险。投资银行的安全性原则是通过对风险的控制和化解来实现的。

3. 效益原则。投资银行的财务管理要讲究效率，最大限度筹集资金，并提高资金周转率，减少坏账呆账，降低成本以提高经济效益。

4. 协调合作原则。投资银行拥有众多独立的业务部门，每项业务的发生都要通过财务部门的核算来完成，其他部门必须与财务部门合作，实现财务管理的目标。

二、财务管理的内容

（一）资产负债管理

资产负债管理是投资银行经营管理的核心，通过对资金流动内在要求的经验把握，就可以在此基础上提出一套比较完善的管理方法。基本操作如下：

1. 确定合理的负债比率。一般而言，只要资产增值率大于负债筹集成本，负债比例越高，股东权益增长越多。但相应的，负债比例越高，产生债务风险的可能性越大，因而投资银行在财务管理过程中需十分注重资产负债的适合比率。

2. 对资产结构和负债结构进行合理化设计。投资银行的金融资产要保持适度的流动性，以适应资金需求量流转额的增长变化及偿债的需要。在对外债务中，长、中、短期债务要相互搭配并与资产结构的流动性相适应。

总之，投资银行资产负债管理的着力点就是协调处理流动性、盈利性和安全性三者之间的关系，使之达到均衡，成为最佳组合。

（二）资本金的管理

投资银行资本由两部分组成：主要资本是普通股票、永久优先股票、未分配利润、意外损失准备金和其他资本准备金等；次级资本由可偿还的优先股票、附属债券与信用构成。

1. 资本充足率。资本充足率是资本与资产的比率，是一个相对概念，取决于资产与负债的性质。资本充足率过高会使财务杠杆比率下降，导致利润下降；资本充足率过低会增加投资银行的偿债压力，增加投资银行经营风险。

资本充足率是一种用来衡量投资银行资本相对于资产负债风险而言是否充足的指标。如果资本占资产总额的8%以上，则这家投资银行通常就被认为是资本充足的。超额资本对投资总额、资产总额和风险性资产的比率曾被认为是资本充足与否的基础。超额资本定义为资本总额减去普通股票后的差额。使用超额资本概念的理由是，股本本身缺乏流动性，不能满足债权人的要求权，因而需要剔除。统计检验表明，超额资本比率是预测投资银行是否会倒闭的较准确的指标。

2. 资本金的管理。投资银行的资本金管理是个动态管理的过程，随着投资银行规模的扩大，资本金比例应不断作相应的调整。在资本金管理过程中，首先要确定资本金在特定发展情况下的适度规模，然后再根据此规模选择合适的方法加以实施，最后将实施结果加以分析，为下一步调整资本金提供参考。确定资本金的最优规模，需要对外部经济、政治环境、投资银行本身规模及其资产负债业务的类型结构加以综合分析，并做出战略规划，然后制定资本金管理计划，选择合适的方法，最后实施和调节。因此，投资银行资本金管理的内容实际上是运用分析预测、制定经营战略、制定计划以及实施与调节成果跟踪、信息反馈等管理工具，使资本金达到最优规模，以达到长期稳定经营、获取最大收益的目的。

（三）财产管理

投资银行要开展业务，保证各项业务的顺利进行，必须拥有相当数量的财产，这些财产包括流动资产、固定资产、无形资产等。

1. 流动资产管理。

（1）投资银行流动资产政策。投资银行流动资产政策主要解决两个问题：一是投资银行每项流动资产的水平；二是投资银行流动资产的融资。一般来讲，流动资产必须是容易转化为现金的资产，但是，随着公司的成长，有许多流动资产项目流动性减弱，造成投资银行负债的偿还期与资产的流动性不相配合，常常导致投资银行出现支付危机，甚至破产。

流动资产管理需要与流动资金的政策紧密相关。最简单的做法是把流动资产的流动性和负债的偿还期结合起来，即真正的流动资产用短期负债来支持。但这种一一对应的政策并不现实，因为短期负债在性质上很不稳定，从而会影响资产的稳定性。较常见的政策一种是进取性的，即用长期融资支持其固定资产，而较长期的流动资产（如部分应付款）只部分用长期融资支持，另一部分则用短期融资支持。保守性政策就是不仅固定资产和长期流动资产用长期融资支持，甚至真正的流动资产也依靠长期融资支持。

（2）现金管理。现金是流动性最强的资产，仅是用来保证及时支付，无法生利和产生收益，因而应严格进行现金资产的控制和管理。投资银行持有现金的目的如下：一是为交易需要，二是为偿还公司债务，三是作为应急的准备金。投资银行进行现金管理的目的就是要减少现金占用，加速现金周转。在满足准备金比率足以保证及时支付的条件下，多余的现金资产可以转换成其他资产。

采取加速收款措施的目的是加速业务款进入投资银行的速度，缩短支票兑现的过程。常用的方法有集中法和锁箱法（Lockbox）等。集中法是指投资银行不只是在总部建立一个收款中心，而且还要根据投资银行业务的分散程度，在其他地区建立多个收款中心来集中收款。锁箱法是指投资银行在各地租用专用的邮政信箱来收取客户支票的方法。控制现金支出的目的是在权衡成本和收益的基础上尽可能地延迟支付时间，以提供更多使用资金的时间。通常的做法有控制支付时间、充分利用投资银行的信用额度以及做好付款前的核查工作等。电子数据交换系统应用到日常先进收付中便出现了金融自动清算系统、电子收账系统、电子付款系统等现金收支结算工具。

（3）应收款管理。投资银行对应收款的管理有两项内容，即信用的标准和回收政策。首先，投资银行必须对其面临的信用风险有足够的认识和分析。公司一定要对主要客户的信用加以调查，公司对于自己能够承担的风险也要有清晰的认识。其次，公司回收政策的目的应是把客户欠账要回来。所以，公司应做到以下几点：第一，要计算平均回收期；第二，应计算坏账总额和总的应收款项的比率；第三，要计算应收款在外的时间长度及其比例，做到心中有数，以采取适当的措施。

2. 固定资产管理。投资银行的总务部门每年要定期或不定期地对固定资产进行盘点清查，年度终了前必须进行全面盘点，对于报废、毁损的固定资产，应及时查明原因，按规定进行处理。另外，投资银行还要按国家规定对固定资产进行分类折旧，提取折旧计入成本，不能冲抵资本金。

3. 无形资产管理。无形资产是投资银行极为重要的资产，在某种程度上是投资银行对客户服务的高收费、筹资的低成本的象征，因而应进行准确评估、合理计价。无形资产的购入和出让应按评估及合同、协议的价值计价，不得有任何随意性。

（四）短期资金来源的管理

银行借款是投资银行短期资金的主要来源之一。投资银行从商业银行贷款考虑的因素是利率、贷款期限和贷款成本。商业银行对信用度最好的客户的贷款常常采用优惠利率。随着投资银行信用度降低，银行贷款利率逐渐上升。另外，银行在贷款时会要求投资银行在该银行保持一定的存款额，称为补偿余额（Compensating Balance）。所以投资银行实际可动用的贷款少于账面上的贷款总额。

近年来，商业票据作为投资银行短期融资工具发展很快。发行商业票据作为短期资金来源可以避免投资银行的补偿余额等成本，特别是一些大型投资银行享有发行自己的商业票据，并使其票据在市场上流通，以获得短期资金的特权。投资银行的另一种短期资金来源是抵押贷款。如果投资银行信用度太低，或其对资金的需求太大，贷方就会要求借方提供一定的资产作为抵押。很多情况下，投资银行可以用应收款（如有价证券）作为抵押，或直接把应收款转让出去。

（五）财务收支的管理

这主要指投资银行对财务收入和财务支出的核算，以及对财务成果的评价管理。

1. 财务收入。投资银行的财务收入是投资银行赖以生存的基础和发展支柱，是利润的来源，主要包括以下内容：

（1）营业收入：主要指证券投资收益，提供资金融通取得的贴现利息收入，以及办理结算、咨询、并购、代理、理财等各项业务的手续费收入。

（2）同业往来收入：主要指拆放同业资金以及回购协议的证券收益。

（3）营业外收入：是投资银行并非因经营而取得的收入，包括独立附属机构上缴的利润、收回已核销的呆账收入、证券交易差错的资产盘盈等。

财务收入应按国家有关制度和标准收入，严格区分营业收入和营业外收入，确保计税收入的完整性。

2. 财务支出。投资银行的财务支出包括利息支出、手续费支出、业务宣传费、外汇及证券买卖损失、固定资产折旧、管理费用、所得税等。

财务支出的管理应遵循勤俭节约、讲究实效的原则，不得浪费和多支；对于费用带有伸缩性的支出，要控制费用开支范围，执行费用支出标准；尽量避免经营活动中的风险支出，做好调查研究，充分掌握经济信息，把损失的款项压缩到最低限度，以实现经营成本最小化。

（六）财务成本与财务成果的管理

投资银行的成本是衡量其经营成果的一个重要指标，这与财务支出并非同一概念。成本是计算利润时从经营收入中的扣除额，是支出的一部分，但并非全部支出都可以进入成本，要严格区分成本的开支范围，以保证成本计算的正确性和税基的完整性。

财务成果是经营业务取得收入并扣除成本后所得到的盈利或亏损。这是投资银行一定时期经营业绩的总体反映，其基本指标是税后利润。投资银行在财务管理中应就利润的实现额与计划额做分析比较，找出超出计划或未完成计划的原因，总结并上升到理论高度作为下期经营预测的参考资料。同时负债比率、资产风险程度等同样是考察财务成果优劣的重要指标。

三、财务管理的方法

（一）建立财务制度

为了使投资银行的财务活动有序、合法、合规、合理地进行，投资银行必须在认真执行国家颁布的财务制度和有关法规的前提下，制定出本投资银行的内部财务制度，通常包括资金筹集、资产管理、负债及资本金的管理。

（二）加强合作

加强财务部门与各业务部门的紧密合作，不仅能实现基础数据的准确迅速传递，保证财务计划的顺利制定和实施，同时也便于财务部门对各业务部门进行监督管理，实现内控。

（三）加强基础工作

财务管理的基础工作包括清产核资、完善原始记录、稳定资金需要量等内容，以便合理把握资金运作情况、合理安排资金头寸、及时作资金缺口分析、编制资金计划表。

（四）进行财务预测

投资银行需要就公司下一期财务资金的充足度、筹资方式及资金可供量做出预测，根据市场竞争状况做出财务收入和支出的分析及预估，以便从整体上配合资金计划的实施。

（五）平衡财务收支

这不仅包括财务总量收支的平衡，同时应就各业务部门的财务收支执行情况进行结构性平衡，以充分履行经营责任制。

（六）开展财务检查

投资银行要充分重视财务的动态执行情况，定期和不定期地进行报表数据检查和各业务部门的实地检查。

（七）执行事前事后财务分析

这是投资银行财务管理中极其重要的一环，具体内容是以实际数据为依据，研究投资银行的财务计划执行情况，剖析经济活动和财务收支，肯定成绩、找出差距、积累经验，进行再分析、再评价，以便进一步改进财务管理工作。

第二节　投资银行的风险管理

证券业是一个高风险行业，投资银行又处于证券业的中枢地位，因此，投资银行各个层次的运作都面临着风险的挑战。如何恰当而有效地识别、评价、检测和控制风险是摆在投资银行面前的大问题，这不仅关系到投资银行自身的经营业绩和长期发展，而且影响到证券市场的广大投资者，进而影响到整个社会的稳定性。投资银行的风险管理是一个多方面的问题，是一个与有关的专业服务和市场不断交流并做出评价的独立监管过程。投资银行必须建立完善的风险管理体系，时刻警惕各类风险，在风险一定的前提下，追求收益最大化；或在收益一定的前提下，实现风险的最小化。

一、投资银行的风险分析

投资银行在经营过程中的风险主要来源于以下几方面。

（一）企业风险

企业风险是指证券发行及上市企业因各种原因（如市场需求、原材料供应、国家产业政策、企业组织管理失误等）影响企业的业绩造成的风险。

投资银行在承销企业的证券或投资于企业的证券时，都有遭受企业风险的可能。投资银行在承销证券之前对发行企业进行充分的调查与分析，如发行企业的生长阶段、经营情况、财务状况、盈利前景等，其目的就是使承销后的分销工作能够顺利进行，防止和减少企业风险。投资银行投资于企业证券，如果企业经营不善，财务状况不佳，股息和债息的支付能力下降，甚至对已到期的证券无力还本付息，也会使投资银行在证券投资中面临风险和遭受损失。

（二）市场风险

市场风险是指一个或多个市场的价格、利率、汇率、波动率、相关性或其他市场因素水平的变化，导致投资银行某一头寸或组合发生损失或不能获得预期收益的可能性。在投资银行的业务中，返售协议下购买的证券构成了资产的主要部分，而在回购协议下出售的证券构成了负债的主要部分。投资银行持有这些头寸的目的在于促进其经纪商业务及自营商业务，但这些头寸承担着大量的利率风险、汇率风险和股票市场风险。

（三）信用风险

信用风险是指合同的一方不履行义务的可能性，包括贷款、掉期、期权及在结算过程中的交易对手违约带来损失的风险。投资银行签订贷款协议、场外交易合同和授权时，将面临信用风险。随着高风险证券及场外衍生市场的出现和迅速增长，这一问题显得更重要。通过风险管理控制以及要求交易对手保持足够的抵押品、支付保证金和在合同中规定净额结算条款等程序，可以最大限度地降低信用风险。

（四）主权风险

主权风险是指由于金融危机或政治动荡导致一个国家的经济实体无力偿还的风险。由于投资银行业务及活动范围日益国际化，主权风险也变得更加突出。互换交易中为防止意外非法行为及提前终止的可能而附加若干条款等，有助于缓解主权风险。

（五）政策风险

政策风险是指国家制定、改变产业政策等导致的风险。金融系统作为整个国民经济的金融导管连接了一国经济的各个方面，因此其发展会受到国家各种政策的影响。而投资银行作为金融的核心组成部分，其经营发展不可避免地会受到国家政策的影响。一国投资银行业务的开展与该国的资本市场发展状况是直接相关的，在资本市场发展成熟的国家，投资银行受政策的影响较小，而相比之下，在一些资本市场尚处于发展中阶段的国家，金融市场往往是国家重点调控的对象，投资银行业务受国家调控的影响尤为显著。相对而言这些国家投资者的理性程度较低，国家产业政策、财政政策和货币政策的变化都会对证券市场产生影响，从而影响投资银行业务的开展。

（六）法律风险

法律风险来自金融交易的一方未能对另一方履行合约的可能性。这可能是因为合约根本无从执行，或是合约一方超越法定权限的行为。法律风险包括合约潜在的非法性以及对手无权签订合同的可能性。

（七）管理风险

管理风险是指因外部监管不力或内部管理不当所引致损失的风险。投资银行是主要从事证券业务的金融中介机构，因此要保证其正常运转，就要有一个公正、有序的证券市场，公开、严格的会计制度和审计制度；对于交易中出现的违约、舞弊、偷窃及欺诈行为，法律要能够予以相应的制裁和打击等。外部的监管制度不完善、不健全，往往使投资银行的经营暴露于更大的风险之下。

相比之下，投资银行的内部风险管理更加重要。公司内部风险管理失控表现为：持有的头寸超过风险限额而未察觉、越权交易、交易或后台部门的欺诈（包括账簿和交易记录不完整，缺乏基本的内部会计控制）、员工的业务生疏以及人员的不稳定、易遭非法侵入的电脑系统等。投资银行要结合自身的业务重点和实际情况，努力完善内部管理，从而减少管理风险。

（八）操作风险

操作风险是指投资银行内部控制机制或者信息系统失灵造成意外损失的风险。这种风险一般是由于人为的操作失误、操作系统失灵、操作程序失灵或者硬件故障等原因引起。

根据巴塞尔委员会的定义，一般的典型操作风险包括以下的七大类：①内部欺诈；②外部欺诈；③雇佣合同以及工作状况带来的风险事件；④客户、产品以及商业行为引起的风险事件；⑤有形资产的损失；⑥经营中断或者系统出错；⑦涉及执行、交割以及交易过程管理的风险事件。

（九）流动性风险

流动性风险又称变现能力风险，是指证券持有者不能以合理的价格迅速地卖出或将某金融工具转手而导致损失的风险，包括不能对头寸进行冲抵或套期保值的风险。证券越易变现，遭受损失的可能性就越小，流动性风险就越小。上市的证券有热门证券与冷门证券之分。热门证券交易频繁，极易变现，流动性风险极小，甚至可以说为零；有的冷门证券可以连续几个月没有交易，有的甚至连了解行情都很困难，更谈不上变现速度了。而热门、冷门证券并非一成不变，常会相互转换，所以在进行证券投资时无法完全避免流动性风险。

除了上述的资产流动性风险外，投资银行还面临经营的流动性风险。经营的流动性风险是指，投资银行虽然具有充分的偿付能力（Solvency），即具有足够的资产，但由于其主要表现为长期资产，因而缺乏充足的现金或能迅速变现的流动资产以满足临时性的支付需要，从而出现支付危机的现象。可见，投资银行的支付危机既可能源于因资不抵债导致的偿付能力的丧失，也可能是流动性不足所致。

二、投资银行风险管理的原则

（一）全面性原则

风险管理必须覆盖投资银行的所有相关业务部门和岗位，并渗透到决策、执行、监督、反馈等各项业务过程和业务环节。因此，投资银行必须倚重各业务部门实施持续的风险识别、风险评估和风险控制程序。

（二）独立性原则

投资银行应设立风险管理委员会、审计稽核部等部门，部门内部设立风险管理小组，上述各风险管理机构和人员应保持高度的独立性和权威性，负责对投资银行管理业务及内部控制制度的执行进行监察和稽核。

（三）防火墙原则

投资银行必须建立防火墙制度，业务中的投资管理业务、研究工作、投资决策和交易清算应在空间上和制度上严格隔离。对因业务需要知悉内幕信息和穿越防火墙的人员，应制定严格的批准程序和监督处罚措施。

（四）适时有效原则

在保证所有风险控制措施切实有效的基础上，投资银行业务内部控制制度的制定应具有前瞻性，并且必须随着公司经营战略、经营方针、经营理念等内部环境和法律法规、市场变化等外部环境的改变及时进行相应的修改和完善。

（五）定性与定量相结合原则

建立完备的制度体系和量化指标体系，采用定性分析和定量分析相结合的方法，同时重视数量分析模型和定性分析的应用，使风险控制更具科学性和可操作性。

三、投资银行风险管理的目标

风险管理的目标是在识别与评估风险的基础上，控制和处置风险，防止和减少损失，保障投资银行各项经营行为的顺利实施，实质是以最经济合理的方式规避或消除风险导致的灾难性后果，并且产生最大化的收益。

(1) 经济目标，即建立行之有效的风险控制机制，实现风险管理成本最小化目标。它要求风险管理者运用最佳的技术手段来降低管理成本。风险管理者应谋求用最经济合理的处置方式，把控制损失的费用降低到最低程度，通过尽可能低的管理成本达到最大的安全保障，取得控制风险的最佳效果。

(2) 职责目标，即严格遵守有关法律、法规、行业规章以及公司各项规章制度的规定，自觉树立规范运作、稳健的经营理念和经营风格，承担必要的社会责任等。

(3) 持续经营目标，即保证公司正常经营活动的实施，损失发生后，任何风险管理措施的执行和实施，都可以使风险造成的损失得到及时而有效的补偿，从而为公司经营活动的正常进行创造必要的条件。

(4) 系统性目标，风险管理往往是由多个相互联系、相互作用的部分构成有机整体（或系统），其各个组成部分都存在各自的风险问题。处理局部风险应以整体风险管理为出发点，从全局降低系统的整体风险。

四、投资银行风险管理体系的建立

首先需要指出的是，投资银行风险管理的目的并不是要消除其经营活动中的业务风险本身，而是要了解风险的来源和性质，研究相应的对策，尽量降低公司资源突然耗尽的风险，充分保护公司的资产和资本。风险管理体系的有效运行依赖于业务人员丰富的金融知识和较高的风险分析技巧、领导的正确决策以及投资银行的有效内部控制和监督系统。

（一）风险识别

风险管理的第一步是风险识别，只有准确判断风险的来源才能进行正确的风险决策和风险控制。风险识别是一项专业性很强的业务，要求专业人员熟悉所涉及业务的各项操作，在纷繁复杂的宏观市场环境中及投资银行内部组织经营管理过程中识别出可能存在的各种风险、这些风险的性质以及可能给公司造成损失的概率和数额的大小。风险识别需要投资银行对宏观微观经营环境、竞争环境有充分的了解，有完备快捷的信息收集处理系统，有翔实的资料和分析报告，另外还要凭借丰富的实践经验和深刻的洞察力。

（二）风险分析与评估

风险分析是风险识别的细化工作，要深入全面地分析导致风险的直接风险因素和种种间接风险要素。风险评估是指管理者具体预计风险因素发生的概率、对投资银行可能造成损失和收益的大小，进而尽可能定量地确定投资银行的风险程度。与风险识别和风险分析进行定性分析不同，风险评估主要进行定量分析。

需要指出的是，由于同一业务活动的风险性质、大小和可能的损失会随时间的流逝和金融市场等环境的变化而变化，即使对于某一特定业务的风险分析和评估也不是一劳永逸的，而必须不断地加以跟踪和调整。

（三）风险决策

风险决策一般由投资银行的管理层在风险分析和评估的基础上做出。这是投资银行的管理层在综合考虑风险和收益的前提下，根据自身的风险偏好以及对于相关业务的发展前景的一些判断，选择风险承担的过程。风险决策首先要依据公司的经营目标确定决策目标，然后采用概率论、决策树等方法提供两个或两个以上的方案，最后确定优选方案。应当说，在风险管理中投资银行追求的目标并不一定是最低风险。这是因为，在金融活动中风险与收益通常是对应的，低风险的代价往往是潜在的低收益。

（四）风险管理的组织

投资银行经过上述前期分析研究并做出风险管理决策之后，就需要借助公司的内部组织来实施公司的风险决策，并要有严格的相应措施来监督对风险决策的执行。风险管理的组织要做到：对公司内部各单位和各重要业务岗位规定可以承担的风险的性质，限定风险涉及的范围，核定风险的大小，明确各环节和各岗位的责任，对于各项风险决策都有切实的监督与控制措施，并在非常情况下具有紧急应变的可能。对于管理超出权限的风险，需要获得上级主管的许可，还可以在技术上（例如在计算机系统中）设置不能轻易逾越的障碍。在风险管理系统中，必须明确各有关职位和人员的权利和责任，并且要在组织上和技术上保证重大风险决策和管理措施以及高风险的业务活动都留有记录。

投资银行在风险管理中应争取建立一种机制：对于任一风险决策和业务风险，都能找到相关的责任者；每个人都只能在自己的权限范围内承担风险并对这些风险负责；上级能充分掌握并监督下级的风险状况；专门的管理系统能有效控制和监督公司的各种风险。

（五）公司的内部控制

公司内部控制是投资银行完成既定的工作目标和防范风险，对内部各职能部门及其工作人员从事的业务活动进行风险控制、制度管理和相互制约的方法、措施和程序的总称。内部控制的有效与完善是衡量投资银行经营管理水平高低的重要标志。一个有效的风险控制系统要保证公司的管理层及时地了解和掌握其下属（单位）的风险承担情况，如风险资产的范围、风险程度的高低、潜在风险损失的数额等。在必要的情况下，还可以由上一级主管部门做出直接的紧急干预。投资银行的风险监督的一个重要内容是实行定期的报告制度，报告的期限、渠道、格式和内容要依据具体的业务状况来决定。

（六）全员风险意识和日常性风险管理活动

正如前面所说，即使是某一特定的金融业务活动，其风险也会随着时间和金融环境的变化而变化，因此，对于风险的长期跟踪控制和跟踪管理是十分重要的。此外，投资银行的很多日常业务都是有金融风险的，所以，投资银行的风险管理活动是一项长期的日常工作。与此相适应，要使工作人员在其日常工作中树立风险意识和风险管理意识。可以说，投资银行从业人员最起码也是最重要的业务素质就是具有风险意识。

在对员工进行风险意识教育时，一定要强调遵纪守法的重要性。这是因为：第一，金融业务风险中的一个重要组成部分是法律风险。只有符合现行法规、条例、机构章程和业务规则的业务活动才可以保证其合法性和有效性，才可以在自己的合法权益受到损害时得到有效的保护。第二，现行的法律、条例、各类章程和业务规则中涉及投资银行的部分，在制定的时候或多或少都考虑到对于投资银行的保护和对业务风险的控制，按照这些法规、条例、章程和规则开展业务活动，自然可以在一定程度上起到风险管理和自我保护的作用。

（七）风险管理中的信息系统

投资银行作为服务性中介机构，所提供的是一种有别于一般工商企业有形产品的金融服务，而服务质量的高低与其对信息的占有和运用有着非常密切的关系。同时对于处在竞争激烈和风险性较高的证券市场环境中的投资银行，对竞争对手的了解，对宏观形势的把握，对自身运行情况的监控，对新兴市场的发现，都离不开信息这一现代社会发展过程中起着重大作用的无形资源。所以在投资银行风险管理中，信息系统的重要性是十分明显的，而计算机系统的安全运行则是投资银行进行有效风险管理的技术保证。如果投资银行的计算机系统为公司内部或外部的不法分子留有作案的漏洞，就会形成很大的潜在法律和财务风险。

五、风险管理在投资银行业务中的运用

（一）承销业务中的风险管理

1. 承销业务中的风险。证券的承销方式主要有包销和代销两种形式。在包销方式下，股票的发行风险完全转移到投资银行一方，即不管承销的成功与否，投资银行都要按承销协议规定的时间和价格向发行公司支付承销款。为分散可能出现的承销失败的风险，最早与发行公司接触并达成承销协议的投资银行往往会联合其他机构组成承销团来开展承销业务。参加承销团的投资银行，各自买下自己所承销的股票，并通过自己的销售网络推销出去，从中获取利润。相反，如果发行期间证券价格出现下跌，其损失和风险要由各投资银行自行承担。但承销风险即使是采用承销团方式也无法完全消除。

在代销方式下，投资银行按规定的发行条件尽力推销，发行结束后未售出的债券退还给发行人，不承担发行风险。

2. 金融工具的运用。

（1）金融期货的运用。其实采用某种风险控制工具——如利率或股票指数期货，完全可以降低投资银行在承销过程中的价格风险，即通过在债券或股票实际发行前卖出相应期货的方式为其购入的证券套期保值。

例如，某投资银行在香港股市持有总市值为 200 万港元的 10 种上市股票。该投资银行预计东南亚金融危机可能会引发香港股市的整体下跌。为了规避香港股市下跌的系统风险，该投资银行进行套期保值，在恒生指数 13 000 点的价格上卖出 3 份 3 个月到期的恒生指数期货。随后的 2 个月，港股果然大跌，导致该投资银行所持 10 种股票总市值由 200 万贬值为 155 万港元，现货市场损失 45 万港元。这时，恒生指数期货相应跌至 10 000 点，于是，该投资银行在期货市场上以平仓方式买进原有的 3 份合约，实现期货市场的平仓盈

利 45 万港元[（13 000 - 10 000） ×50 ×3]，期货市场的盈利恰好抵消现货市场的亏损，完全实现套期保值。

在债券承销中也可以采用类似的方法对承销证券作相应的套期保值。但需要指出的是，由于在西方金融市场中债券期货大多是国库券品种，所以当投资银行为公司承销债券时，就必须使用一种交叉保值技术，即采用国库券期货对其他短期金融工具进行套期保值。

（2）期权的运用。期权是一种有效的回避承销风险的工具。如果投资银行在承销时采用公开竞价方式投标，但不能肯定能否中标，这时投资银行购买一定量的看跌期权就可以满足在此情况下的风险管理需要。如果该投资银行没有中标，那么就选择不执行看跌期权合约，其损失也仅限于购买这项看跌期权的费用。如果争取到承销资格，这项看跌期权又可以帮助投资银行防范价格风险，因为一旦承销证券价格下跌，其损失就可由看跌期权合约的收益弥补。

（二）做市商业务中的风险管理

投资银行作为做市商在按照其报价买进或卖出证券时，必然会产生（或需要）拥有一定数量的证券库存，这样才能保证交易的连续性。证券库存成本包括两个方面：一是存货的管理成本，即做市商为保持最优库存而付出的管理费用；二是库存的风险成本，即库存证券因价格下跌可能导致的损失。一般情况下，证券库存越大，市场的价格波动越大，做市商所承担的风险也就越大。为了降低库存成本，需要做市商对市场有卓越的判断能力，提出准确的报价，否则，如果报价大幅高于市场均衡时的出清价，做市商买入的证券数量就会超过卖出数量，其所持有的股票存量就会上升；而当做市商报价大幅低于市场均衡时的出清价，其卖出数量又会大大低于买入数量，导致存货不足，难以承担做市商责任。

做市商由于接受大量的买卖订单，因此相对大多数投资者而言掌握了更多的订单流量信息，但有时个别投资者，如交易商，可能比做市商掌握更充分的市场信息（私人信息），此时做市商的报价与那些信息公开后的市场价格相比就可能偏高或偏低，因而投资者在做市商报出的价位上买进或卖出，将使做市商蒙受损失。

做市商可以利用期货和期权来回避上述风险。若某个做市商被迫隔夜持有过多头寸，就可以通过售出指数期货合约，从而为其持有的敞口头寸非预期的价格下跌予以保值。一旦证券价格真的下跌，该做市商就可以通过期货市场的收益抵补现货头寸的损失。

第三节　投资银行的内部控制

投资银行的内部控制，是投资银行为完成既定的工作目标和防范风险，对内部各职能部门及其工作人员从事的业务活动进行风险控制、制度管理和相互制约的方法、措施和程序的总称。内部控制的有效与完善程度是衡量投资银行经营管理水平高低的重要标志。

由于各家投资银行的经营规模和业务特点的差异，其内部控制模式也各有特色。同时，基于中外金融监管方式和力度的不同，我国投资银行在内部控制的建立上也必然与西方发达国家有明显不同。根据国务院于 2008 年发布的《证券公司监督管理条例》的规定，我国证券公司应当按照审慎经营的原则，建立健全风险管理与内部控制制度，防范和控制风险。投资银行部门应当遵循内部防火墙原则，建立有关隔离制度，严格制定各种管理规章、操作流程和岗位手册，并针对各个风险点设置必要的控制程序，做到投资银行业务和经纪业务、自营业务、受托投资管理业务、证券研究和证券投资咨询业务等在人员、信息、账户、办公地点上的严格分开管理，以防止利益冲突。其具体内容包括四个方面：建立严格的项目风险评估体系和项目责任管理制度；建立科学的发行人质量评价体系；强化风险责任制；建立严密的内核工作规则与程序。

一、投资银行内部控制的目标和原则

（一）投资银行内部控制的目标

投资银行内部控制要达到以下目标：① 严格遵守国家有关法律法规和行业监管规章，自觉形成守法经营、规范运作的经营思想和经营风格；② 健全符合现代企业制度要求的法人治理结构，形成科学合理的决策机制、执行机制和监督机制；③ 建立行之有效的风险控制系统，确保各项经营管理活动的健康运行与公司财产的安全完整；④ 不断提高经营管理的效率和效益，努力实现公司价值的最大化，圆满完成公司的经营目标和发展战略。

（二）投资银行内部控制的原则

投资银行要按照合法、合规、稳健的要求，确定明确的经营方针，建立“自主经营、自担风险、自负盈亏、自我约束”的经营机制，坚持资金营运“安全性、流动性、效益性”相统一的经营原则。参照《证券公司内部控制指引（修订)》对证券公司的内部控制要求，投资银行在内部控制方面需要遵循以下原则：

1. 全面性原则。内部控制应当覆盖所有业务、各个部门和分支机构、全体工作人员，贯穿决策、执行、监督全过程，嵌入公司业务流程和操作环节。

2. 重要性原则。内部控制应当在全面控制的基础上，对重要业务、重大事项、主要操作环节和高风险领域实施重点控制。

3. 制衡性原则。内部控制应当在组织架构、岗位设置、权责分配、业务流程等方面，通过适当的职责分工、授权和审批复核等机制，形成相互制约和相互监督，而前台业务运作与后台管理支持适当分离。

4. 适应性原则。内部控制应当与公司业务范围、经营规模、组织结构和风险状况等相适应，并随着市场、技术和法律环境的变化及时加以调整和完善。

5. 成本效益原则。内部控制应当权衡实施成本与预期收益，以适当的成本实现有效控制。

二、投资银行内部控制的要素和内容

（一）要素

投资银行内部控制的要素包括：投资银行内部组织结构的控制、资金交易风险的控制、衍生工具交易的控制、会计系统的控制、授权授信的控制、计算机业务系统的控制等。

（二）内容

1. 投资银行组织结构的控制要按照决策系统、执行系统、监督反馈系统互相制衡的原则来设置。

（1）投资银行要制定明确、成文的决策程序，全部经营管理决策要按照规定程序进行，并保留可核实的记录，防止个人独断专行、超越或违反决策程序。

（2）投资银行的各级经营管理机构要严格执行上级的决策，并在各自职责和权限范围内办理业务、行使职权。

（3）投资银行要建立有效的内部监督系统，建立各项业务风险评价、内部控制的检查评价机制和对内部违规违章行为的处罚机制，及时发现问题，堵塞漏洞，有效防止内部的侵吞、挪用和外部的盗窃、诈骗行为的发生。

2. 投资银行对资金交易、证券交易、衍生金融产品交易要建立完善的内部监督和风险防范制度。

（1）资金交易必须遵从管理层制定的操作规程，资金的交易额、交易策略、交易品种、交易市场范围要严格按授权范围办理。

（2）建立资金交易、证券交易、衍生工具交易业务的会计和统计记录制度以及头寸核查和交易损益的核算制度。

（3）建立用于测量和监控风险头寸以及分析潜在亏损、风险大小并对其进行控制和管理的系统，包括风险定量分析方法，信用、市场、法律、操作风险管理等。

（4）按月、按季对各项监控、监测指标进行自我监测和考核，要制定适当的处罚措施，对达不到指标要求的分支机构进行处罚。

3. 投资银行要建立严密的会计控制系统。会计记录、账务处理和经营成果核算要完全独立，会计部门只接受其主管的领导；会计主管不得参与具体经营业务。会计控制系统的建立应遵循以下基本原则：

（1）规范化原则。会计账务处理须按照会计制度的要求，建立并执行规范化的操作程序。

（2）授权分责原则。投资银行要对会计账务处理实行分级授权原则，会计人员不得越权处理会计账务和增、删、改会计账务事项或参数；处理上级授权的事项须履行必要的手续；建立并执行财务收支审批制度；会计账务处理必须实行岗位分工，明确岗位职责，严禁一人兼岗或独自操作全过程；会计岗位实行定期或不定期轮换。

（3）监督制约原则。会计账务处理的有效依据，如业务用章、密押、空白凭证要实行专人分管；资金与实物要分别核算与管理；会计部门对重要空白凭证和有价单证要进行表外登记；应有独立于会计部门之外的部门管理现金、有价证券及其他实物形态的资产；对会计账务处理的全过程要实行监督，即事前监督——受理业务时，临柜人员对业务的合法性、真实性、手续的完整性及数据的准确性进行审核；事中监督——对会计处理的凭证、账表内容和数据均须复核，重大事项须由会计主管复核；事后监督——对已经处理过的会计账务实行再核对，重点监督重要业务的处理。会计部门须设置相应岗位，配备必需人员，落实监督事项。

（4）账务核对原则。对会计账务，须坚持“六个核对相符”，即账账、账据、账款、账实、账表及内外账务核对相符；根据制度要求对不同账务采取每日核对或定期核对的办法；要建立和完善外部对账制度，定期按户对账。

（5）安全谨慎原则。会计部门须妥善保管密押、重要空白凭证和业务用章，防止遗失或被盗；妥善保管会计档案，严格会计资料的调阅手续，防止会计数据的散失。会计人员调离须办理交接手续。

4. 投资银行要建立合理的授权分责制度，要按照业务工作程序授权，健全完善各种审批手续。

（1）按照各自经营活动的性质和功能，建立以局部风险控制为内涵的内部授权、授信管理制度。对各分支机构授权、授信要定期检查，确保授权、授信范围适当，有据可查，所授权限和信用额度不得超越和突破。

（2）针对部门的工作性质、人员的岗位职责，赋予相应的工作任务和职责权限。

（3）各种授权都要以书面形式确认，逐级下达。

（4）辖属分支机构、各职能部门及各级管理操作人员，要在各自岗位上按所授予的权限开展工作，并对职责范围的工作负责。

（5）凡对外开办的每一笔业务都要按业务授权范围进行审核批准，对特别授权的业务要经过特别批准。

5. 投资银行要建立科学的金融计算机系统风险控制制度。投资银行要对计算机系统的项目立项、设计、开发、测试、运行和维护的整个过程实施严格管理，明确业务主管部门和稽核监督部门的职责，严格划分软件设计、业务操作和技术维护诸方面的责任。

（1）对系统的业务需求由主管业务部门提出，应符合金融法律、法规的规定，明确防范风险控制的要求，并经过稽核、监督等部门的确认。

（2）对系统的设计开发由科技部门负责，应符合国家、金融行业对软件工程标准的要求，编写完善的技术资料；在实现金融业务电子化时应设置保密系统和相应控制机制，并保证计算机系统有可稽核性。

（3）系统必须经过业务、科技、稽核等部门的试验运行，并提供必备的测试资料；正式投入运行前应经过业务、科技和稽核部门的联合验收，由投资银行法人或法人代表批准。

（4）系统投入运行后，应按照操作管理制度进行经常性和定期相结合的稽核检查，完善业务数据保管等安全措施，确保系统可靠、稳定、安全地进行。

（5）采用的软件应经过金融电子化设计人员和稽核监督部门的测试确认，购买计算机系统设备合同中应明确厂商承担的责任，租用公共网络时应确定经营机构承担的责任。

（6）严禁系统设计、软件开发等技术人员介入实际的业务操作。用户使用的密码口令要定期更换，不得向他人泄露。对系统的数据资料必须有备份，并异地存放。系统应具备严密的数据存取控制措施，数据应依照合法、完整的业务凭证照实输入，数据的更改要经过批准。

三、投资银行内部控制的基本要求

第一，投资银行要设立顺序递进的三道监控防线，建立和完善内部控制制度。

（1）各投资银行对涉及证券买卖、外汇交易、衍生工具交易等重要交易的办理与管理必须由两个系统或两个以上职能部门共同执掌；会计业务在使用自动数据处理系统时，要有适当的程序和措施，实行职能分工，并相互监督约束、共同负责。

（2）建立一线岗位以双人、双职、双责为基础的第一道监控防线。属于单人单岗处理业务的，必须有相应的后续监督机制。

（3）建立相关部门、相关岗位之间相互监督制约的工作程序作为第二道监控防线。要建立业务文件在相关部门和相关岗位之间传递的标准程序，明确文件签字的授权。

(4) 建立以内部监督部门对各岗位、各部门各项业务全面实施监督反馈的第三道防线。内部监督部门作为对业务的事后监督机构，必须独立地监督各项业务活动，同时及时将检查评价的结果反馈给最高管理层。

第二，投资银行在业务运营过程中要实行恰当的责任分离制度。

(1) 货币、有价证券的保管与账务记录相分离；

(2) 重要空白凭证的保管与使用相分离；

(3) 资金交易业务的授权审批与具体经办，前台交易与后台结算相分离；

(4) 信用的受理发放与审查相分离；

(5) 损失的确认与核销相分离；

(6) 电子数据处理系统的技术人员与业务经办人员及会计人员相分离；

(7) 风险评定人员与业务办理岗位相分离。

此外，对直接接触客户的业务，必须进行复核或事后监督把关，重要业务必须实行双签有效的"二人原则"。

第三，投资银行要对操作层建立完善的岗位责任制度和规范的岗位管理措施。

(1) 要推行内部工作的目标管理，制定规范的岗位责任制度、严格的操作程序和合理的工作标准。

(2) 按照不同的岗位，明确工作任务，赋予各岗位相应的责任和职权，建立相互配合、相互督促、相互制约的工作关系。

(3) 对重点岗位、重点业务、重要空白凭证、重要财物等要特别加强监控和管理。

(4) 对资金交易、会计财务等重要岗位实行定期或不定期轮换和强制休假制度。

第四，投资银行要建立完整的信息资料保全系统，必须真实、全面、及时地记载每一笔业务，正确进行会计核算和业务核算，建立完整的会计、统计和各种业务资料的档案，并妥善保管，确保原始记录、合同契约、各种信息资料数据的真实完整。

第五，投资银行要建立有效的预警预报系统。

(1) 完善经营行为、业务管理、风险防范、资产安全业务分析、资金运用风险评估制度。

(2) 建立定期实物盘点和各种账证、账表的核对制度以及业务活动的事前、事中和事后监督制度。

(3) 健全完善内部控制的评审和反馈系统，以及对带有先兆性、倾向性问题的预测预报系统。

第六，投资银行要进一步加强和完善检查监督手段。

(1) 内部稽核（审计）部门要行使综合性的内部监督职责，对一级法人负责，要保证其能独立地履行监督检查职能。

(2) 建立制度、规章，保证内部稽核部门的独立性和权威性，按"下查一级"的要求实行"派驻制"。

(3) 对下属机构的全面稽核应实行"周期制"，循环反复进行，同时安排一定数量的专项稽核，对重大事项要随时报告。

(4) 稽核人员的配备在数量上、质量上要适应完成以上任务的需要。

(5) 建立稽核处罚制度和稽核检查制度，督促内部各项管理措施和规章制度的贯彻实施。

（6）内部稽核（审计）部门和有关检查人员要认真履行其职责，真实及时地反映情况，对隐瞒不报、上报虚假情况和监督检查不力，造成重大案件和出现金融风险的要追究法律责任。

第七，投资银行要按各自的业务经营范围和特点，制定全面、系统、具体的内部控制制度，并在辖属分支机构、各职能部门、各岗位人员之间，建立既有分工负责又有相互制约的内部控制系统。

第八，投资银行制定的内部控制制度既要有切实可行的制约措施，又要有利于发挥辖属分支机构、各职能部门及人员的工作积极性，以合理的控制成本保证内控目标得到全面实现。

第九，投资银行要对自身制定的内部控制制度进行定期检查，并随经营业务的发展、国家政策的变更和法律环境的改变进行修订。

第十，投资银行的内部控制制度要具备普遍的适应性和可操作性。

第十一，投资银行要通过培训、考试、考核等方式，确保员工熟悉岗位基本要求，理解和掌握有关内部控制制度。

第四节　投资银行的外部监管

一、监管的目的

从理论上讲，投资银行业监管的宗旨是防止投资银行业危机和弥补金融市场失灵。投资银行业监管目的的演变由于时代背景和国情的不同呈现复杂性和多样性。然而，现代投资银行业监管的目的却有一些共同的地方，这种共同性表现在：

（1）维护投资银行体系的安全与稳定。由于投资银行业是高风险行业，投资银行业危机的传递可能导致金融市场乃至整个国民经济的崩溃，因此，监管者的任务便是通过开业审查、日常监管、现场检查、非现场检查等措施，促使投资银行在法定范围内稳健经营、降低和防范风险，以提高投资银行体系的安全性和稳定性。

（2）促进投资银行业开展公平竞争。监管并非压制，而是在保证安全与稳定的基础上促进投资银行业公平竞争，因为竞争是促使投资银行不断提高服务质量和服务效率的基本的前提。监管的目的在于一方面要保护投资银行的机会均等和平等地位，另一方面要防止和打破垄断，维持正常的金融秩序。

（3）保护投资者的合法权益。投资者是金融市场的出资者和参与者，是投资银行业的服务对象。只有尊重投资者，保护其合法权益，才能取得其信任。投资者的信任和信心，是金融市场与投资银行业生存和发展的前提，只有通过种种监管措施实现维护金融市场安全与稳定及促进公平竞争的目的，投资者的信心才能维持和巩固，投资银行业才能发展。因此，投资银行业监管的两个目的是相互联系的。

二、监管的原则

（一）合法性原则

合法性原则也就是依法监管原则，是指监管必须依据法律、符合法律，不得与法律相抵触。具体要求是，监管主体由法律确定，监管权力由法律授予，监管权力的行使必须依据和遵守法律，违反合法性原则的监管没有法律效力。投资银行业监管主体的产生由法律确立。在主体多元化的情况下，各监管主体的地位和职权范围由法律确定，同一主体内部不同部门或不同级别机构的职权由法律或者根据法律明确。监管主体必须在法律授权的范围内行使权力，逾越权限的监管行为是对相对人权利的侵犯。监管主体行使权力不得有悖法律，不仅要符合实体法规定，而且必须符合程序性规定。若监管主体行使权力时在程序上违法，其行为仍旧无效。在特定情况下，监管主体可以授权他人代行部分监管职权。这是因为监管事务十分庞杂，在一些技术性和操作性的烦琐事务中，监管主体难以独立承担职责，不得不求助于他人。但是，监管职权的委托和转授，须有法律依据，并依法定程序进行，否则便违反了合法性原则。

（二）合理性原则

面对千变万化的金融世界，在具备合法性的前提下，投资银行业监管主体拥有行使职权的自由性，即自由裁量权。自由裁量权是监管主体履行职责的需要，但由于较少受到法律的严格约束，有可能出现滥用权力的情况。合理性原则便是为在实质上约束自由裁量权而提出的。合理性原则的基本要求是：监管行为的动因应符合监管目的，监管行为应建立在正当考虑的基础上，监管行为的内容应合乎情理。合理性原则，实质是要求监管主体行使职权时要符合常理（法律精神）。一般而言，在实施监管时，具有不正当动机（目的）、不相关考虑及含有不合理内容的决定，就是滥用自由裁量权的行为，有悖法律精神。这里的所谓不正当动机是指违背投资银行业监管宗旨的动机，如处于私利和其他利害关系的考虑，实行过严或过松的监管；不相关考虑是指实施监管行为时考虑了法律要求以外的条件；不合理内容是指监管行为的内容不合规律、政策、道德和常理。动机不正、考虑不相关及内容不合理的现象在实践中往往是相互联系的，而动机正当、考虑相关及内容合理的现象则共同构成对监管自由度的一种控制，是对监管主体自由裁量权的一种约束。

然而，对自由裁量权的约束必须适当，过度的限制等于取消自由裁量权，而没有限制则易形成监管专横。因此，合理性原则是避免监管专横与自由裁量权丧失的设计，其实质是要求监管行为符合法律精神。合理性原则既有利于保障被监管人的利益，又有利于保障自由裁量权的自由行使。在监管行为违背合理性原则时，应有一个“纠偏机制”予以修正。

（三）协调性原则

协调性原则要求监管行为应具有协调性，这种协调性主要包括：第一，不同监管主体之间的协调性。一方面不同监管主体之间的职责范围要明确、合理划分，既不能冲突，又不能留有监管死角和空白。另一方面不同监管主体之间在执法时应加强协调，不得互相推诿或互相扯皮。第二，同一监管主体不同职能部门之间及上下级机构之间职责划分要合理明确，相互协调。第三，监管与宏观调控之间要相互协调，从某种意义上讲，有效的监管是搞好宏观调控的基本条件。

（四）效率原则

效率原则有两个含义：一是投资银行业监管不得压制竞争，要鼓励、倡导和规范竞争，创造适合金融竞争的外部环境，防止垄断，提高金融体系的整体效率；二是投资银行业监管本身也要讲求效率，降低投资银行业监管成本，减少社会支出，从而增加社会净福利。

（五）统一监管与行业自律相结合的原则

这一原则要求在加强政府监管当局对投资银行监管的同时，也要加强投资银行实施行业的自我约束、自我教育和自我管理。两者相互结合，政府统一监管可以发挥其自身优势，对投资银行进行统一的、强力的监管，制约和化解市场风险，维护市场秩序；而行业自律则作为政府统一监管的补充，充分发挥其作为投资者与政府之间纽带的作用。

三、监管模式

投资银行的活动存在很强的外部性，这种外部性会使完全自由放任的市场失灵。为了避免这种情况，就需要加强对投资银行的监管。在具体的实践过程中，由于国情不同，各国对投资银行的监管均采取不同的方式，但概括起来大体可分为集中型监管模式、自律型监管模式和中间型监管模式。

（一）集中型监管模式

集中型监管模式是指政府通过制定专门的管理法规，并设立全国性的监管机构来实现对投资银行的监管。在这种模式下，政府积极参与监管活动，并在监管过程中居于主导地位，证券交易所和证券商协会等自律组织只起辅助作用。集中型监管模式的代表是美国，此外，我国内地和台湾地区及加拿大、日本、菲律宾、韩国、巴西、巴基斯坦、印度尼西亚、墨西哥、以色列、尼日利亚、埃及、土耳其等国家也实行集中型的监管模式。在集中型监管模式下，投资银行的监管主体又可分为三类：

1. 以独立监管机构为主体。这一类型的典型代表是美国。美国根据《1934 年证券交易法》设立了专门管理机构——证券交易委员会（SEC），由总统任命、参议院批准的 5 名委员组成，对全国的证券发行、证券交易所、投资银行、投资公司等实施全面管理监督的权力。SEC 下设全国市场咨询委员会、联邦证券交易所、全国投资银行协会。SEC 本身的组织机构则包括公司管理局、司法执行局、市场管理局、投资银行管理局等 18 个部门和纽约、芝加哥、洛杉矶等 9 个地区证券交易委员会。SEC 有权制定为贯彻执行《1933 年证券法》和《1934 年证券交易法》所需要的各种行政法规，并监督其实施。这些行政法规在某些场合具有与法律同等的效力。

集中型监管模式的优点是监管者可以站在较超然的地位实现对投资银行的监管，避免部门本位主义，可协调各部门的立场和目标，但要求监管者有足够的权力，否则难以解决各部门的扯皮现象。

2. 以中央银行为主体。采取这种模式的国家的证券监管机构本身就是该国中央银行体系的一部分，其代表是巴西。

巴西投资银行的监管机构是证券委员会，该委员会根据巴西国家货币委员会（巴西中央银行的最高决策机构）的决定，行使对投资银行的监管权力。

这种模式使一国宏观金融的监督管理权高度集中于中央银行，便于决策和行动的协调和统一，有利于提高监管效率，不足之处是过分集权导致过多的行政干预和产生“一刀切”现象，以致忽视不同意见的吸取和缺乏有针对性的监管。

3. 以财政部为主体。这类监管模式的特点是由财政部作为监管主体或完全由财政部直接建立监管机关。其代表有日本、韩国和印度尼西亚等。日本的投资银行监管机构是大藏省的证券局。日本的《证券交易法》规定，投资银行在发行有价证券前必须向大藏省登记，证券交易的争端由大藏大臣调解。

韩国虽然有专门的证券交易委员会和证券监督局，但两者均受制于财政部部长。韩国的《证券和交易法》规定，证券交易委员会由韩国银行行长、韩国证券交易所董事长、财政部副部长和经财政部部长推荐由总统任命的 6 名委员（其中 3 名必须为专职），共 9 名委员组成，主席由总统从专职委员中任命。在主席出缺期间，由财政部部长指定 1 名专职委员行使主席的权力和履行主席的职责。证券交易委员会的任何决议都必须立即向财政部部长报告，不得迟延。证券监督局的局长由证券交易委员会主席兼任，副局长和助理副局长经局长推荐由财政部部长任命。

集中型监管模式的主要优点包括：①具有专门的证券市场管理法规、统一监管口径，使市场行为有法可依，且监管力度高，权威性高；②能公平、公正、严格地发挥其监管作用，并能协调全国各证券市场，可突破跨地域的监管界限，防止市场无序竞争和出现混乱局面；③监管者地位超脱，能更公平、公正、客观、有效地发挥其监管职能，在实践中更注重对投资者利益的保护。

集中型监管模式的缺点主要有：①证券法规的制定者和监管者超脱于市场，离市场相对较远，掌握的信息相对有限，从而监管的成本相对高昂，且可能脱离实际，缺乏效率；②对市场上发生的突发事件反应相对较慢，可能会处理不及时；③在集中型监管模式下，自律组织与政府主管机构的配合往往难以协调，政府监管人员对证券市场的专业知识相对欠缺和普遍存在的官僚主义可能导致政府集中监管的优势不能充分发挥。

（二）自律型监管模式

自律型监管模式是指政府除了某些必要的国家立法外，较少干预证券市场，对证券市场和投资银行的监管主要由证券交易所及投资银行协会等自律组织监管。自律组织通过其章程、规则来引导和制约其成员的行为。自律组织有权拒绝接受某个投资银行为会员，并对会员的违章行为实行制裁，直至开除其会籍。自律型监管的典型代表是英国，此外，荷兰、爱尔兰、芬兰、挪威、瑞典等西欧国家和新加坡、马来西亚、中国香港、津巴布韦、肯尼亚、新西兰等国家或地区也实行自律监管。

英国是自律型模式的典型代表。英国对投资银行的监管没有单行法律，多以“君子协定”和道义劝告等方式进行管理。其自律监管体系由证券业理事会、证券交易所协会及企业收购和兼并问题专门小组三家机构组成。证券业理事会是 1978 年根据英格兰银行的提议成立的自律监管机构，其主要职责是制定并执行有关证券交易的各项规章制度，如《证券交易商行动准则》《基金经理个人交易准则》《大规模收购股权准则》等。该理事会下设一个常设委员会，负责调查证券业内人士根据有关规章制度进行的投诉。证券交易所协会管理着伦敦及其他 6 个地方性证交所的业务，实际上管理着全国日常的证券交易活动。该协会制定的规章主要有证券交易所管制条例和规则、关于批准证券上市及发行公司须进行连续的信息披露的规则及关于特殊情况下的行动规则。企业收购和兼并问题专门小组于 1968 年由参加“伦敦城工作小组”的 9 个专业协会发起组成，负责解释和执行伦敦城关于收购和兼并的准则，并进行咨询和发布消息等活动。

自律型监管模式的优点主要有：①允许投资银行参与制定证券市场管理法规，使市场管理更切合实际，并且有利于促进投资银行自觉遵守和维护这些法规；②市场管理规则由市场参与者制定和修改，因而比政府制定的证券法规具有更大的灵活性、针对性和创造性，市场监管更切合实际；③自律组织能对市场违规行为做出迅速反映，并及时采取有效措施，从而保证市场的有效运转。

当然，自律型监管模式的缺点也很明显，主要有：①自律组织通常把监管的出发点放在市场的有效运转和保护会员利益上，对投资者利益的保护往往得不到应有的重视；②监管者的非超脱地位，使证券市场的公正原则难以得到充分体现；③缺少强有力的立法作为后盾，监管手段软弱，导致市场违规行为时有发生；④没有专门的机构协调全国证券市场发展，区域市场之间很容易产生摩擦，容易导致无序竞争和不必要的混乱局面。

（三）中间型监管模式

中间型监管模式是介于集中型和自律型之间的一种监管模式，它既强调集中统一的立法监管，又强调自律管理，可以说是集中型和自律型两种模式相互协调、渗透的产物。中间型监管模式有时也被称为分级监管模式，主要包括二级监管和三级监管两种类型。二级监管是指中央政府和自律机构相结合的监管；三级监管是指中央、地方两级政府和自律机构相结合的监管。德国是中间型监管模式的典型代表，此外，意大利、泰国和约旦等国也采取这种监管模式。德国没有制定全国统一的证券法，涉及证券活动的法律法规相当分散。德国也没有专门的证券监管机构，由于德国是实行“全能银行”制度，银行和证券业合业经营，因此，证券业务也通过中央银行来管理，并通过银行监管局实施监督。在德国，以证券交易所为主体的自律监管是德国证券市场监管的基础和重要构成，证券上市、信息披露、二级市场交易等都由交易所负责监管。

中间型监管模式既强调立法管理，又注重自律管理。在中间型监管模式下，投资银行的监管主体既有全国性的证券管理机构，又有证交所、证券业协会等自律性组织。目前，世界上大多数实行集中型或自律型监管模式的国家已逐渐向中间型过渡，使两种体制取长补短，发挥各自的优势。但由于各国国情不同，因此在实行中间型监管模式时侧重点有所不同。有的较倾向于立法管理，有的较倾向于自律管理。英国是一个典型的例子。

英国原先实行的是自律型监管模式，但1998年6月1日，英国金融监管的组织架构发生了重大变化，成立了金融服务局（Financial Service Authority，FSA），形式上是独立于政府的组织机构，并从英格兰银行手中接管对商业银行监管的权力，从证券业理事会手中接管对投资机构监管的权力，成为英国金融业的“超级监管者”，政府对证券市场的调控能力逐渐加强，从而趋向于中间型监管模式。

四、资格监管

为了保障金融体系的安全，世界上任何一个存在证券与证券市场的国家都对投资银行设立了最低的资格要求。只有达到了这一最低要求，投资银行才能开业并开展业务。纵观世界各国情况，投资银行的设立方式基本上可以分成两种，即特许制和登记注册制。在特许制条件下，投资银行在设立之前必须向有关监管机构提出申请，经监管机构核准之后方可设立；同时，监管机构还将根据市场竞争状况、证券业发展目标、该投资银行的实力等考虑批准其经营何种业务。在登记注册制条件下，投资银行只要符合有关资格规定，并在相应金融监管部门与交易部门注册便可以经营投资银行业务。

美国是实行登记注册制的国家。美国《证券交易法》规定，投资银行必须取得证券交易委员会的注册批准，并且成为证券交易所的会员，才能开展经营活动。具体程序如下：

（一）在证券交易委员会登记注册

投资银行必须填写注册申请表，其内容包括：①投资银行申请从事的业务种类；②投资银行申请的经营活动区域；③投资银行申请的注册资本金额及其来源和构成；④投资银行主要高层管理人员的简历；⑤保证遵守证券交易委员会的规章制度和有关证券法规。

在接到投资银行的注册申请后，证券交易委员会将在45天内（必要时可延长到90天）予以答复。在做出答复之前，证券交易委员会主要考察以下几点：投资银行的交易设施是否完备，自有资本是否充足，来源是否可靠；投资银行管理人员的资格是否具备，尤其要考虑其是否曾经违反证券法规或其他法律；投资银行是否具备从事其申请的业务能力。

在登记注册时，投资银行还要向证券交易委员会缴纳一定的注册费。

（二）在证券交易所登记注册

这方面的申请程序与在证券交易委员会的申请程序类似。证券交易所仅接受已取得证券交易委员会注册批准的投资银行的注册申请，同时还要考虑该投资银行是否能够遵守交易所的规章制度。

如果该投资银行被接纳为证券交易所的会员，则必须按规定缴纳一定金额的会员费。

与美国不同，日本实行的是特许制。在日本，任何投资银行在开展业务活动之前都必须先向大藏省提出申请，经审核，按照大藏省核准其经营的业务发给不同的许可证。概括起来，日本对投资银行的最低资格要求有以下四点：

1. 拥有足够的资本金，并且资本金的来源必须稳定可靠。例如：从事证券承销的投资银行最少需要有30亿日元的资本金。

2. 管理人员必须具有良好的信誉，有良好的素质和证券业务水平。

3. 业务人员必须受过良好的教育，并和管理人员一样必须具有相当经营证券业务的知识和经验。

4. 具有比较完备、良好的硬件设施。

对于希望做自营商的投资银行，各国金融管理机构一般都设置比较高的要求。这是因为证券市场在波动中存在着巨大的获利机会，也隐含着巨大的风险，投资银行利用自有资金或借贷资金进行自营买卖，很可能在利益的驱动下追求高收益而忽视风险防范。因此，除了一般的资格要求外，各国金融监管机构往往还要求申请自营业务资格的投资银行做到以下两点：拥有较高的资本金；更熟悉有关证券业务的知识，并要通过严格的考核。

五、业务监管

由于投资银行的业务种类很多，涉及面广，各国金融管理机构的监管范围和监管程度各不相同，有时，对一种业务的监管会涉及多部法律或多个政府部门。证券承销与证券交易业务是世界各国投资银行的核心业务，其中，证券交易业务分为受客户委托的经纪业务和自行证券交易的自营业务两类，因此这方面的监管尤为重要。

（一）对承销业务的监管

投资银行在证券承销时很容易通过掌握大量的证券来控制二级市场价格，从而获取不正当收益，因此，世界各国对投资银行监管的重点都放在禁止其利用承销业务操纵市场，获取不正当利润。

这方面的监管内容主要有：

1. 公开原则：禁止投资银行以任何形式进行欺诈、舞弊、操纵市场和内幕交易。

2. 诚信原则：在承销中，投资银行要承担诚信义务，禁止投资银行参与或者不制止发行证券的企业在发行公告中弄虚作假，欺骗公众。投资银行与发行公司之间如有特殊关系（例如持有发行公司的股票），必须在公告书中说明。

3. 风险控制：禁止投资银行在承销中过度投机和包销风险超过自身承受能力的证券。

4. 费用限制：禁止投资银行对发行企业征收过高的费用，从而造成企业的筹资成本过高，侵害发行者与投资者的利益，影响二级市场的正常运行。

（二）对经纪业务的监管

投资银行作为经纪商接受客户委托代理买卖证券时，是客户和证券市场之间的桥梁，也和客户的利益休戚相关，因此，各国金融监管机构总是最为注重对投资银行经纪业务的监管。概括起来，主要包括以下几方面的内容：

1. 投资银行在经营经纪业务时要坚持诚信的原则，禁止任何欺诈、违法和私自牟利行为。在编辑、发放投资参考资料时，必须保证其真实合法，不得含有使人误信的内容。

2. 许多国家和地区禁止投资银行受理由投资银行选择证券种类、买卖数量、买卖价格、买卖时机的全权委托，以防止投资银行借此弄虚作假，侵犯客户利益。有些国家（例如美国）规定可以设立“全权委托账户”，但禁止投资银行利用其做不必要的买卖，以牟取佣金。

3. 除了“全权委托账户”外，未经委托，投资银行不能自作主张替客户买卖证券。接受委托买卖之后，应将交易记录交付委托人。

4. 不得向客户提供证券价格即将上涨或下跌的肯定性意见；不得劝说客户参与证券交易；不得劝诱客户参与证券交易；不得利用其作为经纪商的优势地位，限制某一客户的交易行为；不得从事其他对保护投资者利益和公平交易有害的活动，或从事有损于证券业信誉的活动。

5. 有些国家对佣金比例做了明确规定，因而投资银行必须按规定比例收取佣金，不得自行决定收费标准和佣金比例。另外有些国家对佣金比例没有做出规定，佣金的多少由投资银行和客户商讨决定，此时投资银行必须坚持诚信原则，不得以任何方式欺诈客户。

6. 投资银行必须对客户的证券交易情况保密，不得向任何人公开和泄露。金融监管机关和国家执法机关在进行调查时，则不在此列。

（三）对自营业务的监管

投资银行的自营业务往往风险大，操纵市场的可能性大，同时还很可能通过兼营自营业务和经纪业务侵犯客户的利益，因此，各国对该业务的监管主要包括以下几方面：

1. 限制投资银行承担的风险。有的国家要求投资银行对其证券交易提取一定的风险准备金；规定投资银行的负债总额不得超过其资本净值的一定倍数；规定投资银行的流动性负债不得超过流动资产的一定比例，从而限制其通过借款来购买证券；限制投资银行大量购买有问题的证券，如遇到重大自然灾害或严重财务困难的公司的股票，或者连续暴涨或暴跌的股票等。

2. 禁止投资银行操纵证券价格。有的国家规定，一家投资银行所购买的任一家公司发行的证券数量，不得超过该公司发行的证券总量的一定百分比，或者规定投资银行购买的任一家公司的股票，不得超过该公司资产总额的一定百分比。

3. 防止投资银行侵犯客户利益。许多国家规定，投资银行必须将代客买卖与自营买卖严格分开、不准混淆；实行委托优先和客户优先的原则，即如果投资银行的买卖价格与其客户的买卖价格正好相同时，即便投资银行叫价在先，仍以客户的委托优先成交；在同一交易时间，不得同时对一种证券既自营买卖又接受委托买卖。

此外，投资银行在经营自营业务时，应当以维持市场稳定、维护市场秩序为己任，不得有任何破坏正常交易、侵害客户利益和过度投机的行为。

（四）衍生品业务监管

从20世纪起，金融衍生品业务在全球范围内越来越受投资银行的热衷，全球各国新衍生品层出不穷，衍生品的创新给金融市场带来活力的同时也集聚了更大的风险，而其最终失控导致了美国2007年次贷危机的爆发，给全球的金融市场带来了灾难。因此各国的监管机构目前都非常重视投资银行金融衍生品业务的监管。其具体的措施如下：

1. 增加市场透明度。要求交易机构设计出一套完善的风险管理、资讯收集的制度，密切关注资本市场的变化，及时向监管机构与投资者公布交易信息。同时还规定投资银行公开的资料会计口径必须标准化，以便监管机构及投资者能及时评估风险。

2. 证券交易所、票据交易所必须强化交易、清算和交割的管理，将交易日到交割日的期限标准化，扩大使用交易当天便交割的制度，增强市场流动性。

3. 加强协调合作。投资银行一方面要加强与客户的合作，共同遵守相关法律法规；另一方面要加强投资银行之间的协调合作，共同抵御风险。

4. 重视对电子信息系统的安全性管理，要求在技术上加强安全以避免出现重大损失。

（五）日常监管

1. 实行经营报告制度。投资银行必须定期将其经营活动按统一的格式和要求书面报证券监管机构。有些国家还规定，经营报告分为年报、季报和月报三种，经营情况很好的投资银行只要上交经营年报，经营情况不太好的投资银行要上交季报，而经营情况较差的投资银行必须上交月报。实行这一制度是为了使金融监管机构及时地了解投资银行的经营管理状况，以便更好地实施监督和管理。这些情况将成为决定是否有必要对那些经营不良的投资银行采取相应措施的重要依据。

2. 证券交易所作为第一线的证券业监管机构，通过贯彻和执行证券监管当局的管理规定，对投资银行的经营活动进行具体监督和管理，并随时向证券监管机构汇报。另外，证券交易所作为自律型的证券经营机构，在不与证券监管机构规章制度相冲突的前提下，还须制定交易所的管理规定，控制和引导投资银行在交易所的经营活动。

3. 各国证券监管机构对投资银行业务的收费标准都有一定的规定，例如，美国投资银行经纪业务的佣金额不得超过交易额的5%，其他业务的佣金比例不得高于10%，否则均按违法论处。

4. 投资银行必须向证券监管机构和证券交易所交纳一定的管理费，管理费主要用于对投资银行经营活动的检查、监管等方面的行政开支。

六、保险制度

（一）建立投资银行保险制度的必要性

为了防止投资银行承担过大的风险，造成严重亏损，甚至破产倒闭而对国家金融秩序、经济发展和公众利益造成损害，并且妥善地处理与解决投资银行破产与投资银行之间相互兼并的问题，许多国家都建立了投资银行保险制度，并取得了很好的效果。例如，美国1970年《证券投资保护法》规定，设立证券投资者保护协会，要求所有在证券交易所注册的投资银行都必须成为该协会会员，并按照税前利润的5‰交纳会费，以建立保险基金，用于投资银行财务困难或破产时的账务清偿。香港《证券条例》也规定，设置证券事务监察委员会赔偿基金委员会，要求各证券经纪、会员商号缴纳25 000美元的现金，建立赔偿基金，以备破产或无力偿还债务时作债务清偿。新加坡的《证券业法》亦规定，各证券交易所必须建立会员忠诚基金，该基金由证券交易所缴纳的款项、证交所会员缴纳的款项和该基金投资收益等构成，主要用于证交所的会员公司发生支付困难或债务危机时的补偿和救济。1995年3月，在受到有233年历史、号称世界第三大投资银行的巴林集团由于衍生工具的操作不当而倒闭这一事件的震撼之后，新加坡通过了《新加坡期货交易法》，要求新加坡国际金融交易所也必须设立补偿基金，以便会员公司倒闭时用于赔偿公司客户的损失。此外英国、加拿大、法国等许多国家和地区均建立了这一制度。

（二）保险制度的作用

投资银行保险制度与商业银行的存款保险制度有异曲同工之妙。概括起来，这一制度的作用可以体现在以下三方面：

1. 当投资银行面临经营困难时，可以根据实际情况给予资金上的援助，以保证投资银行自身、投资银行的客户、投资银行的股东和整个证券市场的利益免受过大损失。

2. 当某投资银行的破产确实无法挽回时，投资银行保险机构负责对其资产、债务进行清理，完成其未完成的交易，并对其客户按有关规定给予补偿。

3. 监管投资银行之间的并购行为，一方面可防止投资银行在兼并收购过程中损害客户的利益，另一方面又可以资助其他投资银行兼并或者接受已破产的投资银行。

另外，该项制度还有助于一国金融管理机构在金融开放的条件下，保护本国投资银行利益，提高本国投资银行的国际竞争力，并防止本国投资银行被外国投资银行吞并。

（三）投资银行保险制度的内容

投资银行保险制度通常包括以下内容：

1. 必须设立专门的、非营利性的投资银行保险机构。投资银行保险机构的设置一般有如下三种情况：第一，直接隶属于最高证券监管机构。例如，香港地区的《证券条例》就规定隶属于香港当局设立的证券事务监察委员会的赔偿基金委员会。该委员会由监察委员会任命的5人组成，其中最少有2人应是监察委员会成员，2人应由联合理事会提名。第二，直接隶属于证券交易所，或者由证券交易所进行管理。例如，新加坡的会员忠诚基金由各证券交易所设立，由在证券交易所注册的投资银行认股，并由交易所管理。第三，相对独立于证券监管机构和证券交易所。例如，美国的证券投资者保护协会的最高机构是董事会，该董事会由7名董事组成，其中1名董事由财政部任命，1名董事由证券交易委员会任命，其余5名董事由美国总统任命，因而具有很强的独立性。

2. 必须建立专门的、由投资银行保险机构管理的投资保险基金，要求在各证券交易所登记的所有投资银行都必须向该保险基金缴纳一定金额的款项（保险费），用于投资银行遇到财务困难或破产时的资金补偿。从理论上讲，根据投资银行所承担的风险大小确定其应缴纳的款项是最公平合理的，但这种方法在实践中极为困难，几乎完全不可操作。因此，目前世界上通行的方法主要有两种：一种是每年按照投资银行税前利润收取一定比例的保险费；另一种则是每年按照投资银行营业额（交易额）的大小收取一定比例的保险费。

3. 设立投资银行报告制度，即要求各投资银行必须向投资银行保险机构提交各种财务报表和经营报告，并随时准备接受投资银行保险机构对其经营风险和经营状况的调查和评估。当然，投资银行保险机构在执行这一规定时，可以和证券监管机构或证券交易所一同检查投资银行的经营状况，免得各机构重复检查。

4. 允许投资银行保险机构在某些紧急情况下，向财政部或中央银行融资，以应付在投资银行大面积亏损，或者严重倒闭的事件发生，或者严重侵害投资者利益的事件发生时，保险基金不足的困难。

5. 各国投资银行保险制度一般都规定，如果某投资银行破产殃及该投资银行的客户时，投资银行保险机构应当对该客户给予补偿。同时还规定对于每一客户的最高赔偿限额，以免除投资银行保险机构的无限清偿责任，同时促使投资者主动分散风险，降低投资银行之间竞争的激烈程度。

（四）保险机构的职责

投资银行保险机构的职责主要体现在以下四个方面：

1. 积极地监督各投资银行的风险状况与经营状况，对证券交易所和各投资银行所提供的各种资料进行分析与评估，以便及时地发现问题。倘若发现某家投资银行承担的风险已经过高，则应对之发出警告，并密切监视其在此后一段时间的经营状况，直到该投资银行的业务经营重新走上正轨为止。

2. 妥善地管理投资银行保险基金。一般来讲，投资银行保险机构可以考虑采用以下两种基金资金的运用方式：一是存入信用较好的银行；二是可将部分资金投资于风险程度低、流动性强的国库券。保险基金不能用于股票、公司债券、房地产或者期货、期权、互换等衍生金融工具的投资。也就是说，该基金的管理应当以安全性与流动性为首要目标，不允许进行任何形式的高风险、低流动性的投资。保险基金的投资收益应当成为基金的一部分，不应被任何机构与个人所挪用或侵吞。

3. 对投资银行之间的兼并进行监督，以防止在兼并过程中发生损害公众利益、危害证券市场稳定发展的行为。

4. 在投资银行发生严重亏损，并有可能造成财务危机时，投资银行保险机构应根据具体情况采取相应措施。如果经过调查评估后确认投资银行的困难仅仅是暂时的，而不是毁灭性的，投资银行保险机构可以帮助该投资银行重新组织经营管理，并要求在一定时间内改善经营状况。在一定条件下，还可以考虑给投资银行融资，以帮助其摆脱经营困难。如果确认投资银行已经难以摆脱经营困难，无法向客户承担其经济责任时，投资银行保险机构可通过法院宣布其破产。与此同时，投资银行保险机构应负责该投资银行的债务清偿，并负责处理投资银行破产后的有关善后工作。

七、投资银行监管的国际合作

由于各国的法律体系不同，经济制度不同，会计标准不同，市场发展水平不同，因而在投资银行监管方面也存在很大的差异。随着我国证券市场国际化的逐步发展，对境内机构、企业在境外市场发行、上市证券的管理需要建立一种监管合作的机制，以更好地保护投资者的利益。监管本身也需要国际化。在境外监管方面，目前我国主要采取由主管机关逐项审批的形式，同时通过制定行政法规、设立特别种类股票与境外联合监管等方式进行管理。

1993 年 6 月，中国证监会与香港证监会签署了《有关证券监管合作备忘录》；1994 年 4 月 28 日中国证监会与美国证券交易委员会签署了《关于合作、磋商与技术援助的谅解备忘录》。之后还先后与新加坡金融管理局、澳大利亚证券委员会、英国财政部、英国证券与投资委员会、日本大藏省、马来西亚证券委员会、巴西证券委员会、乌克兰证券与股市委员会、法国证券委员会签署了证券期货监管合作备忘录。1995 年 7 月 12 日，在巴黎开幕的证监会国际组织（IOSCO）第 20 届年会上，中国证监会被接纳为该组织的正式成员。这是我国证券市场国际化进程中的一个里程碑。此外，亚洲开发银行、联合国开发计划署、国际金融公司先后向中国证监会提供了技术援助。所有这些，无疑将有助于我国证券市场国际化的健康、规范发展。

我国经济的发展，为国际投资者提供了广阔的投资领域。运用国际证券市场筹集外资，促进经济发展，是我国政府的一项重要对外开放政策。国际证券市场的不断发展为我国证券市场提供了许多机会，国际化是我国证券市场的必然选择。我们要顺应世界潮流，顺应我国改革开放、经济发展的需要，把握新机遇，迎接新挑战，积极推进我国证券市场的国际化发展。

案 例

美国投资银行监管制度

一、美国投资银行监管机构

美国投资银行的监管机构体系已十分完善，这是一个三级结构体系：政府监管机构－投资银行自律机构－投资银行内部管理。

美国政府的监管机构目前主要是证券交易委员会，这是依照美国《1934 年证券交易法》而成立的。美国对投资银行管理的基本内容如下：对投资银行进行注册登记管理；实行投资银行的财务责任管理制度，规定净资本规则，即规定投资银行的最低流动性标准以确保其维持足够的流动性资产，同时建立定期报告其财务状况制度，建立客户保护规则，保护客户的投资安全。另外根据《1970 年证券交易法修正案》规定，建立证券投资者保护公司，所有从事证券业务的投资银行都是其成员。

投资银行自律机构主要是全国证券交易商协会，这是在投资银行联合会和证券交易委员会联合提议下，为执行《玛隆尼法案》而建立的一个非营利性组织。在证券交易委员会的监督下，该协会的工作目标是：使投资银行在证券交易法案的范围内规范化；在投资银行的证券交易中建立伦理道德标准；作为政府与投资管理间的中介机构，同双方磋商有关公共利益方面的事宜；设立和实施有关证券交易的合理公平法则；同时为能严格实施上述条款，建立一个处罚机构，对违反规则的投资银行进行处罚。

全国证券交易商协会包括了全国绝大多数的投资银行，该协会也要求投资银行把流动资产经常性地维持在一定水平上，以确保成员的财务状况良好和有较高的清偿水平。该协会也定期对会员进行检查和审计，又建立了一个专门的公司处理投资银行方面事宜，并负责审查投资银行有关证券业务的工具。

二、经营管理方面的具体制度

（1）经营报告制度。该制度要求投资银行将其经营活动按统一格式和内容报告主管的金融管理部门。

（2）纯资本比例制度。纯资本由现金和可迅速变现的自有资本组成。美国证券交易委员会规定投资银行的纯资本与其负债的比例不得低于 1：15。这是为防止投资银行进行过度风险投资建立的一项制度。

(3) 经营收费最高限额控制。为了防止投资银行在证券承销、经纪和咨询服务中过多收费，人为抬高社会筹资成本，降低证券市场效率，美国对投资银行业的各种业务收费大多实行最高限额控制。

(4) 对投机经营的管理。有证券交易就会有证券投机，关键在于如何把证券投机建立在非垄断、非欺诈的基础上。为此，美国对投资银行等中介机构的投机活动都实行严格的监管以降低风险。

(5) 缴纳管理费制度。除了缴纳注册费以外，投资银行还必须按照营业收入总额的一定比例向相应的管理机关缴纳管理费。管理费主要用于对投资银行经营活动的检查、监督等方面的行政管理费用开支。

(6) 对投资银行违法活动的惩罚制度。投资银行若在报告中虚报、漏报，或有隐瞒实际经营情况，违反经营收费标准和纯资本比例制度，从事不法投机等问题，证券管理部门有权采取行政管理措施或诉诸法律。行政管理措施可以包括：限制经营范围、勒令暂停营业、取消营业执照等。对严重的违规事件由管理机构向法庭提起公诉，对违法的有关人员追究刑事或民事责任。

(7) 保证金管理制度。为防止过度提供和使用保证金信用，美国管理当局对投资银行在交易过程中的保证金信用金额加以限制。美国的有关法规规定，证券交易所及其会员从事证券交易所交易和场外交易时，要向联邦储备银行交纳一定比例的保证金。法规还限制证券经纪商向银行借款，禁止承销商承销新证券时，在30天内对购买该证券的客户提供融资。

(8) 建立证券投资者保护协会。1970年美国国会通过了《证券投资者保护法》，在该法的基础上，建立了证券投资者保护协会。协会要配合证券交易委员会和证券交易所对投资银行的经营状况进行监督，当证券交易委员会或证券交易所发现某一投资银行已陷入财务危机时，应立即通知协会，由协会进行具体调查。若调查结果认为经过努力可以扭转局面，协会将帮助危机公司重整经营甚至提供资金援助；若调查证实危机公司已回天乏术，则协会将通过法院对该投资银行实施破产，并负责指定财产接管人对破产公司进行清理。若清理后的资产不足以清偿债务，协会有义务承担清偿的责任，对投资者进行有限赔偿。从1980年起规定，赔偿金额为每人现金、证券合计不超过50万美元。

从证券投资者保护协会建立到1980年的10年间，协会共完成了142次投资银行的清算，对美国证券市场及投资银行业的稳定发展和有效保护投资者利益起到了重大作用。

思考题

1. 试述投资银行财务管理的原则和内容。
2. 投资银行的风险来源有哪些？
3. 如何建立投资银行风险管理体系？
4. 简述投资银行内部控制的概念和方法。
5. 在不同的监管体制下，投资银行的监管主体有何不同？
6. 简述投资银行保险制度的作用、内容及保险机构的职责。